Heinz Strunk

Gegenwartsliteratur – Autoren und Debatten

Heinz Strunk

Literatur – Hörspiel – Film

Herausgegeben von
Andreas Seidler, Stefan Born, Andre Kagelmann
und Arno Meteling

DE GRUYTER

ISSN 2567-1219
ISBN 978-3-11-140736-4
e-ISBN 978-3-11-140879-8 (PDF)
e-ISBN 978-3-11-140992-4 (EPUB)

Library of Congress Control Number: 2026932319

Bibliografische Information der Deutschen Nationalbibliothek
Die Deutsche Nationalbibliothek verzeichnet diese Publikation in der Deutschen Nationalbibliografie; detaillierte bibliografische Daten sind im Internet über http://dnb.dnb.de abrufbar.

De Gruyter und Walter de Gruyter GmbH sind Teil von De Gruyter Brill.
www.degruyterbrill.com

Fragen zur allgemeinen Produktsicherheit:
productsafety@degruyterbrill.com

Cover: Heinz Strunk, 01.09.2022. picture alliance/dpa | Georg Wendt

Inhalt

Teil III: **Lektüren**

Teil IV: **Hören und Schauen**

Teil V: **Anhang**

Andreas Seidler, Stefan Born, Andre Kagelmann, Arno Meteling

Einleitung: Heinz Strunk

Literatur – Hörspiel – Film

Heinz Strunk ist eine Ausnahmeerscheinung der deutschsprachigen Gegenwartsliteratur. Sein Werdegang vom Tanzmusiker über den Hörfunk- und Fernsehhumoristen bis zum kommerziell erfolgreichen und von den Feuilletons gefeierten Romanautor unterscheidet sich signifikant von den Lebensläufen anderer literarischer Kolleginnen und Kollegen. Das Spektrum der Betätigungen Strunks ist deshalb breit. Er ist Schriftsteller, Drehbuchautor, Musiker, Humorist, Hörspielproduzent, Schauspieler, Theatermacher und markanter Hörbuchsprecher seiner eigenen Werke. Nicht zuletzt ist er in zahllosen Interviews zu lesen, zu hören und zu sehen. Er ist Dauergast im deutschen Rundfunk und einmal im Jahr auch auf einer ausgedehnten Lesetour live zu erleben. Zuverlässig erscheint jedes Jahr ein neues Buch von Heinz Strunk – und meistens auch noch ein Nebenprojekt dazu, wie etwa ein Wandkalender, ein Musikalbum, ein Film oder eine Fernsehserie. Dass er zu den diszipliniertesten Kunstschaffenden im deutschen Sprachraum zählt, gehört zu der etablierten Marke „Heinz Strunk“ dazu.

Die Spannbreite seines Schaffens präsentiert Strunk auch bei seinen Live-Auftritten. Wenn er etwa zum Abschluss einer Lesung aus einem seiner von den Feuilletons gepriesenen Bücher plötzlich im Kostüm als Pierre Panade auf der Bühne steht und den *Funny Duck Song* zum Besten gibt, vertreibt der plötzliche tonale Wechsel die zuvor im bildungsbürgerlichen Ritual der Dichterlesung erzeugte Atmosphäre mit einem Schlag und lässt manche Leserinnen und Leser seiner Romane irritiert zurück. Auch die Erwartungen an ihn als jemanden, der aus einem bestimmten Milieu berichtet oder als jemanden, der ausschließlich komische Geschichten zu erzählen hat, werden stets unterlaufen. Denn schon seit seinem ersten und bis heute kommerziell erfolgreichsten Roman *Fleisch ist mein Gemüse* prägen widersprüchliche Tonlagen zwischen Komik und Ernst, Groteske und Melancholie sowie unterschiedliche Grade des Mimetischen und Referenziellen – von abstoßend naturalistischen Beschreibungen bis zu Elementen des Surrealen und Fantastischen – die Literatur Strunks.

https://doi.org/10.1515/9783111408798-001

1 Biografisches

Die oft zur Schau gestellte Fremdheit im Literaturbetrieb ist auch mit dem beruflichen und persönlichen Werdegang des Künstlers verbunden. Heinz Strunk (bürgerlich: Mathias Halfpape) wurde am 17. Mai 1962 in Bevensen geboren und wuchs in Hamburg-Harburg auf. Seine Mutter war alleinerziehend. Als Lehrerin für Klavier und Blockflöte an einer Musikschule brachte sie den Sohn früh mit Musik in Berührung. Seinen Vater lernte Halfpape erst im Alter von 15 Jahren kennen und hatte nur wenige Begegnungen mit ihm. Der Vater, von Beruf Historiker, war verheiratet mit einer anderen Frau und hatte fünf eheliche Kinder. Erst nach seinem Tod stellte sich heraus, dass er als junger Mann SS-Mitglied war. (Vgl. Michaelsen 2021) Mathias Halfpapes Mutter zog nach der Geburt ihres Sohnes wieder zurück zu den eigenen Eltern. Als er zwei Jahre alt war, wurde sie aufgrund einer depressiven Erkrankung erstmals in die Psychiatrie eingeliefert. Im Laufe der Jahre entwickelte sie eine schizoaffektive Psychose, durch die sie unter Wahnvorstellungen litt. Aufgrund dessen wurde sie mehrfach für längere Zeit stationär in der Psychiatrie in Ochsenzoll behandelt. Mutter und Großeltern waren kirchlich aktive Christen, die Mutter besuchte auch Treffen des charismatischen Marburger Kreises. Auch Sohn Mathias wurde zum Glauben angehalten und nahm an kirchlichen Jugendfreizeiten teil. Als junger Erwachsener litt Halfpape an einer durch Cannabis ausgelösten Psychose, die in einer Depression mündete, die ihn bis Mitte 20 unfähig für Studium oder Ausbildung machte. Auch bei der Bundeswehr wurde er aufgrund seiner psychischen Probleme nach wenigen Wochen ausgemustert. Er litt zudem unter einer starken Akne. Der Gedanke an Suizid war in diesen Jahren nach eigenen Aussagen ein ständiger Begleiter. (Vgl. Michaelsen 2021) Halfpapes Mutter war durch Verletzungen, die sie sich bei einem Suizidversuch durch einen Sprung aus dem dritten Stock zugezogen hatte, die letzten Jahre ihres Lebens bettlägerig. Mithilfe eines Pflegedienstes betreute ihr Sohn sie vier Jahre lang bis zu ihrem Tod 1998 bei sich zu Hause. So intim die aufgezählten Passagen aus Strunks Leben sein mögen, den Kennern seines Werks sind diese biografischen (Extrem-)Situationen allesamt bekannt. Er gibt sie nicht nur in Interviews sehr konkret preis, sondern hat sie auch mehrfach literarisch-fiktional verarbeitet. Strunk selbst betont die autobiografische Fundierung seines Schreibens in zahlreichen Interviews immer wieder.

2 Von der Tanzmusik zur Literatur

Als Musiker feierte Mathias Halfpape einen ersten Erfolg, als er mit der Neue-Deutsche-Welle-Band *Täglich Morde* 1983 einen Newcomerpreis gewann. Weitere Erfolge der Band blieben jedoch aus, auch aufgrund des allgemeinen Abebbens der Neuen Deutschen Welle. Von 1985 bis 1997 verdiente Halfpape seinen Lebensunterhalt vor allem als Saxophonist bei der Tanzmusikband *Tiffany's*. Gleichzeitig versuchte er sich mit verschiedenen Sängerinnen als Musikproduzent. 1989 produzierte Halfpape unter dem Namen *Dis Noir* zusammen mit der Sängerin Anja Krenz das Album *Paradise is Far Away*. Dieser und andere Versuche als Musikproduzent Fuß zu fassen, blieben jedoch erfolglos. Ebenso wie sein Engagement als Tanzmusiker sollten diese Erfahrungen Jahre später aber der biografische Stoff für seinen erfolgreichen Debütroman werden.

Unter anderem durch Helge Schneiders selbstproduzierte Kurzhörspiele aus den 1980er Jahren inspiriert, die 1991 und 1992 auf zwei CD-Kompilationen bei Roof Records erschienen, machte sich Halfpape selbst an die Gestaltung solcher humoristischer, von ihm mit unterschiedlichen Stimmen eingesprochenen Kurzhör- und Musikstücken. Die Präsentation der Aufnahmen im Freundeskreis stieß auf Begeisterung. Der Schlagersänger Michy Reincke, in dessen Band Halfpape zu dieser Zeit gelegentlich als Saxophonist mitwirkte, finanzierte die Produktion der CD *Spaß mit Heinz*, die 1992 bei Rintintin Musik erschien und erstmals den Künstlernamen Heinz Strunk in Umlauf brachte. Auf die CD wurden auch Bela B von der Band *Die Ärzte* und Rocko Schamoni aufmerksam. Daraus ergab sich, dass Heinz Strunk das Intro zum Song *Gehirn-Stürm* auf dem Ärzte-Album *Die Bestie in Menschengestalt* (1993) einsprechen durfte. Noch wichtiger aber wurde die damit angebahnte und Strunks gesamte weitere Karriere begleitende Zusammenarbeit mit Rocko Schamoni bei *Studio Braun*.

In den folgenden Jahren produzierte Halfpape nun unter dem Namen Heinz Strunk im Eigenverlag und bei verschiedenen Labels einige weitere Tonträger mit humoristischen Kurzhörspielen und Musikstücken (siehe das Werkverzeichnis und den Beitrag von Philipp Kohl in diesem Band). Um die Jahrtausendwende unternahm er verschiedene Versuche, sich in Radio und Fernsehen zu etablieren. So hatte er 1998 mehrere Gastauftritte in der *Sat.1 Wochenshow* und moderierte zwischen 2000 und 2001 die *Jürgen Dose Schau* auf Radio Fritz. 2003 kreierte er 68 Episoden des Formats *Fleischmann TV*, die beim Sender VIVA ausgestrahlt wurden. All diesen Formaten gemein war jedoch, dass sie keinen großen Anklang beim Publikum fanden und nach kurzer Zeit abgesetzt wurden. Die Karriere von Mathias Halfpape alias Heinz Strunk alias Jürgen Dose als Humorist war zu diesem Zeitpunkt gescheitert, was auch von ihm selbst so wahrgenommen wurde. Nach eigenen

Aussagen (siehe das Interview in diesem Band) war es eine damalige Freundin, die ihm bei der Suche nach neuen Tätigkeitsfeldern und Möglichkeiten des Broterwerbs den Tipp gab, es mit dem Schreiben zu versuchen. So machte sich Strunk an die Arbeit an seinem ersten Roman *Fleisch ist mein Gemüse*, in dem er seine Zeit als Tanzmusiker autofiktional erzählt und der 2004 beim Rowohlt Verlag erscheint. Nach einem Auftritt des Autors in Stefan Raabs *TV Total*-Sendung entwickelte sich das Buch zum Bestseller. Damit gelang dem inzwischen über vierzigjährigen Künstler zum ersten Mal ein Erfolg beim Publikum.

Diesem Debüt ließ Strunk weitere Romane folgen, denen wie dem Erstling Erfahrungen aus unterschiedlichen Lebensphasen des Autors zugrunde liegen. *Die Zunge Europas* (2008) erzählt von den privaten und beruflichen Nöten eines wenig erfolgreichen Comedy-Autors. Der Protagonist des Adoleszenzromans *Fleckenteufel* (2009) ist ein Sechzehnjähriger, der auf einer Kirchenfreizeit an der Ostsee mit den Bedürfnissen des eigenen Körpers im Zusammenspiel mit Gleichaltrigen und zudem mit dem Sozialverhalten von Altersgenossen und Erwachsenen kämpft. *Heinz Strunk in Afrika* (2011) schildert die komisch-chaotische Kenia-Reise zweier befreundeter Autoren zwischen Beach-Hotel, gemeinsamer Arbeit an einem Drehbuch und bürgerkriegsähnlichen Turbulenzen. Der Roman *Junge rettet Freund aus Teich* (2013) erzählt auf drei Zeitebenen vom Heranwachsen des sechs-, zehn- und vierzehnjährigen Mathias zwischen alleinerziehender Mutter und Großeltern und zwischen Stadt und Dorf. Die Verkaufszahlen des 2008 auch verfilmten Debütromans *Fleisch ist mein Gemüse* konnte keines dieser Bücher erreichen.

Eine neue Stufe in seiner Entwicklung als Schriftsteller nahm Strunk mit dem 2016 erschienenen Roman *Der goldene Handschuh*. Der Autor, der sein eigenes Leben inzwischen als „auserzählt" betrachtet, hatte für die Arbeit am Roman Einblick in die Akten zum Fall des Serienmörders Fritz Honka im Hamburger Staatsarchiv genommen und dessen Existenz zwischen Alkoholdelirium, Frauenmorden und Versuchen der Aufnahme eines kleinbürgerlichen Lebens literarisch gefasst. Der Roman wurde auf mehreren Ebenen ein großer Erfolg. Er fand breite Beachtung und viel Lob bei der Literaturkritik, verkaufte sich in großer Zahl, wurde 2019 von Fatih Akin verfilmt und brachte seinem Autor mit dem Wilhelm-Raabe-Preis einen renommierten Literaturpreis ein.

Der 2017 erschienene Roman *Jürgen* ist Teil eines verzweigten Medienverbundes, da die Hauptfigur Jürgen Dose eine lange Vorgeschichte in den Hörspiel- und Radioprojekten Strunks hat. Außerdem entstand gleichzeitig mit dem Roman auch der Fernsehfilm *Jürgen – heute wird gelebt* (Regie: Lars Jessen), zu dem Strunk selbst das Drehbuch schrieb und als Hauptdarsteller agierte. Als weitere Romane folgten der Beziehungsroman *Es ist immer so schön mit dir* (2021) sowie *Ein Sommer in Niendorf* (2022) und *Zauberberg 2* (2024). *Zauberberg 2* verlegt im Jahr des 100-

jährigen Jubiläums von Thomas Manns Roman *Der Zauberberg* das Setting des Vorbilds in eine norddeutsche Psychotherapieklinik und enthält ein fast vollständig aus Zitaten des Mann-Romans zusammengesetztes Kapitel. Auch der Vorgänger *Ein Sommer in Niendorf*, in dem ein ‚reifer Herr' bzw. arrivierter Anwalt sich in das Ostseebad begibt, um seine Familiengeschichte aufzuschreiben, wurde von der Literaturkritik sehr wohlwollend besprochen und dabei mit Thomas Manns *Tod in Venedig* verglichen. (Vgl. Kämmerlings 2022)

Neben diesen Romanen hat Strunk mit *Das Teemännchen* (2018), *Der gelbe Elefant* (2023) und *Kein Geld Kein Glück Kein Sprit* (2025) bisher drei Bände mit kürzeren Erzählungen publiziert.

Zu den Prosatexten kommen die beiden mit drei unterschiedlichen Illustratoren gestalteten All-Age-Bilderbücher *Die Käsis* (2023) und *Graf Fauchi und das verschwundene Gebiss* (2025) hinzu; es liegt also, den audiovisuellen Gemeinschaftsproduktionen durchaus vergleichbar, eine Form geteilter Autorschaft vor. Neben dem bereits erwähnten *Jürgen – heute wird gelebt* war Strunk an weiteren Filmen als Drehbuchautor und Darsteller beteiligt. 2007 entstand der Kurzfilm *Zeit* „von und mit Heinz Strunk" unter der Regie von Frank Schneider, 2011 der Kurzfilm *Trittschall im Kriechkeller – Die neue Schwester* (Drehbuch: Heinz Strunk, Regie: Lars Jessen), der bereits die Figur Jürgen Dose ins Zentrum stellt. Als Co-Autor und Darsteller war Strunk auch an den beiden österreichischen Spielfilmproduktionen *Immer nie am Meer* (2007) und *Drei Eier im Glas* (2015) beteiligt, die unter der Regie von Antonin Svoboda realisiert wurden. An den Drehbüchern schrieb Strunk dabei gemeinsam mit Christoph Grissemann und Dirk Stermann, die neben ihm auch als Hauptdarsteller in den beiden Filmen zu sehen sind. Bei den Filmadaptionen seiner beiden erfolgreichsten Romane war Strunk allerdings im Falle von *Fleisch ist mein Gemüse* (2008) nur als Nebendarsteller und im Falle von Fatih Akins *Der goldene Handschuh* ausschließlich als Vorlagengeber, nicht aber an Drehbuch und Umsetzung des Films beteiligt. 2023 wurde die Streaming-Serie *Last Exit Schinkenstraße* für Amazon Prime produziert. Strunk verfasste das Drehbuch und agiert als Hauptdarsteller. In den sechs Episoden werden verschiedene bekannte Motive aus dem Strunk'schen Erzähluniversum aufgegriffen, wie etwa die Figur des erfolglosen Musikers.

Die Verbindung zu Jacques Palminger und Rocko Schamoni, die sich nach Strunks erster CD-Veröffentlichung ergeben hatte, führte Ende der 1990er Jahre zur Gründung des Trios *Studio Braun*. Das Plattenlabel Mercury Records beabsichtigte, das Modell der *Jerky Boys*, die mit ihren Telefonscherzen in den USA großen Erfolg hatten, nach Deutschland zu übertragen, und stieß dabei auf die Hamburger Künstler. Die erste CD-Veröffentlichung *Gespräche* erfolgte 1998. Dieser folgten weitere CDs mit humoristischen Sprech- und Musiknummern. Zudem inszeniert das Trio seit 2008 am Deutschen Schauspielhaus Hamburg und anderen Theatern Stücke, die zum Teil auf Romanen von Strunk und Schamoni beruhen. Strunk, Palminger und Schamoni verkörpern außerdem die fiktive Elektropop-Band *Fraktus*. Unter dem Namen wurden mehrere CDs mit Songs veröffentlicht. Die Geschichte der Band, die als Vorreiter der deutschen Techno-Szene dargestellt wird, erzählt der Mockumentary-Film *Fraktus – Das letzte Kapitel der Musikgeschichte* (2012). Regie führte dabei wieder Lars Jessen. Die Band *Fraktus* steht auch im Zentrum einer Folge der Fernsehserie *Mord mit Aussicht*, bei der Jessen ebenfalls Regie führte (Folge 38, *Tod eines Roadies*, 2014).

3 Themen und Verfahren

Wie bei vielen Autorinnen und Autoren verfolgen die Texte Heinz Strunks bestimmte Themen über einen längeren Zeitraum hinweg. Bestimmte Vorstellungen von der Gesellschaft, der *conditio humana* und von dem, was die Welt im Innersten zusammenhält, finden sich immer wieder in seinen Romanen und Erzählungen. Ganz ähnlich bedient sich Strunk häufig bestimmter formaler Gestaltungen und inszenatorischer Elemente, Schreibverfahren, die eine bestimmte Handschrift tragen, Eigenheiten, die einen Text Strunks schnell als solchen identifizierbar machen.

Essen und Trinken

Zu den wichtigen Aspekten des Strunk'schen Dauerthemas der Körperlichkeit gehören das Essen und das Trinken sowie die Folgen des mitunter exzessiven Genusses. Unter den Getränken nehmen in den Geschichten vor allem Alkoholika einen besonderen Stellenwert ein. Bereits Strunks Debütroman *Fleisch ist mein Gemüse*, der das Essensthema im Titel trägt, wird durch Anlässe und Momente des Essens und Trinkens mitstrukturiert und notiert dabei soziokulturelle wie anthropologische und psychologische Beobachtungen. So ist der Feierabend der Tanzmusikband *Tiffanys* durch das so gemeinschaftsstiftende wie existenziell aufgeladene Braten von Spiegeleiern geprägt. Dabei geht es unter anderem darum, möglichst viele Eier zu essen, denn „Eier [sind] doch das nach Fleisch wichtigste Nahrungsmittel" (Strunk 2004, 37) und der „Mensch ist schließlich auch irgendwann mal aus Eiern entstanden. Vor vielen tausend Jahren. Eine Eiergeburt" (Strunk 2004, 37). Leitmotivisch wird das Verzehren von Eiern noch mehrfach im Roman aufgegriffen. Der Roman – wie auch spätere Texte Strunks – verweist häufig auf Elemente einer grotesken Körperlichkeit, wie sie vor allem in den Studien Michail Bachtins zu den

Romanen François Rabelais' diskutiert werden. Ausgerechnet das groteske „Festmahlmotiv" (vgl. Bachtin 1995, 320–344), ein Topos der mitunter exzessiven Einverleibung von Welt sowie der fröhlichen Regeneration des Körpers, das Bachtin in mittelalterlichen und frühneuzeitlichen Volksfesten identifiziert, ist bei Strunk von einer Perspektive der Nichtteilhabe geprägt, da Feierlichkeiten von einer marginalen Warte aus betrachtet werden. So wird schon früh im Roman während eines Schützenfestes auf die „kulinarische [...] Zweiklassengesellschaft" (Strunk 2004, 27) hingewiesen, denn die Tanzmusiker erhalten separat von den Gästen ein weitaus schlechteres Essen: „Hinter den Tresen stand unser Essen, Kartoffelsalat und Würstchen. Ein paar Meter weiter vertilgten ein paar Schützen appetitlich aussehende Lachsbrötchen." (Strunk 2004, 27)

Strunks Texte haben neben anderen Abweichungen von normalisierten Formaten häufig auch das Körpergewicht zum Thema. Übergewichtige Menschen bevölkern nicht nur die Geschichten, sondern sie sind dann auch in hyperbolischer Weise übergewichtig. Besonders signifikante Beispiele sind Simone im Roman *Ein Sommer in Niendorf*, die namenlose Bloggerin der Erzählung *Yummy Whoop Fuck* oder die Pärchen in den Geschichten *Sizzling Hot*, beide im Erzählband *Das Teemännchen*, und *Eisengreis* im Erzählband *Der gelbe Elefant*. Die Bedeutung dieser Figuren ist dabei unterschiedlich aufgeladen. Selten sind diese Figuren aber reines Ornament, vielmehr geht es um den psychischen Effekt des Körpergewichts oder um das Körpergewicht als Effekt psychischer Dispositionen. Die Membran zwischen Somatik und Semiotik ist bei Strunk durchlässig. Die Geschichten, die beinahe immer auch vom Verlangen und vor allem von unerfüllten Wünschen handeln, thematisieren Kipppunkte, beispielsweise des Maßes und des Geschmacks. Strunks Figuren neigen stets dazu, beide Grenzmarkierungen zu übertreten und zeigen damit die unappetitliche Seite der Diagnose Thomas Kleinspehns: „Oralität wäre auch der *materiale Rest*, der nicht vollständig im Prozeß der Vergesellschaftung aufgeht und in dem Momente von Lebendigkeit, von lebendigem Bezug zur Welt zum Ausdruck kommen und erfahrbar werden können." (Kleinspehn 1987, 19) In dieser Hinsicht sind die Orte, an denen gegessen wird, ebenfalls Räume der Offenbarung, wie es tatsächlich um die Beziehung der Menschen zur Welt, aber auch untereinander bestellt ist. In Strunks Erzähluniversum sind diese Orte Schlachtfelder, auf denen Auseinandersetzungen ausgetragen werden, die zum Teil verheerende Folgen für alle Beteiligten haben. Paradigmatisch lassen sich dafür die Imbissstube Borstelgrilleck der gleichnamigen Erzählung in *Das Teemännchen* und die Taverna Bacchus, *„der hiesige Grieche"* (Strunk 2023, 7) der Erzählung *Kroketten* (*Croquettes*) anführen. In der einen Geschichte wird die Heldin Anja vom Grilleck über Jahre hinweg psychisch wie physisch zugrunde gerichtet, in der anderen sorgen schlechtes Essen und das zeitweilige Fehlen der (nur vermeintlich hausgemachten) Kroketten für Übelkeit, Streit und Trennung.

Komplementär dazu ist für viele Texte Strunks der Alkoholgenuss zentral, das „saufi saufi machen" (Strunk 2004, 242): „Ich war strukturell immer Wirkungstrinker gewesen." (Strunk 2004, 128) In dem Roman *Der goldene Handschuh*, der den Namen der Hamburger Kneipe im Titel trägt, in der die Figuren sich überwiegend aufhalten, ist der Alkoholkonsum nicht nur notwendig für die Kommunikation untereinander, sondern er strukturiert auch den Tagesablauf der meisten Figuren. Das Thema Alkoholismus deckt überdies eine der entscheidenden Persönlichkeitsdimensionen des Frauenmörders Fritz Honka ab. So beginnt die Vorstellung Honkas, noch ehe er benannt wird, mit seinem Zigarettenkonsum, den „ungefähr sechzig Sheffield" (Strunk 2019, 17), sowie der Angabe zu dem, was er bereits getrunken hat, nämlich „einen Liter Fako [...], Fanta-Korn, im Verhältnis 1:1. Jetzt hat ihn der *Schmiersuff* befallen, der einem den ganzen Kopf und das ganze Denken zuschmiert und zukleistert" (Strunk 2019, 17). In Strunks Roman *Ein Sommer in Niendorf* schließlich wird dem Rechtsanwalt und Amateurschriftsteller Dr. Georg Roth der mephistophelische Breda an die Seite gestellt, der sich nicht nur um die Mietapartments und die Strandliegen an der Ostsee kümmert, sondern vor allem Betreiber eines Spirituosenladens ist – „LIKÖRDEPOT. *Feine Weine und Spirituosen.* Inhaber M. Breda" (Strunk 2022, 18). In dieser Funktion verführt er Roth kontinuierlich und erfolgreich zum Trinken. Dieser, der nach Niendorf gekommen ist, um an einer Chronik seiner Familie zu schreiben, findet sich seit dem ersten Tag an der Ostsee deshalb in einer eskalierenden Fluchtbewegung des Betrinkens wieder: „Wenn nichts hilft, hilft saufen. Die Flasche Chablis ist in weniger als einer halben Stunde ein- und weggeatmet." (Strunk 2022, 120)

Geschlecht und Perspektive

Mitunter wurde Heinz Strunks Texten der Vorwurf des Sexismus gemacht. Dieser Aspekt lässt sich an verschiedenen Ebenen seiner Romane und Erzählungen diskutieren, auf der Ebene der *histoire* ebenso wie auf der Ebene des *discours*. Häufig haben wir es auf der Inhaltsebene mit männlichen Figuren und ihrem sexualisierten Blick auf Frauen zu tun. Dem entspricht die erzählerische Gestaltung mit einer fast ausschließlich männlichen Fokalisierung der Erzählwelt. Daher lassen sich Strunks Texte als literarische Gestaltung eines *male gaze* lesen, als eines heterosexuell männlichen Blicks auf Frauen als Objekte der Begierde. Bei diesen männlichen Fokalfiguren handelt es sich jedoch stets um solche, die die Welt aus einer Position der tatsächlichen oder gefühlten Unterlegenheit gegenüber den begehrten Frauen betrachten. Ihr sexueller Blick ist keiner der Dominanz, sondern vielmehr ein frustrierter Blick auf Unerreichbares. Manche dieser Männerfiguren Strunks haben durchaus eine Verbindung zum Modell des Incels, des *involuntary celibate* (unfreiwillig zölibatär), ein Begriff für Männer, die in ihrer eigenen Selbstwahrnehmung aufgrund mangelnder Attraktivität keine sexuellen oder romantischen Beziehungen zu Frauen herstellen können, und aus diesem Gefühl des Zukurzkommens Ressentiments gegen Frauen entwickeln, die sich auch in (sprachlicher) Aggression und Herabwürdigung Ausdruck verschaffen. Zu denken wäre hier bei Strunk einerseits etwa an die Hauptfigur des Debütromans *Fleisch ist mein Gemüse* und seine Wahrnehmung der begehrten, aber unerreichbaren Frauen als „Biester" oder andererseits an die Figuren in der Erzählung *Madhaus* aus dem Band *Das Teemännchen*, die Frauen mithilfe von Alkohol in ihre körperliche Gewalt bringen, demütigen und sexuell missbrauchen. Nirgendwo werden solche Männerfiguren jedoch als *Role Models* präsentiert, sondern stets in ihrer innerlichen und äußerlichen Erbärmlichkeit vorgeführt. Solche Szenen müssen daher als ein Teil von Strunks literarischem Programm verstanden werden, den Blick auch auf die schrecklichen und zerstörerischen Seiten von Mensch und Gesellschaft zu richten. Dieser Fokus macht die Lektüre aber nicht nur auf der inhaltlichen Ebene, sondern auch formal durchaus herausfordernd. Denn die Textwelten im Werk Heinz Strunks entwickeln sich, wie gesagt, oft aus personalen Fokalisierungen heraus. Moritz Baßler spricht in diesem Zusammenhang von einem ständigen „Gleiten" in die Innensicht der Figuren, was eine „kunstvolle Halbdistanz" zur Folge habe (Baßler 2017, 116). Anspruchsvoll ist dieses Verfahren, weil die Figuren, aus deren Innensicht die Erzählung sich entwickelt, häufig ganz grundsätzlich problematischen Wertordnungen folgen, z. B. Sexismus und Klassismus, welche aber nicht explizit problematisiert werden. Insofern lässt sich von einem ironischen oder auch unzuverlässigen Erzählverfahren reden: Die konkreten Tatsachen und Ereignisse innerhalb der Textwelten werden zwar im Großen und Ganzen zutreffend dargeboten, ihre ästhetische und moralische Bewertung ist jedoch mit großer Vorsicht zu genießen. Die Leserinnen und Leser müssen ständig neu ausloten, wer eigentlich spricht, wie zuverlässig die Bewertungen sind und wie weit diesen Vertrauen geschenkt werden darf.

Autofiktionalität

Wer sich in den Kaninchenbau der Strunkiana begibt und Spuren des Lebens und Schaffens Heinz Strunks sammelt, kommt nicht umhin, über die Vielzahl an Interviews zu stolpern. Auffällig ist in vielen Gesprächen, dass Strunk Fragen der Interviewer nicht mit generischen Antworten oder komischen Bemerkungen abtut, sondern sich seine Beiträge durch eine ungewöhnliche Konkretheit und

Ernsthaftigkeit auszeichnen. Selbst in der *Markus Lanz*-Talkshow (25.05.2017), in der Strunk zwischen heiteren *Faits-divers*-Beiträgen positioniert ist, gibt er sehr private und ausführliche Antworten. Strunk wiederholt in den zahlreichen Interviews zudem immer wieder, mitunter im selben Wortlaut, grundlegende private Informationen sowie Meinungen zu bestimmten Ereignissen und Personen, die durchaus auch sehr kritisch ausfallen können. Der somit sehr öffentliche private Hintergrund Strunks, beispielsweise seine lange berufliche Erfolglosigkeit oder die Jahre des Kümmerns um die kranke Mutter, scheint deshalb zumindest mit den frühen Romanen und Erzählungen zu korrespondieren, die Strunk selbst als autobiografisch markiert.

In die Gattung der autofiktionalen Literatur des 21. Jahrhunderts ließen sich deshalb gerade Romane wie *Fleisch ist mein Gemüse*, *Fleckenteufel*, *Heinz Strunk in Afrika* und *Junge rettet Freund aus Teich* gut einsortieren. So sehr Strunk allerdings auf die Referenzialität vieler Ereignisse in den Texten hinweist, so wenig gehen diese Ereignisse vollständig im Leben des realen Mathias Halfpape auf, wie es bei vielen anderen Autorinnen und Autoren eher der Fall zu sein scheint. Nicht allein das Spiel mit verschiedenen Identitäten in den Romanen, Hauptfiguren, die unterschiedliche Namen tragen oder unterschiedliche Berufe ausüben, sondern auch die starke sprachlich-literarische Bearbeitung der Texte sowie die Implementierung pointierter und zuweilen surrealer Handlungselemente unterscheiden Strunk deutlich vom Gros der autofiktionalen Gegenwartsliteratur. Strunks Texte könnte man daher als Extrapolationen autobiografischen Schreibens verstehen, in denen das Autobiografische die Basis liefert, um Geschichten zu erzählen. Dieses Verfahren scheint auf den ersten Blick auch der Bekenntnishaftigkeit zu widersprechen, die Strunk für sein eigenes Schreiben reklamiert (siehe das Interview in diesem Band). Denn mit einem Bekenntnis – als Gattung oder als diskursive Praxis – ist spätestens seit Augustinus in der Regel die Erwartung verbunden, dass eigene Verfehlungen kommuniziert werden. Die Bekennenden sollen etwas von sich selbst offenlegen und bei der Wahrheit bleiben. Dieses Konzept wurde allerdings spätestens seit Thomas Manns *Bekenntnisse des Hochstaplers Felix Krull* (1954) verkompliziert. Denn im literarischen Diskurs wird einerseits mit der Erwartung an Authentizität gespielt, andererseits wird die Vorstellung verunsichert, das Bekenntnis könne sich noch an irgendeine normverbürgende und insofern auch „richtende“ Autorität richten. (Vgl. Breuer 2000, 466–468) Diese Einschränkungen gelten auch und besonders für das Werk Heinz Strunks.

Nicht zuletzt werden dabei literarische Einflüsse sichtbar, eine intertextuelle „Einflussangst“ im Sinne Harold Blooms, die eine Auseinandersetzung mit anderen Dichtern sowie eine korrektive Abweichung (*clinamen*) von ihren Texten bedeuten kann. (Vgl. Bloom 1995) Allen voran ließe sich hierbei Botho Strauß benennen, den

Strunk als den Autor seines Lebens bezeichnet hat. Mit *Der zurück in sein Haus gestopfte Jäger* (2014) hat er einen ganzen Band herausgegeben, der aus neu zusammengestellten Fragmenten Strauß'scher Prosa besteht. So finden sich nicht nur auffällig viele der zentralen Themen wie Außenseitertum, Angst und Vergänglichkeit bereits in Texten Strauß', sondern auch das ästhetische Moment der Körperlichkeit ist in ihnen präfiguriert (siehe den Beitrag von Stefan Willer in diesem Band).

Mehrfachverwertungen

Wer mehrere Werke Heinz Strunks hintereinander hört, liest oder sieht, kennt das Gefühl, gerade ein Déjà-vu zu haben: Es gibt ständig Figuren, Sätze, Witze oder auch ganze Geschichten, die nicht nur in einem, sondern gleich in mehreren Texten des Autors auftauchen. Das gilt zum Beispiel für die Geschichte von „Onkel Johnny", einem scheinbar unverwüstlichen Mann von riesiger Statur, der sich in fortgeschrittenem Alter verliebt, dadurch aber seine Kraft einbüßt und physisch verfällt: Untergang durch Liebesschock. Der autodiegetische Erzähler des *Fleckenteufel*-Romans erinnert sich an die Geschichte von Onkel Johnny und seiner Liebsten, Oma Änne, als Modell eines gelungenen Lebens (vgl. Strunk 2009, 215–217). Dieselbe Erzählung findet sich im Roman *Jürgen* (vgl. Strunk 2017, 219–222), und zwar als der gleichnamige Protagonist sie seiner Reisebegleiterin als Gutenachtgeschichte vorträgt. Ein anderes Beispiel ist die Idee von gesundheitsschädlichen „Mikropilzen", die das erste Mal in *Der Mettwurstpapst* (1995) ausformuliert wird und in *Jürgen* dann erneut auftaucht (vgl. Strunk 2017, 112–114). Den Mettwurstbauern und seine Mettwurstfelder wiederum findet man nicht nur auf der frühen CD *Der Mettwurstpapst*, sondern auch in *Junge rettet Freund aus Teich* (vgl. Strunk 2013, 28–29). Weitere Mehrfachverwendungen dieser Art ließen sich leicht anführen. Strunk nutzt „besonders gute Gags, die aber irgendwie zu ihrer Zeit total untergegangen sind, nochmal", ganz einfach, weil er davon ausgeht, dass sie es verdient haben. Der Autor nimmt diese Art Wiederholungen vor, „ohne großartig darüber nachzudenken" (Interview in diesem Band, 298). Dennoch setzt dieses Verfahren ein Ablagesystem voraus, in das besonders gelungene, wiederverwertbare Gags, Sprüche, Gespräche oder Motive eingeordnet werden, um dann bei passender Gelegenheit wieder hervorgeholt werden zu können.

Da es sich bei diesen Versatzstücken um Texteinheiten handelt, die aufgehoben werden sollen, um weiter tradiert zu werden, könnte man diese Ablage auch ein Archiv nennen, in das zur Wiederverwertung vorgesehene Textbausteine aufgenommen werden. In dieses Archiv werden aber nicht nur Textbausteine aus der Feder Strunks aufgenommen. Es handelt sich auch um Texturen, die der Autor bereits vorgefunden hat und dann neu verwerten konnte. Die Sphäre, der sie entnommen wurden, ist in der Regel nicht die der Hochkultur und ihrer kanonisierten Texte, sondern es sind Randbezirke und Außenbereiche. Meistens handelt es sich um Elemente, die auf ein kleinbürgerliches oder proletarisches Soziotop zurückverweisen, oft genug auch auf das Umfeld von mehr oder weniger halbseidenen Ratgebern, Gurus und Coaches, oder sie bedienen sich aus dem Fundus des sogenannten Reality TV. Ganz und gar nicht zum kollektiven Gedächtnis gehört zum Beispiel ein Gespräch, das Heinz Strunk 1998 in einer Lübecker Kneipe aufzeichnete (siehe das Interview in diesem Band). Es dient als Geräuschkulisse für den ersten Track auf *Der Schorfopa* (2007) und wird anschließend wörtlich in den Roman *Sommer in Niendorf* (Strunk 2022, 181–184) übernommen. Dort wird der authentische Kneipendialog als Gespräch wiedergegeben, das die Gäste der fiktiven Absturzkneipe „Spinner" führen. Auch aus der Welt der Ratgeber und Coaches nimmt Strunk etliche Sprüche, Floskeln und Kalenderweisheiten. Während die Deklassierten und Abgehängten ein kritisches, aber durchaus auch freundliches Interesse Strunks genießen, macht er aus seiner Geringschätzung für die Welt der Ratgeber und Coaches keinen Hehl: Von einer regelrechten „Schrottwelt" (siehe das Interview in diesem Band, 288) spricht er in diesem Zusammenhang. Ihre Floskeln werden wie herumliegende „Kackateilchen" (Strunk 2008, 79) aufgesammelt und anschließend in Literatur verwandelt. Lässt sich die Wiederverwendung von Topoi mit Heinrich F. Plett (2000, 225) als „Recycling" bezeichnen, trifft das auch für das Aufsammeln und die Neuverarbeitung von Ratgeberjargon zu; hier ist die Metapher vom Recycling besonders treffend, weil das Aufgesammelte von Strunk ausdrücklich als Müll, *Trash* eben, bezeichnet wird. Solchem Schrott lässt sich nicht per se ein Wert zuschreiben, aber er wird – qua Wiederverwertung – in einen „Wertzyklus" (Wirth 2015, 25) überführt.

Heinz Strunk als Autor von Kinder- und Jugendliteratur

Heinz Strunk hat sich nicht nur in unterschiedliche literarische Gattungen und Medien eingeschrieben, sondern er ist auch der Autor von fünf Werken, die in das Feld der Kinder- und Jugendliteratur ‚hineindiffundieren'. Dabei handelt es sich um die drei Adoleszenzromane *Fleisch ist mein Gemüse, Fleckenteufel* und *Junge rettet Freund aus Teich* sowie um die zwei Bilderbücher *Die Käsis* und *Graf Fauchi und das verschwundene Gebiss*. Eingedenk aller Schwierigkeiten, Kinder- und Jugendliteratur trennscharf von der Allgemeinliteratur zu unterscheiden, wird man sagen können, dass von den drei Adoleszenzromanen insbesondere *Fleckenteufel* der Jugendliteratur zugeordnet werden kann, während *Junge rettet Freund aus Teich* primär Züge einer erwachsenliterarischen Kindheits- und Coming-of-Age-Geschichte trägt. In diesem Sinne rückwärtsgewandt ist auch der Blick, den *Fleisch ist mein*

Gemüse auf die verspätete Adoleszenz seines Ich-Erzählers richtet. Dabei inkorporiert und transformiert der Text Biographeme des realen Autors Mathias Halfpape. Dieses autofiktionale Verfahren ist, neben vielen thematischen und stilistischen Überschneidungen, eine weitere Gemeinsamkeit der genannten drei Romane.
Im Gegensatz dazu handelt es sich bei den beiden Bilderbüchern *Die Käsis* und *Graf Fauchi und das verschwundene Gebiss*, die von unterschiedlichen Co-Autoren/-Illustratoren mitverfasst sind, um Nonsensgeschichten- bzw. Genreparodien, deren Verfahren darin besteht, Konventionen kinderliterarischen Erzählens in einen erwachsenliterarischen ‚Als-ob-Modus' zu transformieren. Charakteristisch für alle hier skizzierten Werke – wie für Heinz Strunks Œuvre überhaupt – ist, dass sie keinerlei (didaktisch-pädagogische) Rücksichten nehmen, etwas, das insbesondere für die thematische und stilistische Erzeugung des Komischen – Stichwort: ‚Körperkomik/ Körperhorror' – gilt. Für die drei Adoleszenzromane kommt hinzu, dass ihre erzählten Welten an (ab-)wertende und ressentimentgeladene Erzählerfiguren gebunden sind, deren interne Fokalisierung unhinterfragt bleibt. Daher setzen auch diese ‚kinder- und jugendliterarischen' Texte Heinz Strunks literarästhetisches Wissen voraus, das ungeübte Leserinnen und Leser aller Altersstufen überfordern kann.

4 Die Beiträge

Formen

Andreas Seidler untersucht in seinem Beitrag „‚Überlegenes Material'. Metaisierung und Selbstreflexivität im literarischen Werk Heinz Strunks" unterschiedliche Formen der Selbstbezüglichkeit in den Erzählungen und Romanen des Autors. Solche Formen rücken die Sprache in ihrer Materialität und Gestaltung ins Bewusstsein der Leserinnen und Leser, thematisieren die Herausforderungen des Schreibens und lassen sich daher oft auch als eine Art Selbstverständigung des Autors Strunk über sein eigenes Schaffen lesen. Besonders ausgeprägt ist dies etwa im Roman *Die Zunge Europas*. Anhand dieses und anderer fiktionaler Texte lassen sich somit auch Elemente einer spezifisch Strunk'schen Poetologie rekonstruieren.

Stefan Borns Beitrag „Sprüche, Schnacks und Redensarten. Die Aufwertung von Spruchformen bei Heinz Strunk" beschreibt die Funktion von Aphorismen, Sentenzen, Maximen und anderen spruchförmigen Gattungen im Erzählwerk Heinz Strunks. Besonders an den Beispielen *Mensch vs. Taler*, *Jürgen*, *Der goldene Handschuh* und *Zauberberg 2* wird nachvollzogen, wie Heinz Strunk seine Figuren durch die Verwendung von Sprüchen profiliert. Dabei wird auch deutlich, dass

Weisheit und Ratgeben, die normalerweise mit solchen Spruchformen verbunden sind, ironisch ins Leere laufen. Strunks Verwendung von Sprüchen erweist sich nicht zuletzt als eine Reflexion auf eine große moralisch-ethische Ratlosigkeit.

Arno Metelings Text über „Hermeneutische Geilheit. Körper und Schrift in der Strunk-Galaxis" betrachtet als poetologischen Generalbass des Strunk'schen Schreibens eine spezifische Verknüpfung von referenzieller Körperlichkeit und selbstreferenzieller Literarizität. Vor allem an den Romanen *Fleisch ist mein Gemüse*, *Fleckenteufel* und *Zauberberg 2* sowie den Erzählsammlungen *Das Teemännchen* und *Der gelbe Elefant* werden Textstrategien untersucht, die Materialität und Zeichenhaftigkeit verbinden. Diese Aspekte lassen sich als „grotesker Manierismus", „Negativwelten", „Melancholie-Effekt" und „Herzensschrift" bezeichnen.

Unter der Überschrift „Damit der Zauber erhalten bleibt" widmet sich der Beitrag von Andre Kagelmann Heinz Strunk als Autor von kinder- und jugendliterarischen Texten. Ausgehend von einer taxonomischen Skizze des Feldes, analysiert er die drei Adoleszenzromane *Fleisch ist mein Gemüse*, *Fleckenteufel* und *Junge rettet Freund aus Teich* sowie die zwei Bilderbücher *Die Käsis* und *Graf Fauchi und das verschwundene Gebiss*. Dabei werden insbesondere die – aus stark subjektiven, ressentimentgeladenen Erzählpositionen heraus sich entwickelnden – Darstellungen von Kindheit/Übergang/Jugend/Adoleszenz in Verbindung mit für das Œuvre Strunks typischen Themen wie Körper, Essen, Ausscheidungen, Sexualität und Objektifizierung fokussiert.

Inhalte

Iris Meinen analysiert in ihrem Beitrag „Körpergrenzdiskurse in Heinz Strunks Prosa", ausgehend von dem für die Figuren unerreichbaren Ideal des makellosen ‚Behälterkörpers', Abweichungsinszenierungen wie Deformationen, Ausdünstungen und Einverleibungen von Figuren(-körpern) in den erzählten Welten. Am Beispiel u.a. von *Fleisch ist mein Gemüse*, *Fleckenteufel*, *Der goldene Handschuh* und *Ein Sommer in Niendorf* legt sie besonderes Augenmerk auf die sich daraus ergebenden (Rück-)Spiegelungen in soziale Identitätsdiskurse der erzählten Welten, wobei sie die Körpergrenzdiskurse als dominierendes literarästhetisches Programm der Prosatexte Heinz Strunks identifiziert.

Nils Rottschäfers Beitrag untersucht „Sehnsüchte und Sehnsuchtsorte im Werk von Heinz Strunk". Dabei stellt er fest, dass die literarischen Texte Strunks geradezu von einer Sehnsuchtspoetik durchdrungen sind. Sehnsucht zeigt sich dabei in unterschiedlicher Weise als Stimmung von mit ihrem Leben unzufriedenen Figuren und in der Beschreibung des Strebens nach Sehnsuchtsorten. Diese Orte können so unterschiedlicher Art sein wie Spielhallen, Absturzkneipen oder Ostseebäder. Die

Gestaltung solcher Sehnsuchtsnarrative zeigt der Beitrag u.a. an den Romanen *Fleisch ist mein Gemüse, Der goldene Handschuh* und *Es ist immer so schön mit dir* auf.

Marcel Winters im Feld der literaturwissenschaftlichen Geruchsforschung zu verortender Beitrag „Schweiß, Tabak, Alkohol. Inszenierungen des Olfaktorischen im Werk Heinz Strunks" stellt eine Ausschnittsvergrößerung der Körperpolitik in den Texten Heinz Strunks in Bezug auf die im Œuvre omnipräsenten ‚Geruchslandschaften' dar. Auffällig seien im Zusammenspiel visueller und olfaktorischer Wahrnehmungskomponenten die klare Dominanz von – handlungsrelevanten und strukturgebenden – schlechten, nicht sozialdistinktiven Gerüchen gegenüber wohlriechenden und das nur punktuelle Aufscheinen von ‚olfaktorischen Idealen', wie Winter am Beispiel von *Der goldene Handschuh, Es ist immer so schön mit dir* sowie anhand ausgewählter Erzählungen aus *Das Teemännchen* analysiert.

Lektüren

Zu den zentralen Themen Strunks gehört das Konzept vom geglückten oder gescheiterten Leben. Erika Thomalla deckt in ihrem Beitrag „Steps of Success. Die Poetik des Ratgebers in der *Titanic*-Kolumne *Das Strunk-Prinzip*" die Grundlagen für Strunks Inszenierung der Verlierer- und vermeintlichen Gewinnerfiguren auf. In der Kolumne *Das Strunk-Prinzip*, die 2014 auch als gleichnamiger Sammelband veröffentlicht wird, geht Strunk dabei so parodistisch wie bissig vor allem auf das Ratgebergenre ein. Thomalla untersucht die den Ratgebern zugrunde liegenden Ideologien des Self-Managements und der Selbstoptimierung sowie vor allem, welche Methoden Strunk einsetzt, diese zu desavouieren.

Heinz Strunk bezeichnet in der von ihm herausgegebenen Anthologie *Der zurück in sein Haus gestopfte Jäger* Botho Strauß als den Autor seines Lebens. Stefan Willers Beitrag „Heinz Strunk liest Botho Strauß" durchforstet diese Textsammlung genauso wie die drei Erzählbände *Das Teemännchen, Der gelbe Elefant* und *Kein Geld Kein Glück Kein Sprit* nach den Bezügen zwischen den beiden Autoren. Hierzu werden andere und bereits zuvor vorliegende Botho-Strauß-Textsammlungen gesichtet. Zentral sind dabei die Fragen danach, welches Bild von Strauß sich in der Strunk'schen Sammlung ergibt und wie sich die Prosa Strunks vor dem Hintergrund des Bezugs auf Strauß lesen lässt.

Hören und Schauen

Philipp Kohl liefert einen umfang- und materialreichen Beitrag zu „Heinz Strunks Hörwerk“. In chronologischer Weise werden darin die seit den 1990er-Jahren entstandenen Hörspiele, Rundfunkbeiträge, Audioserien, Musikproduktionen und Hörbücher beschrieben und charakterisiert, die Strunks literarischem Schaffen vorausgingen und dieses weiterhin begleiten. Dabei werden die motivischen und materialen Verbindungen zwischen den Hörwerken und den literarischen Texten deutlich. Ebenso wird Strunks Arbeitsweise als Audioautor erkennbar.

Tobias Haupts filmwissenschaftlicher Beitrag „Ein Wechsel der Perspektive. Heinz Strunk und der Film“ wendet sich nicht nur den Verhältnissen zwischen den literarischen Texten und audiovisuellen Narrativen Heinz Strunks zu, sondern untersucht konkret die Blick- und damit Perspektivkonstruktionen in den Filmen, an denen Strunk beteiligt ist. Fokussiert werden dabei die Literaturverfilmungen *Fleisch ist mein Gemüse* und *Der goldene Handschuh* genauso wie der Kurzfilm *Zeit* sowie die beiden Jürgen-Dose-Geschichten *Trittschall im Kriechkeller* und *Jürgen – Heute wird gelebt*. An der Mockumentary *Fraktus – Das letzte Kapitel der Musikgeschichte* und der Fernsehserie *Last Exit Schinkenstraße* wird überdies nicht nur sichtbar, dass sich bestimmte Ästhetiken durch das gesamte Filmschaffen Strunks ziehen, sondern dass auch die zentrale Strunk-Persona des Tanzmusikers immer wieder zur Disposition gestellt wird.

Gemeinsam mit dem Fotografen Dennis Dirksen hat Heinz Strunk bisher zwei großformatige Monatskalender unter dem Motto „Maximize Your Life!“ (2024 und 2026) gestaltet. Andreas Seidler zeigt in seinem Kurzbeitrag „Heinz Strunk barock“ an einem Kalenderblatt auf, wie dieses nicht nur mit der Rhetorik aktueller Lebensratgeber spielt, sondern auch Motive aus der Morallehre der Barockzeit aufgreift und strukturell der frühneuzeitlichen Kunstform des Emblems entspricht.

Im Anhang dieses Bandes findet sich unter dem Titel „Vielleicht überrascht es Sie, aber ich halte mich für einen ganz großen Menschenfreund“ ein von den Herausgebern und Philipp Kohl am 10.06.2024 in Hamburg geführtes Interview mit Heinz Strunk. Dort findet sich auch ein Verzeichnis der Werke Heinz Strunks, das zum jetzigen Zeitpunkt (15.01.2026) (mehr oder minder) vollständig zu sein scheint – allerdings ist täglich mit neuen Veröffentlichungen zu rechnen.

Wir danken Clara Amberg für ihre kompetente Mitarbeit bei der Gestaltung der Druckvorlage für dieses Buch!

Primärliteratur

Zu den Angaben siehe Werkverzeichnis am Ende des Buches.

Sekundärliteratur

Bachtin, Michail: Rabelais und seine Welt. Volkskultur als Gegenkultur. Frankfurt a.M.: Suhrkamp 1995 (1965).

Baßler, Moritz: Verstehen heißt Verzweifeln. Laudatio auf Heinz Strunk und seinen Roman *Der goldene Handschuh*. In: Hubert Winkels (Hg.): Heinz Strunk trifft Wilhelm Raabe. Göttingen: Wallstein 2017, S. 114–127.

Bloom, Harold: Einflußangst. Eine Theorie der Dichtung. Basel: Stroemfeld 1995 (1973).

Breuer, Ulrich: Bekenntnisse. Diskurs – Gattung – Werk. Frankfurt a.M. u.a.: Peter Lang 2000.

Kämmerlings, Richard: Die Spießerhölle eines Ostseebads. In: Welt v. 16.06.2022.

Kleinspehn, Thomas: Warum sind wir so unersättlich? Frankfurt a.M.: Suhrkamp 1987.

Michaelsen, Sven: „Wenn das Casino schließt, bin ich oft der letzte Gast“. Interview mit Heinz Strunk. In: SZ Magazin 28/2021. (https://sz-magazin.sueddeutsche.de/literatur/heinz-strunk-hamburg-literatur-musik-90424) (30.10.2025)

Plett, Heinrich F.: Rhetorik der Gemeinplätze. In: Thomas Schirren/Gert Ueding (Hg.): Topik und Rhetorik. Ein interdisziplinäres Symposium. Tübingen: Niemeyer 2000, S. 223–236.

Wirth, Uwe: (Papier-)Müll und Literatur: Makulatur als Ressource. In: David-Christopher Assmann/Norbert Otto Eke/Eva Geulen (Hg.): Entsorgungsprobleme: Müll in der Literatur. Berlin: Erich Schmidt Verlag 2015, S. 19–32.

Teil I: **Formen**

Andreas Seidler

„Überlegenes Material“ – Metaisierung und Selbstreflexivität im literarischen Werk Heinz Strunks

Heinz Strunks 2023 erschienener Erzählband *Der gelbe Elefant* enthält eine nur wenige Zeilen umfassende Kürzestgeschichte mit dem Titel *Strange Jump*. Diese beschreibt den Sprung eines Selbstmörders vom Hamburger HEW-Hochhaus, der sich im Fallen die Nase zuhält, „wie Kinder beim Sprung vom Ein-Meter-Brett“. „Genützt hat es ihm nichts“ (Strunk 2023, 29), lautet die die Geschichte abschließende verweigerte Pointe.

Diese Erzählung lässt sich nicht nur im Hinblick auf die sehr knappe Handlung betrachten, sondern sie kann auch als Form eines versteckten Verweises auf die Poetik des Autors Strunk gelesen werden. Wenn es in der Erzählung heißt, dass der Selbstmörder „einen seltsamen Anblick [bot], der aber irgendwie auch zum Lachen reizte, man konnte sich nicht dagegen wehren“ (Strunk 2023, 29), dann ist damit nicht nur die Wirkung des Ereignisses in der Diegese beschrieben, sondern auch die Wirkungsästhetik von Strunks literarischen Texten selbst, die Seltsames bis Abstoßendes beschreiben, dabei aber auch zum Lachen reizen. So reflektiert sich die Wirkung des Erzählens in der Wirkung des erzählten Ereignisses bzw. der textinterne Kommentar zur Wirkung des Ereignisses auf die Beobachtenden lässt sich auch auf die Wirkung des Erzählvorgangs auf die Rezipierenden übertragen.

Der Fachterminus *mise en abyme* bezeichnet Phänomene, bei denen sich Kunstwerke in sich selbst spiegeln. Das *Metzler Lexikon Literatur- und Kulturtheorie* definiert den Begriff als eine Form von „Selbstreferenz, bei der mindestens ein Element einer übergeordneten Ebene (inhaltlicher oder formaler Natur) analog auf einer untergeordneten Ebene erscheint.“ (Wolf 1998, 373) Betrachtet man an Strunks Erzählung das Verhältnis zwischen Text und Rezipierenden als die übergeordnete Ebene und den diegetischen Vorgang als die untergeordnete, dann lässt sich dieses Verhältnis wie oben beschrieben als eine Form der *mise en abyme* verstehen. Dass sich das besondere Verhältnis von Text und Inhalt im Beispiel auch mit einem Fachterminus bezeichnen lässt, wäre für sich nicht weiter bemerkenswert. Bemerkenswert ist jedoch, dass sich zwischen dem Fachterminus selbst und der inhaltlich-motivischen Ebene der Erzählung *Strange Jump* eine bildhafte Analogie entdecken lässt. *Mise en abyme* bedeutet wörtlich übersetzt, etwas in einen Abgrund, ins Bodenlose geben. Die Erzählung *Strange Jump* lässt ihrerseits einen Mann aus dem dreizehnten Stockwerk eines Hochhauses in den Abgrund springen.

https://doi.org/10.1515/9783111408798-002

Man kann also sagen, die Erzählung konstruiert einen Sachverhalt, der sich als *mise en abyme* bezeichnen lässt und stellt gleichzeitig eine Rückübersetzung dieses metaphorischen Fachbegriffs in die konkrete Bildlichkeit dar. Dies war vermutlich vom Autor so nicht intendiert ist. Dennoch wird deutlich, dass sich in der äußerst kurzen Geschichte ein komplexes Verweisverhältnis zwischen unterschiedlichen Ebenen entdecken lässt, in dem literarisches Erzählen seine Wirkung in sich selbst spiegelt. Dass dieses selbstreferentielle Spiel kein Einzelfall und kein Zufall ist, lässt sich bei einem Streifzug durch Strunks gesamtes literarisches Œuvre erkennen. In zahlreichen seiner Werke nutzt er Formen der Selbstreferenz und des Einbezugs von Metaebenen, um unterschiedliche Aspekte der literarischen Texte und seines Schreibens darin explizit und implizit zu reflektieren. Solche Passagen lassen sich daher auch als eine dem Werk eingeschriebene Poetik des Autors lesen. Im Folgenden werden die Spuren dieser Poetik bei einem chronologischen Durchgang durch Heinz Strunks literarisches Werk verfolgt.

Heinz Strunks Debüt- und Erfolgsroman *Fleisch ist mein Gemüse* (2004) ist relativ bruchlos erzählt, ohne die Diegese aufbrechende Selbstkommentierungen des Erzählens oder der sprachlichen Gestaltung. Bei aller Übertreibung und Zuspitzung der beschriebenen Ereignisse lässt sich darin auch ein Streben nach Realismus und Authentizität erkennen, das vermutlich zum Erfolg des Romans beim Publikum mit beigetragen hat.

In Strunks zweitem Roman *Die Zunge Europas* finden sich hingegen zahlreiche Metareferenzen,[1] die den fiktionalen Erzählfluss unterbrechen und den Text auf verschiedenen Ebenen kommentieren. Etwa, wenn der Ich-Erzähler die Figur seines Onkels Friedrich einführt mit dem Hinweis: „Im Hamburger Freihafen ist er eine Legende, ein Mythos, eine sagenumwobene Lichtgestalt, eine Fata Morgana (hab ich dieses Wort auch noch untergebracht! Es geht beim Bücherschreiben ja vor allem darum, so viel verschiedene Wörter wie möglich unterzubringen)." (Strunk 2010, 79–80)

Die Erzählung und damit auch der Fokus auf die erzählte Welt werden hier unterbrochen durch den Einzug einer metasprachlichen Ebene, die die Wortwahl und damit das Medium des Erzählens zum Thema macht. Solche Ebenenwechsel finden sich mehrfach im Roman. Sie lenken die Aufmerksamkeit der Lesenden von der Diegese ab auf den Text in seiner sprachlichen Form. Häufig sind es eingeschobene Kommentare des realen oder des sich selbst fiktionalisierenden Autors (dies lässt sich kaum unterscheiden), die den Entstehungsprozess des literarischen Textes thematisieren. Auch andere an der Genese des Textes beteiligte Akteuren werden aufgerufen: „Direkt vor Sonjas Haus ist *eine Bushaltestelle untergebracht* (haha,

1 Vgl. zum Begriff und zu den Formen der Metaisierung Wolf (2007).

das wollte der Lektor rausnehmen, ich hab mich durchgesetzt)“ (Strunk 2010, 174, Hervorhebung im Original). Es werden nicht nur an der Produktion des Textes beteiligte Instanzen angesprochen, sondern gelegentlich auch die Rezipierenden, um auch auf diesem Wege dezidiert auf die sprachliche Ebene zu verweisen: „Er war Anfang sechzig, hatte einen mächtigen Spitzbauch, einen grauen Spitzbart und ein spitzes Kinn (auf gar keinen Fall überlesen: *Spitzbart, Spitzbauch, spitzes* Kinn).“ (Strunk 2010, 97, Hervorhebung im Original) Man liest dies als belustigenden Einschub, als Einmischung eines etwas eitel wirkenden Erzählers, der die Aufmerksamkeit der Lesenden unbedingt auf seine vermeintlich originelle Wortfindung lenken will. Tatsächlich wird in dieser albernen Form aber auch eine grundlegende Erkenntnis der Literaturwissenschaft des 20. Jahrhunderts vorgeführt, die vom russischen Formalismus über Roman Jacobson bis Umberto Eco entwickelt wurde, nämlich die Feststellung, dass sich die Sprache der Literatur vom Sprachgebrauch in anderen Kontexten gerade durch die ästhetische bzw. poetische Funktion unterscheidet, auf sich selbst in ihrer Gestaltung zu verweisen. (Vgl. hierzu Scheffel 1997, 11–22.) Sprachliche Selbstreferenzialität wird damit zum spezifischen Charakteristikum von Literatur. Vor diesem Hintergrund lässt sich sagen, dass Strunks eitler Autor in Passagen wie den angeführten sich selbst und seine Leserschaft der Literarität seines Textes vergewissert.

Wie oben bereits angedeutet verschwimmt in diesen Selbstkommentierungen zu Gestaltung und Entstehungsprozess des Textes die der Literaturwissenschaft so wichtige Differenz zwischen realem Autor und fiktionaler Erzählinstanz. Man kann diese selbstreferentiellen Spielereien daher auch als eine der vielen Formen betrachten, in denen der Autor Heinz Strunk sich autofiktional in seine literarischen Texte einschreibt. Das Doppelspiel zwischen Autor und Erzähler wird auch dadurch weiter entfaltet, dass der Erzähler im Roman darüber nachdenkt, einen Roman zu schreiben, der denselben Titel trägt wie das vorliegende reale Buch des Autors Heinz Strunk: „Ich bin mir sicher, dass es ein gutes Buch würde. Der Titel ist doch schon mal unschlagbar: ‚Die Zunge Europas‘! Überlegenes Material.“ (Strunk 2010, 80) Die Selbstbeurteilung des Erzählers mit den identischen Worten „überlegenes Material“ findet sich noch mehrfach im Roman und zwar immer in Bezug auf die eigenen Schreibversuche des Ich-Erzählers, die intradiegetisch präsentiert und durch Kursivsetzung markiert werden. „Knapp zwei Stunden hatte ich für den Text benötigt. Überlegenes Material.“ (Strunk 2010, 103) „Spitzentext schon wieder. Überlegenes Material.“ (Strunk 2010, 217)

Zu dem fiktiven Roman „Die Zunge Europas“ des Erzählers Markus Erdmann finden sich gleich mehrere Entwürfe in Strunks Roman enthalten, die wiederum mit Reflexionen des Erzählers über diesen seinen eigenen Text versehen sind. „Was genau sollte es eigentlich für ein Buch werden? Eine Melange (Herr Ober, eine

Melange!) aus Sachbuch und Unterhaltungsroman? Eine Psychogroteske? Ein Kaffeekrimi? [...] Realismusparodie oder Metakomik?“ (Strunk 2010, 228) Der fiktive Autor verfasst sogar selbst eine Rezension zu seinem geplanten Roman, ein vernichtender Verriss. Einige Aspekte daraus lassen sich wiederum auch auf den realen Autor Strunk und seine Herkunft aus dem humoristischen Fach gemünzt lesen:

> Markus Erdmann ist Comedy-Autor. Dies möge eine Erklärung sein dafür, warum sein literarisches Debüt hilflos zwischen burleskem Männerwitz und peinlich bemühter Zerebralität oszilliert, ohne sich für das eine oder andere entscheiden zu können. [...] In der Literatur geht es eben nicht um ‚Authentizität‘, ist diese doch allemal nur künstlich hergestellter Effekt! Wahrscheinlich ist es eine *Déformation professionell* von Comedy-Autoren, dass sie Effekt nicht von Effekthascherei zu unterscheiden vermögen. (Strunk 2010, 230–232, Hervorhebung im Original)

Dieser Selbstverriss, in dem eigene Schwächen hervorgehoben werden, wirkt einerseits demütig. Andererseits demonstrieren der fiktive und der reale Autor dieser Zeilen in ihrer Reflektiertheit doch auch eine Überlegenheit gegenüber möglichen anderen Kritikern, deren Urteil sie vorwegnehmen.

Der Ich-Erzähler und Protagonist des Romans, Markus Erdmann, ist von Beruf Comedy-Autor und hat somit biografische Gemeinsamkeiten mit dem realen Autor Heinz Strunk. Wenn der Erzähler im Roman seine künstlerischen Vorbilder aufzählt, lässt sich auch dies als Bekenntnis des realen Autors lesen: „Meine Helden waren Polt und Loriot und natürlich die Begründer der neuen Frankfurter Schule: Waechter, Traxler, Henscheid, Bernstein, Gernhardt, Poth, Eilert, Knorr“ (Strunk 2010, 83) Auch die vom Erzähler differenziert vorgetragene Kritik an den unter dem Label „Comedy“ laufenden Formen von Komik und Humor finden sich in ähnlicher Weise in nicht fiktionalen Äußerungen Heinz Strunks zum Thema: „Comedy. In industrieller Massenfertigung produzierter Humor, rücksichtslos entkernt von Drama, Tragik, Weltanschauung, Überzeugung, Nuancen, Brüchen, Differenzen, also all dem, was Komik ausmacht.“ (Strunk 2010, 84) Vor diesem Hintergrund stellt der Erzähler im Roman fest: „Für den Typ des ernsthaften, schwerblütigen Humoristen, für den Komik existenzielle Notwendigkeit bedeutet, eine Möglichkeit, dem Schmerz und den Widrigkeiten des Daseins zu begegnen, gibt es keine Verwendung mehr.“ (Strunk 2010, 87) Auch diese Beschreibung des „schwerblütigen Humoristen“ lässt sich auf den realen Autor Heinz Strunk beziehen, der in seinen literarischen Werken eben jene Elemente von Schmerz und Widrigkeiten des Daseins mit Komik verbindet.

Durch die zahlreichen selbstreflexiven Wendungen auf die Produktion, die Form und die Qualität des Textes sowie durch das schillernde Verhältnis zwischen schreibendem Ich-Erzähler und realem Autor lässt sich Heinz Strunks zweiter

Roman *Die Zunge Europas* auch als eine Art poetologisches Selbstgespräch, eine Selbstverständigung des Autors über die eigene schriftstellerische Tätigkeit lesen.

Der folgende, dritte Roman Strunks *Fleckenteufel* (2009) ist hingegen weitgehend frei von Metakommentaren und Fiktionsbrüchen. Eine selbstreferentielle Ebene des literarischen Textes lässt sich lediglich in der beschriebenen Lektüreerfahrung des jugendlichen Ich-Erzählers mit verschiedenen Werken Charles Bukowskis erkennen: „Ich [...] lese mit Hilfe der Taschenlampe die letzten Seiten von *Aufzeichnungen eines Außenseiters*. Genial. Warum gibt es in Deutschland keinen, der auch nur so *ähnlich* schreibt? Für eine solche Schreibe muss es doch Bedarf geben [...]. Deutschland: Grass, Lenz, Böll, Mann. Alles Scheiße.“ (Strunk 2010b, 146) Dieser Kommentar lässt sich nicht nur als Figurenäußerung lesen, sondern auch als Verortung des Romans selbst in einer literarischen Tradition bzw. als Abgrenzung von einer anderen. Über Kreuz gedacht ist dabei, dass die genannten deutschen Autoren gegenüber der vor keiner Form der Körperlichkeit zurückschreckenden Ästhetik Bukowskis durch das Attribut „Alles Scheiße“ abgewertet werden.

Das 2011 erschienene Buch *Heinz Strunk in Afrika* ist nicht mit der Fiktionalität markierenden Gattungsbezeichnung Roman versehen. Die geschilderte Urlaubsreise nach Kenia hat eine autobiografische Grundlage. Auch bei den politischen Unruhen im Land, die im Buch eine Rolle spielen, handelt es sich um historische Ereignisse um den Jahreswechsel 2007/2008. Durch den Hinweis auf dessen österreichische Herkunft und die gemeinsame Arbeit am Treatment zu einem Drehbuch lässt sich auch der Reisebegleiter C. als Christoph Grissemann identifizieren, mit dem Strunk an den Drehbüchern für die Filme *Immer nie am Meer* (Österreich 2007) und *Drei Eier im Glas* (Österreich 2015) geschrieben hat. Durch die Thematisierung des kreativen Schreibprozesses erhält das Buch neben der autobiografischen auch eine künstlerisch-selbstreflexive Ebene. Auch Verweise auf andere Schreibprojekte lassen sich finden und auf spätere Publikationen des Autors beziehen. Wenn es heißt: „Vormittags lasse ich mich von Meister McEwan inspirieren, und nachmittags arbeite ich an meinem eigenen Buch. Es soll eine Art Kindheitsroman werden“ (Strunk 2011, 13), lässt sich dies auf die reale Arbeit an *Junge rettet Freund aus Teich* beziehen. Auch der Hinweis, dass der Autor vorhat, sich in seinem Schreiben „auf der biographischen Zeitachse rückwärtszutasten“ (Strunk 2011, 14) passt zu dieser Vermutung, ist zwischen *Fleisch ist mein Gemüse*, *Fleckenteufel* und *Junge rettet Freund aus Teich* doch tatsächlich eine chronologische Rückwärtsbewegung zu erkennen. Wie lange die Reifungszeit von Strunks Schreibprojekten mitunter dauert, lässt sich an einer anderen Stelle ablesen. In einer Liste von Ideen für das zu verfassende Drehbuch taucht unter anderem auf: „Ein Privatsanatorium, irgendwo in der norddeutschen Pampa, eine Art moderner Zauberberg.“

(Strunk 2011, 23) Unschwer lässt sich hier schon das Szenario für den erst 2024 erscheinenden Roman *Zauberberg 2* erkennen.

Heinz Strunk in Afrika enthält aber nicht nur Verweise auf andere Werke des Autors, sondern spielt wiederum auch mit selbstreferentiellen Einschüben, die den Erzählfluss unterbrechen und die Aufmerksamkeit explizit auf die Form der sprachlichen Darstellung lenken. Beim ersten Mal wird dies eingeleitet durch eine Art Geisterstimme, die den Autor an die Interessen seiner Leser erinnert:

> ‚Herr Strunk, Herr Strunk!' (Stimme aus dem Nichts, sehr laut) ‚Ja?' ‚Bitte beschreiben Sie in einfachen, verständlichen Sätzen die Hotelanlage. Beachten Sie, dass der Leser nicht mit einer enervierenden, sich über viele Seiten ziehenden literarischen Abhandlung gequält werden, sondern einfach nur wissen möchte, wie es im Nyali Beach aussieht. Er will es sich vorstellen können.' ‚Na gut.' (Strunk 2011, 56)

Hierauf folgt die in einer anderen Schrifttype gesetzte Beschreibung der Hotelanlage. Nachdem durch den spielerisch-fiktionalen Dialog zwischen Off-Stimme und Autor die Aufmerksamkeit bereits auf die sprachliche Darstellung gelenkt wurde, wird auch durch die Veränderung des Schrifttyps die Sprache in ihrer Materialität hervorgehoben und den Lesenden präsentiert. Durch diese Spielerei wird vor allem auch die Kontingenz der literarischen Beschreibung von Ereignissen und Orten bewusstgemacht. Die Literatur verweist auf sich selbst als etwas Gemachtes, nicht als Gegebenes. Der Kommentator aus dem Off beurteilt die Hotelbeschreibung schließlich mit den Worten: „Herr Strunk, das war sehr, sehr schlecht. Sie sind nichts weiter als ein elender Hobbyautor, aus Ersatzteilen in den Werkstätten von Kleinmeistern gefertigt." (Strunk 2011, 57) Die Stimme wirft dem Autor also vor, nicht nur epigonal zu arbeiten, sondern sich dabei auch noch bei schlechten Vorbildern zu bedienen. An einer anderen Stelle unterbricht die Stimme aus dem Nichts den Erzählvorgang erneut und fordert den Autor auf, ein Buffet zu beschreiben, worauf diese Beschreibung wiederum in der anderen Schrifttype präsentiert wird (vgl. Strunk 2011, 67). Diesmal quittiert das die Stimme mit der Aufforderung: „Belegen Sie bitte einen Kurs für kreatives Schreiben!" (Strunk 2011, 68)

Nicht nur der eigene Text wird in *Heinz Strunk in Afrika* spielerisch einer kritischen Prüfung unterzogen. Der Erzähler vergleicht auch die Texte anderer Autoren miteinander, nämlich die mitgebrachten Urlaubslektüren, Ian McEwans *Abbitte* und Lemmy Kilmisters Autobiografie *White Line Fever*, „Hochliteratur vs. Trash" (Strunk 2011, 110). Die Lektüre von *Abbitte*, dem „Goldstandard" der internationalen Literaturkritik, wie es heißt, wird ausdrücklich mit der Vorbildfunktion für das eigene Schreiben in Verbindung gebracht, „da kann ich mir ein schönes Scheibchen von abschneiden. Ich bin ganz gut im Scheibenabschneiden, schließlich begreife ich mich als lernendes System." (Strunk 2011, 110) Auch hier wird die schreibende Orientierung an anderen Autoren thematisiert, diesmal in positiver Weise. In der folgenden Gegenüberstellung von Passagen aus *Abbitte* und *White Line Fever* kommt bereits durch die Tatsache, dass es sich um als solche markierte Zitate handelt, als Texte im Text, die den Lesenden zur Beurteilung präsentiert werden, der literarische Text als gestaltete Sprache und gestaltetes Erzählen in den Blick. Bemerkenswerterweise hinterlässt beim lesenden und schreibenden Autor, der uns die Zitate präsentiert, Lemmy Kilmister, der für seine Exzesse legendäre Kopf der Hardrock-Band Motörhead, den stärkeren Eindruck. Uns Lesenden bleibt es überlassen, uns auf Grundlage der präsentierten Texte ein eigenes Urteil zu bilden.

Das folgende Buch *Junge rettet Freund aus Teich* (2013) ist wiederum ein weitgehend realistisch erzählter Roman ohne Illusionsbrüche. Erst gegen Ende stellt er eine spezifische Form der Selbstreferenz her, wenn sich der Romantitel *Junge rettet Freund aus Teich* im Buch zweimal identisch als vermeintliche Kapitelüberschrift wiederholt (vgl. Strunk 2014, 262 und 269). Damit wird zunächst innertextuell eine Selbstbezüglichkeit hergestellt. Die aufmerksam Lesenden geraten dadurch ins Stocken und ins Reflektieren, weil sie sich fragen, welchen Sinn diese unübliche Wiederholung der Kapitelüberschrift hat. Vielleicht blättert der Leser sogar zurück, um zu überprüfen, ob er sich nicht getäuscht hat. Dann hätte man es mit einem Phänomen der Rekurrenz in mehreren Bedeutungen zu tun, sowohl im linguistischen Sinne mit einer Wiederholung identischer Worte im Text als auch im ursprünglichen Sinne des lateinischen Wortes mit einem Zurücklaufen. Beim Weiterlesen erkennt man, dass es sich beim ersten so betitelten Kapitel um die Schilderung der in der Diegese statthabenden Ereignisse handelt, wie Protagonist Mathias seinen beim Schlittschuhfahren im Eis eingebrochenen Freund zu retten versucht (es gelingt ihm erst durch die Hilfe eines Erwachsenen). Bei der Wiederholung des Titels „Junge rettet Freund aus Teich“ (269), der in derselben Schrifttype und -größe gesetzt ist wie die Kapitelüberschrift, handelt es sich dann, wie erst beim Weiterlesen klar wird, um die Schlagzeile eines Zeitungsartikels, der von der Heldentat des Protagonisten berichtet. Die beiden wiederholten Überschriften verweisen also nicht nur aufeinander und auf den Titel des gesamten Romans, sondern auch auf eine andere materielle Textebene, nämlich die eines Zeitungartikels. Dieser wird vom Erzähler unmittelbar als Text in seiner Sprachlichkeit kommentiert: „Teich. Wie das klingt. Da hätten sie auch gleich Tümpel schreiben können oder Pfütze […] genau 49 Worte und ein Foto von mir […]. Was, wenn es das erste und letzte Mal ist, dass ich in der Zeitung stehe? Mehr passiert im Leben nicht mehr.“ (Strunk 2014, 269) Auch an dieser Stelle wird anhand des Textes im Text die sprachliche Gestaltung reflektiert. Darüber hinaus wird aber auch die Frage nach Zusammenhang und Differenz zwischen eigenem Leben und dessen sprachlich-medialer

Darstellung aufgerufen und auch damit ein Grundthema des autofiktionalen Erzählers Strunk berührt.

In *Der Goldene Handschuh* gibt es solche expliziten Selbstreflexionen des Textes nicht. Durch die Zitate aus Polizei- und Gerichtsakten sowie den Dank an das Hamburger Staatsarchiv im Peritext verweist der Roman jedoch implizit auf seine eigene Genese als Text. Diese Verweise wirken hier jedoch nicht als Illusionsbruch oder -störung, sondern dienen vielmehr dem Beleg der Authentizität des unter der Gattungsbezeichnung Roman erzählten Kriminalfalls.

Obwohl es in dem Roman keine Metaebene gibt, auf der seine sprachliche Gestaltung explizit kommentiert wird, findet gleichwohl eine Form der Sprachreflexion statt. Wie in allen anderen literarischen Werke Strunks wird auch in *Der Goldene Handschuh* Sprache als Material bewusstgemacht, indem Sprüche und Redewendungen[2] in ihrer Sinnlosigkeit oder Verstiegenheit präsentiert werden. Moritz Baßler stellt mit einer Referenz auf Roland Barthes, der in Bezug auf sprachliche Klischees von einem Gefühl des Ekels gesprochen hat, fest, dass Strunk „den Ekel und das Sprichwort nicht etwa [vermeidet], sondern ganz im Gegenteil: Er macht sie groß, macht sie sichtbar, stellt sie geradezu offensiv ins Zentrum seines Textes." (Baßler 2017, 118). Durch das Ausstellen sprachlicher Klischees wird die Sprache als Medium bewusst. Baßler stellt fest, „Strunks Prosa arbeitet ja die ganze Zeit in und an Sprache und weniger auf der Ebene des Dargestellten, des Inhalts." (Baßler 2017, 123) Dadurch unterscheidet sich die Literatur Heinz Strunks auch vom *international style* des „Populären Realismus", wie ihn Baßler für die Gegenwartsliteratur beschrieben hat (vgl. Baßler 2022), ist es für diesen doch gerade kennzeichnend, die sprachliche Medialität zugunsten eines ungestörten Blicks in die diegetische Illusion vergessen zu machen.

Ein weiteres Beispiel unter vielen in Strunks Werk, wie der literarische Text, Sprache bewusstmacht, findet sich in der Erzählung *Janine* aus dem Band *Das Teemännchen*. Hier wird der Sermon an sprachlichen Plattitüden der titelgebenden Frauenfigur vom Erzähler durch ein zwischengeschobenes „Weiter im Text" (Strunk 2018, 112) kommentiert. Damit wird einerseits die Bedeutungslosigkeit und Vorhersehbarkeit der sprachlichen Äußerungen der Figur betont. Selbstreferenziell ist die Passage jedoch nicht nur, weil der Text sich selbst als Text benennt. Vielschichtiger wird der Verweis dadurch, dass sich die Aussagen der Figur inhaltlich auf einen kreativen Schreibprozess beziehen, denn die Figur ist selbst Drehbuchautorin. In ihren in indirekter Rede wiedergegebenen Äußerungen zeigt sich eine Spannung zwischen behaupteter Originalität und Intuition auf der einen und der

2 Vgl. dazu den Beitrag von Stefan Born in diesem Band.

performativ zum Ausdruck kommenden Klischeehaftigkeit des Gesagten auf der anderen Seite:

> Drehbuch könne man nicht studieren, entweder man habe Talent oder nicht. Wie in allen künstlerischen Berufen komme es auf die Ideen an. In ihr sprudele es unentwegt, sie entwickle Plots quasi im Schlaf. Berufung. Oft wache sie nachts auf und notiere die Einfälle, die ihr im Schlaf gekommen seien. Im Übrigen sei das Handwerk, seien die *Basics* leicht zu erlernen. Kennst du STORY von Robert McKee? [...] Das sei die Bibel für Drehbuchschreiber, da stehe *alles* drin. (Strunk 2018, 111–112, Hervorhebungen im Original)

Auch an dieser Stelle lässt sich ein Bezug zum realen Autor Strunk herstellen, arbeitet doch auch dieser u.a. als Drehbuchautor. Aus der Figurenrede lässt sich zwar nicht ableiten, wie der Autor zu dem genannten Lehrbuch für Drehbuchschreiber steht, aber er verrät doch, dass er sich damit befasst hat.

In Strunks Prosa finden sich sowohl metasprachliche als auch metanarrative Elemente.[3] „In metanarrativen Äußerungen kann sich eine Erzählinstanz mit Fragen der literarischen Produktionspraxis auseinandersetzen, ästhetische Probleme erörtern oder den gegenwärtigen Erzählvorgang zum Thema machen.“ (Nünning 2001, 34) Auf einer metanarrativen Ebene wird das Erzählen selbst bzw. die Fähigkeit zu erzählen explizit thematisiert. Dies geschieht in den Texten Strunks oft ex negativo, durch den Hinweis auf erzählerische Mängel und Inkompetenz. Eine exemplarische Stelle findet sich hierzu in der Erzählung *Steilgehen* aus dem Band *Der gelbe Elefant* (2023) (eine erste Fassung der Erzählung wurde bereits 2018 unter dem Titel *Weihnachten mit großem Comedy-Adventskalender* publiziert). Dort leidet die weibliche Hauptfigur unter den langweiligen Urlaubserzählungen ihrer neuen Tinder-Bekanntschaft Mark: „Ihr fällt auf, was für ein ödes Thema Reisen ist. Noch dazu, wenn man nicht erzählen kann. Ohne Witz, ohne Charme, ohne Selbstironie. Wenigstens versucht er nicht, sie ‚zum Lachen zu bringen‘. Was der wohl für Gags draufhat? Leider ungeil.“ (Strunk 2023, 193) Die benannten Mängel in den Erzählversuchen der Figur lassen sich dabei durchaus als Aspekte verstehen, die der Erzähler Strunk positiv für sich in Anspruch nehmen kann: Witz und Selbstironie. Die Figur lässt sich noch unter einem anderen Aspekt als Negativfolie des Autors betrachten. Marks Inkompetenz wird auch vom Erzähler konstatiert: „Was er nicht

---

3 Die beiden Formen lassen sich wie folgt unterscheiden: „Unter dem Begriff der metanarrativen Erzähleräußerungen sind also diejenigen Kommentare und Reflexionen einer Erzählinstanz zu subsumieren, die Aspekte des Erzählens in selbstreflexiver Form thematisieren und damit die Aufmerksamkeit auf den Erzählvorgang richten. Erzähleräußerungen mit dominant metanarrativer Funktion sind demnach auch zu unterscheiden von metasprachlichen Kommentaren, in denen die Aufmerksamkeit durch Reflexionen über den eigenen Sprachgebrauch auf die Sprache selbst oder auf die Mehrdeutigkeit von Worten gelenkt wird.“ (Nünning 2001, 33–34)

schon alles gesehen hat! Und er weiß darüber erstaunlich wenig zu berichten. Als ob er gar nicht da gewesen wäre, wenn er darüber redet, klingt alles ergoogelt. Ihm fehlt das Gen, die Erlebnisse *umzuwandeln*, zu verwerten" (Strunk 2023, 187–188, Hervorhebung im Original). Der Figur geht offenbar eine Fähigkeit ab, die für den Autor Strunk wesentlich ist, das eigene Leben als unterhaltsame Erzählung zu verarbeiten.

Der Roman *Es ist immer so schön mit dir* (2021) wird über weite Strecken inhaltlich fokussiert erzählt, ohne selbstreflexive Wendungen auf die Form. Erst etwa in der Mitte des Romans taucht zum ersten Mal ein Phänomen auf, das die Aufmerksamkeit gezielt auf die sprachliche Gestaltung lenkt. Dort werden eher unspektakuläre Tätigkeiten des Protagonisten beschrieben: „Er macht Musik an und stellt eine Flasche Wein (langsam) auf den Tisch, sucht (lange) nach dem Korkenzieher, setzt ihn (energisch) auf den Flaschenhals und treibt ihn (zaudernd) in den Korken, den er (mit letzter Kraft) herauszieht." (Strunk 2021, 134) Das Einklammern der die Verrichtungen genauer bestimmenden Adverbien hat hier den Effekt, die Kontingenz und Gemachtheit des literarischen Textes in seiner sprachlichen Gestaltung ins Bewusstsein der Lesenden zu rücken.

Eine explizite Wendung auf die Sprache findet schließlich auf der Figurenebene des Romans statt durch die penetrante Verwendung von hohlen Worthülsen und Modewörtern durch die Schwester der Verlobten des Protagonisten: *„mega, total, durchgeknallt, krass, geil, lecko mio*" (Strunk 2021, 237, Hervorhebung im Original). Über mehrere Romanseiten hinweg (vgl. Strunk 2021, 236–243) wird dieses Sprachmaterial durch Kursivierung oder die Verwendung von Großbuchstaben typographisch hervorgehoben und im Gedankenfluss des Protagonisten kommentiert, „Wie kommen sie mit diesem Vokabular über die Runden?" (Strunk 2021, 238)

Bemerkenswerterweise verbleibt die Thematisierung von Sprache danach nicht auf der Figurenebene. Es scheint vielmehr so, als ob der Erzähler von der Sprachsensibilität des Protagonisten angesteckt sei, denn gegen Ende des Romans finden sich mehrere Stellen, an denen der diegetische Erzählfluss durch Selbstkommentierungen des Erzählers bzw. „Autors" unterbrochen wird. So etwa, wenn bei der Erwähnung junger Männer in einem BMW auf dem Parkplatz eines Burger King-Restaurants angemerkt wird: „Sie sehen genau so aus, wie man sich solche Männer vorstellt, und werden vom Autor deshalb zur Abwechslung nicht lang und breit in allen deprimierenden Einzelheiten beschrieben." (Strunk 2021, 262) Im Unterschied zu manchen Figuren des Romans verweigert sich der „Autor" hier explizit dem sprachlichen Klischee bzw. er nutzt das Klischee in den Köpfen der Lesenden, um sich selbst die Worte zu sparen. An anderer Stelle lobt sich der Erzähler/Autor selbst für eine gelungene sprachliche Formulierung: „Es ist ungemütlich in *Murphy's*, obwohl in irischen Pubs wie etwa auch in griechischen Restaurants die

Gemütlichkeit quasi als einziger Grund zum Besuch mit eingebaut ist. Guter Satz.“ (Strunk 2021, 279)

Ein Sommer in Niendorf (2022) lässt sich insgesamt als selbstreflexiver Roman, als Roman über das Schreiben betrachten. Der Anlass für die erzählten Ereignisse auf der diegetischen Ebene ist die Absicht des Protagonisten Dr. Roth, sich zum Schreiben seiner Familiengeschichte einen Sommer lang im Ostseebad Niendorf zurückzuziehen. In Strunks Roman eingebettet werden immer wieder Schreibproben aus dieser Familiengeschichte präsentiert, die der Protagonist und intradiegetische Autor selbst kommentiert, zumeist mit Abscheu: „Meine Güte. Das blutleere Geschreibsel versetzt ihm einen regelrechten Schock, gefolgt von einer Panikattacke, gefolgt von einem tiefen Gefühl der Peinlichkeit.“ (Strunk 2022, 38) Er kritisiert seinen eigenen Text differenziert. So bemängelt er Wortwahl und Stil, „Anwaltsprosa, unsäglich, wie Sachbearbeiter- oder Polizistendeutsch“ ebenso wie die fehlende Originalität der Geschichte: „Und inhaltlich hat man das so oder so ähnlich schon tausendmal gelesen“ (Strunk 2022, 38). Manche Kommentare des fiktionalen Autors Roth zu seinem Text lassen sich dabei auch auf die Ebene des realen Autors Strunk übertragen. Der Gedankengang Roths über sein Schreibprojekt, „Wenn es doch noch etwas werden soll, müsste er aus den Fakten, Informationen, Aufzeichnungen und Überlieferungen irgendwie etwas Originäres machen, etwas Eigenes in einem unverwechselbaren Ton“ (Strunk 2022, 68), lässt sich auch auf die Arbeitsweise des mithilfe seines Material-Archivs schreibenden Autors Heinz Strunk beziehen.

Eine explizite Referenz auf Literatur stellt der Roman noch auf anderem Wege her. Am Ort der Handlung, Niendorf fand 1952 ein reales Treffen der Gruppe 47 statt. Auf diese Tatsache wird auch der Protagonist im Roman aufmerksam und recherchiert nach Informationen dazu. Auch seine eigenen zunehmend verzweifelten Schreibversuche betrachtet er von da an im Abgleich mit den historischen Vorgängern und Vorbildern: „Ob sich die Mitglieder der Gruppe 47 auch so rumgequält haben?“ (Strunk 2022, 39) Einen motivisch-intertextuellen Bezug hat die Literaturkritik auch zwischen *Ein Sommer in Niendorf* und Thomas Manns *Zauberberg* und *Tod in Venedig* festgestellt (vgl. u.a. Reents 2022). Auch im Roman wird Thomas Mann bzw. die Möglichkeit eines Besuchs des Buddenbrookhauses im nahe gelegenen Lübeck kurz thematisiert (vgl. Strunk 2022, 153). Strunks Roman ist somit durchdrungen von Referenzen auf Literatur, zum einen auf konkrete Autoren und Autorinnen und deren Werke, zum anderen aber auch allgemein auf die Tätigkeit und die Herausforderungen des Schreibens. Dabei bleibt der Roman selbst in seiner Diegese weitgehend bruchlos erzählt. Lediglich eine Passage findet sich, in der die Lesenden in ihrer Aufmerksamkeit zwar nicht explizit, aber performativ von der erzählten Geschichte ab- und auf die Ebene der für das Erzählen verwendeten

Sprache hingelenkt werden. In der Passage geht es um einen für die Handlung eher unwichtigen Vorgang, nämlich die Beschreibung, wie sich der Wirt der Niendorfer Absturzkneipe „Spinner“ dem Protagonisten annähert: „Helmut schlurfte herbei / schlurft an / kommt angeschlurft / herangeschlurft / nähert sich schlurfend Roths Tisch.“ (Strunk 2022, 212) Durch die ausgestellten Alternativformulierungen wird auch hier die Gemachtheit des Romantextes ins Bewusstsein gehoben. Damit entsteht auch ein Verweis auf den realen Arbeitsprozess am vorliegenden Roman. Im Motiv des Kampfes mit den unterschiedlichen Formulierungsmöglichkeiten wird aber auch eine Verbindung zur diegetischen Ebene des Romans und dem Ringen des Protagonisten mit seinem Text hergestellt. So entsteht in *Ein Sommer in Niendorf* ein Spiel der wechselseitigen Verweise zwischen den verschiedenen ontologischen Ebenen. Während die Gedankengänge des Protagonisten beim Schreiben auch auf den realen Autor verweisen, verweist der reale Autor mit seinen ausgestellten Entscheidungsproblemen bei der sprachlichen Formulierung auch auf die Probleme des schreibenden Protagonisten.

Es besteht in Literaturwissenschaft und -kritik die Auffassung, dass „die Tendenz zu relativ hochgradiger Selbstreferenzialität eines der Kriterien für die Bestimmung von Literatur, besonders von sogenannter ‚Höhenkammliteratur‘ darstellt.“ (Wolf 2001, 50) Ob die aufgezeigte Häufigkeit selbstreferentieller Formen in den Texten Strunks diese damit zur „Höhenkammliteratur“ macht, sei dahingestellt. Wie gesehen reichen diese Formen bei Strunk von tiefgründig bis albern oberflächlich. In jedem Fall jedoch bieten sie den Lesenden Anlass zur Wahrnehmung dieser Texte in ihrer Eigenschaft als bewusst gestaltete Sprachkunstwerke. Und sie weisen Selbstreflexivität als ein bestimmendes Merkmal der Strunkschen Prosa aus.

Primärliteratur

Strunk, Heinz: Fleisch ist mein Gemüse. Eine Landjugend mit Musik. Reinbek bei Hamburg: Rowohlt 2005 (2004).
Strunk, Heinz: Die Zunge Europas. Reinbek bei Hamburg: Rowohlt 2010a (2008).
Strunk, Heinz: Fleckenteufel. Reinbek bei Hamburg: Rowohlt 2010b (2009).
Strunk, Heinz: Heinz Strunk in Afrika. Reinbek bei Hamburg: Rowohlt 2012 (2011).
Strunk, Heinz: Junge rettet Freund aus Teich. Reinbek bei Hamburg: Rowohlt 2014 (2013).
Strunk, Heinz: Der goldene Handschuh. Reinbek bei Hamburg: Rowohlt 2016.
Strunk, Heinz: Das Teemännchen. Reinbek bei Hamburg: Rowohlt 2018.
Strunk, Heinz: Es ist immer so schön mit dir. Reinbek bei Hamburg: Rowohlt 2021.
Strunk, Heinz: Ein Sommer in Niendorf. Reinbek bei Hamburg: Rowohlt 2022.
Strunk, Heinz: Der gelbe Elefant. Reinbek bei Hamburg: Rowohlt 2023.
Strunk, Heinz: Zauberberg 2. Reinbek bei Hamburg: Rowohlt 2024.

Sekundärliteratur

Baßler, Moritz: Verstehen heißt Verzweifeln. Laudatio auf Heinz Strunk und seinen Roman „Der goldene Handschuh. In: Hubert Winkels (Hg.): Heinz Strunk trifft Wilhelm Raabe. Göttingen: Wallstein 2017, S. 114–127.

Baßler, Moritz: Populärer Realismus. Vom International Style gegenwärtigen Erzählens. München: Beck 2022.

Nünning, Ansgar: Mimesis des Erzählens. Prolegomena zu einer Wirkungsästhetik, Typologie und Funktionsgeschichte des Akts des Erzählens und der Metanarration. In: Jörg Helbig (Hg.): Erzählen und Erzähltheorie im 20. Jahrhundert. Heidelberg: Winter 2001, S. 13–47.

Reents, Edo: Spaßbremse im noblen Zwirn. In: FAZ v. 15.6.2022.

Scheffel, Michael: Formen selbstreflexiven Erzählens. Eine Typologie und sechs exemplarische Analysen. Tübingen: Niemeyer 1997.

Wolf, Werner: Mise en abyme. In: Ansgar Nünning (Hg.): Metzler Lexikon Literatur- und Kulturtheorie. Stuttgart, Weimar: Metzler 1998, S. 373.

Wolf, Werner: Formen literarischer Selbstreferenz in der Erzählkunst. Versuch einer Typologie und ein Exkurs zur ‚mise en cadre‘ und ‚mise en reflet/série‘. In: Jörg Helbig (Hg.): Erzählen und Erzähltheorie im 20. Jahrhundert. Heidelberg: Winter 2001, S. 49–84.

Wolf, Werner: Metaisierung als transgenerisches und transmediales Phänomen: Ein Systematisierungsversuch metareferentieller Formen und Begriffe in Literatur und anderen Medien. In: Janine Hauthal/Julijana Nadj/Ansgar Nünning/Henning Peters (Hg.): Metaisierung in Literatur und anderen Medien. Theoretische Grundlagen, Historische Perspektiven, Metagattungen, Funktionen. Berlin: De Gruyter 2007, S. 25–64.

Stefan Born

„Sprüche, Schnacks und Redensarten“: Die Aufwertung von Spruchformen bei Heinz Strunk

1 Einleitung: Heinz Strunk als Sprüche-Sammler

„Für Sprüche, Schnacks und Redensarten habe ich ein besonderes Faible“ (Strunk 2008, 79), heißt es in *Die Zunge Europas* einmal. Dabei handelt es sich um einen autofiktionalen Roman, die Erzählerfigur kann als fiktives alter ego Mathias Halfpapes beziehungsweise Heinz Strunks gelesen werden. Allerdings thematisiert diese Figur ausführlicher als in anderen autofiktionalen Texten Strunks ihre Produktionsverfahren, Arbeitsweisen und ästhetischen Maßstäbe. So auch an der zitierten Stelle. Der Erzähler führt dort aus, dass er seine Fundstücke, also Sprüche, Schnacks und Redensarten, nach einer Phase zielgerichteten Suchens in größere Erzähltexte einarbeitet:

> Einzelne Wörter, Halbsätze, Unzusammenhängendes, diffuse Bilder, man darf keine Scheu davor haben, das innere Gestammel zuzulassen, vielleicht fügen sich die im Äther herumschwirrenden Kackateilchen irgendwann zu einem Großen, Schönen, Ganzen. (Strunk 2008, 78)

Lässt man sich auf den Versuch ein, die Ausführungen des Erzählers als eine Auskunft über das Verfahren des Autors ernstzunehmen, ist davon auszugehen, dass Heinz Strunk zunächst in den Grenzregionen von Wertsystemen „am Rand der offiziellen Kultur“ (Cahn 1999, 689) Spruchformen von zweifelhafter Dignität aufsammelt. Diese werden anschließend wie Bausteine in die Architektur größerer Narrationen integriert und im Zuge dieser Bearbeitung zugleich aufgewertet: vom Fäkalen zum Monumentalen, vom Kackateilchen zu einem Großen, Schönen und Ganzen. Dass die Stelle so etwas wie eine ästhetische Selbstauskunft darstellt, werden Leser*innen Heinz Strunks naheliegend finden, ist sein Werk doch voll von kleinen Spruchformen wie Sentenzen, Maximen, Aphorismen und Sprichwörtern. Als kleine Formen sind sie in die großen integriert. Auch die Literaturwissenschaft ist bereits auf Strunks geradezu „exzessiven Gebrauch von Sprüchen“ (Baßler 2017, 119) aufmerksam geworden.

Seine Sammeltätigkeit beginnt bei einfachen Exemplaren, die kaum länger als ein Satz sind. In *Die Zunge Europas* klingt das so: „Amateure warten auf Inspiration,

https://doi.org/10.1515/9783111408798-003

Profis setzen sich hin und arbeiten (wahnsinnig arrogante Formulierung, stammt zum Glück nicht von mir).“ (Strunk 2008, 78) Der fiktive und der echte Autor führen Listen, in denen solche und ähnliche Sprüche gesammelt werden. Zum Beispiel während er die Doku-Soap *Die Wollnys* (2011–heute) sieht. Eine unveröffentlichte Word-Datei mit dem Namen *Wollnys 880.docx*, die den Herausgebern dieses Bandes vorliegt, ist gefüllt mit Sprüchen und umfasst mittlerweile zehn Seiten. Weiterhin sammelt er Witze, Anekdoten, kleinere Erzählungen und Gespräche, etwa das trostlose Gespräch in der Kneipe „Spinner“ in *Ein Sommer in Niendorf* (Strunk 2022, 181–184). Dieses Gespräch hat Strunk 1998 während eines Kneipenbesuchs in Lübeck heimlich aufgenommen und liegt nun als Audiodatei in einem Archiv mit anderen Fundstücken auf seiner Festplatte.[1] Zudem dient das Gespräch als Geräuschkulisse des ersten Tracks auf *Der Schorfopa* (2007),[2] woran man erkennt, dass Heinz Strunk ein kreativer Mehrfachverwerter seiner Funde ist. Der Spur seiner Sammeltätigkeit, der Formation einer Topik mit entsprechenden Gemeinplatzbüchern (vgl. Cahn 1999, 684) und ihrer Auswirkungen auf seine Produktionsweise nachzugehen, wäre sicherlich ein lohnendes Projekt. Dieser Beitrag konzentriert sich hingegen auf einen Ausschnitt aus diesem Feld, indem er untersucht, wie kleinere, sentenziöse Spruchformen in den Erzählungen Heinz Strunks eingebettet, funktionalisiert und kommentiert werden. Zunächst erläutere ich, was ich unter dem Sammelbegriff „Spruchformen“ verstehe und inwiefern sie mit der Artikulation von Klug- und Weisheit verbunden sind (2). Anschließend werde ich an mehreren Beispielen zeigen, wie die Formen in die Erzählungen Heinz Strunks konkret eingebunden werden und dabei zur Profilierung der Figuren und Textwelten beitragen (2.2–2.4). Ein Schlusskapitel fasst die Ergebnisse zusammen und versucht, zu einer allgemeinen Einschätzung darüber zu kommen, welche Funktion die kleinen Spruchformen im Erzählwerk Heinz Strunks haben (3). Es wird dafür argumentiert, dass die Spruchformen Teil einer literarischen Plattitüden- und Phrasenkritik sind, die allerdings auch auf eine tiefergehende Ratlosigkeit verweist und selbstironische Pointen hat. Den Figuren, die diese Textwelten bewohnen, ist die Plattheit der Sprichwörter, ihrer Lebensmotti und Maximen in der Regel nicht bewusst.

---

1 Vgl. das Interview in diesem Band.

2 Vgl. den Beitrag von Philipp Kohl in diesem Band.

2 Spruchformen im Erzählwerk Heinz Strunks

Die Formulierung „Sprüche, Schnacks und Redensarten“ verweist auf ein Formenspektrum, das innerhalb der Literaturwissenschaft in unterschiedliche Kategorien einsortiert wird: Die Sammelleidenschaft Heinz Strunks dürfte sich – neben Witzen, Anekdoten und Gesprächsverläufen – besonders auf Sentenzen, Maximen, Aphorismen und Sprichwörter richten. Dabei handelt es sich um eine Gruppe von Gattungen, deren Definitionen und Unterscheidungsmerkmale kontrovers diskutiert werden. Im Allgemeinen handelt es sich um kurze, nicht-fiktionale Formen, die unterschiedlich starke Ansprüche an eine kunstvolle Sprachform stellen und unterschiedlich stark generalisierende Aussagen treffen. Mit „generalisierend“ ist in diesem Zusammenhang gemeint, dass die Aussagen und Argumente, die formuliert werden, für mehr als einen Fall gelten, also über eine einzelne Situation hinaus Gültigkeit beanspruchen. Die *Sentenz* ist eine prägnante Gattung, die „im sozialen Milieu ihres Geltungs- und Anwendungsbereichs als einem Richterspruch oder einem Gesetzestext ähnliche autoritätshaltige und auf viele konkrete [...] Fälle anwendbare Weisheit gilt.“ (Lausberg 2008, § 872) In der Regel handelt es sich bei der sentenziös artikulierten Weisheit nicht um eine rein theoretische, „sondern um eine das Handeln im ethisch-sozialen Bereich beeinflussen wollende Belehrung“ (Lausberg 2008, § 1244). In der Sentenz werden Aussagen formuliert, die für eine potentiell unendliche Zahl von konkreten Fällen Gültigkeit beanspruchen. Lausberg legt zudem nahe, dass Sentenzen mit einer apodiktischen bis dogmatischen Sprechhaltung, jedenfalls mit einem besonderen Autoritätsanspruch verbunden sind. Dass die sozialen Milieus, in denen die ethische Autorität sentenziöser Weisheit anerkannt wird, poröser werden oder ganz verschwinden, ist ein wichtiger Ertrag der Sentenzforschung: Im 19. Jahrhundert setzt sich langsam ein „Bewußtsein von der Unverwendbarkeit von Sentenzen“ (Škreb 1981, 84) durch. Die Autorität der klassisch-idealistischen Sentenz wird sukzessive fragwürdig. Die Form wird selbstreflexiv und spätestens im Drama Brechts eingesetzt, um Ideologien als solche durchschaubar zu machen und kritisch zu entlarven (vgl. Bernath 1976). Anders als der *Aphorismus* ist die Sentenz in einen literarischen Kontext eingebettet, auf den sie sich bezieht. Der Aphorismus ist kontextlos (Fricke 1984, 14) beziehungsweise „relativ isoliert“ (Spicker 2019), weist aber ähnlich hohe Ansprüche an die Prägnanz und die sprachliche Gestaltung auf wie die Sentenz. Manchmal wird herausgehoben, dass der Aphorismus einen stärkeren Fokus auf die überraschende Lösung eines Problems oder die paradoxe Fortführung eines Gedankens legt als die Sentenz (Bernath 1976, 14). Aphorismus und Sentenz können moralisch-ethische Fragen thematisieren, tun dies aber nicht in allen Fällen.

Die moralisch-ethische Behauptung gehört jedoch zu den festen Sinnvorgaben der *Maxime*. Die Maxime betont ein Spannungsverhältnis zwischen dem Gegebenen und dem Wünschenswerten, dafür werden Ansprüche an die Form zurückgestellt (Bernath 1976, 14). Dagegen ist, folgt man der Taxonomie von André Jolles, der Verzicht auf didaktische Ambitionen zugunsten einer resignativen Welthaltung ein Kennzeichen des Sprichworts beziehungsweise des Spruchs (Jolles 1982/1930, 158). Dieser Auffassung schließt sich Škreb an (1981, 81).[3] Anders als die Sentenz bezieht sich das Sprichwort auf einen Text, der bereits mündlich tradiert wurde und zitiert werden kann. Während die Sentenz ihren Rezipient*innen intellektuelle Originalität zumutet, ist das Sprichwort bereits kollektiv verfügbar, manchmal bis zur Floskel herabgesunken. Als Ziel des Sprichworts kann mit Jolles das „Klugsprechen" gesehen werden (Jolles 1982/1930, 159), wobei hier eine Überschneidung mit der Sentenz besteht, von der ebenfalls gesagt wird, ihr Charakteristikum sei die „situationserhellende Geistreichelei" (Lausberg 2008, § 872).

Diese Überschneidung zeigt, dass es im Einzelfall uneindeutig sein kann, welcher Gattung eine Form zuzuordnen ist (vgl. Lamping 2009, 17–18), ob eine Mehrfachzugehörigkeit besteht und sogar, wo die Grenzen zwischen den Formen genau verlaufen. Im Folgenden werden die Gattungsdiskussionen nicht in ihre feineren Verästelungen verfolgt. Die genannten Formen sind unterschiedlich prägnant und konzise, unterschiedlich originell, unterschiedlich apodiktisch in ihrem Anspruch und unterschiedlich kunstvoll geformt.

Peter Bernath (1976, 17) hat die Kategorie des Sentenziösen vorgeschlagen, um die genannten Formen zu bezeichnen. Mit ihr wird eine Familienähnlichkeit betont. Sentenziöse Formen haben eine orientierende Funktion; sie erfüllen sie, indem sie auf mehr oder weniger prägnante und kunstvolle Weise eine Behauptung aufstellen, die allgemeine, über den Einzelfall hinausweisende Gültigkeit beansprucht. Statt Bernaths Sprachregelung zu übernehmen und zusammenfassend von „sentenziösen Formen" zu reden, soll im Folgenden von „Spruchformen" die Rede sein, womit aber dasselbe Gattungsspektrum gemeint ist. Dem Begriff des Sentenziösen haftet zu sehr ein bildungsbürgerlicher Distinktionsanspruch an, der zu den Figuren und Textwelten Heinz Strunks nicht passt; sein Fokus liegt auch weniger auf den Sentenzen als auf den volkstümlicheren, bereits tradierten Sprüchen und Sprichwörtern. Die nächsten Abschnitte folgen ihren Spuren im Erzählwerk Heinz Strunks.

3 Wobei zu diskutieren wäre, ob nicht auch Resignation ein Ziel von Didaktik sein kann.

3 *Mensch vs. Taler*

In der Kurzgeschichte *Mensch vs. Taler* aus dem Sammelband *Der gelbe Elefant* (2023) wird das gewaltsame Ende von Lifecoach Carsten Felgentreu, „*Key Note Speaker*, Schwerpunkt Erfolg, Persönlichkeit, Zukunft“ (Strunk 2023, 93), erzählt. Die Geschichte beginnt harmlos damit, dass er auf dem Weg zu einem Vortrag ist und, um sich die Zeit zu vertreiben, einem Pfad folgt, der von einem Parkplatz aus in die Natur führt. Leser*innen erfahren aus einer Perspektive, die zwischen einer internen und externen Fokalisierung schwankt, dass Felgentreu seine Vorträge „mit Kalenderweisheiten und Humor“ mixt: „*Es gibt Schlimmeres, als sein Ziel zu verfehlen. Nicht den Abzug zu drücken* – so etwas in der Art.“ (Strunk 2023, 93) Der Spruch charakterisiert den Protagonisten als energischen Menschen, Unternehmer und Optimisten. Er nutzt den Jargon der Erfolgsratgeber, den Heinz Strunk im *Strunk-Prinzip* parodiert.[4] Die Erfolgsratgeber, deren Wissen bei Strunk literarisch transformiert wird, bieten „Bauanleitungen für die Ich-AG“ (Bröckling 2007, 65) und vermitteln ihren Leser*innen Rezepte, um sich als Unternehmersubjekte im Wirtschaftsleben zu behaupten, indem sie sich dem kompetitiven Umfeld anpassen. Diese Anpassung reicht weit in die Gestaltung des privaten Lebens und des Selbstverständnisses. Die Hierarchisierung von Bedürfnissen und Projekten wird einem ökonomischen Kalkül unterstellt, das letztendlich zum Erfolg führen soll (Bröckling 2022, 50). Zu diesen Priorisierungen gehört es, Grübeleien, Unsicherheiten und Schwächen habituell zurückzustellen. Energische Entscheidungsfreudigkeit, Entschlossenheit und Anstrengung führen zum Ziel, oder, in den Worten Felgentreus: „*Keine Entscheidung zu treffen ist schlimmer, als die falsche Entscheidung zu treffen.*“ (Bröckling 2022, 96) Im Modus einer „Ästhetik des Apodiktischen“ (Senne/Hesse 2019, 78) wird die Wahrscheinlichkeit des ökonomischen Erfolgs hochgerechnet, solange man den Prinzipien, Programmen und Ratschlägen folgt, die in den Ratgebern nicht selten in der Form von Beispielgeschichten, Fabeln (Klein/Martínez 2012, 57–69) oder auch Spruchformen präsentiert werden. Umgekehrt wird eine persuasive Wirkung erzielt, indem die Wahrscheinlichkeit des Misserfolgs kleingerechnet wird.[5] Der Misserfolg existiert nur als unausgesprochene, dafür aber „diabolische Schattenseite“ (Helmstetter 2012, 55) der Erfolgsversprechen.

---

4 Vgl. den Beitrag von Erika Thomalla in diesem Band.

5 „Dieses Buch wird – so Sie es denn möchten – Ihr Leben in dem bzw. den gewünschten Bereich(en) so positiv verändern, wie Sie es sich jetzt vielleicht noch gar nicht vorstellen können“, heißt es zum Beispiel programmatisch bei Höller (2017, 9), der damit aber nur einen Stil variiert, der im Genre der Erfolgsratgeber seit langem vorherrscht.

Ausgerechnet der Optimismus des auf diese Art und Weise profilierten Felgentreu wird auf eine schwere Probe gestellt, als er von einer Gruppe Neandertaler gefangen wird. Auf ungeklärte Weise hat es eine Kolonie dieser Frühmenschen geschafft, unbemerkt vom Rest der Welt im Neandertal zu überleben. Felgentreu vermutet, dass die „Taler" Kannibalen sind und ihre Gefangenen verzehren. Er überwindet die aufkeimende Todesangst und setzt, als entscheidungsfreudiger Tatmensch, der er ist, alles auf eine Karte, um zu entkommen, und den Entdeckerruhm einzufahren: „Triumphale Gedanken pushen ihn wie eine Droge." (Strunk 2013, 107) Er versucht, seinen Wächter durch einige Beispielerzählungen davon zu überzeugen, ihn freizulassen, wobei er sich vor allem auf den einlullenden Sound seiner Stimme verlässt. Doch der Wächter reagiert anders als erhofft. „Wie ein furchtbares Insekt, das sich aus der Fäulnis erhoben hat," heißt es, nachdem Felgentreu einige Fabeln zum Thema Motivation zum Besten gegeben hat, „schnellt der Taler mit unbändiger, nicht für möglich gehaltener Kraft hoch, greift nach seiner Axt und holt aus." (Strunk 2013, 111) Die Erzählung endet mit einem, eine Zeile von der Erzählung abgesetzten, Sprichwort: „Nie höher pinkeln, als der Strahl Kraft hat." (Strunk 2013, 111) Wer der Urheber des Sprichworts ist, bleibt eine Leerstelle: Ist es Felgentreu, der die Situation postmortal neu bewertet? Ist es eine extradiegetische Erzählinstanz, die die Moral von der Geschichte resümiert? Jedenfalls wird durch den Spruch die Lebenseinstellung Felgentreus konterkariert. Die ganze Narration zielt darauf, eine von Ratgebern, Erfolgstrainern und Lifecoaches getragene Leistungsideologie zu depotenzieren und zu zeigen, dass Ohnmacht *nicht* nur eine Geisteshaltung ist[6] und dass Entschlossenheit und Entschiedenheit *allein* nicht zum Erfolg führen. Die Spruchformen innerhalb der Erzählung fungieren als verdichtete Punkte, an denen diese Ideologie sichtbar und dementiert wird. Nicht ohne Ironie ist es zudem, dass Felgentreu ausgerechnet an Menschen scheitert, die als archaisch und wild imaginiert werden – gehören Selbstdarstellungen als „archaische Typen" (Vogl 2007, 560) wie Gurus, Ritter und Schamanen doch zu den Topoi der ökonomischen Ratgeberliteratur. Der „Taler" Strunks lässt sich schlechthin nicht als kompetitives Subjekt adressieren: Wenn er seinen Dämmerzustand verlässt und aktiv wird, dann nur um den Einflüsterungen Felgentreus ein gewaltsames Ende zu setzen.

6 Vgl. aber Peters 1995, 129: „Ohnmacht ist eine Geisteshaltung."

4 *Jürgen*

Die gleichnamige Hauptfigur des Romans *Jürgen* (2017) ist ein etwa 40-jähriger Parkplatzwächter, der bei seiner pflegebedürftigen Mutter wohnt. Er und sein einziger Freund sind unfreiwillige Singles und konsumieren Ratgeberliteratur, deren Empfehlungen sie als *„lebensoptimierende Maßnahmen“* (Strunk 2017a, 9) in ihren Alltag einfließen lassen. Die Ratgeberliteratur betrifft – einerseits – ökonomische Aspekte des Lebens. So heißt es etwa von Bernd Würmer, er nutze ein „schwer verständliches Kauderwelsch wie *Trigger-Events*, *Top-down-Prozess* oder *Kommunikationsquadrat*“, um andere zu überrumpeln (Strunk 2017a, 40). Jürgen und Bernd lassen sich schließlich auf eine teure Partnervermittlungsagentur ein, die sie und andere Kunden in einem Reisebus nach Polen bringt, um mit interessierten Frauen ins Gespräch zu kommen. Die Frauen entpuppen sich als Prostituierte, die dafür bezahlt werden, Interesse an einer Partnerschaft vorzutäuschen. Jürgen überwirft sich mit seinem Freund Bernd und tritt enttäuscht die Rückreise an. Während in den meisten anderen Erzählungen Heinz Strunks das Wissen der Karriere- und Finanzratgeber einfließt, geht es in *Jürgen* – andererseits – vor allem um die Chancen auf dem Liebesmarkt. Um seine Erfolgsaussichten auf eine Partnerin zu erhöhen, liest Jürgen Verführungs- und Dating-Ratgeber, deren Tipps er bei Speeddating-Sitzungen und dem Kennenlerntreffen in Polen anwendet. In Polen werden die beiden Ratgebergenres durch den windigen Geschäftsmann Schindelmeister amalgamiert, der den angereisten Männern kurz vor dem Treffen mit den Frauen als Coach noch einmal eine motivierende Rede hält und die wichtigsten Regeln wiederholt:

> Spielt die Hauptrolle in eurem eigenen Actionfilm. Denk an euren USP. [...] Das ist, englisch, eure *Unique Selling Proposition*, euer Alleinstellungsmerkmal. Der Punkt, an dem ihr einmalig und unersetzbar seid. (Strunk 2017a, 186)

In der Form innerer Monologe oder erlebter Rede werden Leser*innen zudem über weitere, teilweise absurd anmutende Regeln informiert, die Jürgen sich eingeprägt hat: „Je kürzer die Sätze, desto attraktiver. Der Hase liegt in der Einfachheit begraben. Ein einzelner Satz, locker und lässig vorgetragen, wirkt Wunder.“ (Strunk 2017a, 75) Aber auch wenn die Ratgeber, die Jürgen konsumiert, versprechen, dass viele Mechanismen beim Verführen von Frauen „fast schon wie Naturgesetze funktionieren“ (Pütz/Hoffmann 2014, 15), bleibt Jürgen erfolglos. Das Narrativ, dass jeder durch eine rein strategische Gesprächsführung, die ein paar Rezepten folgt,[7] eine Partnerin findet, wird durch den Handlungsverlauf des Romans konterkariert. Seine Komik entsteht daraus, dass Jürgen alle möglichen Situationen auf der Grundlage seiner Verführungsratgeber liest und dabei immer wieder nur die Erfahrung macht, dass das Verführen von Frauen eben keine mechanische Sache ist, die sich wie ein Naturgesetz berechnen lässt: „In ihrem Mienenspiel lese ich Wut und Enttäuschung" (Strunk 2017a, 90), bemerkt Jürgen bei einem besonders hoffnungslosen Date.

Neben den Sprüchen aus Ratgebern finden sich im Bewusstsein Jürgens aber auch Spruchweisheiten anderer Art. Ganz am Ende des Romans, in einem Moment der Desillusion, zieht Jürgen das Resümee zu einer Liebesgeschichte, aus der nichts wurde; „Das vermeintliche Liebesglück entpuppt sich mehr und mehr als Strohfeuer, getreu dem Motto ‚Einbildung ist auch 'ne Bildung' bzw. ‚Der Wunsch ist der Vater des Gedankens'." (Strunk 2017a, 246) Und als sein Freund Bernd Würmer wieder auftaucht, heißt es:

> Und wer sitzt da mit schrägem Kopf und sauertöpfischem Pokerface, nach dem Motto „Sei nach außen wie ein Clown, lass dir nicht in die Karten schaun, zeig stets ein lachendes Gesicht, denn Tränen lohnen sich doch nicht?" Bernd „Bernie" Würmer! (Strunk 2017a, 247)

In diesen Sprichwörtern artikuliert sich eine resignative (Jolles 1982/1930, 158), aber deutlich realistischere Weltauffassung als in den Motti aus der Ratgeberliteratur. Es ist gewissermaßen die „Bauernschläue" eines proletarischen bis kleinbürgerlichen Milieus, dem Strunk auch aus biografischen Gründen besondere Aufmerksamkeit schenkt.[8]

5 *Der goldene Handschuh*

In Strunks Roman über den Frauenmörder Fritz Honka spielen Sprüche, Sprichwörter, Sentenzen und Motti eine herausragende Rolle. In dem Kneipenmilieu, in dem sich die Hauptfigur aufhält, sind Sprüche eine Art Währung: Wer sie kennt, gewinnt dadurch an symbolischem Kapital.[9] Fritz Honka ist zu Beginn des Romans

---

7 Immerhin wird in dem Ratgeber *Der Liebes-Code* die „Bedeutung der Inhalts-Ebene" konzediert. (Eilert 2015, 119)

8 Vgl. das Interview in diesem Band.

9 „Wer die Sprüche kennt, hat das Sagen; Bruder Siggi klopft sie unaufhörlich, der Käpt'n auf der Hafenrundfahrt, aber ebenso die Heilsarmee-Frau setzen auf ihre ‚bewährten Sätze'. In ihrer

als Hafenarbeiter, später als Sicherheitsmann für die Überwachung eines Gebäudes beschäftigt. Seine freie Zeit verbringt er in der Kneipe „Der goldene Handschuh“ mit anderen derangierten Außenseitern, verarmten und verkrachten Existenzen in einem aggressiven und schwer alkoholisierten Zustand. Er lässt verwahrloste und alkoholsüchtige Frauen bei sich übernachten, um sie auszunutzen, zu unterwerfen und zu demütigen; schließlich geht er dazu über, sie zu ermorden. Der Handlungsverlauf hat eine Peripetie, als Honka versucht, dem Alkoholismus zu entkommen und eine normale Existenz zu führen. Er unternimmt eine Hafenrundfahrt, bei der er einem Animateur zuhört, der sein Programm mit witzigen Sprüchen füllt. Diese Witze haben auch die Funktion, die Passagiere herabzuwürdigen: „Weißt du, wie das gefährliche Gas zwischen zwei Wirtshäusern heißt? Sauerstoff! Ah guck, da lacht er doch. Van vörn as ’n Reh, van achtern as ’n Peerd.“[10] (Strunk 2016, 131) Honka „versucht, sich die Schnacks und Witze einzuprägen. Vielleicht ist einer dabei, den Bruder Siggi noch nicht kennt. Das wäre was.“ (Strunk 2016, 131) Siggi ist zu diesem Zeitpunkt bereits als überlegener Sprücheklopfer aufgetreten. Bei einem Abendessen, bei dem auch Gerda anwesend ist, die vorübergehend bei Honka wohnt, gibt Siggi

> den Alleinunterhalter, wie er im Buche steht, und feuert eine Breitseite Sprüche und Lebensweisheiten nach der anderen ab: „Das Leben ist ein großes Kartenspiel, wenn du mitmischen willst, musst du nehmen, was ausgeteilt wird.“ (Strunk 2016, 78)

Nachdem die konventionellen Weisheiten und Sprichwörter verschossen sind, wird Siggi jedoch persönlicher; er theoretisiert über Frauen, ohne dabei aus dem Register des Sentenziösen zu fallen. „Es gibt zu viele Frauen und gleichzeitig zu wenige. Verstehssu das?“ (Strunk 2016, 79) Als Erläuterung schiebt er hinterher:

> „Merkt euch mal folgendermaßen: Die Weiber komm entweder gar nicht oder alle auf einmal, und wenn wieder so ’ne Ladung kommt, dann muss man zugreifn. Wie bei die Lachse, da komm Millionen auf einmal, und die Bären fressen sich in nur ein paar Tagen pappsatt.“ (Strunk 2016, 80)

Im Anschluss erläutert Siggi die Voraussetzungen seiner Maxime:

> „Liebe ist nur was für Leute, die das ganze Seelenleid und den Stress und all das verkraften könn. Bei den Frauen ist das so: Zuerst lieben sie dich, so lange bis du sie auch liebst, dann

Massierung bringen sie uns zum Lachen, den sprachlosen Kreaturen jedoch, die sich selbst keinen Spruch merken können, erscheinen sie als Ausweis einer höheren Wahrheit […].“ (Baßler 2017, 118)

10 Auf Hochdeutsch: „Von Vorne wie ein Reh, von hinten wie ein Pferd“, frei nach dem Motto: Dieser Mensch ist anders, als er zu sein scheint.

> geht das 'ne Zeitlang gut, aber irgendwann is es so weit, dass du sie ein kleines bisschen mehr liebst, das wittern die richtig. Und dann, aus, Schluss, vorbei, dann bissu abgemeldet. Und wenn es erst mal so weit is, kannst du das endgültig vergessen, wenn eine Frau fertig is mit dir, is sie fertig und kommt weder für Geld noch für gute Worte zurück. Das glaub mir mal." (Strunk 2016, 80)

Peu à peu kippt die Stimmung und die gemütliche Atmosphäre verschwindet. Auch Gisela, eine Heilsarmee-Frau, die versucht, die Kaputten und „Verwesten" im Goldenen Handschuh zurück auf Spur zu bringen, ist wenig hilfreich. Die Äußerungen Giselas sind ein wahres Sperrfeuer aus Sprichwörtern und Maximen:

> „Wer mit allen Wassern gewaschen ist, ist noch längst nicht sauber!"
> „Fäuste kann man nicht falten."
> „Wer meint, für Gott keine Zeit zu haben, nimmt sich viel Zeit für Nebensächlichkeiten." (Strunk 2016, 94)

Aber während die Hauptfigur sich die Sprüche des Hafenkapitäns oder seines Bruders Siggi durchaus zu eigen macht, bleibt er für die religiöse Heilslehre unempfänglich. An Figuren wie Agnes oder Fritz „Fiete" Honka prallen Giselas gut gemeinte Ratschläge ab. Auch die Lebensweisheiten, die Fritz Honka akzeptiert, tendieren allerdings dazu, Anti-Ratschläge zu sein. Ähnlich wie das Märchen in ein Anti-Märchen kippen kann, in dem ein Wunder ausbleibt und eine Moral verweigert wird (Jolles 1982/1930, 242),[11] kippen die Spruchformen Strunks ins Gegenteil dessen, was durch die Form klassischerweise intendiert wird. Siggis „Lebensweisheiten" können dem Frauenmörder keinen Weg aus der Abwärtsspirale weisen, eher legen sie ihn auf den Untergang fest, und auch der aggressive Spott des Hafenkapitäns fügt sich wie ein Mosaikstein in ein Weltbild, in dem die Starken die Schwachen tyrannisieren und in dem es keinen Trost gibt. Diese trostlose Einsicht wird in der Parallelhandlung, die im Milieu der Hamburger Oberschicht stattfindet, durch eine Figur realisiert. Claudia hat eine Affäre mit dem reichen Anwalt Karl, der seine Gewaltfantasien an ihr auslässt und sie sexuell demütigt. An einer Stelle äußert Claudia die Sätze:

> „Träume sind die Blutergüsse der Seele."
> Karl zuckt zusammen. Ist das trostlos. Das kann er nicht unwidersprochen hinnehmen. Er legt den Kopf leicht schief, lächelt und sagt, wobei er versucht, seiner Stimme einen *intensiven* Klang zu verleihen: „Wenn ein Vogel alle Sandkörner Korn um Korn über den Ozean trüge, dann wäre das erst der Beginn der Ewigkeit." (Strunk 2016, 222)

11 Ein bekanntes Beispiel ist das Märchen der Großmutter in Büchners *Woyzeck*, vgl. dazu Kuchinke-Bach 1987; Tripp 2010.

In der Form einer Sentenz wird die Einsicht geäußert, dass Träume Reaktionen auf seelische Verletzungen sind, wodurch eine kompensatorische Funktion dieser Träume nahegelegt wird. Nicht unmotiviert ist deswegen der Eindruck von Trostlosigkeit. Karl reagiert jedoch umgehend, indem er einen konventionell-kitschigen Spruch dagegenhält. Dieser Spruch stellt die Ideologie wieder her, die durch Claudias Sentenz dementiert wurde. Ähnlich wie das Erlösungsversprechen Giselas und die Glücksversprechen der Schlager, die im Roman sehr präsent sind, lässt sich die Lebensweisheit Karls „als Teil eines größeren Verblendungszusammenhangs" (Behrs 2020, 176) verstehen, der von Claudia allerdings für eine kurze Zeit durchschaut wird. Vom Romanpersonal wird dieser Verblendungszusammenhang normalerweise weder vollständig akzeptiert noch vollständig durchbrochen; er scheint gerade stark genug zu sein, um die traurigen Figuren dort zu fixieren, wo sie sind.

6 *Zauberberg 2*

Jonas Heidbrink, der Protagonist von Strunks Roman *Zauberberg 2*, ist zwar kein Ingenieur wie sein Vorbild Hans Castorp in Thomas Manns *Der Zauberberg*, aber ein Bastler und Erfinder, der als Startup-Unternehmer einige Erfolge verzeichnen konnte. Zur Zeit der Romanhandlung hat er aber schon seit längerem nichts mehr erreicht. Er empfindet eine quälende Sinnlosigkeit und sucht eine Heilanstalt für psychische Erkrankungen auf, die in einer Sumpflandschaft in Mecklenburg-Vorpommern liegt. Hier erhält er therapeutische Seminare und wird klinisch betreut. Wie im märchenhaften Sanatorium Berghof tummeln sich auch im „Schloss" von *Zauberberg 2* lebensunfähige Gestalten, die sich aber erhoffen, wieder für das Leben ertüchtigt zu werden. Anders als der Berghof ist das Schloss zwar nicht in monumentaler Höhe situiert, sondern in ausgesprochener Niedrigkeit; aber wie jener stellt es einen Zwischenraum dar, in dem verhandelt wird, ob die Entfremdung der Patient*innen vom Leben rückgängig gemacht werden kann. Damit sind einerseits Figuren beschäftigt, die dem medizinischen Spektrum zuzuordnen sind, etwa Professor Rodenberg, wie Hofrat Behrens im Roman von Thomas Manns eine wissenschaftliche Kapazität und „die oberste Autorität in der Welt" (Strunk 2024, 265). Andererseits hat Jonas Heidbrink wie Hans Castorp zwei Mentoren, die sich bemühen, pädagogisch auf ihn einzuwirken. Statt Naphta und Settembrini kümmern sich Klaus Wimmer und Bernhard Zeissner um Heidbrink, und beide brennen ein Feuerwerk kluger Ratschläge ab. Bernhard Zeissner bietet „Kalenderweisheiten für die gehobenen Stände, scheintiefe Gedanken, die aus Zeissners Mund kommend jedoch einen gewissen *Sog* entfalten" (Strunk 2024, 193), während Klaus Wimmer eher die

Perspektive der ‚einfachen Leute' artikuliert. Die volkstümlicheren Ratschläge Bernhard Wimmers klingen so:

> „Man muss den Eimer raushalten, solange es regnet. Verstehst du? Den Bottich musst du auskratzen."
> Heidbrink weiß nicht, was Klaus da redet, herrlich.
> „Ein guter Koch lockt Leute an."
> „Aber das ist doch Wodka."
> „Egal. Weißt du, was du machen musst, wenn du mit 'nem Steifen rückwärts auf 'nem Fluss treibst?"
> Was kommt nun?
> „Was kommt nun?"
> „Du musst warten, bis sich die Klappbrücke öffnet. Prost." (Strunk 2024, 276)

Diese und weitere Witze und Sprüche Wimmers liegen durch ihre Betonung von „Tautologien, Trivialitäten und Paradoxien" (Köhler 1989, 70) in der Nähe des Nonsens. Da er ein Stakkato von Weisheiten abfeuert, wird der Kontext der einzelnen Sprüche irrelevant. Die Rede Wimmers nähert sich dadurch performativ der Aphoristik an. Handelt es sich bei seinen Ratschlägen um launige Sinnverweigerungen, erfährt Heidbrink von dem Privatier Zeissner jedoch andere Dinge: „Die einen bestimmen den Lauf der Welt, die Mehrheit hält sie am Laufen." (Strunk 2024, 193) Oder auch: „Ein rollender Stein setzt kein Moos an." (Strunk 2024, 194) Die Tendenz dieser Sprichwörter ist disziplinierter, sie erinnert wiederum an diejenigen der Erfolgsratgeber, die Heinz Strunk spätestens seit dem *Strunk-Prinzip* zum Thema macht.

Auch wenn die Mentoren unterschiedliche Stilebenen bedienen und ihre Weisheiten konträre ideologische Pointen haben, wirken sie ähnlich unnütz. Die Spruchform verspricht eine intellektuelle Autorität und Tiefe, die inhaltlich nicht realisiert wird. Dem „Sorgenkind" Heidbrink (Strunk 2024, 276) Auskünfte angeboten, die als abgedroschene Gemeinplätze, Plattheiten oder Nonsens lesbar sind.

Dennoch halten ihn der *„Sog"* (Strunk 2024, 193) der beiden Mentoren ebenso wie die Magie des Schlosses und die Autorität der wissenschaftlichen Leitung in einer transliminalen, unentschiedenen Position zwischen Leben und Lebensverneinung. Gegen Ende des Romans werden die drei Stabilisatoren jedoch narrativ ausgeschaltet: Professor Rodenberg verliert seine Aura und wird zu „Professor Unrat" (Strunk 2024, 273), Bernhard Wimmer stirbt und das sentenziöse Ethos Zeissners kippt, kurz bevor er abreist, ins Nihilistische:

> „Man sollte aufhören, zwanghaft nach Bedeutsamkeit zu suchen. Sich einzugestehen, dass die Suche nach Glück vergebens ist, das würde sicher auch helfen. Glücklosigkeit muss man akzeptieren, wie Diabetes oder Haarausfall." (Strunk 2024, 232)

Zeissner bietet seinem Zögling Heidrink eine Art Anti-Lebenshilfe, die sich in der Form zwar grundlegend von derjenigen unterscheidet, die Siggi für seinen Bruder Fritz Honka parat hält, in der Wirkung jedoch vergleichbar ist. Die Faktoren, die Heidbrink in seiner unentschiedenen Position stabilisiert haben, sind damit weggefallen. Der Roman endet damit, dass Heidbrink das Leben endgültig hinter sich lässt und „von der Hoffnung erlöst" (Strunk 2024, 276) ins offene Meer hinausschwimmt.

7 Spruchformen im narrativen Kontext

Ohne Anspruch auf Vollständigkeit, sollen abschließend drei Funktionen der Spruchform im Erzählwerk Strunks unterschieden werden.

1) Dass es sich bei den Sprüchen und Redensarten tatsächlich oft um wenig mehr als „Kackateilchen" handelt (Strunk 2008, 78), legen die drei Beispielanalysen nahe, auch wenn sich die Figuren dem „Regime des Sprichworts" unterwerfen (Baßler 2017, 118). Bei diesem Regime bleibt es jedoch nicht, sondern die Sprüche werden Bausteine eines „Großen, Schönen, Ganzen" (Strunk 2008, 78). Dass diese Aufzählung kaum etwas anderes als einen weiteren abgegriffenen Gemeinplatz darstellt, dürfte auch Heinz Strunk bewusst sein. Dennoch: Die Sprichwörter werden literarisch kontextualisiert, überbaut und insofern aufgewertet. „Realismus" heißt bei Strunk nicht, die Welt so darzustellen, wie sie in klischierten Sprachformen bereits vorliegt, sondern auch den Außenraum der Denkordnungen darzustellen, in dem sie funktionieren (Baßler 2017, 123; vgl. Behrs 2022, 176). Damit steht Strunk in der reichen Tradition literarischer Phrasen- und Jargonkritik. Wie Büchner und Brecht (Bernath 1976), Vischer (Althaus 2011) oder Flaubert und Kraus (Hülk 2016) zitiert er platte und falsche Spruchformen in satirischer Absicht. Das Schicksal seiner Figuren zeigt, dass an den Spruchweisheiten, an die sie sich halten, etwas nicht stimmen kann. Felgentreus Weisheit scheitert am Taler, diejenige Giselas am Milieu des Handschuhs und Zeissners schlicht am Leben. Strunk greift auf kleine Spruchformen ebenso zurück wie auf einzelne Vokabeln, die als Teil eines Jargons markiert und geradezu verschlagwortet werden. Was durch die Handlungsverläufe von Strunks Erzählungen in Mitleidenschaft gezogen wird, sind nicht nur die Terminologien und Formen, in denen sich Figuren ausdrücken, sondern auch das zu ihnen gehörende Ethos. Ein intellektueller und ethischer Autoritätsanspruch wird dementiert, das Selbstbewusstsein, Ratschläge erteilen zu können und der dazugehörige didaktische Gestus werden in Frage gestellt.

2) Die Beispiele zeigen, dass Spruchformen generell eine wichtige Rolle bei der Figurencharakterisierung spielen. Sie können auf der Ebene der Erzählinstanz

genutzt werden, um Figuren zu beschreiben, oder sie können von Figuren selbst genutzt werden, um Handlungen und Ereignisse einzuordnen und zu deuten. Heinz Strunk wählt in der Regel den zweiten Modus. Dabei hat Sentenziöses eine andere Signifikanz als umgangssprachliche Figurenrede, weil die Form einen besonderen ethischen und/oder intellektuellen Anspruch markiert. Sprüche lassen tief blicken. In ihnen wird nicht Nebensächliches oder Flüchtiges geäußert, sondern es werden Wertesysteme und Denkordnungen exemplifiziert. Sie charakterisieren eine Figur also nicht nur in einer Situation, sondern sie verweisen direkt auf ein Verhaltensmuster, ein Wertefundament oder auch einen Identitätskern. Das gilt selbst dann, wenn sie nicht für ein Kollektiv, sondern nur für ein Individuum eine Regel aufstellen. „Fleisch ist mein Gemüse" ist solch eine zwischen Spruch und Maxime oszillierende Aussage, die sicherlich nicht für alle Menschen zu jeder Zeit, aber für Figuren des gleichnamigen Romans (Strunk 2004) allgemeine Gültigkeit beansprucht und sie insofern auch auf besondere Weise charakterisiert.

3) Gerade dieser Gültigkeitsanspruch wird aber in den Erzählungen Strunks negiert. Was dadurch entsteht, ist Leere und Ratlosigkeit. Spruchformen haben in Strunks Erzählwerk nicht zuletzt die Funktion, eine Ratlosigkeit zu thematisieren, die durch Plattheiten und Gemeinplätze nur kaschiert und überspielt wird. „Die Diamanten haben ihren Preis, aber der gute Rat hat keinen" (Strunk 2016, 95), meint Gisela – es fragt sich nur, wo guter Rat zu finden ist.[12] Dass die Ratgeberliteratur einen Weg aus der Ratlosigkeit der Moderne weisen könnte (Helmstetter 1999), wird durch Strunks Prosa gerade nicht nahegelegt. Wie andere Autor*innen der Gegenwart (Lutz 2013), relativiert er die Heilsversprechen der Ratgeber und stellt ihnen geradezu eine literarische Anti-Didaktik entgegen.

Dass die Mehrzahl der Figuren, die Strunks Textwelten bewohnen, sich auf der Suche nach Rat noch an die „verkommensten aller kulturellen Wahrheiten" (Baßler 2017, 118) klammern, zieht sich wie ein roter Faden durch seine Publikationen. Ohne Selbsttäuschungen und Verkürzungen kommt das Personal seiner Erzählungen nicht aus. Das bedeutet nicht, dass sie reine Ver-Lachfiguren sind. Strunk schwankt in ihrer Darstellung zwischen Satire und Anteilnahme.[13] Auch der autofiktionale Erzähler von *Die Zunge Europas*, selbst die Erzählinstanz der *Intimschatulle* greift auf diese Phrasen zurück, kann sich nicht zwischen Ekel und Affirmation entscheiden. In der Regel liegt es an den Leser*innen, die Verkommenheit der auf Figurenebene in Anspruch genommenen Wahrheiten zu inferieren; bis zu

12 Das fragt sich auch ein Patient aus *Zauberberg 2*: „Florians bestimmendes Merkmal: Ratlosigkeit." (Strunk 2024, 143–144)

13 Dass Empathie für ihn nicht Sympathie heißt, betont Heinz Strunk in seiner Dankrede für den Wilhelm Raabe-Literaturpreis (vgl. Strunk 2017b, 130–131).

einem gewissen Grad sind fast alle Figuren des Strunk-Universums, die autofiktionalen eingeschlossen, theoretisch unzuverlässig. In einigen Fällen dämmert die Einsicht, dass die omnipräsenten Phrasen die Wirklichkeit verfehlen, allerdings auch ihnen. Manchmal geschieht das, wie bei Felgentreu, postmortal, manchmal, wie bei Heidbrink, prämortal, und manchmal, wie bei Claudia, in einem Moment produktiver Verzweiflung. „Träume sind die Blutergüsse der Seele" ist ein Beispiel für einen Spruch bei Heinz Strunk, der nicht irreführend ist. Durch den narrativen Kontext wird er nicht dementiert, sondern bestätigt. Dasselbe gilt für die Sprichwörter, denen der Parkplatzwächter Jürgen folgt, wenn er gerade keine Ratgeber im Kopf hat; in diesem Fall sind die Sprüche und Schnacks das Register der ‚kleinen Leute', denen bei aller Distanz die Sympathie Heinz Strunks gehört.

Primärliteratur

Strunk, Heinz: Fleisch ist mein Gemüse. Eine Landjugend mit Musik. Reinbek bei Hamburg: Rowohlt 2004.
Strunk, Heinz: Die Zunge Europas. Reinbek bei Hamburg: Rowohlt 2008.
Strunk, Heinz: Der goldene Handschuh. Reinbek bei Hamburg: Rowohlt 2016.
Strunk, Heinz: Jürgen. Reinbek bei Hamburg: Rowohlt 2017a.
Strunk, Heinz: Elend und Humor. Dankrede. In: Hubert Winkels (Hg.): Heinz Strunk trifft Wilhelm Raabe. Göttingen: Wallstein 2017b, S. 128–134.
Strunk, Heinz: Der gelbe Elefant. Hamburg: Rowohlt 2023.
Strunk, Heinz: Zauberberg 2. Hamburg: Rowohlt 2024.

Sekundärliteratur

Althaus, Thomas: Von den Stockwerken des Lebens und von der Tücke des Objekts. Friedrich Theodor Vischers Roman Auch Einer und sein Held als Phraseur. In: Barbara Potthast und Alexander Reck (Hg.): Friedrich Theodor Vischer. Leben – Werk – Wirkung. Heidelberg: Winter 2011, S. 169–190.
Baßler, Moritz: Verstehen heißt Verzweifeln. Laudatio auf Heinz Strunk und seinen Roman Der goldene Handschuh. In: Hubert Winkels (Hg.): Heinz Strunk trifft Wilhelm Raabe. Göttingen: Wallstein 2017, S. 114–127.
Behrs, Jan: Abstieg in die Form. Deutsche Gegenwartsliteratur und das beschädigte Leben. In: Zagreber Germanistische Beiträge 29 (2020), S. 163–182.
Bernath, Peter: Die Sentenz im Drama von Kleist, Büchner und Brecht. Bonn: Bouvier 1976.
Bröckling, Ulrich: Das unternehmerische Selbst. Soziologie einer Subjektivierungsform. Frankfurt a.M.: Suhrkamp 2007.
Bröckling, Ulrich: Das Subjekt auf dem Marktplatz, das Subjekt als ein Marktplatz. In: Vera King/Bengina Gerisch/Hartmut Rosa (Hg.): Lost in Perfection. Zur Optimierung von Gesellschaft und Psyche. Berlin: Suhrkamp 2022, S. 43–61.

Cahn, Michael: Das Schwanken zwischen Abfall und Wert. Zur kulturellen Hermeneutik des Sammlers. In: Merkur 45.509 (1999), S. 674–690.
Eilert, Dirk W.: Der Liebes-Code. Wie Sie Mimik entschlüsseln und Ihren Traumpartner finden. Berlin: Ullstein 2015.
Fricke, Harald: Aphorismus. Stuttgart: Metzler 1984.
Helmstetter, Rudolf: Guter Rat ist (un)modern. Die Ratlosigkeit der Moderne und ihre Ratgeber. In: Gerhart von Graevenitz (Hg.): Konzepte der Moderne. DFG Symposion 1997. Stuttgart: Metzler 1999, S. 147–172.
Helmstetter, Rudolf: Ratgeber als Erfolgsflüsterer und der Schatten des Scheiterns. In: NonFiktion 7.1/2 (2012), S. 49–69.
Höller, Jürgen: Sprenge deine Grenzen. Jürgen Höller Academy 2017.
Hülk, Walburga: Phrase und Gemeinplatz – Kraus, Flaubert und der Boulevard. In: Études Germaniques 71.3 (2016), S. 359–372.
Jolles, André: Einfache Formen. Legende, Sage, Mythe, Rätsel, Spruch, Kasus, Memorabilie, Märchen, Witz. Tübingen: Niemeyer 1982 (1930).
Klein, Christian/Matías Martínez: Herausforderungen meistern, Krisen überwinden. Über Ratgeberliteratur aus narratologischer Sicht. In: NonFiktion 7.1/2 (2012), S. 57–69.
Köhler, Peter: Nonsens. Theorie und Geschichte der literarischen Gattung. Heidelberg: Carl Winter Universitätsverlag 1989.
Kuchinke-Bach, Anneliese: Märchen – „Antimärchen“. Grundzüge der Grimmschen Märchenwelt und deren Desillusionierung in Büchners Dramen. In: Dies. (Hg.): Die Brüder Grimm. Eine Würzburger Ringvorlesung zum Jubiläum im Rahmen des studium generale. Frankfurt a.M./Bern/New York: Peter Lang, S. 15–31.
Lamping, Dieter: Aphorismus. In: Ders. (Hg.): Handbuch der literarischen Gattungen. Stuttgart: Kröner 2009, S. 17–21.
Lausberg, Heinrich: Handbuch der literarischen Rhetorik. Stuttgart: Franz Steiner Verlag 2008.
Lutz, Daniel: Gebote der Gegenwart. Die Transformierung der Management- und Ratgeberliteratur im Roman der Nullerjahre (Georg M. Oswald, Ernst-Wilhelm Händler, Rolf Dobelli, Martin Walser, Bodo Kirchhoff). In: Carsten Rohde/Hansgeorg Schmidt-Bergmann (Hg.): Die Unendlichkeit des Erzählens. Der Roman in der deutschsprachigen Gegenwartsliteratur seit 1989. Bielefeld: Aisthesis 2013, S. 211–235.
Peters, Tom: Das Tom Peters Seminar. Management in chaotischen Zeiten. Frankfurt a.M./New York: Campus 1995.
Pütz, Maximilian/Arne Hoffmann: Das Gesetz der Eroberung. Perfekte Strategien, wie Sie jede Frau verführen. München: Wilhelm Heyne Verlag 2014.
Senne, Stefan/Alexander Hesse: Genealogie der Selbstführung. Zur Historizität von Selbsttechnologien in Lebensratgebern. Bielefeld: transcript 2019.
Škreb, Zdenko: Die Sentenz als stilbildendes Element. In: Jahrbuch für Internationale Germanistik 12.2 (1981), S. 76–84.
Spicker, Friedemann: Kotext und Kontext. Der Aphorismus in seinem Umfeld. In: SPRACHKUNST 50.2 (2019), S. 187–215.
Tripp, Meagan: Das Anti-Märchen als Kulturfenster und Zeitzeuge in Georg Büchners *Woyzeck*. In: Jahrbuch für internationale Germanistik 42.2 (2010), S. 63–73.
Vogl, Joseph: Poetik des ökonomischen Menschen. In: Zeitschrift für Germanistik 17.3 (2007), S. 547–560.

Arno Meteling

Hermeneutische Geilheit: Körper und Schrift in der Strunk-Galaxis

1 Spiegelkabinett

Eine der schönsten Studien zu Thomas Manns Roman *Der Zauberberg* (1924) beginnt folgendermaßen: „Auch Künstler sind nur Menschen und sprechen am liebsten von sich. Sie legen diese Eigenschaft nicht ab, sobald sie sich an die Arbeit machen. Im Gegenteil stellen sie ihre Werke mit Spiegelchen voll, die wie in den Gemälden der niederländischen Meister das Porträt ihres Schöpfers zeigen." (Maar 1997, 13) Mehr als jede andere Epoche der Literaturgeschichte lässt sich die Literatur des frühen 21. Jahrhunderts als ein Spiegelkabinett lesen. Ästhetisch mitunter gänzlich unverbrämt, aber immer in Pose, schreibt diese Literatur ostentativ autobiographisch und schildert Milieus, widrige Vergangenheiten, Identitätssetzungen in Abgrenzung zur Elterngeneration oder zu sozialen Klassen sowie persönliche Befindlichkeiten. Stilistisch fallen viele deutschsprachige Vertreter dieser *Confessiones* der Gegenwart unter das von Moritz Baßler formulierte Verdikt des „populären Realismus" (Baßler 2022), der eine einfache Sprache sowie das moralische Einverständnis der Leserschaft voraussetzt und dabei jede Form der Mehrdeutigkeit ausschließt. Diese Ich-Literatur reüssiert unter dem Etikett des „autofiktionalen Erzählens" und zeigt sich in zwei Hauptgeschmacksrichtungen. Zum einen bürgen die Autorinnen und Autoren mit ihren Identitäten und damit ihren Körpern für die Richtigkeit ihrer Geschichten. Dies geschieht konkret nicht nur an den Texträndern der Bücher, sondern epitextuell auch in Interviews und den sozialen Medien der visuellen Repräsentation. Zum anderen gibt es die semiotisch ein wenig verrätselten Versionen, die etwas unklar zwischen dem „autobiographischen" und dem „Romanpakt" (vgl. Lejeune 1994) oszillieren. Das bedeutet, dass die Heldinnen und Helden der Texte zwar die Namen ihrer Autorinnen und Autoren tragen, dass es häufig eklatante Überschneidungen zwischen den Leben innerhalb und außerhalb der Diegese gibt, aber alles nicht eindeutig referenzialisierbar ist.

Die populärsten internationalen Beispiele autofiktionalen Erzählens sind wahrscheinlich die Romane Annie Ernaux', Karl Ove Knausgårds und Édouard Louis' oder auch Didier Eribons autobiographische Studie *Rückkehr nach Reims* (2009). Christian Krachts Roman *Eurotrash* (2021), der nicht nur Anspielungen auf das eigene Leben und auf die Hauptfigur seines ersten Romans *Faserland* (1995) enthält, sondern mit mitunter wenig subtiler Ironie die öffentliche wie geheime

https://doi.org/10.1515/9783111408798-004

Geschichte Europas an die Romanfamilie „Kracht" knüpft, spielt mit diesen Schreibweisen und lässt sich in dieser Hinsicht bereits als metaautofiktionale Literatur verstehen. Die Suche nach Jorge Luis Borges' Genfer Grab in *Eurotrash* spiegelt deshalb nicht nur den Besuch des Zürcher Grabs von Thomas Mann in *Faserland*, sondern ruft poetologisch und selbstreferenziell exakt den Autor auf, der paradigmatisch ein eigenes unentwirrbar referenzielles wie fiktives literarisches Verweisuniversum geschaffen hat.

Einen ganz eigenen Weg, aber in seiner Form der Literarisierung eher auf der Seite Krachts als derjenigen, die mit ihrer Lebensgeschichte und ihrem Körper für ihre Texte einstehen und deren Paratexte und Porträtbilder vornehmlich authentifizierender Natur sind, gehen die Romane, Erzählungen und Kolumnentexte Heinz Strunks. Im Vergleich zu den vielen Vertreterinnen und Vertretern autofiktionaler Literatur des frühen 21. Jahrhunderts vermeidet Strunk, der in seinen zahlreichen Interviews durchaus die autobiographische Referenz vor allem seiner frühen Texte betont, die Errichtung eines konventionellen Spiegelkabinetts. Seine Helden tragen deshalb verschiedene Namen wie „Markus Erdmann", „Thorsten Bruhn", „Dr. Georg Roth", „Jürgen Dose" „Heinz Strunk" oder auch „Mathias Halfpape", ohne dass insistiert wird, eine historische Person, mithin den Autor, in diesen Figuren aufgehen zu lassen.

Vergleichbar den komplizierten Verhältnissen Strunk'scher Identitätspolitik sind auch andere Aspekte seines Schreibens nicht eindeutig. So könnte man die Texte aufgrund der detaillierten Milieuschilderungen, der Umgangssprache oder des Fokus auf das Kreatürliche und Triebhafte der Figuren einer Tradition des Naturalismus zuordnen. Demgegenüber gibt es allerdings einen hohen Grad an Intransivität. Die Welten in Strunks Texten entsprechen bei näherer Hinsicht keiner Poetik der Widerspiegelung, des Naturalismus oder des sozialen Realismus, sondern weisen eine Vielzahl an Künstlichkeitsmerkmalen auf, so dass man allenfalls von einem Paralleluniversum sprechen könnte. Vor allem aber geht es in den Texten Strunks um die Sprachlichkeit selbst – und zwar ganz im Sinne der Literaturdefinition Maurice Blanchots: „Poetisch reden ist die Möglichkeitsbedingung einer intransitiven Sprache, deren Aufgabe nicht im Sagen der Dinge (im Aufgehen in dem Bedeuteten) besteht, sondern im (sich) Sagen [...]." (Blanchot 1987, 116) Die These ist deshalb, dass angesichts der Verquickung naturalistischer und selbstbezüglicher Elemente in Strunks Texten Körperlichkeit und Schriftlichkeit auf eine spezifische Weise miteinander verknüpft sind, die sich in bestimmten Motiven, Topoi und Schreibweisen äußern. Beschreiben lassen sie sich mit dem Vierklang „Grotesker Manierismus", „Negativwelten", „Melancholie-Effekt" und „Herzensschrift".

2 Grotesker Manierismus

Die meisten Texte Strunks bedienen sich einer Inszenierung des Körpers, die als „grotesk" beschrieben werden kann. Knapp gefasst, ist für die Ästhetik des Grotesken „alles *interessant, was hervorspringt, vom Körper absteht,* alle Auswüchse und Verzweigungen, alles, was über die Körpergrenzen hinausstrebt und den Körper mit anderen Körpern oder der Außenwelt verbindet" (Bachtin 1995, 358). Das Groteske nimmt deshalb motivisch vor allem das Essen, die Ausscheidung und die Sexualität in den Blick. Groteske Körperchoreographien fragmentieren und hybridisieren, neigen dazu, den einzelnen Körper und seine Grenzen aufzulösen. Diese Ästhetik ist allerdings nicht auf die Kreatürlichkeit des Körpers beschränkt, sondern zeigt sich auch in Schreibweisen, die als „manieristisch" registriert werden können. (Vgl. Hocke 1959) So gibt es sprachliche Manierismen, die neben der grotesken Fragmentierung des menschlichen Körpers auf die Figurenhäufung, das Hyperbolische und den Wortexzess setzen – beispielsweise durch die Verwendung großer Zahlen oder eine Poetik der Liste.[1] Detlef Kremer formuliert in dieser Hinsicht: „Der synekdochischen Partialisierung korrespondiert ein charakteristischer Zug zur semiotischen Häufung, sei es eine Multiplikation des Figurenarsenals, sei es eine Häufung analog angelegter Szenen und Szenenfolgen." (Kremer 2000, 215)

In der Strunk'schen Erzählung *Steilgehen* kann die Vorstellung eines unsympathischen Helden deshalb so klingen: „Er heißt Mark, wie der Popsänger Mark (Forster), und er sieht auch so aus: Fünf- oder Sechs- oder Siebentagebart, Baseballcap/Cap/Käppi, Sneakers, Jeans, Hoodie, Jacke (outdoor ready). [...] Seine Kumpel [...] sind auch so Käppi-Typen, Streetwear-Typen, Casual Typen [...]." (Strunk 2023, 186) Ebenfalls als Auflistung mit hoher isotopischer Dichte findet sich in den Gedanken Freddys, des mitgefühligen Helden der Erzählung *Haltungsstufe II*, das Sujet der Schlachtung: „Allein die Termini: Entbluten, Blutentzug, Entblutungsschnitt, penetrierender Bolzenschuss, Schlachtschussapparat, Enthaarungsmaschine, Rückenmarkszerstörer." (Strunk 2023, 79) Geradezu exemplarisch verknüpft werden das groteske „Festmahlmotiv" (vgl. Bachtin 1995, 320–344) und die manieristische Reihung im Ballermannschlager *Fleisch ist mein Gemüse* der Fernsehserie *Last Exit Schinkenstraße* (2023), denn die Strophen bestehen ausschließlich aus der Aufzählung von Fleischgerichten. Eines von mehreren Pendants dieser Liste ist im Roman *Zauberberg 2* (2024) zu finden: „Zum Abenteuer Klinikum zählt auch das Abenteuer

1 Diese literarischen Manierismen entsprechen sehr genau Aspekten der gleichnamigen künstlerischen Strömung in den bildenden Künsten des 16. Jahrhunderts. Seit den Arbeiten Gustav René Hockes wird der kunstübergreifende Manierismus auch als Gegenströmung zur Klassik bis in die Gegenwart hinein betrachtet. (Vgl. Hocke 1957)

Fleischmahlzeit. Grünkohl mit Kasseler und Pinkel, Zürcher Geschnetzeltes, Rinderrouladen, Nackenbraten, Boeuf Stroganoff, Biersuppe mit Speck, Maultaschen, Schweinsrollbraten, Wurstgulasch, falscher Hase." (Strunk 2024, 22) Das Sicheinverleiben und Wiederausscheiden der Welt durch den Helden, das Michail Bachtin paradigmatisch in seiner Analyse der frühneuzeitlichen Romane François Rabelais' herausarbeitet, führt auch bei Strunk letztlich zur Erhabenheit der großen Zahl: „Seit elf Stunden ist er auf den Beinen und frisst nahezu ununterbrochen: Avocado-Sandwich, Franzbrötchen, Ragù alla bolognese." (Strunk 2024, 27)

Als zweites manieristisches Verfahren lässt sich das Floskel- und Sentenzhafte der Figuren- und Erzählersprache identifizieren. Komplementär zu den häufig triebhaften Bedürfnissen der Figuren werden dabei die Bahnen einer schablonenhaften Sprache und damit die Geformtheit eines im Sapir-Whorf'schen Sinne begrenzten Denkens und Fühlens akzentuiert. (Vgl. Bußmann 1990, 657–658) Die Figuren erweisen sich als zutiefst von bestimmten Sprechweisen formatiert und fungieren als Lautsprecher kurzgeschlossener Assoziationsketten, die wie auf Knopfdruck auf ein bestimmtes Spektrum an Situationen hin geäußert werden und dabei Reflexion wie Möglichkeitssinn untersagen. Die Schablonisierung zielt allerdings nicht allein auf eine Riesman'sche Außenleitung oder ein falsches Bewusstsein der Figuren, sondern findet sich in höchst selbstbezichtigender Weise auch auf der Erzählerebene, beispielsweise in der Kolumnensammlung *Nach Notat zu Bett. Heinz Strunks Intimschatulle* (2019). Die Hypostasierung und Essentialisierung bestimmter Begriffe und Topoi, die Redewendungen, Phrasen, Floskeln, Appositionen, Epitheta, Sentenzen und eingeschobenen Kommentare sind in den meisten Fällen allerdings nicht direkt der Alltagssprache entnommen, sondern Eigenkompositionen. Es sind Extrapolationen, die Sprache und damit die eigene Literarizität ausstellen.[2] Baßler stellt bezüglich des Realismus der Strunk'schen Beschreibungen fest: „Diese Literatur [...] ist dennoch [...] mehr Literatur als die Literatur-Literatur; denn Strunks Prosa arbeitet ja die ganze Zeit in und an Sprache und weniger auf der Ebene des Dargestellten, des Inhalts." (Baßler 2017, 123)

Identifizieren lässt sich diese Schreibweise nicht nur an beinah allen Texten Strunks – am sichtbarsten vielleicht im Roman *Jürgen* (2017) –, sondern auch an der Fernsehserie *Last Exit Schinkenstraße*. Denn die Serie, die nominell von der in Deutschland häufig und gerade im Fernsehen gern gezeigten Ballermannkultur

2 In dieser Hinsicht verweist die Poetik der Sentenz auch in Friedrich Schillers Drama *Wilhelm Tell* (1804) vor allem auf die Künstlichkeit der eigenen Sprache.

handelt,[3] interessiert sich wenig für die Figuren und ihre Geschichten oder für eine ethnologische Inszenierung dieses speziellen Settings. Sondern sie hat ihren Fokus streng auf das Sprachliche gerichtet. Zum einen ist dies eine Rhetorik des Floskelhaften, der keine Figur entkommt, beispielsweise in leitmotivischen Wendungen wie: „Darf ich Ihnen das Tschüss anbieten?" Zum anderen sind dies die Ballermannschlager der Hauptfigur Peter, Künstlername Pierre Panade, gespielt von Heinz Strunk selbst. Die Lieder, deren Genese so gut wie keine Erzählzeit gewidmet ist, sondern die als genialische Einfälle vorgestellt werden, sind keine konventionellen Ballermannschlager, sondern Variationen des Lexikalischen und Tonalen, die das Konzept des Originals in Anführungszeichen setzen, also etwas über das Schablonenhafte aussagen, die Schablone aber nicht selbst ausfüllen. Die Lieder buchstabieren beispielsweise hyperbolisch die Ballermanntopoi des enthemmten Saufens (*Breit in 100 Sekunden*) oder der leicht camouflierten sexuellen Obszönität (*Liebesdöner*; *Du sollst nicht lecken, bevor es tropft*) aus. Das Projekt findet sich – wie häufig bei Strunk – bereits einige Jahre zuvor als Klartext formuliert, nämlich in diesem Fall in der *Titanic*-Kolumne *Heinz Strunk Intimschatulle* im Jahr 2020 mit dem Claim „Mein Liebesdöner wird ganz saftig":

> Als eine Art trojanisches Pferd die Bumsmusik-Szene (Ballermann, Goldstrand, Ischgl usw.) infiltrieren. Mit wenigen Handgriffen (z.B. Mopp auf dem Kopf, alberne Kleidung, Sonnenbrille, falsche Zähne) könnte ich mich in PIERRE PANADE verwandeln. Slogan: Versauter als Micky Krause, geiler als Mia Julia, älter als Jürgen Drews. [...] Der erste Song soll heißen Liebesdöner. (Strunk 2020)

Strunks Hörspiele, seine Musikstücke – ein paradigmatisches Hörbeispiel ist *Alarmstufe Rahmstufe* (Strunk 2010) – und seine literarischen Texte folgen als dritte Variante manieristischen Schreibens einer Poetik der grotesken Polyphonie. So ist beispielsweise stets offensichtlich, dass in der Floskelsprache ein vielstimmiges und durch Mediensprache deformiertes Imaginäres des Volkes sprechen soll, das gerahmt und zur Schau gestellt wird. Bachtins Theorie literarischer Dialogizität definiert dieses Sprechen als eine Interferenz mehrerer Stimmen und Sprechweisen, die im Gegensatz zur Monologizität keine eindeutigen Aussagen produzieren. Die Vielstimmigkeit und Überlagerung der Stimmen müssen dabei nicht notwendig von verschiedenen diskreten Figuren stammen, sondern sind ein Texteffekt. Sie sind das Ergebnis von Spuren, die immer am einzelnen Wort sichtbar sind. (Vgl. Bachtin

---

3 Neben den zahlreichen ethnologisch orientierten Dokumentationen deutscher Privatfernsehsender lässt sich hierzu paradigmatisch die Filmkomödie *Ballermann 6* (1997) des Komikers Tom Gerhardt anführen.

1979; Bachtin 1985) In diesem Sinne sind auch die Floskeln und Sentenzen, die sich durch das gesamte Werk Strunks ziehen, Ausdruck polyvalenter Vielstimmigkeit.

Bereits im ersten Roman *Fleisch ist mein Gemüse* (2009) finden sich Erweiterungen der Monologizität. Es sind nicht allein gedankliche Zusätze und Digressionen des Ich-Erzählers, beispielsweise erklärende Erläuterungen oder Kommentare, gerichtet an das Lesepublikum, sondern es werden auch die Gedanken einer anderen Figur zitiert: „Ich pichelte also mein damaliges Lieblingsersatzgetränk Spezi (Cola und Brause gemischt) und Susannchen (ich nannte sie im Geist bereits Susannchen) ein Viertel Lambrusco (*ich find's gut, wenn der Wein schön süß ist*). Aber nur ein Viertel. Rätselhaft." (Strunk 2009, 128) Das Topische der Aussage Susannes wird betont, wenn auf die konkrete Getränkewahl, nämlich den von vielen Weintrinkern Ende des 20. Jahrhunderts verpönten preisgünstigen und süßen Lambrusco, ein sehr allgemeiner Satz folgt, der nicht nur schlechten Geschmack verraten mag, sondern die Winsener Schützenkönigin Susanne auch das Offensichtlichste am Getränk ansprechen lässt, nämlich eben seine Süße. Auffällig ist die mehrfache und multimodale Distanzierung der Aussage Susannes, denn sie ist nicht nur parenthetisch in Klammern hinter das Bezugswort gesetzt und simuliert durch den Einsatz des Apostrophs mündliche Sprache, sondern steht überdies in Kursivschrift. Zweifellos überlagern sich an dieser Stelle mindestens zwei Stimmen auf drei verschiedenen Ebenen, die auf phantastische Weise einander kommentieren, wenn der Ich-Erzähler dann so verständnislos wie komisch sich letztlich weder auf die Aussage noch auf die Qualität des Getränks bezieht, sondern ausschließlich auf seine Quantität, die – wie stets in den Texten Strunks – zugunsten der größeren Menge ausfällt.

3 Negativwelten

Die Körper- und Schriftwelten der Strunk-Galaxis sind nicht nur in ihrer Referenzialität spekulativ und extrapolativ. Sie wirken zuweilen auch aus der Zeit gefallen, scheinen eher das Ende des 20. Jahrhunderts als den Beginn des 21. im Visier zu haben. Dies gilt für die frühen Entwicklungsromane und den chronotopisch genau platzierten Roman *Der goldene Handschuh* (2016), aber auch jüngere Texte halten sich mit referenziellen Markierungen wie der Diskussion globaler Ereignisse, politischen und (pop-)kulturellen Verweisen sowie dem Stand der Technik des 21. Jahrhunderts eher zurück. Themen, Motive sowie die graphische Gestaltung beispielsweise des Tapetenhintergrunds auf dem Cover des Romans *Fleisch ist mein*

Gemüse,[4] der *Fleischmann*-Fernsehserie (2003) oder auch der Hörspielkompilationen *Mit Hass gekocht* (2006), *Der Schorfopa* (2007) und *Mutter ist ein Sexmaschien* (2010) suggerieren ein nostalgisches Zeitgefühl der 1970er und 1980er Jahre. Das Porträtcover Heinz Strunks der Hörspielsammlung *Der Schlagoberst kommt!* (1999) zitiert mit Blick, Frisur und Hemdkragen hingegen direkt das Cover einer Schlagerplatte der 1970er Jahre.[5]

Das Leitmedium der Strunk-Galaxis ist der schüchterne Riese „Fernsehen", dessen Programme jeder allein bei sich zuhause schaut und dessen Sprache ganze Generationen beeinflusst. Nur punktuell tauchen Technologien jenseits des 20. Jahrhunderts, Smartphones und *social media*, auf und werden auch umstandslos zum Kommunikations- und damit zum Lebensproblem. So ist die namenlose traurige Heldin der Erzählung *Yummy Whoop Fuck* (2018) eine nahe Verwandte des so unsympathischen wie erbärmlichen Bloggers Mollwitz aus Daniel Kehlmanns Mobiltelefon- und Metalepsenroman *Ruhm* (2009). Sie verbringt ihr Leben fast ausschließlich im Internet und bloggt „mit ihrem Vokabular auf unterstem Bravo-Girlie-Niveau" (Strunk 2018, 87), während sie außerhalb des Netzes vollständig auf ihren übergewichtigen Körper zurückgeworfen ist: „Bei eins sechsundsechzig wiegt sie irgendwas zwischen 120 und 140 Kilo. Spezialgrößendick, *sehr* dick. [...] Mehrfaches Knubbelkinn, das über Brust und asymmetrischer, Falten und Wülste bildender Wampe ragt." (Strunk 2018, 87) Zwar gibt es immer mal wieder Sexpartner, aber diese sind gewöhnlich am „nächsten Morgen" (Strunk 2018, 89) verschwunden. Sie hat kein Geld, ist einsam und lässt, da sie im Laufe der Geschichte immer disziplinloser wird, sich und die Wohnung verwahrlosen sowie ihren Kater sterben. Der Text insinuiert zwar, dass das Bloggen eine Art selbstermächtigender Kompensationsakt für die realweltliche Frustration ist, aber er erlaubt wenig Mitleid für die Figur, da ihr „ungeordnete[s] Sperrfeuer aus verstümmelten Sätzen, Wörtern, Phrasen, Schwachsinn" (Strunk 2018, 88), das sie unter anderem bei Twitter produziert, inhaltlich wie formal den schlimmsten Klischees sinnlosen Gerüchte- und Meinungsgeschwätzes sowie sprachlich verarmter Jugendsprache entspricht und in kursiv gedruckten Zitatblöcken auch wörtlich ausgestellt wird. Schlimmer als die

4 Das Hirschmotiv des Buchcovers sowie des Plakats der gleichnamigen Verfilmung von *Fleisch ist mein Gemüse* aus dem Jahr 2008 spielt deshalb nicht nur auf das zentrale Thema der Sexualität im Sinne einer konstanten Brunftzeit an, sondern verweist genauso auf die Spießigkeit deutscher Nachkriegsgenerationen beziehungsweise bestimmter Milieus.

5 Die kritzelhafte Zeichnung eines Sängers auf dem rotgefärbten rechten Rand des Plattencovers unterstreicht den Unernst des Porträtbildes und rahmt dieses nicht nur, sondern gibt es verstärkt der Lächerlichkeit preis.

fehlende körperliche Selbstdisziplin wird in der Erzählung also das Defizit an Reflexion, mithin konkret die schriftliche Fehlleistung, abgestraft.[6]

Nicht allein einige Ungleichzeitigkeiten und der hohe Grad an Intransitivität sind für die Strunk-Galaxis entscheidend, sondern sie zeichnet sich auch durch starke Parallelen zu den Welten der frühneuzeitlichen Pikaro- oder Schelmenromane aus – zu *Lazarillo de Tormes* (1554) oder Grimmelshausens *Der abenteuerliche Simplicissimus* (1668/69) – sowie zu den besten aller möglichen Welten in Voltaires *Candide* (1759) oder Johann Karl Wezels *Belphegor* (1776). Dies sind Welten der Sorge, der Gewalt und der Grausamkeit. Ihre Helden sind entweder so dummdreiste wie bauernschlaue Zyniker oder optimistische Trottel. Gemein ist beiden Typen, dass ihnen sämtliche Unmenschlichkeiten der Menschheit widerfahren. Sie leben in einem mitleids- wie teilnahmslosen Universum der Immanenz, in der jeder Mensch nicht nur ausschließlich für sein eigenes Wohl kämpft, sondern seine Launen und Triebe gewaltsam am Körper der anderen Menschen auslebt. Die Strunk-Galaxis ist ein Echo dieser Satirewelten, in denen der Mensch dem Menschen ein Wolf ist. In dem Roman *Der goldene Handschuh* (2016) über den historischen Serienmörder Fritz Honka und die Gemeinschaft in und um die gleichnamige Hamburger Kneipe herum wird dies am deutlichsten durchbuchstabiert, aber alle Texte Strunks stehen in dieser literarischen Tradition und teilen ihr Weltbild. Komplementär zur Ästhetik des Grotesken, die sowohl die Pikaroromane der Frühen Neuzeit als auch die Romane der Spätaufklärung durchzieht, weist Strunks Erzählkosmos stets Elemente des Negativen, des Agonalen und Nihilistischen auf. Am pointiertesten zeigt sich dies in seinen Erzählungen. So tragen in der Geschichte *Zwei Gnome* (2018), in der zwei „gleichermaßen unter starker Skoliose leidende, sehr kleine Männer um die sechzig" (Strunk 2018, 108) in einem Lidl-Supermarkt, so imaginiert der Ich-Erzähler, „einen Kampf auf Leben und Tod" (Strunk 2018, 109) aus, während die Umstehenden Wetten abschließen. Die Strunkfiguren zeichnen

6 Strunks Ballermannschlager *Sprichst du Emoji?* aus der Fernsehserie *Last Exit Schinkenstraße*, „ein Lied über die moderne Form, seine Gefühle auszudrücken", also Herzenssprache zu sein, geht in eine vergleichbare Richtung. In einem der seltenen Fälle, in denen Strunk *social media* zum Thema erhebt, wird nicht nur die Sprache, sondern mit der Emoji-Kultur der Sprachverlust der Gegenwart zum Schwerpunkt. So stellt unter anderem der Refrain „Sprichst du Emoji/Dann talke ich mit dir/Language of future/No more fear" den sinnlosen Austausch deutscher Begriffe und Wendungen durch englische aus, aber vor allem geht es darum, dass man keine Worte mehr für seine Gefühle finden müsse, sondern eine Emoji-Liste dafür bereitstehe, aus der nur auszuwählen gelte. Bereits im Strunk-Lied *Computerfreak* (2003) werden die Klischees des isolierten und in jeder Hinsicht verwahrlosten Computernutzers eindrücklich aufgezählt. Eine andere – aber ebenso satirische – Position zum Thema der neuen Technologie wird im Lied *Welcome to the Internet* (2015) der Studio-Braun-Musikgruppe Fraktus eingenommen.

sich zum einen durch den unbedingten Willen zu Hass und Gewalt und zum anderen durch ihre Lächerlichkeit aus.

Korrespondierend dazu kann die Erzählung *Borstelgrilleck* (2018) gelesen werden, eine Chronik des Wettstreits zwischen der frisch geschiedenen Anja, „Pin-up-Girl, hübsches Mädchen von nebenan / von Seite eins, Bauernkalenderschönheit, die eine oder andere Miss-Wahl hätte sie wohl gewonnen" (Strunk 2018, 16), und der Imbissbude Borstelgrilleck. Als Anja anfängt, dort zu arbeiten, sorgt sie zunächst für eine „kleine Sensation, da weiß man gar nicht, wo man zuerst hingucken soll. Schon gehört, da arbeitet jetzt diese Sexbombe im Borstel, die Blonde in den engen Jeans, den engen Blusen, mit der schmalen Taille, Brüste, Hintern, Mund, alles, die reine Versuchung, der dralle Braten" (Strunk 2018, 17). Die Erzählung beschreibt dann, wie die Arbeit in der Imbissbude, von der sie nicht loskommt, Anja über Jahre hinweg psychisch wie physisch zugrunde richtet. Es ist schwer, die Erzählung nicht mindestens exemplarisch oder als Allegorie zu lesen. Die Imbissbude ist eine kleine hermetische Welt, die synekdochisch für die große Welt, für das menschliche Leben steht: „Aus ein paar Wochen werden Monate, ein Jahr, zwei, drei. Irgendwie schafft sie den Absprung nicht." (Strunk 2018, 18) Die Heldin arbeitet nicht nur unter einer Glocke von „Pommesmief, Schaschlikmief, Wurstmief, Frikadellenmief, [...] Sorbinsäure, Benzoesäure, Milchsäure, Geschmacksverstärkern, Natriumnitrit, Farb- und Antioxidations- und Konservierungsmitteln" (Strunk 2018, 18), sondern muss auch andere Menschen, nämlich die „anzüglichen Sprüche der Kunden" (Strunk 2018, 18) sowie die sexuellen Nachstellungen ihres Chefs, erdulden. Letztlich gewinnt die Zeit, mithin die unbarmherzige Härte und Grausamkeit des Lebens, und Anjas hervorstechende Qualität, nämlich ihre Attraktivität, schwindet zusehends und weicht schließlich einer Hässlichkeit, die dazu führt, dass der Imbissbesitzer sie in den Keller verbannt, damit sie die Kunden nicht vergrault. Während sie dort buchstäblich vertrocknet und verstummt, endet die Geschichte mit einem Fokalisierungswechsel, nämlich der Angst des Chefs vor ihrer Stimme, „dem heiseren Flüstern, das da manchmal von unten kommt" (Strunk 2018, 22), womit die Geschichte der Kleist'schen Erzählung *Das Bettelweib von Locarno* (1810) sehr nah kommt, wenn Anja damit endgültig zum leidenden Gespenst erklärt wird.

Ein wiederkehrendes und dringliches Motiv in Strunks Texten ist, dass die Körperlichkeit des Menschen vor allem als Widersacher zu betrachten ist oder schlicht als Grund für das menschliche Leiden.[7] Wie in der Erzählung *Yummy Whoop Fuck* geht es in den meisten Fällen dabei um das Übergewicht der Figuren. Mit der

7 Siehe hierzu auch die ausführliche Selbstmusterung in *Nach Notat zu Bett. Heinz Strunks Intimschatulle* (2019) mit dem typographisch hervorgehobenen Thema „Ü.B.E.R.G.E.W.I.C.H.T." (Strunk 2019, 195).

Ausnahme vielleicht von Simone im Roman *Ein Sommer in Niendorf* (2022) wird übermäßiges Gewicht entweder als Kampf gezeigt, in den der Held widerwillig und mit äußerster Selbstdisziplin eintreten muss, oder es ist ein Merkmal charakterschwacher, wenig reflektierter oder zuweilen vom Leben schwer gezeichneter Figuren.[8] Übergewicht wird nie im Tonfall grotesker Fröhlichkeit erzählt, als Feier des Genusses im Sinne des Bachtin'schen Festmahlmotivs, wie es in den Romanen Rabelais' über die Riesen Gargantua und Pantagruel stattfindet. Paradigmatisch ist dafür die Erzählung *Sizzling Hot* (2018). Zentral ist in dieser Erzählung die Sinnlosigkeit der Existenz eines Paares, deren Leben ausschließlich daraus zu bestehen scheint, von Autobahnraststätte zu Autobahnraststätte zu fahren, um dort Currywurst mit Pommes zu essen und Spielautomaten zu bedienen: „Daraus nun besteht ihr Leben: Trübsal blasen und entweder aufs Essen oder den nächsten Schicksalsschlag warten." (Strunk 2018, 72). Während das Tun des „adipösen Pärchens" (Strunk 2018, 71) das Automatenspiel und das Essen sind, ist ihr Sein vom Übergewicht definiert: „Sie sind so dick, dass man ihr Alter nur schwer schätzen kann […]. Er besteht praktisch nur noch aus Hals und Rumpf, sie aus Beinen, so dick, als wären sie zusammengewachsen, wie bei einer Meerjungfrau. Selbst für sehr Dicke sind sie über die Maßen formlos, wie Waffeleis, das zu Boden gefallen ist." (Strunk 2018, 71)[9] Die beiden fallen also signifikant nicht nur aus allen menschlichen Proportionen heraus, sondern verkörpern im Grunde die morphologische Entgrenzung.

Nicht nur eine Verschiebung oder Sublimation der Lachanlässe kennzeichnen die Erzählungen Strunks überdies, beispielsweise weg von der nicht lustigen, sondern als traurig oder grausam geschilderten Körperlichkeit. Die Lachanlässe werden mitunter gänzlich getilgt. Die Erzählbände *Das Teemännchen* (2018) und *Der gelbe Elefant* (2023) zeichnen einen Orbis pictus voller Negativität, sei es durch andere Menschen oder durch das Leben. Bisweilen werden dabei die Grenzen des Realistischen überschritten, und der Text wechselt in den Modus des Surrealen und Phantastischen. Identifizierbar ist dieser Modus bereits in den Texten der Romantik, Edgar Allan Poes, Charles Baudelaires, Franz Kafkas oder Ernst Jüngers, die in

8 Ob es eine geschlechtliche Differenz in der Inszenierung und Bewertung von Übergewicht in den Texten Strunks gibt, bedürfte einer präzisen und umfassenden Gesamtschau, die an dieser Stelle nicht geleistet werden kann.

9 Sport, Fitness und Selbstdisziplin führen allerdings genauso wenig zum Glück in einer grausamen Welt, wie die Erzählung *Eisengreis* (2023) darlegt. Hier gibt es Eckhard und Gundula Bleibohm, deren Gewicht zwar schon im Namen vermerkt ist, die aber „lieb, dick, weich und nichtssagend" (Strunk 2023, 139) sind. Und es gibt den Fitnessfanatiker Werner Spremberg, der sich bei Liegestützen beide Arme bricht, erst nicht aus seinem Fitnesskeller, dann nicht aus einer Truhe herauskommt und schließlich eingesperrt auf der Mülldeponie landet, um dort zu sterben.

Karl Heinz Bohrers Abhandlungen als Kronzeugen für das ästhetisch Schreckliche, Böse und Negative fungieren. (Vgl. Bohrer 1983; Bohrer 2002; Bohrer 2004) Bohrer hat nicht nur das Negative und das Böse als dominante Kategorien der modernen Ästhetik bestimmt, sondern für ihn entspringt auch ihre Inszenierung keinem moralischen Impuls, beispielsweise als Ausübung von Gesellschaftskritik, sondern ist Ausdruck einer so nihilistischen wie ästhetizistischen Lust am Grauen und deshalb Strukturmerkmal von Literatur: „Die Dichtung stellt nicht einfach das Böse dar, sondern die Struktur des imaginativen Bewußtseins ist auf eine solche Darstellung angelegt." (Bohrer 2004, 30)

Zwar gibt es in Strunks Erzählungen groteske Effekte, die unter die Register des Skurrilen und Komischen gefasst werden können, wie beispielsweise die phantastischen Größenveränderungen in *Lehrer i. R. Paul-Günther Korsen* (2023), die elf Herzen des aufgeregten Frank Warnke in *Die Kraft der elf Herzen* (2023) oder die Metamorphose in *Andersrum* (2018): „Rainer-Peter Pohl ist nun der einzige Mensch, bei dem der Arsch vorne und der Schwanz hinten ist." (Strunk 2018, 25) Aber viele Geschichten kommen gänzlich ohne Transzendenz und ohne komischen Tenor aus. Paradigmatisch dafür ist die Erzählung *Och nö* (2023). Die Lakonik des Titels ist ihr definierendes Formmerkmal. Auf nur zweieinhalb Seiten wird beschrieben, wie Rene, der als Klassenmerkmal keinen Accent aigu auf dem zweiten „e" trägt, und sein Staffordshire-Terrier Tyson um den Block spazieren gehen, auf den vierzehnjährigen Kevin treffen, und der Hund sich in seinen Kopf verbeißt. Fokalisiert werden sowohl Rene als auch Tyson, so dass der Text ihre Motive in Klartext formuliert. Der Hund möchte „seinem Instinkt folgend […] irgendetwas Lebendiges" (Strunk 2023, 37) totbeißen, während die Gedanken des alkoholisierten Renes sich auf zwei Dinge beschränken, nämlich, wie es für ihn weitergehen könnte, und auf die wiederholte Interjektion „och nö" oder in Variation „ach nö", die auf die fehlende Teilnahme am Geschehen und auf fehlende Einsicht überhaupt verweisen.

4 Der Melancholie-Effekt

Einhundert Jahre nach Thomas Manns *Der Zauberberg* erscheint Strunks fünfzehntes Buch, sein Roman *Zauberberg 2*. Dieses knüpft – bis auf einige markante Ausnahmen – allerdings weniger an den *Zauberberg* an, sondern führt thematische wie poetologische Linien des eigenen Schreibens fort. Während es das Projekt des

Entzugs der Komik sowie des Sexuellen und Triebgesteuerten weiterverfolgt,[10] verbleiben Aspekte grotesker Körperlichkeit sowie das Sprechen in Floskeln und Sentenzen. Verantwortlich dafür ist allerdings weniger der Held des Romans, Jonas Heidbrink, der eine Brandenburger psychiatrische Klinik besucht, sondern seine Mitpatienten Bernhard Zeissler und Klaus Wimmer, die so etwas wie Schwundstufen Naphtas und Settembrinis verkörpern. Bemerkenswert ist hierbei, dass die philosophischen Positionen der beiden Figuren Manns – verkürzt: Aufklärung auf der einen und antihumaner Extremismus auf der anderen Seite – durch die bei Strunk obligatorischen Nonsenssprüche ersetzt werden. Was Hans Castorp nach seinem so phantastischen wie allegorischen Schneetraum für Naphta und Settembrini hervorbringt, nämlich, dass sie beide „Schwätzer" (Mann 1996, 676) seien, gilt deshalb umso mehr für Zeissler und Wimmer. Allenfalls Professor Rodenberg, der eine Extrapolation des Hofrat Behrens darstellen mag, verbleibt längere Zeit als Kapazität und Autoritätsfigur, als „hippokratischer Halbgott" (Strunk 2024, 273), ehe er aufgrund seiner „Quasselei" (Strunk 2024, 273) von Thomas zu Heinrich Mann wechselt, sich in „Professor Unrat" (Strunk 2024, 273) verwandelt und verschwindet.

Die Tristesse des *Zauberbergs 2* entspricht mehr noch als ältere Texte Strunks einer spezifischen kulturellen Codierung, nämlich der Melancholie. Obgleich das Groteske und die Melancholie gegensätzliche Tonalitäten verkörpern, nämlich das Komische und Kreatürliche auf der einen sowie das Ernsthafte und Elegische auf der anderen Seite, sind sie spätestens seit den Ikonographien der Melancholie in Renaissance und Barock vereint.[11] Namentlich geschieht dies durch die Tradition der antiken Humoralpathologie, die vor allem in der Frühen Neuzeit, aber literatur- und kunsthistorisch bis in die Gegenwart fortwirkt.[12] Strunks Figuren entsprechen schon vor *Zauberberg 2* – psychisch wie physisch – bestimmten Typen. Vor diesem Hintergrund stellt der Erzähler in *Die Zunge Europas* (2008) im Roman fest: „Für

10 Zu nennen wäre exemplarisch auch die zweite „überarbeitete neue Auflage" des Romans *Fleckenteufel* im Jahr 2018, die von Heinz Strunk um einige kreatürliche Effekte reduziert worden ist.

11 Detlef Kremer nimmt in seiner Studie zu den Filmen Peter Greenaways die kulturhistorische Verknüpfung der Zeichenwelten von „Melancholie" und „Groteske" zum Ausgangspunkt seiner Analysen. (Vgl. Kremer 1995)

12 Paradigmatisch visualisiert finden sich diese ikonographischen Traditionen in Albrecht Dürers allegorischem Holzschnitt *Melencolia I* (1514). (Vgl. Böhme 1989; Klibansky/Panofsyk/Saxl 1992) Anders als Walter Benjamin in seiner Studie zum *Ursprung des deutschen Trauerspiels* (1928), die das Konzept der Melancholie als ästhetische Kategorie aus dem Barock gelöst und nachhaltig für die Moderne nutzbar gemacht hat, geht es in Strunks Roman nicht um Zeichen der Alterität, die entziffert oder allegorisch verstanden werden müssen, sondern an den meisten Stellen um das immer schon Bekannte und damit Banale. (Vgl. Benjamin 1991)

den Typ des ernsthaften, schwerblütigen Humoristen, für den Komik existenzielle Notwendigkeit bedeutet, eine Möglichkeit, dem Schmerz und den Widrigkeiten des Daseins zu begegnen, gibt es keine Verwendung mehr." (Strunk 2010, 87) Bereits der erste Roman *Fleisch ist mein Gemüse* und auch das Kurzhörspiel *Pykniker* sowie der *Pykniker-Song* (Strunk 2010a) erklären und illustrieren die Konstitutionstypologie Ernst Kretschmers, die ihrerseits auf die antike Temperamentenlehre zurückgeht:[13]

> Verstohlen musterten wir gegenseitig unsere deformierten Körper. Gurki, typischer Leptosom mit dünnen Ärmchen und Beinchen, sah aus wie ein zerrupfter Truthahn. Bleich, unzählige Leberflecke, trotz schmächtiger Erscheinung Schwimmring und Autofahrerbäuchlein. Norbert, jugendlich-straffe, leicht gebräunte Haut, jedoch als schweres Handikap ausladendes Becken; er war rhombenförmig. Jens, untersetzt, feist, vierschrötig, Typus Hummel. Torsten, Pykniker wie aus dem Lehrbuch, Rücken, Schultern und Brust stark verpickelt, Oberschenkel dick wie Fußgängerampeln, trotzdem fest, kompakter Gesamteindruck. (Strunk 2004, 27–28)

Aufgerufen wird das Raster der Körpertypen, um in grotesker Weise die Hässlichkeit der Figuren herauszustellen. Im *Zauberberg 2* gibt es ebenfalls physische Auffälligkeiten, aber die psychischen geraten in den Vordergrund.

Zum Anlass der Geschichte wird zunächst die Depression des Helden Jonas Heidbrink: „Jeden einzelnen Tag wache ich mit einer dunklen Schwere in der Brust auf und kann einfach keine Ursache finden, es ist, als wären meine äußeren Lebensumstände abgekoppelt von meinem Innenleben." (Strunk 2024, 30) Das moderne Verständnis von Depression könnte man als die klinische Verengung melancholischer Vorstellungen beschreiben, der Heidbrink allerdings im ersten Gespräch mit dem Sanatoriumsarzt Dr. Börner widerspricht, da diese Diagnose in der Gegenwart allzu schnell vergeben wird. Hingegen eröffnet bei aller Profanität, die den Strunk'schen Texten ansonsten zu eigen ist, die Wortwahl früh die kosmischen, hermeneutischen und existenziellen Gründe, denn Heidbrinks „Beklemmung, Schwermut" (Strunk 2024, 34) sowie „Angst, Panik, quälende Langeweile, Aussichtlosigkeit, Hoffnungslosigkeit" (Strunk 2024, 36) oder „Weltschmerz" (Strunk 2024, 32) entstehen einerseits aus dem Bewusstsein der Sterblichkeit, andererseits aus der Erkenntnis der eigenen Sinnlosigkeit.

Saturn, der langsamste der in der Antike bekannten Planeten, ist seit Theophrast (3. Jh. v. Chr.) und spätestens seit Marsilio Ficino (*De studiosorum sanitate tuenda*, 1529) das Gestirn melancholischer Genies, die einer speziellen Diätetik

13 Ernst Kretschmers vier Konstitutionstypen sind der Pykniker, der Athletiker, der Leptosom und der Dysplastiker, während die antike Temperamentenlehre und Humoralpathologie, deren Konzept von der Verteilung der Körpersäfte der esoterischen Vier-Elementen-Lehre entspringt, den Sanguiniker, den Choleriker, den Phlegmatiker und den Melancholiker kennen.

gegen die Depression bedürfen. Heidbrink listet nicht nur einige Genies auf, „Shakespeare, Mozart, Einstein, Kopernikus“ (Strunk 2024, 31), sondern wird auch selbst als „Wunderkind“ (Strunk 2024, 34) eingeführt, ein Erfinder, der schon früh mit dem Verkauf seines Low-Code-Programmierunternehmens reich geworden ist. Weiterhin wird Heidbrink das Attribut der Schwere des erdgebundenen Melancholikers zugeschrieben. Nicht nur leidet er an der „bleiernen Bürde des Daseins“ (Strunk 2024, 46), sondern er wird von einer „dunklen Schwere“ (Strunk 2024, 30) oder „Schwermut“ (Strunk 2024, 34) geplagt oder als „schwer depressiv“ (Strunk 2024, 33) gekennzeichnet. Wenig überraschend, außer für Heidbrink, offenbart auch der allgemeinmedizinische Check-up die Diagnose „Melancholiker“, denn Heidbrink wird – um der Ikonographie zu entsprechen – für zu schwer befunden. Lakonisch heißt es: „Übergewicht. Und nicht zu knapp.“ (Strunk 2024, 38) Die Melancholie sorgt humoralpathologisch für Nieren-, Leber- und Milzleiden. Weniger ist allerdings Heidbrinks Leber betroffen, sondern vor allem die Niere. (Vgl. Strunk 2024, 39) Die Schwärze der Galle, die in der Säftelehre den Grund für die Melancholie liefert, externalisiert sich überdies, nämlich in einem Hauttumor – und zwar an dem für den Melancholiker wie für die Groteske entscheidenden Körperteil: „Die Stelle hier am Bauch. Das sieht gar nicht gut aus. Pechschwarz und an den Rändern ausgefranst.“ (Strunk 2024, 41) Der Titan Kronos/Saturn, der nicht nur seinen Vater Uranos kastriert hat, sondern selbst wiederum von seinem Sohn Zeus/Jupiter kastriert wurde, steht überdies für einen *homo saturninus*, der eine „schwache“ „Geschlechtskraft“ aufweist und „zur Impotenz [neigt]“ (Klibansky/Panofsky/Saxl 1992, 287). *Zauberberg 2* unterscheidet sich deshalb von der „Trilogie des Sexualtriebs“ (Hansen 2017), den Romanen *Fleisch ist mein Gemüse*, *Fleckenteufel* und *Der goldene Handschuh*.

Heidbrinks Melancholie füllt die Sanatoriumswelt und damit poetologisch die Zeichenwelt des Romans auf – genau wie Robert Burton in seiner *Anatomie der Melancholie* die Gemeinschaft als kranken Körper kennzeichnet, nämlich, „wo das Land brachliegt, wüst und von Mooren, Fenn und Einöden durchsetzt, [...] wo die Menschen verwahrlost, schmutzig und sittenlos leben, herrschen notwendig Mißmut und Melancholie“ (Burton 1988, 84). So wird nicht nur die Erhabenheit des Davoser Zauberbergs der flachen Sumpflandschaft des Brandenburger Sanatoriums gegenübergestellt, sondern der Roman ist auch von der *acedia* durchzogen, der Todsünde der Trägheit, die den Melancholiker auszeichnet. Denn *Zauberberg 2* ist mehr noch als frühere Romane von Handlungsarmut geprägt und legt den Fokus auf die Sprachlichkeit. Die verschiedenen episodischen Therapiegruppen und Gespräche liefern allenfalls Strukturmomente, aber keine Ereignisse.

Literarisch überdeterminiert ist allerdings die Reise Heidbrinks zu diesem Ort des Stillstands und der wachsenden Leere, dem an der Grenze auch seine

Warnschilder nicht fehlen: „PRIVATGELÄNDE. DAS BETRETEN IST UNBEFUGTEN STRENGSTENS UNTERSAGT." (Strunk 2024, 14) Die Klinik ist nicht nur der Wal, der Jonas verschluckt, sondern das „Schloss" (Strunk 2024, 15) wird auch als eine mittelalterliche Festung markiert: „Der Sog der Vergangenheit ist enorm [...]." (Strunk 2024, 15) Weder fehlen ihr die *„Festungsmauern"* (Strunk 2024, 20) noch das *„Refektorium"* (Strunk 2024, 19) oder die „Ritterrüstung" (Strunk 2024, 16), die wie das Dingsymbol einer Novelle an der Rezeption steht und von Heidbrink aufmerksam betrachtet wird. Die Rüstung wird auch zum Monument einer Inkongruenz zwischen Realität und Verschriftlichung, denn nachdem Heidbrink die Rüstung ekphrastisch genau beschreibt, liest er die Infotafel, die der Rüstung einen Eisenhut und ein Kettenhemd andichtet, die sie nicht besitzt. Die Szene schließt mit weiteren Akten der Verschriftlichung, bei denen vor allem die Notizen Schwester Irenes das Thema der Vergangenheit – und auch das der Psychoanalyse – ansprechen: „Ihre nach links abfallende Schrift ist krakelig, spinnenhaftes Gekritzel aus dem Reich der Kindheit." (Strunk 2024, 17)

Zweitens ist Heidbrinks Reise nicht nur eine in ein anderes Zeitalter, sondern auch eine Reise in die Imagination, in die Dichtung. So enthält der Roman Verweise auf Märchen, wenn beispielsweise das Sanatorium als ein „großes Hexenhaus aus Zuckerguss und Lebkuchen" (Strunk 2024, 14) beschrieben wird und in der Nähe ein Riese haust, nämlich der Dermatologie-Professor Watzmann (Strunk 2024, 42), dem nicht nur seine Männlichkeit eingeschrieben ist, sondern der – genau wie der erste Patient Herr von Berg, auf den Heidbrink trifft, – ein Berg ist. Poetologisch, prophetisch oder vielleicht als Verweis auf das Tor zur Hölle in Dantes *Göttlicher Komödie* (1321) lässt sich der Satz deuten, der Heidbrinks Überschreiten der Grenze zum Sanatorium markiert: „Er steigt aus. Sobald er das Schloss betritt, werden alle Menschen darin sofort sterben." (Strunk 2024, 14) Heidbrinks Reise in den Osten ist drittens nämlich eine Reise in die Unterwelt, eine Katabasis, der auch der Höllenhund, sei es Kerberos, Garm oder Anubis, nicht fehlt: „In einem Hauseingang hockt ein riesiger Hund mit einem Kopf so groß wie ein Farbeimer. In dem Vieh hätte sicher noch ein zweiter Hund Platz, ein Hund im Hund." (Strunk 2024, 12)[14] Vorgezeichnet ist abschließend das Ende des Helden durch dessen humoralpathologische Kategorisierung. Der erden- und bleischwere Melancholiker Heidbrink kann näm-

14 Komplementär zu den klassischen Unterweltreisen der griechischen Mythologie mit Figuren wie Theseus, Herakles oder Orpheus gibt es auch eine groteske Geschichte der Höllenreise mit Figuren wie Gargantua, Pantagruel, Harlekin oder Tabarin. (Vgl. Bachtin 1995, 442–443)

lich im Grunde nicht anders, als in dem für ihn feindlichen Element des Wassers seinen Untergang zu finden:[15]

> Und hinsichtlich des Körperbaus bedeutet er [der Saturn, A.M.] Melancholie, und möglicherweise ist jene Melancholie, der Phlegma beigemischt ist und zu der das Gewicht und die Körperschwere des Saturnkindes hinzukommen, so geartet, daß er weder leichten Schrittes ist, noch […] lernt zu schwimmen oder ähnliche Dinge zu tun, die geeignet sind, die körperliche Gewandtheit zur Schau zu stellen, und daß er stinkig und übelriechend ist, als röche er nach dem Gestank des Bocks; und er bewirkt, daß die Menschen viel essen. (Klibansky/Panofsky/Saxl 1992, 285)

Für den *Zauberberg 2* lässt sich – analog zu den Erzählungen Strunks – eine Dämpfung des Lachens und eine Bewegung der Sublimierung festhalten, die Bachtin in der Geschichte der Groteske vermerkt. Während die Kurz- und Kürzestgeschichten auf ästhetische Negativität, Imaginationen des Bösen und eine nihilistische Weltsicht setzen, nimmt der Roman nicht allein eine Entkörperlichung des Grotesken vor, eine Reduzierung kreatürlicher Körperlichkeit, sondern inszeniert ein Zeichenuniversum der „Krankheit zum Tode", die nach Jahrhunderten ikonographischer Ausgestaltung an literaturhistorisch markanter Stelle 1774 Goethes Werther befällt und dann 1849 von Sören Kierkegaard endgültig monographisch ausformuliert wird, um zur Basis nicht nur der Zivilisationskrankheiten, sondern auch allen existenzialistischen Denkens zu werden.

5 Herzensschrift

Zauberberg 2 endet nicht mit dem – so literaturhistorisch überdeterminierten wie nicht eindeutig ausformulierten – melancholischen Wassertod Heidbrinks.[16] Sondern der Roman schließt mit dem philologischen Supplement „Quellennachweise" (Strunk 2024, 279), dessen Benutzung der naturpoetischen Metapher durchaus

15 Obgleich die weibliche Wasserleiche sehr viel populärer durch die Literaturgeschichte treibt, gibt es auch jenseits von Seefahrern einige ertrunkene Männer. (Vgl. Bronfen 1996) Zu den populärsten Vorbildern gehört wahrscheinlich das Ende des Titelhelden in Erich Kästners Roman *Fabian. Die Geschichte eines Moralisten* (1931). Aber auch in Christian Krachts Roman *Faserland* verschwindet dessen stets betrunkener Held (!) auf oder im Wasser, nämlich des Zürichsees: „Ich steige ins Boot und setze mich auf die Holzplanke […]. Bald sind wir in der Mitte des Sees. Schon bald." (Kracht 2002, 158)

16 Simultan läuft Heidbrink dabei selbst aus, denn während seines Sterbens „strömt" auch etwas „aus ihm heraus" (Strunk 2024, 276), so dass er zugleich seiner Erlösung und seiner Auflösung entgegenschwimmt.

poetologisch zu lesen ist. Während also der Körper verschwindet, verbleibt die Schrift, und die Nachweise zu den Ursprüngen befördern weiter den Lesefluss. Die Endnoten verweisen zunächst auf vier Musikstücke, die im Text zitiert werden, schlüsseln aber vor allem peinlich genau das Kapitel „Kirgisenträume" auf, ein Echo des vielzitierten Schneetraums Hans Castorps. Stark verzögert und schon jenseits der Diegese bricht in den *Zauberberg 2* aus der Latenz also der Architext ein – und eröffnet damit genau wie der Terminator, an den die Typographie des Buchtitels erinnert, die Fortexistenz einer anderen Zeitebene. Transparent werden die Zitate und die Ergänzungen, die Strunk vorgenommen hat, um sie in den *Zauberberg 2* zu implementieren. So aufschlussreich wie komisch die Offenbarung ist, welche Textanteile von Mann, welche von Strunk sind, so sind doch zwei Dinge auffällig: Zum einen beschränkt sich das dichte Zitatgewebe auf ein einziges Kapitel. Der Anteil des Gelesenen ist also nur ein kleiner Teil des Geschriebenen. Zum anderen wird durch diese Zuspitzung ostentativ auf die Poetik der Verflechtung von Zitat und Eigenschöpfung hingewiesen und damit – ganz manieristisch – die Zitierarbeit selbst als Eigenschöpfung ausgestellt. Es geht nicht um die Welt, nicht um das Leben, sondern um Literatur.

Dieses Konzept entspricht dem Phänomen, dass die Strunk-Galaxis – wie die literarische Welt der deutschen Romantik – von Kunstschaffenden bevölkert ist. Diese stehen allerdings zwischen den sozialen Systemen der „Kunst" und des „Kunsthandwerks", deren unüberbrückbare Differenz vor allem in den frühen Texten betont wird. So spricht der Roman *Fleisch ist mein Gemüse* von „Muckern", also in nachdrücklicher Differenz zu „Musikern". Die Unterscheidung nimmt dabei eine Hierarchisierung vor, da „Mucker" eben „Mucke" spielen, die deformierte Variante von Musik, und die „Mucker" der Coverband Tiffanys dementsprechend die deformierten Varianten echter Musiker sind. In dem jüngeren Roman *Es ist immer so schön mit dir* (2021) ist der Held ein gescheiterter Musiker, der inzwischen von seinem Ein-Mann-Tonstudio lebt, das Pendant zum Gagschreiber Markus Erdmann in *Die Zunge Europas*, der das Schreiben eines Buches nur als Projekt verfolgen kann. Auch Dr. Georg Roth, der in dem Roman *Ein Sommer in Niendorf* (2022) eine Familienchronik schreiben möchte, ist nur Dilettant, ein Hobbyautor und eigentlich Rechtsanwalt. Er nimmt sich dazu in Niendorf eine Auszeit, einem für die deutsche Literaturgeschichte markanten Ort, da sich hier 1952 die Gruppe 47 getroffen hat und Paul Celan – bekanntlich wenig erfolgreich – seine *Todesfuge* vorgetragen hat.

Auch romantische Leser gibt es in der Strunk-Galaxis. So beginnt der Bildungsroman *Fleckenteufel* bereits im dritten Absatz mit der Urlaubslektüre, die der sechzehnjährige Thorsten Bruhn auf die religiöse Jugendfreizeit an die Ostsee eingepackt hat. Zur Lektüre ist er bereits vor der Fahrt gezwungen, da er eineinhalb Stunden zu früh am Gemeindehaus angekommen ist:

> Ich wühle in meiner Reisetasche und fische ein *Fünf-Freunde*-Buch heraus. Total peinlich, dass ich in meinem Alter noch *Fünf-Freunde*-Bücher lese […]. Aber ich finde das Leben bereits jetzt unverhältnismäßig schwer, da brauche ich zum Ausgleich etwas Leichtes. *Fünf Freunde, Asterix und Obelix, Fix und Foxi.* Und Landserhefte. […] Ich habe neben drei *Fünf-Freunde*-Büchern noch ungefähr ein halbes Dutzend Landserhefte dabei, die muss ich unter strenger Geheimhaltung lesen. (Strunk 2009, 5–6)

Der Absatz zur Urlaubslektüre sticht aus sehr vielen Seiten heraus, die ausschließlich von der Kreatürlichkeit des Körpers handeln, nämlich wesentlich von Körperausscheidungen in verschiedenen Aggregatzuständen. Zum Abschluss des Kapitels wischt sich der Held den grotesken Vorgaben der Profanierung – und dem literarischen Vorbild des Schermesserdiskurses in *Der abenteuerliche Simplicissimus* – entsprechend auch seinen „Pavianarsch“ (Strunk 2009, 14) mit dem Papier eines Landserhefts ab. Einen Wendepunkt erlebt die Handlung, als Bruhn zum Zelt des Mitschülers Tiedemann geht. Dieser liegt auf seinem Bett und liest: „Ey, Tiedemann, was liest du da eigentlich?“ Die Antwort lautet: „Gedichte.“ (Strunk 2009, 119) Die dem gebildeten Tiedemann zugeschriebene Coolness sorgt für die Etablierung von Literatur, denn Bruhn erhält nicht nur sofort Hintergrundinformationen zum Autor der Gedichte, Charles Bukowski, sondern Tiedemann hat auch andere Bücher Bukowskis dabei, *„Kaputt in Hollywood, Aufzeichnungen eines Außenseiters, Faktotum, Das ausbruchssichere Paradies“* (Strunk 2009, 120). Er leiht ihm den Roman *Der Mann mit der Ledertasche.* Diese Episode in *Fleckenteufel* ist sichtlich als Erweckung und als epiphanischer Moment inszeniert, denn nicht nur ist Bruhn außerordentlich begeistert – „Vom ersten Satz an ist die Sache klar. Sagenhaft, so was habe ich noch nie gelesen, ich hatte keine Ahnung, dass es so etwas überhaupt gibt!“ (Strunk 2009, 120) –, sondern eingeführt wird die Szene mit dem Aussetzen der Verdauung des Helden, ein Motiv, das den Generalbass des Romans bildet: „Ich rauche drei Zigaretten nacheinander, nichts, kein Pupsen, kein Grummeln, kein gar nichts, der ganze Verdauungstrakt ist lahmgelegt.“ (Strunk 2009, 119) Beschlossen wird diese Ausnahmestelle der beglückenden Lektüre dann mit der Ankündigung der lang ersehnten Wiederaufnahme der Verdauung. Im pantagruelischen Wortlaut wird beschrieben, wie sich die tagelange Verstopfung auf befreiende Weise löst.

Der Einfluss von Literatur in Strunks Texten sowie ihre Inszenierung von Körperlichkeit und Schriftlichkeit findet sich vielleicht am sichtbarsten in der Anthologie *Nach Notat zu Bett. Heinz Strunks Intimschatulle.* Diese Sammlung zeigt eine Auswahl der *Titanic*-Kolumnen *Heinz Strunk Intimschatulle.* In Titel und Aufmachung simuliert der Band die Gattung des Tagebuchs. Wie die Autobiographie und der Briefroman des 18. Jahrhunderts suggeriert das Format Intimität, Privatestes, Unmittelbarkeit. Es steht in der Tradition der *„Herzensschrift“* (Schneider 1986, 9), die seit den Paulinischen Briefen und spätestens seit Jean-Jacques Rousseaus *Be-*

kenntnissen (1782–89) Geist in Buchstaben verwandelt. Michael Maar zufolge liegt die Leistung des Tagebuchs dabei in der Schau des Alltagslebens, das „vor allem unwichtige Kiesel und Bröckchen mit sich führt“ (Maar 2015, 207): „Tagebücher bieten das, was heute das Internet bietet: unsortierte und unzensierte, wild blühende und wild wuchernde Information; Gerüchte, die nie den Weg zum Druck finden, kuriose Details und abseitige Aperçus.“ (Maar 2015, 207–208) Strunks *Intimschatulle* erfüllt nicht die Bedingungen der Gattung, sondern stellt sie aus. Es ist eine Herzensschrift in Anführungszeichen, die allerdings gut als Programmschrift für die Strunk-Galaxis gelesen werden kann. So wird in der *Intimschatulle* viel gelesen und viel Namedropping praktiziert. Eine stupende Liste an Tagebüchern und literarischen Texten wird als Lektüre benannt und anzitiert. Die genannten Autoren gehören ausnahmslos zum Höhenkamm der Literatur, beispielsweise Philip Roth, Cormac McCarthy, Bertolt Brecht, Botho Strauß, Denis Johnson, Anton Tschechow, Erwin Strittmatter, Stefan Zweig, Gerhart Hauptmann, André Gide, Franz Kafka, Peter Rühmkorf, Julien Green, Albert Camus, J. M. Coetzee, Peter Handke, Imre Kertész, Elias Canetti, John Cheever, Jörg Fauser, Max Frisch oder Rainald Goetz.

Der Tätigkeit des Lesens werden allerdings mindestens gleichberechtigt zwei weitere Beschäftigungen an die Seite gestellt. Die eine ist das Fernsehen – und zwar, um die Fallhöhe zu betonen, – vornehmlich das Schauen furchtbarer seichter Unterhaltung beziehungsweise des Trash TV, real wie fiktiv. Genannt werden unter anderem *Medical Detectives*, *Der Bergdoktor* oder *Bares für Rares*. In den fiktiven Fernsehfilmen wie *Daddy hoch zehn*, *Priester in Jeans* oder *Skypelove – Ich liebe dich von fern* übernimmt leitmotivisch stets Helmut Zierl die männliche Hauptrolle. Auffällig an der umfangreichen Literatur- und Tagebuchliste ist deshalb, dass zwar Walter Kempowskis Tagebücher mehrfach zitiert werden, aber die Referenz fehlt, die als Präfiguration von *Nach Notat zu Bett* gelesen werden kann. So nimmt Kempowskis *Bloomsday ’97* (1997) bereits die Banalisierung des Alltags durch das Fernsehen vorweg, wenn aus dem literarischen Vorbild, nämlich des Bloomsdays, also des 16. Juni des James-Joyce-Romans *Ulysses* (1922), ein profaner Fernsehtag wird. Als dritte Haupttätigkeit des fingierten Tagebuchschreibers kann das Essen und Trinken benannt werden. Sehr viel mehr als in den Romanen und Erzählungen Strunks entsprechen die Einträge dem Festmahlmotiv, wie es Bachtin in den Romanen Rabelais’ beschreibt. Ausführlich und detailliert ist vor allem die Varianz bemerkenswert. So wird bereits der erste Tag von drei Mahlzeiten strukturiert:

> Zum Breakfast süß / herzhaft zwei dünne Scheiben gebutterter Toast / Konfitüre sowie eine Scheibe Graubrot mit polnischer Leberwurst & Tomatenachtel. Coffee & Cigarettengabe. […] Mittags Kalbsschlegel in Sauce ravigote […]. [Z]um Dinner ins glücklicherweise geöffnete Restaurant „Diverso“ (Name ist Programm: Internationale Küche von / bis) zu gehen. Gebackene

> Kartoffeln mit Hering, Steak au four. Dazu Riesling. [...] Abends TV [...] Schnaps (Ziegler Sauerkirsche exquisit) und Plundergebäck. (Strunk 2019, 9–10)

Alle drei Tätigkeiten zeichnen sich durch die Möglichkeit der satirischen Leseweise aus, beispielsweise an bestimmten Klasseneigenschaften oder Habitus von Lesern, Essern und Fernsehzuschauern, aber diese Option ist nicht verpflichtend beziehungsweise kann – wie in allen Strunk-Texten – schwanken.

Zusammengefasst sind Groteske, Manierismus, Negativität, Melancholie und Herzensschrift Ausdrucksformen der Verschleifung von Körperlichkeit und Schriftlichkeit in den Texten Strunks. Sie sorgen für die Vermischung von Stimmen und Stilebenen sowie für die Vermischung von Ernst und Unernst. Außergewöhnlich pointiert finden sich zentrale Elemente dieser Poetik im Roman *Die Zunge Europas*, den man mit dem Begriff Lorenz Engells als den „Brühwürfel" (Engell 1992, 20) des Strunk'schen Schreibens bezeichnen kann, da in ihm bereits die meisten Motive, Topoi, Themen, Versatzstücke und Schreibweisen der Strunk-Galaxis vorhanden sind. Der Roman enthält auch folgende Kommunikation: „‚Ach, du weißt ja, wie das ist. Wer sich in der Jugend viel bürstet, muss sich im Alter nicht mehr kämmen.' Hä? Versteh ich nicht. Astrein. Hermeneutische Geilheit." (Strunk 2008, 301) Diese Stelle gibt den Telefonanruf zwischen dem Erzähler und Romanhelden Markus Erdmann und seinem Onkel Friedrich Manstein wieder, der mit archivarischem Wissen über „Anekdoten, Geschichten und Döntjes" ausgestatteten „*Zunge Europas*" (Strunk 2008, 79). Die Szene ist das poetologische Zentrum des Romans, da der Onkel nicht nur die Quelle des Erdmann-Buchprojekts im Roman ist, sondern mit seinem Spitznamen auch den Titel dieses Buches liefert und damit die fiktive Quelle des Strunk-Romans *Die Zunge Europas*. Im Begriff der „hermeneutischen Geilheit" lässt sich abschließend die Engführung nicht nur von Verstehen und Nichtverstehen sowie die Lust am Verstehen, sondern auch die Verschleifung von Körperlichkeit und Schriftlichkeit lesen, die die Strunk-Galaxis auszeichnet.

Primärliteratur

Ballermann 6 (D 1997, R: Gernot Roll/Tom Gerhardt).
Fleisch ist mein Gemüse (D 2008, R: Christian Görlitz).
Houellebecq, Michel: Gegen die Welt. Gegen das Leben. Köln: DuMont 2002.
Kracht, Christian: Faserland. München: dtv 2002 (1995).
Last Exit Schinkenstraße (D 2023, 1–6, R: Jonas Grosch).
Mann, Thomas: Der Zauberberg. Frankfurt a.M.: Fischer 1993 (1924).
Strunk, Heinz: Fleisch ist mein Gemüse. Eine Landjugend mit Musik. Reinbek bei Hamburg: Rowohlt 2004.
Strunk, Heinz: Die Zunge Europas. Reinbek bei Hamburg: Rowohlt 2008.

Strunk, Heinz: Fleckenteufel. Reinbek bei Hamburg: Rowohlt 2009.
Strunk, Heinz: Alarmstufe Rahmstufe. In: Ders.: Mutter ist ein Sexmaschien. Kurzhörspiele Vol. 3. Bochum: tacheles!/ROOF Music 2010.
Strunk, Heinz: Pykniker & Pykniker-Song. In: Ders.: Mutter ist ein Sexmaschien. Kurzhörspiele Vol. 3. Bochum: tacheles!/ROOF Music 2010a.
Strunk, Heinz: Das Teemännchen. Reinbek bei Hamburg: Rowohlt 2018.
Strunk, Heinz: Nach Notat zu Bett. Heinz Strunks Intimschatulle. Reinbek bei Hamburg: Rowohlt 2019.
Strunk, Heinz: Intimschatulle 68 „Mein Liebesdöner wird ganz saftig". In: Titanic. H. 493. Jg. 42 (2020) (https://www.titanic-magazin.de/heft/2020/november/heinz-strunk-intimschatulle-68-mein-liebesdoener-wird-ganz-saftig/) (30.10.2025).
Strunk, Heinz: Der gelbe Elefant. Reinbek bei Hamburg: Rowohlt 2023.
Strunk, Heinz: Zauberberg 2. Reinbek bei Hamburg: Rowohlt 2024.

Sekundärliteratur

Bachtin, Michail: Zur Methodologie der Literaturwissenschaft. In: Ders.: Die Ästhetik des Wortes. Hg. v. Rainer Grübel. Frankfurt a. M.: Suhrkamp 1979, S. 349–357.
Bachtin, Michail: Linguistik und Metalinguistik. In: Ders.: Literatur und Karneval. Zur Romantheorie und Lachkultur. Frankfurt a. M./Berlin/Wien: Ullstein 1985, S. 101–106.
Bachtin, Michail: Rabelais und seine Welt. Volkskultur als Gegenkultur. Frankfurt a.M.: Suhrkamp 1995 (1965).
Baßler, Moritz: Verstehen heißt Verzweifeln. Laudatio auf Heinz Strunk und seinen Roman „Der goldene Handschuh". In: Hubert Winkels (Hg.): Heinz Strunk trifft Wilhelm Raabe. Göttingen: Wallstein 2017, S. 114–127.
Baßler, Moritz: Populärer Realismus. München: C. H. Beck 2022.
Benjamin, Walter: Ursprung des deutschen Trauerspiels. In: Ders.: Abhandlungen. Gesammelte Schriften I, 1. Hg. von Rolf Tiedemann/Hermann Schweppenhäuser. Frankfurt a.M.: Suhrkamp 1991 (1928), S. 203–430.
Blanchot, Maurice: Das Athenäum. In: Volker Bohn (Hg.): Romantik. Literatur und Philosophie. Internationale Beiträge zur Poetik. Frankfurt a.M.: Suhrkamp 1987, S. 107–120.
Böhme, Hartmut: Kritik der Melancholie und Melancholie der Kritik. In: Ders.: Natur und Subjekt. Frankfurt a.M.: Suhrkamp 1988, S. 256–273.
Böhme, Hartmut: Albrecht Dürer. Melencolia I. Im Labyrinth der Deutung. Hamburg: Fischer 1989.
Bohrer, Karl Heinz: Die Ästhetik des Schreckens. Die pessimistische Romantik und Ernst Jüngers Frühwerk. Frankfurt a.M./Berlin/Wien: Ullstein 1983.
Bohrer, Karl Heinz: Ästhetische Negativität. München/Wien: Hanser 2002.
Bohrer, Karl Heinz: Imagination des Bösen. Für eine ästhetische Kategorie. München/Wien: Hanser 2004.
Bronfen, Elisabeth: Nur über ihre Leiche. Tod, Weiblichkeit und Ästhetik. München: dtv 1996.
Burton, Robert: Anatomie der Melancholie. Über die Allgegenwart der Schwermut, ihre Ursachen und Symptome sowie die Kunst, es mit ihr auszuhalten. Zürich/München: Artemis 1988. (1621)
Bußmann, Hadumod: Lexikon der Sprachwissenschaft. Stuttgart: Alfred Kröner 1990.
Engell, Lorenz: Sinn und Industrie. Einführung in die Filmgeschichte. Frankfurt a.M./New York/Paris: Campus 1992.

Hansen, Simon: Vom Komiker zum Schriftsteller: Heinz Strunks ‚Trilogie des Sexualtriebs' *Fleisch ist mein Gemüse* (2004), *Fleckenteufel* (2009) und *Der goldene Handschuh* (2016). In: Ewa Żebrowska/Magdalena Olpińska-Szkiełko/Magdalena Latkowska (Hg.): Beiträge zur Germanistik. Germanistische Forschung in Polen. Gegenstände und Methoden. Formen und Wirkungen. Warschau 2017: Wissenschaftliche Beiträge des Verbandes Polnischer Germanisten, S. 121–133.

Hocke, Gustav René: Die Welt als Labyrinth. Manier und Manie in der europäischen Kunst. Hamburg: Rowohlt 1957.

Hocke, Gustav René: Manierismus in der Literatur. Sprach-Alchimie und esoterische Kombinationskunst. Hamburg: Rowohlt 1959.

Klibansky, Raymond/Erwin Panofsky/Fritz Saxl: Saturn und Melancholie. Studien zur Geschichte der Naturphilosophie und Medizin, der Religion und der Kunst. Frankfurt a. M.: Suhrkamp 1992.

Kremer, Detlef: Peter Greenaways Filme. Vom Überleben der Bilder und Bücher. Stuttgart/Weimar: Metzler 1995.

Kremer, Detlef: Gewalt und Groteske bei David Lynch und Francis Bacon. In: Rolf Grimminger (Hg.): Kunst – Macht – Gewalt. Der ästhetische Ort der Aggressivität. München: Wilhelm Fink 2000, S. 209–229.

Lejeune, Philippe: Der autobiographische Pakt. Frankfurt a.M.: Suhrkamp 1994.

Maar, Michael: Geister und Kunst. Neuigkeiten aus dem Zauberberg. Frankfurt a.M.: Fischer 1997.

Maar, Michael: Heute bedeckt und kühl. Große Tagebücher von Samuel Pepys bis Virginia Woolf. München: C. H. Beck 2015.

Schneider, Manfred: Die erkaltete Herzensschrift. Der autobiographische Text im 20. Jahrhundert. München: Hanser 1986.

Andre Kagelmann

„Damit der Zauber erhalten bleibt“ – Heinz Strunk als Autor von kinder- und jugendliterarischen Texten

> Andere Lieblingsspeise der Freunde: Makronen. Davon können sie Unmengen vertilgen, noch mehr als von allen anderen Leckereien zusammen. Ich habe keine Ahnung, was Makronen eigentlich sind, eine Art Gebäck, nehme ich an, will's aber auch gar nicht genau wissen, denn bei der Lektüre von Kinder- und Jugendbüchern ist es wichtig, sich gewisse Informationslücken zu bewahren, damit der Zauber erhalten bleibt. (Strunk 2018, 101)

Zum umfangreichen Œuvre des ‚Körperkriegers‘ Heinz Strunk, das eine nur noch schwer zu überblickende Anzahl an Werken verschiedener Gattungen und Genres in unterschiedlichen Medien umfasst, gehören fünf Werke, die nicht oder nicht vollständig dem Feld der Allgemeinliteratur zuzuordnen sind und gewissermaßen in das Feld der Kinder- und Jugendliteratur emanieren: Dabei handelt es sich um die drei im Publikumsverlag Rowohlt veröffentlichten Romane *Fleisch ist mein Gemüse. Eine Landjugend mit Musik* (2004), *Fleckenteufel* (2009, überarbeitete Neuausgabe 2018) und *Junge rettet Freund aus Teich* (2013) sowie um die zwei im (zu Carlsen gehörenden) Lappan-Verlag publizierten Bilderbücher *Die Käsis* (2023) und *Graf Fauchi und das verschwundene Gebiss* (2025). Diese fünf Werke unterscheiden sich in ihrer ‚zauberhaften Textur‘, wie es in *Fleckenteufel* heißt, teilweise vom Erzählwerk Heinz Strunks, der seine Schreibweise als adressatenunabhängig charakterisiert (vgl. das Interview in diesem Band), weisen aber zugleich eine Vielzahl der für sein Erzählwerk typischen Themen und Formen auf.

1 Kinder und Jugendliteratur als Teilsystem der Allgemeinliteratur

Kinder- und Jugendliteratur wird hier als ein alle Gattungen der Allgemeinliteratur umfassendes Teilsystem verstanden, das thematisch und ästhetisch spezifiziert ist, da kinder- und jugendliterarische Texte adressatenorientiert operieren, also auf das Welt- und Kunstwissen (noch) nicht erwachsener Leser*innen Bezug nehmen.[1] Dabei sind diese Texte geprägt von einem „*Dazwischen*“, sie oszillieren „zwischen

---

1 Dieser Abschnitt basiert auf den Überlegungen in Kagelmann 2024.

https://doi.org/10.1515/9783111408798-005

Autonomie und Heteronomie" (Boyken 2023, 127), hängen also noch von anderen Normen als ästhetischen, zum Beispiel pädagogischen, ab. Übergreifend kann zudem gesagt werden, dass die Oszillationsschwelle der Kinder- und Jugendliteratur für neue Themen vergleichsweise niedriger ausfällt, ihr eignet daher ein hohes zeitdiagnostisches Potenzial, allerdings auch (meist) eine weniger differenzierte Reflexionsstruktur als den Texten der Allgemeinliteratur. Mit der oft auf Aktualität gestellten, adressatenorientierten Beobachtung der Gesellschaft (vgl. Gansel 2011) korrespondiert die enkulturierende formale Struktur der Kinder- und Jugendliteratur (in ihrer Funktion als Einstiegs- und Übergangsliteratur). Kinder- und Jugendliteratur fiktionalisiert als ‚Fiktion zweiter Ordnung' (gesellschaftlich konventionalisierte) Konstrukte von (in den allermeisten Fällen) Erwachsenen über Kindheit und Jugend (vgl. zur Kindheit als Black Box Giuriato 2018, 13). Ästhetisch ist Kinder- und Jugendliteratur vor allem durch produktions- und rezeptionsästhetische sowie referenzielle und poetische Einfachheit geprägt,[2] die analytisch freilich mitunter schwer zu fassen sein kann, was sich beispielsweise bei (multimodalen) Bilderbuchtexten zeigt. Ferner dominieren aktionale und hermeneutische die referenziellen und vor allem die symbolischen und semischen Codes (vgl. Köppe/Winko 2013, 123–125).

Auch wenn sich keine durchgängig reversiblen Texte finden, nähern sich seit der sogenannten zweiten kinderliterarischen Moderne zu Beginn der 1970er Jahre zumindest kinder- und jugendliterarische ‚Spitzenwerke' der Allgemeinliteratur an (vgl. Ewers 2013, 319). In der Breite dominieren allerdings Verständlichkeit und Didaktisierung; Ästhetisierung und Verstörungspotenzial stehen eher im Hintergrund. Charakteristisch für kinder- und jugendliterarische Texte ist zudem, dass ihre ‚Blickrichtung' – aufgrund der ‚permanenten Vorwärtsbewegung' von Jugendlichen und vor allem von Kindern – mehr oder minder grundsätzlich gegenwarts- beziehungsweise zukunftsorientiert ist. Das unterscheidet sie von der (rückwärtsgewandten) erwachsenliterarischen Kindheitsgeschichte mit nostalgischem Touch:

> Denn Kinder erzählen natürlich keine Kindheitsgeschichten. Kindheitsgeschichten speisen sich aus der Vergangenheit, Kindergeschichten dagegen speisen sich aus der Zukunft, nicht aus dem Blick zurück, sondern aus dem Blick nach vorn, weshalb sie zwar nicht weniger klischeehaft, aber, im Gegensatz zu Kindheitsgeschichten, niemals sentimental sind (Hoppe 2021, 54–55).

Die dem kinder- und jugendliterarischen Feld eigenen ästhetischen und thematischen Codifizierungen (vgl. den Überblick bei Ewers 2012, 193) sind von

2 Vgl. zu dem von Maria Lypp für die Kinder- und Jugendliteratur-Wissenschaft fruchtbar gemachten Begriff O'Sullivan 2016.

(allgemeinen kulturellen Kontextualisierungen der) Kindheits- und Jugendvorstellungen abhängig, die im Anschluss an Philippe Ariès „nicht als anthropologische Universalie[n], sondern als kulturelle Tatsache[n] zu verstehen" sind (Giuriato 2018, 7). Insbesondere aus der literarischen Konturierung des Kindes als einer „Alteritätsfigur" (Giuriato 2018, 10) erwachsen die (für die Herausbildung kinder- und jugendliterarischer Klassiker) wirkmächtigen aufklärerischen und romantischen Kindheitsmythen sowie der ‚Zwischen-Mythos' vom bösen Kind (vgl. Hurrelmann 1997):

> Während der aufklärerische Blick auf das Kind noch im Zeichen der Erbsündenlehre steht und das Kind demgemäß als *ungebildetes* Wesen betrachtet, dem man die verdorbene Natur austreiben muss, laboriert die bürgerliche Literatur nach Rousseau vor allem am Bild einer *unverbildeten* und daher höheren, unschuldigen, kreativen und poetischen Daseinsform, mit dem sie den Fortbestand einer christologischen Matrix in der Moderne sichert (Giuriato 2018, 19).

2 *Fleisch ist mein Gemüse. Eine Landjugend mit Musik* (2004/2024)

> Ich habe *Fleisch ist mein Gemüse* zum Anlass des Jubiläums wieder gelesen, und obwohl ich heute ganz anders schreibe (der Weg bis zu meinem aktuell letzten Roman *Zauberberg 2*, [sic!] war ein durchaus mühsamer), würde ich keinen einzigen Satz meines Tanzmuckerprotokolls durch einen anderen ersetzen wollen. (Strunk 2024, 255)

Fleisch ist mein Gemüse kann als ein doppelter Initiationsroman bezeichnet werden. Heinz Strunks kommerziell erfolgreichstes Werk, das 2008 von Christian Görlitz audiovisuell adaptiert wurde, erzählt von dem Einstieg als Tanzmusiker des aus kleinbürgerlichen Verhältnissen stammenden Heinz Strunk bei der Band (nicht: *Die*) *Tiffanys* und markiert zugleich den Anfang der Schriftstellerlaufbahn des realen Heinz Strunk, der bürgerlich Mathias Halfpape heißt und dessen autofiktionale Inszenierungen inzwischen mit der Realität in Form der zeichnenden Hände Eschers zu konvergieren scheinen.[3] Das relationale Bekenntnis zum Stil dieses ‚Jugendwerks' (s.o.), das etwas missverständlich mit *Eine Landjugend mit Musik* untertitelt ist – immerhin ist der Erzähler zu Beginn der Handlung schon 23 Jahre alt – stammt aus dem Nachwort der unveränderten Neuausgabe (2024). In dem autofiktionalen Roman, der von einer verspäteten Adoleszenz in Verbindung mit einem (im

3 Vgl. dazu die Einleitung zu diesem Band.

engeren und weiteren Sinn) Künstlerdasein erzählt,[4] finden sich bereits viele der Themen, die für Strunks Œuvre auch zukünftig von Bedeutung sein sollten: Körperprozesse und -deformationen, Ekel, Scham – fehlendes ‚Körper-Kapital'.[5] Man kann hier in Anlehnung an Iris Marion Young aus einer – freilich differenzfeministischen und auf den weiblichen Körper bezogenen – existenzphänomenologischen Position davon sprechen, dass die Figuren durch ihr falsches Körperbewusstsein beziehungsweise durch ihr (gesellschaftlich konstruiertes) Bewusstsein, falsche Körper zu haben, einen gestörten – also immanenten statt transzendenten – Weltzugang erworben haben (vgl. Young 1993, 14–15). Zu diesen für Strunks Werke prägenden Themenfeldern, die in engem Zusammenhang zum Körper stehen, gehören zudem Sexualität, Frustration, Sexismus, Objektifizierung, Außenseitertum, Individualität, Identität, Hass, Negativität, Vereinzelung, Psychosen, Alkoholmissbrauch, (schlechtes) Essen, Ausscheidungen, Spielsucht. Diese Themen werden allerdings nicht nur als existenzielle Herausforderungen geschildert, sondern werden auch – ohne Rücksicht auf den Ich-Erzähler, die ‚Kollateralschäden' und den guten Geschmack – zur Quelle des Komischen, oft in Form von Floskeln, Sprüchen, Wiederholungen, sentenzhaften Absurditäten.[6] Anders als in späteren Werken Heinz Strunks tendiert der chronologisch gegliederte Roman *Fleisch ist mein Gemüse* allerdings noch dazu, sich stellenweise im Anekdotischen zu verlieren, weil er immer wieder Räume für Binnenerzählsituationen in Form von komischen Miniaturen, die an die Kolumnen in *Das Strunk-Prinzip* erinnern, schafft.

In *Fleisch ist mein Gemüse* tritt ein im Jahr 1985, in dem die Handlung einsetzt, 23-jähriger Ich-Erzähler auf, der deutliche Parallelen zum Leben Heinz Strunks/Mathias Halfpapes aufweist. Prägend sollte die extradiegetisch-autodiegetische, intern fokalisierte Erzählanlage für die weiteren Werke bleiben, die sich aus einer Außenseiterposition konstituiert, die wiederum mit den von Connell (2015) herausgearbeiteten Handlungsmustern von nicht hegemonialer Männlichkeit konvergiert.[7] Auffällig ist dabei, dass diese Figuren zwar andere Figuren objektifizieren (s.u.), selber aber fast nie zu sexuellen Subjekten oder Objekten werden; obwohl sie Begehren ‚artikulieren', sind sie – auch im Wortsinn – keine satisfaktionsfähigen Mitspieler auf dem Feld der Sexualität. Auf dieser Basis entsteht eine genau

---

4 Ich verstehe den Adoleszenzroman mit Carsten Gansel (2011) als ein Übergangsphänomen zwischen den konvergierenden Sphären von Heranwachsenden und Erwachsenen sowie zwischen Kinder- und Jugend- sowie Allgemeinliteratur.

5 Vgl. dazu den Beitrag von Iris Meinen in diesem Band.

6 Vgl. zur Akkumulation der Gags den Kommentar zu Fips Asmussen (Strunk 2024, 223). Vgl. zum ‚Prinzip der Sprüche' ausführlich den Beitrag von Born in diesem Band.

7 Vgl. dazu mit versöhnlichem Gestus die Kürzestgeschichte *Storchenhaltung* in *Kein Geld Kein Sprit Kein Glück*, 12.

beobachtende Ich-Erzählerfigur, deren Ressentiments sich zudem aus kleinbürgerlichen Vorurteilen und starken Normalitätsvorstellungen speisen, die nicht reflektiert werden.[8] In dieser Erzählhaltung liegt einer der Reize der Lektüren von Texten Heinz Strunks, weil die verabsolutierte Weltsicht des männlich (hier tatsächlich) gelesenen Erzählers als solche in den Texten nicht explizit, sondern immer nur indirekt und relational hinterfragt wird. Das gilt auch für diskriminierende Sichtweisen; neben punktuell rassistischen sind das insbesondere sexistische, wie sie in der Figur des ‚Starrers' beschrieben werden, der die Sozialfigur des Incels präfiguriert und den seine Hilflosigkeit im Angesicht junger (und schöner) Mädchen- beziehungsweise Frauenkörper existenziell frustriert und der Papierfiguren als – freilich unerreichbare – Sexualobjekte („Biester") imaginiert:

> Große Starrer waren wir. Von den Futtertrögen des Lebens unüberbrückbar weit entfernt, verdammt zum ewigen Starren. Wie Zecken hingen wir im Gebüsch und warteten, aufrecht erhalten von der unbestimmten Hoffnung, dass wir vielleicht auch irgendwann mal an der Reihe sein würden. Bis dahin hieß es ausharren und regelmäßig entsaften. (Strunk 2024, 50–51; vgl. auch 1771–78)[9]

Eng verbunden mit den Themen Sexualisierung und Objektifizierung sind hier und in weiteren Texten Strunks auch Körperbeschreibungen, die in ihrer Groteskheit nicht selten die Grenze zum Körperhorror streifen oder sogar überschreiten. Ein Topos in den Werken Strunks bildet die Beschreibung von (mehr oder minder stark) deformierten Körpern; das sind im vorliegenden Fall neben den defizitorientierten Beschreibungen der Körper der Bandmitglieder vor allem die Ausführungen zur Akne des Ich-Erzählers, die systematisch Ekeltopoi evozieren und in den erzählten Welten zu Stigmatisierungen führen, also den Außenseiterstatus kreieren – „Alle anderen ja, ich nein." (Strunk 2024, 107) Vom Schönheitsideal stark abweichende Körper sind in den erzählten Welten nicht nur omnipräsent, sondern sie werden durch die Erzählinstanzen in einer besonders akribischen, auf den Makel konzentrierten Sicht konstruiert, die von (Welt-)Ekel zeugt beziehungsweise diesen erzeugt; den Erzählinstanzen eignet sozusagen ein böser Blick (vgl. auch Born 2015, 197).[10] Der Norm entsprechende oder besonders schöne Körper(-Figuren), wie Tobias und Susanne, bilden insofern nur die Kontrastfolie für den

---

8 Vgl. dazu ausführlich Born 2015, 190–192.

9 „Ein wesentliches Moment der Situation des Frau-Seins besteht darin, dass sie ständig die Möglichkeit lebt, als bloßer Körper angestarrt zu werden, als Figur und Fleisch, der sich selbst als potentielles Objekt den Intentionen und Manipulationen eines anderen Subjekts darbietet und nicht als lebende Manifestation eigener Handlungen und Intentionen." (Young 1993, 43)

10 Vgl. zu dem Verfahren auch *Ein Sommer in Niendorf*.

Bodyhorror, der von den anderen Figuren ausgeht. Gelingendes Leben ist – wenn überhaupt – das der anderen.[11] Eng verbunden mit der deformierenden Beschreibung von Körpern/der Beschreibung deformierter Körper sind die im Œuvre Strunks allgegenwärtigen Essenstopoi, die auch Marker sozialer Distinktion sind (vgl. die Einleitung), im ‚kinder- und jugendliterarischen Kontext' jedoch zum Teil andere Funktionen erfüllen (vgl. u.a. das Eingangszitat).

Der Kern der erzählten Adoleszenz in *Fleisch ist mein Gemüse* liegt nun darin, dass der Erzähler zwar eine erwachsene Identität jenseits der Familie (d.i. die psychisch kranke, suizidale, mit traurig-lakonischer Herzenswärme gezeichnete Mutterfigur) und des sogenannten Zwergenhauses auszubilden vermag, dass diese Identitätsbildung aber in postmoderner Manier diffus bleibt oder parodistische Züge trägt, weil Sinnstiftungsverfahren durch den Erzählgestus durchgehend unterminiert werden beziehungsweise weil die Idee des Hineinwachsens in eine (bürgerliche) Gesellschaft der Lächerlichkeit preisgegeben wird (vgl. Strunk 2024, 218). An die Stelle einer gesicherten Existenz (Kleinfamilie mit Reihenhaus, Angestellter) tritt der autofiktionale Ich-Erzähler in *Fleisch ist mein Gemüse* in ein Erwachsenenalter ein, das im Wandel vom (Tanz-)Musiker zum Schriftsteller dem vom Maler zum Schriftsteller in Gottfried Kellers *Der grüne Heinrich* ähnelt und durch „die beklagenswerte Idee […], einen künstlerischen Beruf ergreifen zu wollen", wie es im Nachwort heißt (Strunk 2024, 251), so lange prekär bleibt, bis der Text, der davon erzählt, zum Bestseller wird.

3 *Fleckenteufel* (2009/2018)

> Alle sind mit irgendwas beschäftigt, dann kann ich ja doch ein *Fünf-Freunde*-Buch lesen: *Fünf Freunde im Schlossverlies*. Das Erfolgsgeheimnis von Enid Blytons *Fünf-Freunde*-Reihe ist die detailverliebte Beschreibung von Essen: Frühstück. Mittag. Abendbrot. Zwischenmahlzeiten. Brotzeit. Grillen. Die Bücher bestehen praktisch nur aus Mahlzeiten, Mahlzeiten, Mahlzeiten. Die Abenteuer sind nur vorgeschoben, damit die fünf Freunde genügend Kalorien für die nächste Mahlzeit verbrauchen. Enid Blyton hat begriffen, worum es geht: Alle Kinder und Jugendlichen sind notorisch hungrig und sie lesen nichts lieber als den Inhalt von prallgefüllten Picknickkörben. (Strunk 2018, 28)

Bei *Fleckenteufel* handelt es sich wie bei *Fleisch ist mein Gemüse* um einen autofiktionalen ‚somatischen' Roman, dessen Authentizität der Autor betont (vgl. das Interview in diesem Band), von dem allerdings zwei unterschiedliche Versionen

11 Siehe dazu z.B. Petra in *Der goldene Handschuh* oder Heiko und wiederum Susanne in *Fleckenteufel*.

vorliegen: Die Erstausgabe erschien 2009, die überarbeitete Neuauflage 2018 korrigiert den Einfluss von Charlottes Roches *Feuchtgebiete* auf die Schilderungen von Körperprozessen und vermindert den Vulgaritätsfaktor.[12] Freilich überbetont auch der revidierte Text noch Verdauungs- und Ausscheidungsprozesse.[13]

Wie der Vorgängerroman ist das Werk extradiegetisch-autodiegetisch, intern fokalisiert; auch bezüglich des Sprachstils ergeben sich viele Überschneidungen mit *Fleisch ist mein Gemüse*. Auf der Ebene der Komposition werden intradiegetische Erzählsituationen organischer mit dem Textganzen verknüpft, der Roman wirkt konsistenter. Erzählt wird die Geschichte des sechzehnjährigen Protagonisten Thorsten Bruhn, der am 4. August 1977 auf den Beginn seiner Busreise zu einer christlichen Ferienfreizeit in Scharbeutz wartet.[14] Auf den Schlachtfeldern der Pubertät und Adoleszenz – auf denen imaginierte heterosexuelle Scharmützel von homoerotischen Übergangsphantasien begleitet werden – ist er ein Noch-Zukurzgekommener, der nicht nur im übertragenen, sondern auch im eigentlichen Sinn in die Welt der Erwachsenen hineinwachsen muss.[15]

Markant ist in diesem, an äußeren Ereignissen armen Roman, die maliziös-spöttische, genau beobachtende Außenseiterperspektive des Ich-Erzählers auf die Miniaturgesellschaft der Ferienfreizeit – „Ich habe echt Augen wie ein Luchs." (Strunk 2018, 79) –, die ebenfalls an *Fleisch ist mein Gemüse* anknüpft. Das gilt auch für die verengte männlich-adoleszente, sexistisch aufgeladene Perspektive (auf Mädchen- und Frauenkörper). Weibliche Sichtweisen bleiben – in der Logik des Textes: konsequenterweise als das unerreichbar Andere – ausgespart. Thematisch stehen die adoleszenten Entwicklungsaufgaben Ablösung von den Eltern,[16] die sich als schwierig gestaltende Suche nach Freundschaften sowie die Ablehnung der als verlogen empfundenen Erwachsenenwelt im Mittelpunkt – die Ferienfreizeit wird von bigottem christlichem Personal begleitet –, bei gleichzeitigem Bewusstsein dafür, sich zukünftig in/zu dieser Erwachsenen-Gesellschaft verhalten zu müssen. Symptomatisch dafür ist die in zahlreichen Variationen vorkommende Kommentarfloskel ‚wird es noch (ganz/richtig) schwer haben/nicht leicht haben'.

---

12 Strunk postuliert einen Einfluss von *Fleckenteufel* auf Wolfgang Herrndorfs *Tschick* (2010), allerdings ohne dies schlüssig belegen zu können (vgl. das Interview in diesem Band).

13 Vgl. zum Roman bezüglich der ‚Ausscheidungswettkämpfe' im Kontext der von Bachtin analysierten karnevalesken Praktiken Born 2011.

14 Für Werke der Kinder- und Jugendliteratur ist der Ferientopos typisch, da er von den Schulpflichten und (teilweise) auch von der Aufsicht der Eltern entlastete (Abenteuer-)Handlungen ermöglicht.

15 Der letzte Satz des Romans lautet: „Ich wachse." (Strunk 2018, 221)

16 Die Mutterfigur ist markant anders konturiert (vgl. Strunk 2018, 77) als in *Fleisch ist mein Gemüse*.

Von besonderer Bedeutung sind in *Fleckenteufel*, anders als in *Fleisch ist mein Gemüse*, nicht die musikalischen Bezugnahmen, sondern die literarischen; insofern vollzieht sich in diesem Text auch referenziell der Turn von Heinz Strunk vom Musiker zum Schriftsteller.[17] Maßgeblich für den Roman sind drei intertextuelle Referenzen: Passagen aus *Landser*-Heften, Verweise auf Enid Blytons *Fünf Freunde*-Geschichten und die Erzählungen Charles Bukowskis, die der Ich-Erzähler zu verschlingen beginnt wie Julian, Dick, Anne, George und Timmy Leckereien.[18] Die quantitativ dominante Referenz des Romans bilden die in den Text montierten Auszüge aus *Landser*-Heften.[19] Der Erzähler hebt zunächst vor allem die Unangemessenheit der bellizistischen Lektüre im von der Friedensbewegung geprägten evangelischen Umfeld der Ferienfreizeit hervor: „Kriegsschundliteratur auf einer christlichen Freizeit ist das Allerletzte, wenn das rauskommt, kann ich gleich wieder nach Hause fahren." (Strunk 2018, 6) Zentral ist für den Roman allerdings die satirisch gespiegelte Abenteueranlehnung (Ereignishaftigkeit, existenzielle Situation), bei der das (historisch verzerrte) Kriegsgeschehen der *Landser*-Hefte auf soziale Interaktionen beziehungsweise auf die schambesetzten Schlachtfelder der (sich entwickelnden) Körper transferiert wird,[20] was Effekte absurder Komik zeitigt – zumal vor dem Hintergrund der ‚christlichen Softies' (vgl. dazu auch das Kapitel „Völkerball ist Krieg"). Geradezu regressive (und in den Werken selbst angelegte) Züge erfüllen die Lektüren von Enid Blytons *Fünf-Freunde*-Bänden, die ebenfalls heimlich erfolgen muss, allerdings um sich nicht der Lächerlichkeit preiszugeben. In den Lektüren erfährt der Ich-Erzähler Kindheit als idyllischen Gegenraum zur Realität, in der Wirklichkeit als gestaltbar und Probleme als lösbar erscheinen.

---

17 Vgl. zur Musikalität der Texte Strunks den Beitrag von Stefan Willer in diesem Band.

18 Darüber hinaus sind weitere Verweise relevant: „Deutschland: Grass, Lenz, Böll, Mann. Alles Scheiße." (Strunk 2018, 148; variiert 150 u. 192) „Unter christlichen Jugendlichen ist Hermann Hesse ziemlich angesagt. *Der Steppenwolf. Narziß und Goldmund. Das Glasperlenspiel.* Schnarch." (Strunk 2018, 27)

19 In den Jahren 1957 bis 2013 wurden ca. 4.600 dieser Hefte publiziert, von denen der Erzähler einige in das Ferienlager eingeschmuggelt hat. Diese erzählen anachronistisch-heroisierend, kriegsschuldentlastend, aber mit Authentizitätsgestus und im unterhaltenden, seriellen Modus von den Taten deutscher Soldaten im Zweiten Weltkrieg. Die Verbrechen der Wehrmacht/des Nationalsozialismus bleiben in diesen ‚Kriegsgeschichten von unten' unerwähnt. Obschon *Landser*-Hefte oft als kriegsverherrlichend und/oder sogar als den Nationalsozialismus verherrlichend eingeschätzt wurden, indizierte die Bundesprüfstelle für jugendgefährdende Schriften nur insgesamt zehn Ausgaben (vgl. Martínez 2019). Vgl. dazu die kindgemäß modifizierten Geschichten aus dem Ersten Weltkrieg, die der Großvater in *Junge rettet Freund aus Teich* seinem Enkel an Sonntagvormitttagen erzählt (Strunk 2013, 10).

20 „Ich schäme mich zu Tode, seit ich denken kann, und weiß nicht, wofür, wird schon stimmen." (Strunk 2018, 19)

Während *Fünf-Freunde-* und *Landser*-Lektüren kindliche und jugendliche Präferenzen beziehungsweise Entwicklungslinien des Ich-Erzählers widerspiegeln, weist die Lektüre von Texten Bukowskis bereits auf eine Post-Adoleszenz-Position hin. Diese Entwicklung in der erzählten Welt ist aber keine real-soziale, sondern eine ästhetische, die Kinder- und Jugendliteratur sowie Schemaliteratur hinter sich lässt: „[D]ie fünf Freunde verblassen, wie die Landser, langsam aber sicher im Glanz des größten lebenden Schriftstellers Charles Bukowski." (Strunk 2018, 191) Konsequenzen dieser veränderten Lektüre sind eine Modifikation der Selbst- und Gesellschaftswahrnehmung sowie – auch auf der Autorposition sich Bukowski annähernd – eine unter Alkoholeinfluss sich Bahn brechende, karnevaleske Predigtparodie (vgl. Strunk 2018, 161–164). Zudem ist diese Entwicklung als Turn von einer existenziellen zu einer intentionalen Außenseiterposition des Künstlers/Schriftsellers lesbar. Eine weitere Pointe des Textes liegt darin, dass er nicht nur vor ‚*Low-cult*-Literatur' warnt, sondern auch vor deren rezeptionsästhetischer Instrumentalisierung: Der (angelehnt an den Jargon des Romans) notgeile Diakon (mit dem sprechenden Namen) Wolfgang Steiß vermehrt sein erotisches Kapital durch geheucheltes Lob für die literarischen Ergüsse der Hobbyautorin Rebekka (!); der Ich-Erzähler kommentiert den Text der Figur hingegen so: „Sagenhaft, was für ein Schrott." (Strunk 2018, 209)[21]

4 *Junge rettet Freund aus Teich* (2013)

Bei dem 2013 erschienenen Roman *Junge rettet Freund aus Teich* handelt es sich um eine ebenfalls autofiktionale Alltags- und Familiengeschichte aus der Kindheit und Jugend einer in etwa im Jahr 1960 ‚geborenen' Figur namens Mathias Halfpape; der fiktionale Ich-Erzähler trägt also den Namen des realen Autors. In formaler Hinsicht stellt der Roman ein Experiment dar, in dem sich die Stimme dieses wiederum extradiegetisch-autodiegetischen, intern fokalisierten Ich-Erzählers im Prozess des Heranwachsens sprachlich verändert. Die in etwa sechs, zehn und vierzehn Jahre alte Figur erzählt jeweils präsentisch von ihrer Gegenwart und variiert dabei nicht nur die Tonlage, sondern auch die Themen, entsprechend der sich verändernden Weltwahrnehmung und sprachlichen Gestaltungsmöglichkeiten von Kindern und Jugendlichen. Zäsuren bilden die den Roman in drei Großkapitel gliedernden Jahresangaben 1966, 1970 und 1974, die jeweils mit programmatisch überschriebenen

21 Vgl. dazu auch die Figuren Stefan (Diakon) und Vanessa in *Es ist immer so schön mit Dir* und den Beitrag von Marcel Winter in diesem Band.

Unterkapiteln weiter untergliedert sind; dabei trägt v.a. die Makrostruktur elliptische Züge. Intertextuelle Verfahren spielen eine vergleichsweise weniger prominente Rolle; der Ich-Erzähler liest am liebsten Vampir-Horror-Hefte (vgl. 118, 192; vgl. *Graf Fauchi*).[22] Daneben finden Fernsehserien und Spielfilme wie *Die Leute von der Shiloh Ranch, Kung Fu, Der Exorzist, Unser Walter* oder *Raumschiff Enterprise* Erwähnung. Von besonderer Bedeutung ist die Musik von *Deep Purple* (vgl. z.B. Strunk 2013, 129 oder 193–195), auch weil sie die klassische Musik, das Steckenpferd der Mutter, ablöst.

Der Roman setzt zunächst ein mit dem Entwurf eines Zeitbildes des Jahres 1966 aus einer doppelten ‚Perspektive von unten' – aus Sicht des etwa fünfjährigen Ich-Erzählers, der in einer kleinbürgerlichen, vom Wirtschaftswunder sozusagen unterfütterten Welt mit aufgebrochener Familienstruktur – Mathias ist ein damals sogenanntes uneheliches Kind – in Harburg bei Hamburg aufwächst.[23] Die Handlung wird bestimmt von kleinen Alltagsabenteuern und Spielen; Essenstopoi strukturieren das Erzählen, den Mahlzeiten kommt eine hohe Bedeutung zu, die an die Bemerkung zu Blytons *Fünf Freunde* (s.o.) erinnert. Dem Zeitgeist entsprechend achtet die Mutter, gerade weil sie alleinerziehend ist, auf die Vermittlung eines traditionell gegenderten Rollenbildes – auch beim Verschenken von Spielzeug: „‚Ich dachte, es wäre eine Puppe.' Ich bin schon wieder den Tränen nahe. ‚Ach Mathias, ich kann dir doch keine Puppe schenken! Wo denkst du hin?'" (Strunk 2013, 49; vgl. zum Thema ‚Gender in den 70ern' auch Strunk 2013, 253)[24]

Der zweite Handlungsteil setzt im Jahr 1970 mit dem Übergang des Ich-Erzählers zum Gymnasium ein. Zuvor besucht er zum ersten Mal die Schwester seiner Großmutter Emmi auf dem Land in Todtglüsingen, wo Mathias von nun an einen Großteil der Ferien verbringt. Dort wird ihm eine derbe, traditionell männliche Sozialisation ‚verpasst' beziehungsweise passt er seine Aktivitäten dem neuen Sozialumfeld an: „Ich rechne zusammen: Luftgewehrschießen, Motorrad fahren und die Pistole von Oma Emmi." (Strunk 2013, 110) Zudem gerät Mathias zwischen die Fronten eines Nachbarschaftskriegs, macht Bekanntschaft mit der Brutalität

22 Der Französischlehrer Monsieur Durand aus dem ‚Vorschulkapitel' ist als Wiedergänger des Ballettmeisters Monsieur Knaak in *Tonio Kröger* lesbar (vgl. Strunk 2013, 18–19); eine albtraumhafte Zugfahrt erinnert an *Emil und die Detektive* (vgl. Strunk 2023, 95–97). Die ‚Ermordung eines Vogels' (Vgl. Strunk 2013, 138–139) erinnert an „Bart the Mother" (*The Simpsons*).

23 *Junge rettet Freund aus Teich* greift hier Elemente der beiden Vorgängerromane auf wie zum Beispiel die alleinerziehende, als Musiklehrerin arbeitende Mutter; hinzu kommen die Figuren der Großeltern und die der Nenn-Großmutter.

24 Es finden sich wiederum punktuelle Verweise auf das politische Geschehen, den Nationalsozialismus (Strunk 2013, 58) und den Zweiten Weltkrieg (vgl. Strunk 2013, 107).

(„Folter") der Jugendlichen wie der Erwachsenen; zum Prozess des Heran- und Hineinwachsens gehören zudem Erfahrungen mit Zigaretten und Alkohol.

Das abschließende Großkapitel „1974" beginnt mit dem in der Planungsphase steckengebliebenen Versuch, ein Waffengeschäft zu überfallen. Da seine Schulnoten zusehends schlechter werden, muss er auf die Realschule wechseln. Zur Adoleszenz des Erzählers gehört zudem, dass er Einsicht gewinnt in die soziale/persönliche Leere, die in der Erwachsenenwelt herrscht. Nach der Ablösung von seiner ‚Ferienheimat' – nach einem katastrophalen Ausflug, außerdem verstirbt die Nenn-Großmutter – ereignet sich in Harburg ein weiterer Heimatverlust, weil der Erzähler zusammen mit der Mutter, ohne die Großeltern, in ein tristes Hochhaus zieht. Als sich Mathias und Martin im Februar 1975, trotz eines zwischenzeitlich verhängten Begegnungsverbots, treffen, und Martin einen zugefrorenen Teich betritt, rettet ihn der Ich-Erzähler; die Kapitelüberschrift ist gleichlautend mit dem Romantitel – und so lautet auch die Überschrift eines Berichts über die Heldentat in der Lokalzeitung.[25] Das Verhältnis von Mathias zur Mutter zerrüttet sich im Lauf der Jahre zusehends, was neben seiner, zu kleinkriminellem Verhalten tendierender Entwicklung auch daran liegt, dass die Mutter – die Familie hat, ähnlich wie in *Fleckenteufel*, einen christlichen Hintergrund – im Laufe der Zeit zu einer religiösen Fanatikerin wird und schließlich eine fatale Psychose entwickelt.

Ekeltopoi finden sich in *Junge rettet Freund aus Teich* vor allem in Bezug auf hygienische Zustände in der Küche, Essensreste usw. Der Sexualitätstopos ist nur im dritten Teil, dem Alter der Figur entsprechend, in vergleichbarer Weise wie in *Fleckenteufel* und in *Fleisch ist mein Gemüse* angelegt. Die versuchsweise freundschaftlich-sexuellen Annäherungen (Sonja und Heike) gipfeln jedoch in einer (auch alkoholinduzierten) übersprungsartigen homoerotischen Episode zwischen Martin und Mathias, die allerdings die Freundschaft unterminiert (Strunk 2013, 272–273). In diesem Zusammenhang wird der aus den anderen beiden Romanen bekannte, existenzielle Schamtopos aufgerufen. Bemerkenswert ist die Verschränkung von Sexualitäts-, Alters- und Ekeltopoi: Nach dem Stich einer Hornisse ins Ohr wird das Aussaugen der Wunde – vor dem Hintergrund der Lektüren des Erzählers – in einer Form geschildert, die eine absurd-komische, sexuell-pornographische Szene in Form eines vampirischen Inzests zwischen Nenn-Großmutter und -Enkel evoziert:

> Emmi hört gar nicht mehr auf zu saugen. Sie riecht aus dem Mund, und ihre Lippen fühlen sich ganz schön lapperig an. Immer wieder spuckt sie aus und setzt neu an. Wahnsinn, wie sie trotz ihrer achtzig Jahre die Situation unter Kontrolle hat. […] Dann endlich stellt Emmi völlig erschöpft die Saugerei ein. Mein Ohr ist kochend heiß, es pocht wie sonst was und tut immer

25 Vgl. zu der korrespondierend-invertierten Handlung ‚Junge (Jochen) rettet Freund (Mathias) aus Baum' Strunk 2013, 47–48, zum ‚Jungen im Baum' auch Strunk 2013, 151.

> noch so weh, dass mir die Tränen runterlaufen, das hatte ich schon ewig nicht mehr. (Strunk 2013, 189)[26]

Besonders eindringlich ist das Ende des Romans gestaltet, das den gescheiterten Suizidversuch der Mutter aus der Exposition von *Fleisch ist mein Gemüse* – „Meine Vogelmutter ertrug es schließlich nicht mehr und sprang aus dem Fenster, hinaus in die Freiheit. Doch die Erlösung blieb ihr verwehrt." (23) – als Schlusspunkt setzt und mit dem Topos des ‚Frühlingserwachens' amalgamiert:

> Am nächsten Morgen war Mutter verschwunden. Das Fenster stand offen, und die Luft war ganz mild. Siehe da, der Frühling hatte Einzug gehalten! Sonnenlicht fiel warm durch das Fenster. Mutter hatte recht behalten, der Winter war zu Ende. Sie hatte all ihre Kraft zusammengenommen und war tatsächlich fortgeflogen, hinaus in die Freiheit. (Strunk 2013, 283)

Junge rettet Freund aus Teich kann zwar als Kinder-, Übergangs- und Jugendroman gelesen werden, allerdings ist das Werk im eigentlichen Sinn als allgemeinliterarische Kindheitsgeschichte zu bezeichnen. Das liegt vor allem daran, dass in der Erzählhaltung die ‚Black Box Kindheit' (vgl. Giuriato 2018, 13) durch die Einblendung eines zurückgenommenen Erwachsenenbewusstseins zu erhellen versucht wird, also – wie in von Erwachsenen verfassten kinder- und jugendliterarischen Werken unumgänglich – mit den Mitteln eines adulten Blickes ein kindlicher simuliert wird, der aber im vorliegenden Fall zugleich mit einer erwachsenen (Ab-)Wertungsperspektive überblendet ist.[27] Aus dem sechs-, zehn- und vierzehnjährigen Erzähler Mathias Halfpape spricht auf der Werte- und Wertungsebene oft ein erwachsenes Bewusstsein, das nicht nur ein wenig altklug wirkt, sondern – wie es für die Texte Heinz Strunks programmatisch ist – argwöhnisch und ressentimentgeladen (auch gegen sich selbst) und mit sehr genauem Blick für die ‚Fehlerhaftigkeit' von Welt und Figuren – erzählt. Durch diese Erzählhaltung und durch die mit ihr verbundene Komik entsteht ein (nicht immer zuverlässiger) Picaro-Point-of-View, der an ‚Grenzerzählungen' wie Irmgard Keuns – ebenfalls im eigentlichen Sinn erwachsenenliterarischen Roman – *Kind aller Länder* erinnert. Diese Erzählhaltung zeitigt zudem durch ihre Genauigkeit im Blick auf die Fehlerhaftigkeit der Welt eine Art Anti-Nostalgie-Effekt; vom ‚Paradies der Kindheit' zeigen sich vor allem Spuren in der Exposition.

---

26 Um die Schmerzen des Insektenstichs zu lindern, konsumiert der Erzähler ein (zunächst) versehentlich ein Morphiumpräparat aus der Krebstherapie. Vgl. dagegen das „Drogenexperiment" in *Fleisch ist mein Gemüse* (18).

27 Dazu gehört, pejorative Begriffe wie „mongomäßig" (Strunk 2013, 257) zu nutzen.

5 *Die Käsis* und *Graf Fauchi und das verschwundene Gebiss*

Mit *Die Käsis* (2023) und *Graf Fauchi und das verschwundene Gebiss* (2025) legt Heinz Strunk, wie viele prominente Autorinnen und Autoren – zum Beispiel jüngst Sibylle Berg, Clemens J. Setz oder Saša Stanišić –, Bilderbücher vor, die an ein kinderliterarisches Publikum beziehungsweise an deren Vermittler*innen adressiert sind;[28] ökonomisch ist damit ein neues Marktsegment erschlossen.[29]

Für die beiden Werke ist zunächst festzuhalten, dass Strunk für sie (im eigentlichen und im übertragenen Sinn) nicht allein verantwortlich zeichnet. *Die Käsis* ist von vents 137 und Typeholics illustriert, *Graf Fauchi* von André Breinbauer. Es liegt also, auch wenn in beiden multimodalen Werken der Schrifttext den Ausgangspunkt bildet, eine Form geteilter Autorschaft vor, die durchaus vergleichbar ist mit den Film-/Serien- und Studio-Braun-Produktionen, an denen Strunk maßgeblich beteiligt ist.[30] Für beide Werke gilt (zudem), dass die Illustrationen die verbale Ebene nicht nur konturieren und anreichern, sondern eigenständige Narrationslinien hinzufügen (vgl. punktuell Strunk 2023, 26, 27 u. Strunk 2025b, 26).[31]

Das Bilderbuch *Die Käsis* ist auf der Handlungsebene als märchenhafter Roadtrip mit mehrfachen Grenzüberschreitungen organisiert und kann als eine ‚Als-ob-Geschichte' charakterisiert werden, die sich einer Kinderästhetik bedient, um einer Nonsens- und Erwachsenenlogik zu folgen. Das erste Kapitel, dem ein illustriertes Personarium vorgeschaltet ist, das dichotomisch ‚die lieben von den fiesen Käsis' scheidet, entwirft ein absurdes Gut-Böse-Schema beziehungsweise ein stratifiziertes Gesellschaftssystem, das jedoch direkt in der Exposition durchbrochen wird, als sich die beiden Protagonist*innen Käs und Käselinchen ineinander verlieben und

28 Die erzählende Mutter/Der erzählende Vater ist ein Topos der Kinder- und Jugendliteratur.

29 In Verbindung mit seinem zweiten Bilderbuch hat Heinz Strunk der *Zeit* ein Interview gegeben, in dem er sich mit einigen nonchalanten Statements zur Kinderliteratur zitieren ließ, die quantitativ begründen, warum Kinderliteratur aus produktionsästhetischer Sicht einfacher zu verfassen sei als Allgemeinliteratur (‚weniger Text als andere Texte'). Es spricht für Heinz Strunks Position im literarischen Feld, dass (erwartbar indignierte) Reaktionen auf diese hemdsärmelig-provokativen Einlassungen wiederum in einem *Spiegel*-Interview mit dem Autor aufgegriffen wurden und sich auf diese Weise weiter medial verstärken.

30 Vgl. zum Zusammenhang von Schrift- und Bildtext im Bilderbuch systematisch Staiger 2022.

31 Trotz vieler Gemeinsamkeiten unterscheiden sich die beiden Werke in ihrer piktoralen Gestaltung stark voneinander: Während *Die Käsis* auch typographisch besonders markant arrangiert ist und die Illustrationen im Street-Art- beziehungsweise knallbunten Graffiti-Style gehalten sind, dominieren bei *Graf Fauchi* genrebedingt gedeckte, dunklere Farben. – Dem Fokus dieser Betrachtung entsprechend, spielen die Illustrationen nur eine nebengeordnete Rolle.

so dem „strenge[n] Kastensystem“ (Strunk 2023, 8) Käsilands trotzen. Allerdings sanktioniert das faschistoide System in Gestalt des Richters Beef Jezos, dem „mit diktatorischen Vollmachten ausgestattet[en] Chef der Schimmelkäse“ (Strunk 2023, 5), einer maliziösen Karikatur von Jeff Bezos, diese Grenzüberschreitung, verurteilt und interniert Käs, der allerdings schon bald von Käselinchen befreit wird. In einem alten Auto, der sprechenden Eierscheese, treten sie gemeinsam die Flucht an.[32] Der folgende Roadtrip voller sprunghafter, absurder Wendungen führt sie unter anderem über das Edelnussreich Macadamia und die Wüste Gabi[33] nach Käsiland zurück, worauf eine Revolution folgt; die parodistische Handlung endet mit der Hochzeit von Käselinchen und Käs.

Auf der verbalen Ebene dominieren Fabulierlust, Assoziationsketten, Verballhornungen und teils klamaukig-kalauernde, teils Nonsens-Witze;[34] punktuell finden sich Kinderreime (Strunk 2023, 42) und Spott-Lyrik (Strunk 2023, 59).[35] Trotz des der Geschichte und den Figuren zugrundeliegenden Gut-Böse-Schemas ist der Sound sozusagen dur-lastiger als in den drei Romanen. Die intertextuellen Verweise sind zahlreich und setzen zum vollen Verständnis Welt-, Kultur- und Kunstwissen voraus, das in der Regel erst bei (gebildeten) Erwachsenen vorhanden ist, ergeben aber auch ‚einfachen Sinn‘:

> Nachdem alle Gefangenen befreit sind, werden die Käsis auf dem Platz, der wieder in „Platz des himmlischen Käses“ zurückbenannt wurde, getraut. Hoch am Himmel sieht man Beef Jezos, der, auf der Rakete reitend wie Kapitän Ahab auf dem weißen Wal (mit Harpune), auf Nimmerwiedersehen in den Untiefen des Weltalls entschwindet. (Strunk 2023, 72)[36]

Wissen, das die historischen Kenntnisse kindlicher Rezipient*innen überschreitet, stellen die zahlreichen Bezüge zum Nationalsozialismus und zu dessen Ästhetik dar, die sich vor allem auf piktoraler Ebene zeigen, zum Beispiel in den Uniformen oder einer persiflierten Flagge; die Funktion der „geheimen Schimmelkäsecops (GESCHICOs)“ (Strunk 2023, 10) ist aber auch ohne Kenntnis der GESTAPO verständlich. Während die Komik in *Die Käsis* zu einem Gutteil aus der Tatsache resultiert, dass Käsesorten Figuren verkörpern, spielen im Unterschied zu den bisher

32 Die Eierscheese (vgl. zum Wort Strunk 2013, 177) etabliert die für Strunks Werk typischen intradiegetischen Erzählsituationen (vgl. Strunk 2023, 17, 25 u. 49).

33 „Ich trinke Jägermeister, weil ich endlich die Wüste Gabi hinter mich gebracht habe.“ (Strunk 2013, 227)

34 „Obwohl sie in der Regel nur wenig Appetit haben, weil sie ja selbst Essen sind, schlagen sie sich nach der langen Zeit on the road die Mägen voll.“ (Strunk 2023, 44)

35 Vgl. zu dem Verfahren zum Beispiel das Gedicht „Motorradgottesdienst“ in *Fleisch ist mein Gemüse* (213–214).

36 Das gilt nicht für sexualisierte Begriffe wie „Sugardaddy“ und „Flirty Dirty“ (Strunk 2023, 29).

analysierten Werken Bodyhorror und -shaming keine Rolle.[37] Zudem kulminiert der Text, dem Märchen-Arrangement entsprechend, in einem (freilich parodistischen) Happy End, was für Strunks Texte unüblich ist.

Das Kriterium der Ambivalenz zwischen Kinder- und Jugend- sowie Allgemeinliteratur trifft ebenfalls auf Heinz Strunks jüngste Veröffentlichung *Graf Fauchi und das verschwundene Gebiss* zu,[38] auch wenn das Bilderbuch auf den ersten Blick als genuin kinderliterarisch klassifizierbar scheint.[39] In dem Werk werden Topoi der Horrorliteratur und des -films adressatenorientiert transformiert, indem ein bunt gemischter Haufen (mehr oder weniger) berühmt-berüchtigter kanonischer Figuren (Frankenstein, Werwolf, Monsterkrake) diminuiert und in einer parodistischen Queste karikiert wird. *Graf Fauchi* reiht sich insofern in eine lange Reihe parodistischer, auch kinder- und jugendliterarischer Vampiradaptionen ein. Allerdings zeigen sich auf der sprachlichen Ebene deutlich adulte Einschreibungen, so dass auch *Graf Fauchi* als Allgemeinliteratur im kinderliterarischen Modus gelesen werden kann.

Die Handlung beginnt mit dem analeptischen Aufruf der ‚ruhmreichen' Vergangenheit der Titelfigur, die ihre Umwelt einst (allerdings nicht in kathartischer Absicht) in Furcht und Schrecken versetzte, nun aber, über tausendjährig, mit den Tücken des Alters und auch mit denen der Altersdiskriminierung zu kämpfen hat.[40] Die Figur des mächtigen, über die Natur gebietenden und große erotische Anziehungskraft ausübenden ‚Pestbringers' amalgamiert hier mit der Karikatur eines wiederauferstandenen Prothesengottes. Da dieser Niedergang auch vor dem Gebiss des Grafen nicht haltmacht, das er, während er in seinem Pappsarg schläft, in einem Spezialbad zu konservieren sucht, es aber dort eines „schönen Totensonntags Punkt Mitternacht" (Strunk 2025b, 18) nicht mehr auffindet,[41] macht er sich mit Hilfe der Werwölfin Ylva auf die Suche. Während der folgenden, restitutiven Reise begegnen ihm unterschiedliche Bewohner*innen Transsylvaniens, mit denen grotesk-komische Begebenheiten verknüpft sind und bei denen die ohnehin schwache Konstitution des Vampirs noch mehr in Mitleidenschaft gezogen wird. Das Gebiss finden sie allerdings erst zuhause wieder, wo sich der liebestolle Glöckner von

37 Sieht man einmal von punktuellen, wenig überzeugenden Einschreibungen wie „Appe Titti und Unappe Titti" ab (Strunk 2023, 44).

38 Der Titel auf dem Vorsatzblatt lautet *Graf Fauchi auf der Suche nach dem verschwundenen Gebiss*, bindet also die Queste ein.

39 Eine Ausnahme bildet die Bildfindung bei der Figur Elfe (vgl. z.B. Strunk 2025b, 43).

40 Vgl. zur Verbindung von Alter und Vampirismus die Ausführungen zu *Junge rettet Freund aus Teich*.

41 Die eigentlich konstitutive Tag-Nacht-Dichotomie wird auf piktoraler Ebene punktuell durchbrochen (vgl. Strunk 2025b, 9).

Transsilvanien als Dieb zu erkennen gibt und ihm das gestohlene Gut buchstäblich aus dem Mund gerissen wird. So entsteht auch in diesem Bilderbuch der Eindruck eines Happy Ends, obwohl die Situation eigentlich nur auf Anfang gestellt wird.

Die verbale und die narrative Dimension korrespondieren weitgehend mit *Die Käsis*, auch wenn bei *Graf Fauchi* keine oder kaum gesellschaftlich-politische Züge aufscheinen. Eine Besonderheit stellt jedoch der Wechsel vom narrativen zum dramatischen Modus dar (vgl. Strunk 2025b, 23–28, 36), der den Eindruck eines intradiegetischen Dramoletts erweckt (s.u.). Zudem findet sich wiederum ein (strophenweise) in den Text montiertes (verballhorntes Liebes-)Gedicht (vgl. Strunk 2025b, 41, 43, 44), außerdem fallen Erzählerkommentare in expliziter Form von Erikativen (vgl. Strunk 2025b, 10, 17) ins Auge. Die Erzähler- und Figurenrede sind dem typischen Strunk-Sound verpflichtet, der Text ist fabulierfreudig und assoziativ gestaltet, es finden sich wiederum regelrechte Kalauer- und Sprüche-Akkumulationen (vgl. Strunk 2025b, 25, 33), die zwar im Großen und Ganzen auch für Kinder verständlich sind, aber sich implizit an ein erwachsenes Publikum wenden: „Ihre erste Station ist Frankensteins Retail-Shop (Aushang am Shop: HEUTE KEINE BLUTERGÜSSE MEHR!!), der sich auf *live spare parts* aller Art (Knochen, Organe, Haut) spezialisiert hat und damit äußerst lukrative Geschäfte macht.“ (Strunk 2025b, 25) Bei einer Vampirgeschichte ist das für die Texte Strunks so typische Thema ‚Körper/Ekel‘ sozusagen naturgemäß Teil der Erzählung; diese Darstellungen sind zwar als genretypisch zu bezeichnen, werden allerdings wie oben angedeutet mit dem Topos Altersgebrechlichkeit kombiniert und zeitigen Effekte von mildem Bodyhorror (zum Beispiel in Bezug auf das sich zersetzende Gebiss). Darüber hinaus wird auch ‚echter‘, allerdings wiederum komisch gebrochener Körperekel evoziert: „Außerdem werden sie Zeugen, wie der schwarze Fakir *Nocturnus* vor der Liebesschlange *Bogumir* kniet und sich den halbverdauten chinesischen Glückskeks aus seinem Sackmagen herausschlecken lässt. Ordentlich was los in Transsylvanien!“ (Strunk 2025b, 33)

Wie fließend die Grenzen zwischen Kinder-, Jugend- und Allgemeinliteratur sind oder es sein können, zeigt ein intradiegetisches Zitat beziehungsweise eine Dramatisierung in Heinz Strunks jüngst veröffentlichtem Band mit Kurz- und Kürzestgeschichten *Kein Geld Kein Glück Kein Sprit*. Dort findet sich die Erzählung „Vorhang auf!“ (Strunk 2025a, 177–187), die von dem Privatier Kuno handelt, der aus Langeweile beginnt, sich dem Puppenspiel zu widmen und dabei zunächst auf Texte der kinderliterarischen Tradition zurückgreift: „Nachdem er sich ausgiebig am Repertoire (Tabaluga, Kleine Hexe, Jim Knopf, Urmel usw.) abgearbeitet hat, ist er dazu übergegangen, sich eigene Stücke auszudenken.“ (Strunk 2025a, 178) Das zweiaktige Stück, dass der leidenschaftliche Puppenspieler nun in einer Binnenhandlung vor unbelebtem Publikum (Haushaltsgeräten/-gegenständen) aufführt, trägt den Titel *„Graf Fauchi auf der Suche nach dem verschwundenen Gebiss“* (Strunk 2025a, 180). Bei dem Theatertext handelt es sich um eine Streichversion des Bilderbuchtextes, dessen Vorsatztitel gleichlautend mit dem Titel des intradiegetischen Puppenspiels ist.[42] Zum Zweck der Aufführung wird die Erzählerfigur Kasper eingeführt, hinzu kommt ein knapper Nebentext.[43] Das Dramolett wird nach dem ersten Akt durch eine Wiederaufnahme des Rahmens – Pause – unterbrochen und endet mit einem technisch generierten, fulminanten Szenenapplaus. Diese intratextuelle Bezugnahme erzeugt nicht nur eine Metalepse (Kuno/Heinz Strunk als Autor von *Graf Fauchi*), sondern durch die Streichung der visuellen Zeichenebene und durch das Hinzufügen einer Rahmenhandlung entsteht ein anders zu lesender, jetzt erwachsenenliterarischer Text: „[A]uf den Kontext kommt es an.“ (Strunk 2025a, 7)[44]

6 Schlussfolgerungen/Schwierigkeiten

Wie die Anmerkungen zur Kinder- und Jugendliteratur gezeigt haben, gibt es auf textueller Ebene keine trennscharfen, sondern nur graduelle Abgrenzungen zur Erwachsenen- beziehungsweise Allgemeinliteratur. Insofern ist der Befund, dass die hier in den Blick genommenen fünf Werke Heinz Strunks sich eindeutigen ‚Feld‘-Zuordnungen entziehen, wenig aussagekräftig; das gilt eo ipso für die Klassifikation als Cross-over-Literatur. Allerdings haben die Analysen der drei autofiktionalen Adoleszenzromane gezeigt, dass insbesondere die ‚zukunftsweisende Wachstumsgeschichte‘ *Fleckenteufel* dem Feld der Jugendliteratur zugeordnet werden kann, während *Junge rettet Freund aus Teich* primär allgemeinliterarische Züge in Form einer Kindheits- und Coming-of-Age-Geschichte trägt. Dieser rückwärtsgewandte Blick – bei einem anderen chronologischen Verfahren – ist auch der verspäteten Adoleszenz eigen, die *Fleisch ist mein Gemüse* erzählt. Für *Die Käsis* und *Graf Fauchi und das verschwundene Gebiss* kann festgehalten werden, dass es sich um Nonsensgeschichten- beziehungsweise Genreparodien in einem kinder- und jugendliterarischen ‚Als-ob-Modus‘ handelt; diese Anlage ist im oben skizzierten Sinn nicht an sich ‚einfach‘, obschon beide Werke auch rein aktional hinreichend verstehbar

---

42 Puppentheater und Rahmengeschichte lassen im kinder-und jugendliterarischen Kontext an James Krüss' *Timm Thaler*-Romane denken.

43 Vgl. zum Kasper(l) auch Strunk 2024, 215.

44 Die den Band *Kein Geld Kein Glück Kein Sprit* eröffnende Kurzgeschichte *Tölpel oder Maestro* trägt diesen Untertitel in Klammern gesetzt. Vgl. zu Metaisierungen den Beitrag von Andreas Seidler in diesem Band.

sind. Sie eröffnen zudem – sozusagen kindgemäß – ein insgesamt positiveres Vorstellungsfeld als alle anderen Werke Strunks.

Ein zentrales Kriterium für die Texte Heinz Strunks ist – im Gegensatz zum zwischen Autonomie und Heteronomie oszillierenden Charakter des kinder- und jugendliterarischen Feldes – die Autonomie; alle (hier analysierten) Werke nehmen, auch was die Inszenierung von Komik anbelangt, keinerlei (didaktische) Rücksichten. Deshalb verfehlen sie aus einer traditionellen bewahrpädagogischen oder aus einer konventionellen literarturdidaktischen Perspektive das Kriterium des kinder- beziehungsweise jugendliterarischen *aptums*; das gilt auch für eine sich modern gebende, oberflächlich-woke, handlungsorientierte Perspektive. Zudem liegt in dem Umstand, dass die Texte vom Motivkomplex des (in seiner Materialität) tragischen/absurden/peinlichen/komischen Körpers erzählen – in Verbindung mit der Außenseiterfigur des marginalisiert-männlichen Erzählers – Potenzial für schwache Fehllektüren, insbesondere dort, wo Frauenfiguren als Projektionsflächen depotenzierter Männerphantasien dienen und dies nicht explizit markiert wird. ‚Schwierig' sind die(se) Texte Heinz Strunks also auch, weil die erzählten Welten an eine extensiv (ab-)wertende Erzählerfigur gebunden werden, deren interne Fokalisierung in ihrer subjektiven Bedingtheit und Aufgeladenheit mit Ressentiments nur implizit kenntlich gemacht wird. Vielleicht kann man daher sagen, dass es sich bei den Texten Heinz Strunks um Literatur handelt, die von Menschen gelesen werden sollte, die (schon) etwas von Literatur verstehen – was nicht unbedingt eine Frage des Alters sein muss.

Primärliteratur

Bart the Mother. The Simpsons 3/10 (USA 1998, R.: Steven Dean Moore)

Fleisch ist mein Gemüse (D 2008, R.: Christian Görlitz)

Herrndorf, Wolfgang: Tschick. Roman. Reinbeck bei Hamburg: Rowohlt 2010.

Kästner, Erich: Emil und die Detektive. Ein Roman für Kinder. München/Wien: Hanser 1998 (1929).

Keller, Gottfried: Der grüne Heinrich. 1. u. 2. Bd. In: Ders. : Sämtliche Werke. Historisch-kritische Ausgabe. Hg. von Chrostoph Morgenthaler. Basel: Stroemfeld 2006 (1854-1855/1879-1889).

Keun, Irmgard: Kind aller Länder. Roman. Köln: KiWi 2016 (1938).

Krüss, James: Timm Thaler oder Das verkaufte Lachen. Roman, hauptsächlich für junge Leser. Mit Ill. von Jens Rassmus. Hamburg: Oetinger 1962.

Mann, Thomas: Tonio Kröger. In: Ders. : Große kommentierte Frankfurter Ausgabe. Werke – Briefe – Tagebücher. Bd. 2,1: Frühe Erzählungen 1893-1912. Frankfurt a.M.: Fischer 2004. Hg. von Terence J. Reed. S. 242–318.

Roche, Charlotte: Feuchtgebiete. Roman. Köln: DuMont 2008.

Strunk, Heinz: Fleisch ist mein Gemüse. Eine Landjugend mit Musik. Reinbek bei Hamburg: Rowohlt (2004) 2024.

Strunk, Heinz: Fleckenteufel. Reinbek bei Hamburg: Rowohlt 2009. (Überab. Neuausg. 2018)
Strunk, Heinz: Junge rettet Freund aus Teich. Reinbek bei Hamburg: Rowohlt 2013.
Strunk, Heinz: Das Strunk-Prinzip. Reinbek bei Hamburg: Rowohlt 2014.
Strunk, Heinz: Der goldene Handschuh. Reinbek bei Hamburg: Rowohlt 2016.
Strunk, Heinz: Es ist immer so schön mit dir. Reinbek bei Hamburg: Rowohlt 2021.
Strunk, Heinz: Ein Sommer in Niendorf. Reinbek bei Hamburg: Rowohlt 2022.
Strunk, Heinz: Die Käsis. Ill.: vents137 und Typeholics. Hamburg: Lappan 2023.
Strunk, Heinz: Kein Geld Kein Glück Kein Sprit. Reinbek bei Hamburg: Rowohlt 2025a.
Strunk, Heinz: Graf Fauchi und das verschwundene Gebiss. Ill.: André Breinbauer. Hamburg: Lappan 2025b.
Strunk, Heinz/Matern von Boeselager: „Die Tendenz scheint mir zu sein, dass man die Kinder unterfordert." Heinz Strunk über Literatur für Kinder. (Interview) In: Der Spiegel v. 21.10.2025.
Strunk, Heinz/Oskar Piegsa: „Pädagogischer Auftrag? – Null!" (Interview) In: Die Zeit v. 16.10.2025, S. 58.

Sekundärliteratur

Born, Stefan: Heinz Strunk. In: Ders.: Allgemeinliterarische Adoleszenzromane. Untersuchungen zu Herrndorf, Regener, Strunk, Kehlmann und anderen. Heidelberg: Winter 2015, S. 183–225.
Born, Stefan: Individualität und Gesellschaft in Heinz Strunks Roman *Fleckenteufel*. In: Dagmar von Hoff/Teresa Seruya (Hg.): Zwischen Medien/Zwischen Kulturen. Poetiken des Übergangs in philologischer, filmischer und kulturwissenschaftlicher Perspektive. München: Meidenbauer 2011, S. 61–72.
Boyken, Thomas: Handlungssystem und Symbolsystem: Überlegungen zum heuristischen Mehrwert innerhalb der Kinder- und Jugendliteraturforschung. In: Jahrbuch der Gesellschaft für Kinder- und Jugendliteraturforschung 2023, S. 118–129. [https://ojs.ub.uni-frankfurt.de/gkjf/index.php/jahrbuch/issue/view/8/8]
Connell, Raewyn: Beziehungen zwischen Männlichkeiten: Hegemonie, Unterordnung, Komplizenschaft, Marginalisierung. In: Dies.: Der gemachte Mann. Konstruktion und Krise von Männlichkeiten. 4. durchges. und erw. Aufl. Wiesbaden: Springer 2015, S. 129–135.
Ewers, Hans-Heino: Literatur für Kinder und Jugendliche. Eine Einführung in Grundbegriffe der Kinder- und Jugendliteraturforschung. 2. überarb. u. aktual. Aufl. Paderborn: Fink 2012.
Ewers, Hans-Heino: Themen-, Formen- und Funktionswandel der westdeutschen Kinderliteratur seit Ende der 1960er, Anfang der 1970er Jahre. In: Ders.: Literaturanspruch und Unterhaltungsabsicht. Studien zur Entwicklung der KJL im späten 20. und frühen 21. Jahrhundert. Frankfurt a.M.: Lang 2013, S. 15–43.
Gansel, Carsten: Aufstörung und Denormalisierung als Prinzip? Zu aktuellen Entwicklungen zwischen KJL und Allgemeinliteratur. In: Ders./Paweł Zimniak (Hg.): Zwischen didaktischem Auftrag und grenzüberschreitender Aufstörung. Zu aktuellen Entwicklungen der deutschsprachigen Kinder- und Jugendliteratur. Heidelberg 2011, S. 13–36.
Giuriato, Davide: Kindheit und Literatur. Zur Einleitung. In: Ders./Philipp Hubmann/Mareike Schildmann (Hg.): Kindheit und Literatur. Konzepte – Poetik – Wissen. Freiburg i. Br.: Rombach 2018, S. 7–21.

Hoppe, Felicitas: Oh, the places you'll go! Fieber 17. Eine Erzählung und ein Essay. Zürich: Dörlemann 2021.

Hurrelmann, Bettina: Was heißt hier klassisch? In: Dies. (Hg.): Klassiker der Kinder- und Jugendliteratur. Frankfurt a.M.: Fischer 1997, S. 9–20.

Kagelmann, Andre: Kinder- und Jugendliteratur im Wirtschaftswunderland. In: Nicole Mattern/Stefan Neuhaus (Hg.): Handbuch Kultur und Literatur der Wirtschaftswunderzeit. Berlin/Boston: De Gruyter 2024, S. 697–708.

Köppe, Tilmann/Simone Winko: Neuere Literaturtheorien. Eine Einführung. 2., aktualis. u. erw. Aufl. Stuttgart u. Weimar: Metzler 2013.

Martínez, Matías: Der trivialisierte Krieg. Die „Landser"-Hefte zwischen Erlebnisbericht und Schemaliteratur. In: Jens Westemeier (Hg.): „So war der deutsche Landser…". Das populäre Bild der Wehrmacht. Paderborn: Schöningh 2019, S. 101–122.

O'Sullivan, Emer: Einfachheit im (kinder)literaturtheoretischen Diskurs. In: Eva Burwitz-Melzer /Dies. (Hg.): Einfachheit in der KJL: Ein Gewinn für den Fremdsprachenunterricht. Wien: Praesens 2016, S. 17–32.

Staiger, Michael: Kategorien der Bilderbuchanalyse – ein sechsdimensionales Modell. In: Ben Dammers/Anne Krichel/Ders.: Das Bilderbuch. Theoretische Grundlagen und analytische Zugänge. Berlin: Springer 2022, S. 3–27.

Young, Iris Marion: Werfen wie ein Mädchen. Ein Essay über weibliches Körperbewusstsein. Übers. v. Barbara Reiter. Mit einem Essay v. Ina Kerner. Stuttgart: Reclam 1993 (1980).

Teil II: **Themen**

Iris Meinen

Ausdünstung, Einverleibung, Deformation: Körpergrenzdiskurse in Heinz Strunks Prosa

1 Zur Ausgangslage

Die Materialität des Subjekts ist zu einem der zentralen Austragungsorte kultureller Verhandlungen der Medien- und Konsumgesellschaft avanciert.[1] Mit wachsender Intensität wird der Körper, allen voran in den sozialen Medien, als Instrument zur Aneignung kulturellen Kapitals inszeniert (vgl. Gugutzer 2013). Eine dominierende Diskursfigur ist die Körpergrenze (vgl. Lehnert/Meinen 2021, 9–28), die zwischen einem (Körper-)Innen und (Körper-)Außen unterscheidet und sowohl die Köperoberfläche als auch die Körperöffnungen einem rigiden Regelwerk unterwirft, das Auskunft darüber gibt, wer, wann, wie und wo diese Grenze überschreiten kann und darf (vgl. Meinen 2018, 8). Parallel zu dieser Entwicklung erobern seit den 1990er Jahren vermehrt Texte die Bestsellerlisten, die die (Figuren-)Körper jenseits normierter Körperbilder höchst heterogen gestalten. Man denke nur an den sich ständig übergebenden namenlosen Protagonisten in Christian Krachts Debütroman *Faserland* (1995), der für eine ganze Autor*innengeneration Pate stehen sollte, an Karen Duves Anne Strelau in *Dies ist kein Liebeslied* (2004) oder an Charlotte Roches vielbesprochene und -gescholtene Erzählerin Helen Memel in *Feuchtgebiete* (2008). Diese unzweifelhafte Affinität der Autor*innen, den Körper und dessen Materialität zu verhandeln, wurde innerhalb der Forschung als ein „Begehren nach Authentizität und damit zugleich als das Resultat des Symbolverlustes der Postmoderne“ (Lehnert/Meinen 2021, 10) gewertet. Hierzu eigne sich der Körper in besonderer Weise, da dieser über die Fähigkeit verfüge, „als menschliche Realität an sich“ (Foucart 1997, 657) zu fungieren, als „authentischer Ort, an dem sich das (Erzähler)-Subjekt jenseits gesellschaftlicher Restriktionen und Diskurse mit seiner Wirklichkeit auseinandersetzt.“ (Rytz 2009, 26) Zugleich fragen diese Texte nach dem

1 Dies wurde in unterschiedlichen Forschungsdisziplinen benannt. Maren Lorenz ruft für die 1990er Jahre das „Körperjahrzehnt“ (2017, 9) in den Geschichtswissenschaften aus und Thomas Csordas attestiert dem Körper eine erstaunliche Karriere in der Anthropologie (vgl. Csordas 1999). Ebenso erlebt der Körper in den Sport- (vgl. Alkemeyer 2000; vgl. Klein 2004) und Theaterwissenschaften unter dem Stichwort ‚Performanz‘ (Fischer-Lichte 2004) und in der Soziologie Hochkonjunktur (vgl. Gugutzer 2006 und Schroer 2005). In der Soziologie wurde zudem der Begriff des *body turn* geprägt (Gugutzer 2006).

https://doi.org/10.1515/9783111408798-006

Stellenwert des Körpers in einer Zeit, in der im Zuge zunehmender Digitalisierung zugespitzt formuliert „keiner mehr Körper braucht" (Berg 2004, 22).

Bereits ein flüchtiger Blick in die Texte Heinz Strunks zeigt: sein erzählerisches Werk ist Körper-(Grenz)-Prosa *par excellence*: In *Fleckenteufel* (2009) werden die Darmbewegungen der Erzählfigur ebenso detail- wie facettenreich unter Einsatz onomatopoetischer Mittel inszeniert und der Titel seines Erzählbandes *Der gelbe Elefant* (2023) ist als fiktiver intertextueller Verweis eine Metapher für männliche Inkontinenz. Die Körper der Musiker rund um den Bandleader Gurki in *Fleisch ist mein Gemüse* (2004) werden allesamt als „deformiert[...]" (Strunk 2004, 27) beschrieben und in *Der goldene Handschuh* (2016) avancieren zerstörte und faulende Körper nicht nur zum *movens* der Handlung, sondern auch zur Kulisse.[2] Die Figurenkörper in Strunks Arbeiten werden wahlweise als „zu dick" (Strunk 2022, 73), „sehr dünn" (Strunk 2009, 105), winzig (vgl. Strunk 2017, 58), „eingefallen" oder „schwabbelig" (Strunk 2009, 28) beschrieben und sind zudem mit allerlei Auswüchsen gezeichnet. Darüber hinaus sind die Texte durchzogen von Szenen des Essens- und Trinkens – letzteres häufig in Form missbräuchlichen Alkoholkonsums – ebenso wie die entworfenen Szenarien schon fast obligatorisch nach Körpersekreten jedweder *couleur* stinken.

In diesen Darstellungen, deren impliziten Relationen sowie in der Fokussierung auf Körperöffnungen stellen die Texte Strunks eine materielle wie immaterielle Körpergrenze aus, die im Moment ihrer Über- und Unterschreitung konstruiert wird. Hierin wird die Frage nach Be- und Entgrenzung der Figurenkörper verhandelt, denn „Grenze und Übertretung verdanken einander die Dichte ihres Seins" (Foucault 2003, 73) ebenso wie in den vorgeführten Körper-Grenzdiskursen das Verhältnis der Figuren und damit die Figurenkonstellation beschrieben und ausgelotet wird; sie sind Orte, an denen die Figuren ihrer Umwelt begegnen – ebenso wie diese in sie hineingreift.

Strunks Darstellungen von Körpergrenzen thematisieren die komplexen Wechselwirkungen zwischen Individuum und Gesellschaft, worauf innerhalb der literaturwissenschaftlichen Forschung bereits partiell verwiesen wurde. Im Rahmen übergreifender Fragestellungen und unter Herausstellung einzelner Texte wurden Strunks Körperkonstruktionen als problematisch (vgl. Vollhardt 2017, 95–104), als Körper des Makels (vgl. Hansen 2017, 126–129) oder als Ausdruck des Grotesken (Born 2015, 197) gelesen und kontextualisiert. In diesen Zuschreibungen zeigt sich bereits die Dominanz und zentrale Position der Figurenkörper in den jewei-

2 Hubert Winkels urteilt: „Die Körper fangen an, sich nicht mehr von den Matratzen zu unterscheiden, und der Geruch geht über von Leichen in alte Teppiche, in Personengerüche" (2016, unpag.).

ligen Narrativen. Diesen Urteilen liegt ein Körperbild zu Grunde, das den makellosen geschlossenen ‚Behälterkörper' als Ideal setzt und ihn in ein kulturelles Wertesystem einbettet, das es ermöglicht, den menschlichen Körper als ein Phänomen heranzuziehen, das in der Lage ist, Gesellschaften zu hierarchisieren.

2 Voranahmen. Das Ideal des makellosen ‚Behälterkörpers' und die Etablierung einer rigiden Körpergrenze

Grenzen sind essenzielle menschliche Ordnungsmuster und ihre Überschreitung führt zur Bestätigung und/oder bewussten Durchbrechung herrschender Wissensordnungen. Das Gegensatzpaar Grenze-Unbegrenzt, das auf die Schule der Pythagoreer zurückgeht, wurde von den Vorsokratikern an das bipolare Wertungscluster von ‚positiv-negativ = begrenzt-unbegrenzt' gebunden (vgl. Lehnert/Meinen 2021, 19). Auf der Idee des ‚Behälter'- und/oder Gefäßkörpers aufbauend, haben sich unter der Perspektive dieser Differenzmarkierung zwei Körperbilder herausgebildet, die unsere Wahrnehmung und Bewertung von Körpern bis heute fundamental prägen. Unter dem Begriff des Grotesken und unter Fokussierung der Körpergrenze hat Michail Bachtin diese in seiner Studie *Rabelais und seine Welt* herausgearbeitet. Hierin führt er aus, dass die volkstümliche Kultur des Mittelalters und des Barocks einen Körper entworfen habe, der sich gegenüber der Welt und anderen Körpern als durchlässig und in einer stetigen Dynamik des Werdens und Vergehens präsentiere (vgl. Bachtin 1995, 83). Dies wird exemplarisch in der Szene eines Festmahls in der Figur der Schwangeren deutlich. Gargamella, die Gemahlin des Grandgousier, ist im elften Monat schwanger, als sie während eines Festschmauses Unmengen von Kutteln (Innereien der Mastochsen) verschlingt. In diesen befinden sich unweigerlich Reste des tierischen Kots, der im Körper der Schwangeren erneut in Kot umgewandelt wird. Zugleich hat die Nahrungsaufnahme unweigerlich Anteil an der Entwicklung des Ungeborenen. Hierin verschwimmen, so das Urteil Bachtins, die Grenzen zwischen essbaren und essenden Körper. Der Körper geht über seine Grenzen hinaus „er schluckt, verschlingt, zerteilt die Welt, nimmt sie in sich auf, bereichert sich und wächst auf ihre Kosten" (Bachtin 1995, 323).

Diese Darstellungen, so das übergreifende Urteil Bachtins, erzählen in ihrer Fokussierung auf körperliche Grenzüberschreitungen von einer unauflösbaren Verknüpfung von Leben, Tod, Geburt, Essen und Ausscheidung. Seit dem sechzehnten Jahrhundert habe sich, „vornehmlich in der Literatur und in den Normen der Rede", ein neuer Körperkanon durchgesetzt, „der fertige, streng begrenzte, nach außen verschlossene, von außen gezeigte, unvermischte[...] Körper“ (Bachtin 1990, 23) zum Ideal erhob. Für diesen galt, dass alles, „was herausragt und absteht, alle scharf ausgeprägten Extremitäten, Auswüchse und Knospungen, das heißt alles, was den Körper über seine Grenze hinaustreibt [...], entfernt, weggelassen, zugedeckt, abgeschwächt“ wurde und „alle Öffnungen [...], die in die Tiefe des Leibes hineinführen“, verdeckt wurden (Bachtin 1990, 20). Der dezidiert nicht-groteske Körper entspricht, so formuliert Irmela Marei Krüger-Fürhoff in Anschluss an Bachtin, „dem Idealbild abgeschlossener und unversehrter Körperlichkeit“, wie es „um 1800 besonders nachdrücklich in der Literatur, Ästhetik und Kunst des Klassizismus artikuliert wird.“ (2001, 9) Hierin wird die Haut, entgegen ihrer biologischen Funktion, zur Grenzmetapher erhoben, denn der „normative Entwurf des idealschönen Körpers fordert unter anderen jene makellose und geschlossene Körperkontur“, die „als Grenze der in sich geschlossenen, gegen andere Leiber und gegen die Welt abgeschirmten Individualität“ (Krüger-Fürhoff 2001, 9) fungieren konnte.[3] Nur an dieser Grenze, so Claudia Benthien „können sich Subjekte begegnen“ (1998, 7). Alle vom idealschönen, verschlossenen Körper abweichenden Körper wurden, neben dem von Bachtin entworfenen Bild des Grotesken, sukzessive in den unterschiedlichsten Diskursen abgewertet und/oder pathologisiert, wie beispielsweise im Rahmen des Ekels (Menninghaus 1999), des Hässlichen (Rosenkranz 1990; Eco 2010) oder des Versehrten (Krüger-Fürhoff 2001).

Im Zuge dieser Entwicklung entstanden eine Reihe von Ratgebern, die den Körper und seine Ausscheidungen einem festen Regelwerk unterwarfen, natürliche Körperausscheidungen als sozial inakzeptabel markierten und mit wenigen Ausnahmen aus der öffentlichen Sichtbarkeit und Wahrnehmung verbannten. Der Körper wird nun also als soziale Konstruktion gefasst, die es zu überwachen und kontrollieren gilt (vgl. z.B. Foucault 1976). Diese Zuschreibungen und die daraus abzuleitenden Handlungen sowie Bewertungskategorien haben über die Jahrhunderte hinweg eine große Stabilität erfahren, wie Menninghaus unter Perspektive des Körper-Ekels beschreibt:

> [D]ie klassische Grundlegung der Ästhetik in Ekel-Tabus und in der schönen Oberfläche eines ekellosen Idealkörpers lebt selbst noch in den drastischen Formen ihrer Transgression überraschend unverwüstlich weiter. Keineswegs ist sie nun mehr ein historisches Kapitel repressiver Ausgrenzungen und skurriler kosmetischer Retuschen. (Menninghaus 1999, 193)

Mit dem Verbürgerlichungsprozess des 19. Jahrhunderts und der Demokratisierung westlicher Kulturen hat zugleich die soziale Bedeutsamkeit von Körpern zugenom-

3 Claudia Benthien analysiert weit verbreitete „Vorstellungen der Haut als ‚Umhüllendem‘ oder als ‚Grenze‘, als ‚Schutz‘ oder ‚Gefängnis‘“ (1998, 19).

men. Der idealschöne und verschlossene Körper stellt zunehmend eine „Statuskategorie" (Degele 2004, 212) dar, die auf den symbolischen Wert des Körpers als Kapital im Sinne Bourdieus verweist. Zugleich fasst ein derartiges Verständnis den Körper als Material, den es mit bestimmten Praktiken wie beispielsweise einer gesunden und ausgewogenen Ernährung, mit körperformenden Fitnessprogrammen oder unter Zuhilfenahme entsprechender Pflegeprodukte etc. zu formen gilt. Diesen Körperpraktiken implizit ist, dass der „unbearbeitete Zustand nicht der gängigen Schönheitsnorm entspricht." (Goldmann und Herbst 2023, 940) In Anlehnung an Pierre Bourdieu formuliert Robert Gugutzer, dass körperliches Kapital „ein Instrumentarium [ist], das in gesellschaftlichen Handlungsbereichen eingesetzt werden kann, um soziale Gewinne wie beispielsweise Anerkennung, Ansehen, materiellen oder immateriellen Erfolg zu erzielen" (2004, 67–68). Vor diesem Hintergrund entwerfen die Texte Strunks Körper, die, wie die folgenden Ausführungen exemplarisch zeigen werden, in der Mehrheit nicht über jenes Körper-Kapital verfügen, das es ihnen ermöglicht, „Erfolge zu erzielen" (Gugutzer 2004, 67).

3 Deformationen

> Verstohlen musterten wir gegenseitig unsere deformierten Körper. Gurki, typischer Leptosom mit dünnen Ärmchen und Beinchen, sah aus wie ein zerrupfter Truthahn. Bleich, unzählige Leberflecke, trotz schmächtiger Erscheinung Schwimmring und Autofahrerbäuchlein. Norbert, jugendlich-straffe, leicht gebräunte Haut, jedoch als schweres Handikap ausladendes Becken; er war rhombenförmig. Jens, untersetzt, feist, vierschrötig, Typus Hummel. Torsten, Pykniker wie aus dem Lehrbuch, Rücken, Schultern und Brust stark verpickelt, Oberschenkel dick wie Fußgängerampeln, trotzdem fest, kompakter Gesamteindruck. Ich, weiß wie eine Wand, komplett zugepickelt, wenige unsymmetrische Haarinseln, Ansatz zur männlichen Fettbrust (Strunk 2009, 27–28).

Dieser Beschreibung aus Strunks Debütroman *Fleisch ist mein Gemüse* ist ein männliches Körperideal implizit, das sich durch eine undurchsichtige, glatte und straffe Oberfläche auszeichnet[4] ebenso wie durch ‚männliche' Körperproportionen (bzw. -formen). Als „deformiert" und damit nicht mit den im Text konstruierten impliziten Schönheitsidealen im Einklang stehen „dünne Ärmchen und Beinchen", „untersetzt[e]" oder „dick[e]" Körper(teile), der Ansatz einer „männlichen Fettbrust" oder

4 „Ich war dreiundzwanzig und litt seit nunmehr elf Jahren an Acne Conglobata, der schlimmsten Form dieser elenden Hauterkrankung, die unbehandelt auch NIEMALS [herv. im Org.] besser wird. Pusteln mit oder ohne Eiterhaube, Mitesser und tief in der Haut verankerte Flechten bedeckten Gesicht, Nacken, Rücken und Schulter." (Strunk 2004, 7)

„wenige unsymmetrisch Haarinseln". Diesen, aus einer negativen Körperfokussierung erwachsenden Werturteilen liegt in ihren Relationen das Ideal einer „muskulös-mesomorphen" (Benson 2013, 14) und damit genau ausformulierten Körpergrenze zu Grunde, an deren Oberfläche sich einzig Muskeln als Ausdruck und Symbol der Stärke abzeichnen dürfen:

> Der ideale männliche Körper soll[] nicht nur schlank sein, d.h. eine geringe Menge Körperfett aufweisen, sondern [...] auch muskulös: Breite Schultern, kräftige Brust-, Rücken-, Bein- und Armmuskeln, eine möglichst schmale Taille und der begehrte Waschbrettbauch (Beson 2013, 8).

Die in den Texten davon abweichenden ausgestellten Körpergrenzen und das damit einhergehende ästhetische Urteil werden als ursächlich für das Ausbleiben gesellschaftlicher Anerkennung benannt. Der als unästhetisch markierte Körper wird wahlweise als schicksalhaftes Verhängnis oder als Resultat mangelnder Disziplin beschrieben:

> Wie immer beäugten wir uns misstrauisch. Ob wohl wieder jemand dicker geworden war? Der körperliche Verfall schien unaufhaltsam. Gurki sah furchtbar aus mit seiner Fettplauze am ansonsten hageren Körper. [...] Warum trieb er eigentlich nicht mal Sport? So brauchte doch keiner auszusehen! (Strunk 2009, 63).

Die Musiker rund um „Gurki", dessen Spitzname, so das vernichtende Urteil des Erzählers, offenbar „mit seiner Körperform zu tun hat" (Strunk 2009, 63), sind „[v]on den Futtertrögen des Lebens unüberbrückbar weit entfernt" und hängen wie „Zecken [...] im Gebüsch" (Strunk 2009, 49).[5] Ihre Körper werden damit als ursächlich für ihre Außenseiterposition benannt. Weder gelingt es den Musikern über die Volksfeste und private Feiern hinaus Popularität zu erlangen noch ist ihnen ‚Erfolg' beim weiblichen Geschlecht beschieden: „Wenn die Weiber auf irgendwas nicht stehen, sind das dicke, breite Pos. Dicke Beine, na ja, dicker Bauch zur allergrößten Not vielleicht auch noch, aber ein hüftsteifer Brummkreiseltyp, unter keinen Umständen." (Strunk 2009, 63) In der gesamten Bandgeschichte kommt es ein

5 Die Abweichungen vom idealschönen Körper werden immer wieder in Form von Tier- und Nahrungsanalogien gezeichnet, die fast ausnahmslos negativ konnotiert sind. Hierbei lassen sich zwei Formen der Vergleiche unterscheiden: Jene, die der Körpervisualisierung im Kontext einer ästhetischen Markierung und damit im Rahmen einer Relation zu einer idealen immateriellen Körpergrenze dienen und jene, die sich im Kontext physiognomischer Charakterdeutungen finden lassen: In *Ein Sommer in Niendorf* heißt es: „Seine direkten Nachbarn, ein knödelrundes, ganz vom Fett umschlossenes Diamant-Hochzeits-Paar mit vergnügten Buttergesichtern, sitzen in ihrem Korb wie Mopswelpen." (Strunk 2022, 88) „Das Entlein hat ein gelbes, dummes Gesicht voller Aknespuren. In ihrem schlappen Badeanzug sieht sie aus wie eine zerquetschte Nektarine." (Strunk 2022, 90).

einziges Mal zu den erstrebten „sexuellen Handlungen zwischen Bandmitgliedern und weiblichen Gästen“ (Strunk 2009, 139) und der Erzähler selbst beschließt nach dem Scheitern eines Eroberungsversuches „das Thema Frauen für unbestimmte Zeit ruhen zu lassen“ (Strunk 2009, 129).[6] Mascha Vollrath urteilt unter Fokussierung der ausgestellten Körpergrenze und auf Basis eines normativen Geschlechterkörpers: „Heinz kann die männliche Norm eines harten und abgeschlossenen Körpers nicht erfüllen, stattdessen ist sein Körper weich, fett, feminisiert“ (2017, 98), während Stefan Born den Zusammenschluss von unerfüllter Sexualität und Körperformen als die Darstellung einer „Sexualgroteske“ (2015, 106) liest.

In diesem aus Figurenperspektive vorgeführten ‚Scheitern‘ reihen sich die männlichen Bandmitglieder in eine Reihe von Figuren ein, denen, vor allem auf Grund eines körperlichen Makels, eine (auch nur ansatzweise) erfüllte Sexualität versagt bleibt. Dem entspricht auch das Urteil Jürgens aus dem gleichnamigen Roman, wenn er beim Anblick seiner selbst und seiner Freunde resümiert: „Wir sind schon ein trauriger Verein, der haarige Wirt, Bernd im Stuhle, der ewig vor sich hin sprötzelnde Manfred und meine Winzigkeit. Echte Ladykiller würde ich sagen.“ (Strunk 2017, 56) Und auch Strunks jugendlicher und zu klein geratener Protagonist Thorsten Bruhn in *Fleckenteufel*, dessen Gedanken fast ausnahmslos zwischen Sex und Verdauung kreisen, geht beim Fummeln und Knutschen im Feriencamp leer aus. An der Korrespondenz von Körperformen, gesellschaftlicher Akzeptanz und sexueller Anerkennung arbeitet Strunk in größter Drastik in *Der goldene Handschuh*. Eingeführt wird die Hauptfigur Fritz Honka als „der kleine schiefe Mann mit dem eingedrückten Gesicht und riesigen Händen“ (Strunk 2016, 15), der bis zu seiner Vorstellung als „Fiete“ nur „der Schiefe“ (Strunk 2016, 18) genannt wird. Der Erzähler beschreibt aus der Außenperspektive: „Wählerisch darf Fiete nicht sein, zerprügelt, zerschunden und zermörsert wie er ist. Bei Frauen seines Alters ist er chancenlos“ (Strunk 2016, 25).[7] Anna, deren „Anblick […] kaum auszuhalten“ (Strunk 2016, 214) ist und die „nach Scheiße“ (Strunk 2016, 13) riecht, wird Honka später in einem Akt grenzenloser Grausamkeit töten. In einer Klimax aus Entgrenzungen wird die Figur zuvor bis zum Verlust jeder greifbaren Körperkontur gezeichnet: „Aus ihr scheint etwas hochzukriechen, etwas Widerwärtiges, nie Gesehenes, eine Art Schleim, der aus Augen, Ohren, Nase, Mund, jeder Pore entweicht, überall und nirgends.“ (Strunk 2016, 217)

---

6 Heinz’ ästhetisches Urteil ist vernichtend: „Sie stiefelte schwerfällig in ihre Wohnung. Dicke Waden hatte sie, das sah ich erst jetzt. Richtig dicke Haxen! Mit 24 schon so dicke Haxen. Wie das wohl in zehn Jahren aussehen würde. Das mochte ich mir gar nicht vorstellen.“ (Strunk 2009, 129)

7 In *Der goldene Handschuh* kommt es zur gewaltsamen Öffnung der ausgestellten Körpergrenzen, die in direktem Zusammenhang mit unerfüllter Sexualität stehen (vgl. Fuhrbach 2020).

4 Ausdünstungen

Das Austreten des Inneren in die Außenwelt wird zusätzlich über eine starke Konzentration auf die von den Körpern ausgehenden Gerüche gestaltet: Der Erzähler in *Ein Sommer in Niendorf* riecht nach dem „Aroma von Verfall, Fäulnis, Verhängnis, der Gestank nach altem Bock. Niendorf-Flavour" (Strunk 2022, 199), in *Fleisch ist mein Gemüse* riecht es ununterbrochen nach den Bewegungen des Darmtraktes und das Figurenpersonal und die Räume in *Der goldene Handschuh* riechen nach Urin, Erbrochenem und Verwesung. Die in den Texten beschriebenen Körpergerüche sind kulturhistorisch fast ausnahmslos als Gestank markiert und im Rahmen von Milieubeschreibungen eingebunden. Hierin knüpfen die Texte an ein Wahrnehmungsparadigma an, das Geruch und soziale Stellung eng führt. Dieses kulturellen Deutungsmuster haben ihren Ursprung im 18. Jahrhundert. In Folge der Urbanisierung wurden die vom Körper ausgehenden Gerüche zunehmend unter medizinischen und hygienischen Gesichtspunkten problematisiert. Ursache hierfür war vor allem die Auffassung, dass Krankheiten, allen voran die Pest, aus Übelriechendem hervorgingen (Corbin 1984, 81–83). Es entstand eine neue Geruchssensibilität, die sich zunächst in den oberen gesellschaftlichen Schichten herausbildete und dazu führte, jene Körpergerüche und damit auch Körper zu meiden, die als Ursache für die um sich greifenden Krankheiten wahrgenommen wurden. Diese Empfindungen gegenüber den Ausdünstungen der anderen führten zu einer erhöhten Sensibilität hinsichtlich eigener Körpergerüche und zu Fortschritten in der Körperhygiene, die zugleich ein Zurückdrängen der körpereigenen Gerüche zur Folge hatten (Stichwort Desodorierung; vgl. Corbin 1984). „Die negative olfaktorische Charakterisierung von Objekten, Individuen, ethnischen oder sozialen Gruppen etwa als stinkend bedeutet deshalb immer deren offene oder unmissverständliche Zurückweisung und Verachtung" (Raab 2001, 88). Mit diesen Deutungsmustern im Einklang steht, dass es u.a. die unkontrollierten Körperausdünstungen sind, die als Markierung des sozialen Abseits in Strunks Texten fungieren. Heinzers Karriereende bei der Band Tiffany wird durch eine „Pupsentgleisung" (Strunk 2009, 247) während eines Auftrittes eingeläutet und auch die jugendliche Erzählfigur in *Fleckenteufel* kämpft während des gesamten Romanverlaufs um die Aufrechterhaltung eines Körperideals, was allerdings bereits in der Eröffnungsszene zu scheitern droht. In der hyperstilisierten Konzentration auf die Ausscheidungen des Körpers und der engen Bindung des Olfaktorischen an den sozialen Status der Figuren schreiben die Texte an der Wirkmacht eines Körperdiskurses, der einzig die kontrollierte, durch gesellschaftliche Normen konventionalisierte Überschreitung der Körpergrenzen legitimiert.

5 Einverleibungen

Das Essen kennzeichnet ebenso wie das Trinken eine „zentrale Beziehung zur Welt" (Peters und Schwarzbauer 1987, 5) und der Mund ist eine Körpergrenze, die ohne gewaltsame Durchdringung Ex- und Inklusionen ermöglicht. Exemplarisch beschreiben dies Hartmut Böhme und Beate Slominski:

> Der Mundraum ist ein einzigartiges begabtes und polyfunktionales Organ-Ensemble des menschlichen Körpers. Seine Höhlung öffnet sich über Lippen und Mund in die Außenwelt und über den Schlund in die Innenwelt des Körpers. Diese passagere, bi-direktionale Ausrichtung sei für unser Weltverhältnis basal: Sowohl Prozesse der Einkörperung und Verinnerlichung wie die der Entäußerung [...] werden hier grundgelegt. Der Mundraum bildet mithin die Kontaktgrenze von Innenwelt und objekthafter Außenwelt. Der Mundraum bildet das erste Kapitel des Nutrition, die in der Ausscheidung endet [...]. Damit beginnt der auch gar nicht zu überschätzende Vorgang der Verinnerlichung, durch die das Fremde, sofern es mundet, in Eigenes verwandelt und, sofern es fremd bleibt, wieder ausgeschieden wird. Der Mundraum ist der Zensor, der das Urteil darüber fällt, was man bei sich behält oder ausstößt. (2013, 14 u. 16)

Der Mund stellt also jene Körperöffnung dar, durch die „die Politik der Assimilation und Dissimilation, der Inklusion und Exklusion" beginnt (Böhme/Slominski 2013, 16). Bereits der Titel von Heinz Strunks Debütroman verweist auf den Stellenwert der Nahrungsaufnahme innerhalb der Romanhandlung; dabei sind die Vorlieben der Bandmitglieder, allen voran des „patenten Jungbeamten" Jens, eindeutig:

> Der Mensch ist kein Beilagenesser. [...] Obst ist ein Nahrungsmittel für Bewohner subtropischer und tropischer Regionen; Gemüse dient in erster Linie der farbenfrohen Auflockerung des mit verschiedenen Fleischsorten bestückten Tellergerichts. Deshalb mit Obst und Gemüse sparsam umgehen, weil es sonst schnell zu einer unerwünschten Vorsättigung kommt! Eine schöne heiße Suppe mit Klößen ist allemal besser als fader Salat und weich gekochte Eier – auf jeden Fall schmackhafter als ein Müsli, an dem man ewig zu kauen hat. Nachdem sich Jens einmal bei einer Hochzeitsfeier seinen Teller so richtig mit Braten, Würstchen und Koteletts und den dazugehörigen Soßen voll geladen hatte, brach es plötzlich mit Macht aus ihm heraus: „Fleisch ist mein Gemüse!" (Strunk 2009, 50)

Vor den Auftritten gibt es im Gasthaus Peters regelmäßig dreifache Fleischmahlzeiten „Fleisch im Fleisch im Fleisch" (Strunk 2009, 63), bei dem Anblick einer bereit gestellten Zwischenmahlzeit, belegte Brote mit „Blut-, Mett-, Leber, Tee- und Grützewurst" (Strunk, 2009, 71), fühlen sich die Bandmitglieder wie im „Paradies", und im Anschluss an ihre Auftritte treffen sie sich regelmäßig zum gemeinsamen

Eieressen,[8] „das nach Fleisch wichtigste Nahrungsmittel“ (Strunk 2009, 37). Den gemeinsamen, ritualisierten Mahlzeiten ist das Moment der Selbstvergewisserung und der Herausbildung einer Gruppenidentität eingeschrieben, damit in Einklang steht, dass Heinzer nach seiner Entgleisung dem obligatorischen Eieressen fernbleibt. Bereits 1910 beschreibt Georg Simmel in der *Soziologie der Mahlzeiten* die gemeinschaftsstiftende Funktion von Mahlzeiten (Simmel 2001, 141–142). Durch gemeinsame Mahlzeiten werden die Essenden zu einem sozialen Körper vergemeinschaftet. Die präferierten Speisen sind zudem Ausdruck der vorgeführten Geschlechtsidentität (vgl. Hofmann 2022), insofern Fleisch als kulturgeschichtlich ‚männlich‘ markiertes Nahrungsmittel gilt und der Konsum vor dem Hintergrund sozial codierter Körperbilder „als eine aktive Form der Konstruktion geschlechtlicher Identität“ (Setzwein und Prahl 1999, 79) verstanden werden kann. Brinkmann liest die kulinarischen Präferenzen der Bandmitglieder als „widerwärtige[...] Essensrituale“ und „Form des Selbsthasses“ (2004, 261, 260). Diese Bewertung übersieht jedoch die integrative und kommunikative Funktion der gemeinsamen Mahlzeiten ebenso wie das für die Bandmitglieder zentrale Untermauern ihrer fragilen Geschlechtsidentität im Rahmen der Nahrungsaufnahme.

Übergreifend zeigt sich, dass die Nahrungsaufnahme in Strunks Texten fast ausschließlich außer Haus stattfindet. Der familiäre Esstisch hat in dessen Narrationen an Relevanz eingebüßt und ist nicht Teil eines erzählten Essens- und Trinkdiskurses, Essen und Trinken finden vornehmlich im öffentlichen Raum und in Form von Dienstleistungen statt. Damit in Einklang steht, dass die kleinbürgerliche Familie in Strunks Werken, wenn überhaupt, nur noch als Fragment präsentiert wird und das Häusliche sowie die rituelle Funktion des Essens und Trinkens innerhalb der Institution Familie als Bezugsgröße und Ort der Selbstvergewisserung keine zentralen Bezugsgrößen darstellen. Die Herausforderungen, mit denen sich die Figuren im öffentlichen Raum konfrontiert sehen, wird in der ausformulierten Kulinarik symbolisch ausgestaltet, die zugleich als eine Begegnung mit dem Anderen und/oder der Fremde imaginiert ist. Jürgen versichert im gleichnamigen Roman, dass man im Kamin 21 eine kulinarische Weltreise unternehmen kann, nichts ist dem aus Indien stammenden Koch zu exotisch und Roth erschließt sich das ihm unbekannte Niendorf in *Ein Sommer in Niendorf* fast ausschließlich über das Restaurantangebot und sinniert darüber, ob zum Abenteuer Niendorf auch das „Abenteuer Döner“ zählen sollte, denn noch „nie in seinem Leben hat Roth Döner gegessen“ (Strunk 2022, 14).

Von der Unmöglichkeit der Teilhabe und des Einschlusses erzählen jene Passagen, in denen den Figuren eben diese Aufnahme und damit die Erschließung

---

8 „Wir haben in den fünfzehn Jahren schätzungsweise 25 000 Eier verdrückt.“ (Strunk 2009, 254).

und/oder Begegnung mit der Fremde verwehrt bleibt oder diese unangenehme Folgen hat. So reisen Jürgen und Bernd in *Jürgen* beispielsweise extra ins 40 km entfernte Buchholz, um im dortigen Grillimbiss die „beste Krakauer in ganz Norddeutschland" (Strunk 2017, 105) zu essen. Bereits die Fahrt verzögert sich und vor Ort führt ein Zusammenstoß mit einem Stammgast dazu, dass ihnen das kulinarische Erlebnis verwehrt bleibt. Und auch die Verpflegung der Bandmitglieder in *Fleisch ist mein Gemüse* birgt Gefahren des Nicht-Dazugehörigen in sich. „Hinter dem Tresen stand unser Essen, Kartoffelsalat und Würstchen. Ein paar Meter weiter vertilgten ein paar Schützen appetitlich aussehende Lachsbrötchen. Eine kulinarische Zweiklassengesellschaft" (Strunk 2009, 27). In Form des verhinderten kulinarischen Einschlusses wird ihre Position als Nicht-Dazugehörige verhandelt, damit im Einklang steht, dass ihnen das zugeführte Essen nicht immer bekommt und in Formen eruptierender Körperlichkeit diesen wieder verlässt.

Übergreifend zeigt sich, dass die verschiedenen Essensdiskurse von gesellschaftlicher Anerkennung und Ausgrenzungen erzählen, die nicht selten in einer Pathologisierung münden. Zentral ist innerhalb des letzteren der missbräuchliche Alkoholkonsum. Die Allgegenwart des Alkohols wird dabei häufig als Flucht vor der Tristesse des Alltags und vor den persönlichen Unzulänglichkeiten dargestellt und zugleich mit einer körperlichen Unzulänglichkeit eng geführt. Der Alkoholiker Breder, der am Ende der Romanhandlung von *Ein Sommer in Niendorf* stirbt, betreibt ein Likördepot, dessen bester Kunde er selbst ist; Heinzer und seine Mitmusiker greifen immer wieder zur Flasche, um den Herausforderungen und Enttäuschungen ihres entsexualisierten ‚Tanzmuckerdaseins' zu entkommen und die titelgebende Kneipe ‚Zum Goldenen Handschuh' ist ein zentraler Handlungsort und Treffpunkt für eine Gruppe von sozial abgehängten und bis zur Selbstzerstörung hin alkoholabhängigen Menschen. Honkas exzessive Trinkgewohnheiten werden begleitet von einer Spirale aus Gewalt und sozialem Abstieg. Der Alkoholismus wird hier als einverleibte zerstörerische Kraft dargestellt, die letztlich die menschliche Vernunft und Moral untergräbt. Insofern spiegeln die körperliche und moralische Verkommenheit Fritz Honkas die Dysfunktionalität und das Zerbrechen sozialer Bindungen wider. Gewalt, Alkoholismus und sexuelle Devianz überschreiten die physischen und moralischen Grenzen, wodurch die fragilen sozialen Strukturen sichtbar gemacht werden.

6 Von fragilen Körpergrenzen

Köpergrenzverhandlungen sind das dominierende literarästhetische Programm der Strunk'schen Prosa. Die Körpergrenzen der Figuren sind vor der Folie eines idealschönen, verschlossenen und geruchlosen ‚Behälterkörpers' in ihren Über- oder Unterschreitungen als Abweichung markiert. Die vorgeführten Körperbilder spiegeln die inneren und äußeren Begrenzungen wider, mit denen die Figuren konfrontiert sind und verdeutlichen ihre ständige Bedrohung. Die Haut als Grenze wird in Strunks Konstruktionen als durchlässig präsentiert und kann „weder Schutz noch Identität garantieren" (Vollhardt 2017, 98). In einer „radikale[n] Durchkreuzung der Außen-Innen-Differenz des Körpers" (Menninghaus 1999, 410) lassen diese Öffnungen die äußere Welt ein und entäußern ihr das Eigene wieder. Die ausgestellten fragilen Körpergrenzen sind Schauplatz sozialer Konflikte, an denen sich die Auseinandersetzungen der Figuren mit sozialer Zugehörigkeit, Identität und Stigma ablesen lassen. Darin fungieren sie als Schnittstellen, an denen persönliche und kollektive Identitäten verhandelt werden; ihre Durchlässigkeit verweist auf die Instabilität der individuellen und sozialen Identität. Das in den Mittelpunkt der Handlungen gesetzte Figurenpersonal verfügt fast ausnahmslos nicht über das Körper-Kapital, das ihnen gesellschaftliche Zugehörigkeit über einen eng gesetzten Raum hinaus ermöglicht. Die Körper von Strunks Figuren sind dabei nicht nur Opfer äußerer Umstände, sondern auch aktive Schauplätze innerer und äußerer Konflikte, von Gewalt und (a-)sozialen Auseinandersetzungen. Körperliche und soziale Identität werden miteinander verwoben und an der Grenze des Körpers verhandelt.

Primärliteratur

Berg, Sibylle: Ende gut. Reinbek bei Hamburg: Rowohlt 2004.
Strunk, Heinz: Fleisch ist mein Gemüse. Eine Landjugend mit Musik. Reinbek bei Hamburg: Rowohlt 2009 (2004).
Strunk, Heinz: Fleckenteufel. Reinbek bei Hamburg: Rowohlt 2009.
Strunk, Heinz: Der goldene Handschuh. Reinbek bei Hamburg: Rowohlt 2016.
Strunk, Heinz: Jürgen. Reinbek bei Hamburg: Rowohlt 2017.
Strunk, Heinz: Es war immer so schön mit dir. Reinbek bei Hamburg: Rowohlt 2021.
Strunk, Heinz: Ein Sommer in Niendorf. Reinbek bei Hamburg: Rowohlt 2022.
Strunk, Heinz: Der gelbe Elefant. Reinbek bei Hamburg: Rowohlt 2023.

Sekundärliteratur

Bachtin, Michail M.: Literatur und Karneval. Zur Romantheorie und Lachkultur. Frankfurt a.M./Berlin/Wien: Ullstein 1990.

Bachtin, Michail: Rabelais und seine Welt. Volkskultur als Gegenkultur. Frankfurt a.M.: Suhrkamp 1995.

Benson, Jan: Männer und Muskeln. Über die soziale Konstruktion des männlichen Körperideals. Düsseldorf: Heinrich-Heine-Universität 2013.

Benthien, Claudia: Im Leibe wohnen. Literarische Imagologie und historische Anthropologie der Haut. Berlin: Berliner Wissenschaftsverlag 1998.

Böhme, Hartmut/Beate Slominski (Hg.): Das Orale. Die Mundhöhle in Kulturgeschichte und Zahnmedizin. Paderborn: Fink 2013.

Born, Stefan: Allgemeinliterarische Adoleszenzromane: Untersuchungen zu Herrndorf, Regener, Strunk, Kehlmann und anderen. Heidelberg: Winter 2015.

Bovenschen, Silvia: Schlimmer machen, schlimmer lachen. Aufsätze und Streitschriften. Hg. und eingeleitet von Alexander Garcia Düttmann. Frankfurt a.M.: Fischer 2009.

Brinkmann, Martin: Souvlaki und Spiegelei: Anti-Kulinarik in Heinz Strunks „Fleisch ist mein Gemüse" (2004) oder: Der Genuss des Selbsthasses. In: Hans Wolf Jäger/Holger Böning/Gert Sauermeister (Hg.): Genussmittel und Literatur. Bremen: edition lumière 2011, S. 259–263.

Corbin, Alain: Pesthauch und Blütenduft. Eine Geschichte des Geruchs. Berlin: Klaus Wagenbach 1984.

Degele, Nina: Sich schön machen. Zur Soziologie von Geschlecht und Schönheitshandeln. Wiesbaden: Springer 2004.

Eco, Umberto (Hg.): Die Geschichte der Hässlichkeit. München: dtv 2010.

Fischer-Lichte, Erika: Ästhetik des Performativen. Frankfurt a.M.: Suhrkamp 2004.

Foucart, Claude: Körper und Literatur. In: Horst Albert Glaser (Hg.): Deutsche Literatur zwischen 1945 und 1995. Eine Sozialgeschichte. Bern: Haupt 1997, S. 655–671.

Foucault, Michel: Schriften zur Literatur. Frankfurt a.M.: Suhrkamp 2003.

Fuhrbach, Clemens: Sprache und Gewalt in Heinz Strunks „Der goldene Handschuh". In: Wortfolge. – Szyk Słów. 2020/4. (https://doi.org/10.31261/WSS.2020.04.02) (30.10.2025)

Goldmann, Julia Elena/Herbst Liesa: Wer schön sein will... Körpernormen und Schönheitsdiskurse in den Medien. In: Johanna Dorer u.a. (Hg.): Handbuch Medien und Geschlecht. Wiesbaden: Springer Nature 2023, S. 937–950.

Gugutzer, Robert: Soziologie des Körpers. Soziologische Themen. Themen der Soziologie. Bielefeld: transcript 2004.

Gugutzer, Robert (Hg.): Body turn. Perspektiven der Soziologie des Körpers und des Sports. Bielefeld: transcript 2006.

Gugutzer, Robert: Der Kult um den Körper. Idealtypische Körperpraktiken der Selbstoptimierung in EB, Erwachsenenbildung 02/2013, Körperkultur/Ästhetik, S. 67–70.

Hansen, Simon: „Vom Komiker zum Schriftsteller: Heinz Strunks ‚Trilogie des Sexualtriebs' *Fleisch ist mein Gemüse* (2004), *Fleckenteufel* (2009) und *Der goldene Handschuh* (2016)". In: Ewa Żebrowska/Magdalena Olpińska-Szkiełko/Magdalena Latkowska (Hg.): Germanistische Forschung in Polen. Gegenstände und Methoden Formen und Wirkungen. (Beiträge zur Germanistik 2). Warschau 2017, S. 121–133.

Hofmann, Eva: Essen und Geschlecht – „Doing Gender" in der Essenspraxis. 2022. (https://kultursemiotik-potsdam.de/mediathek/beitrag/essay-essen-und-geschlecht.html) (30.10.2025).

Klein, Gabriele (Hg.): Bewegung. Sozial- und kulturwissenschaftliche Konzepte. Bielefeld: transcript 2004.

Krüger-Fürhoff, Irmela Marei: Der versehrte Körper. Revision des klassizistischen Schönheitsideals. Göttingen: Wallenstein 2001.

Lehnert, Nils/Iris Meinen: Einleitung: Vom „Genuß am Körper". In: Dies. (Hg.): Öffnung – Schließung – Übertritte. Bielefeld: transcript 2021, S. 9–28.

Lorenz, Maren: Leibhaftige Vergangenheit. Einführung in die Körpergeschichte. Tübingen: Ed. Diskord 2000.
Meinen, Iris: Entgrenzte Körper. Zur Darstellung von Körperausscheidungen in der Neuen Deutschen Popliteratur. In: Ingo Breuer/Svjetlan Lacko Vidulić (Hg.): Schöne Scheiße – Konfigurationen des Skatologischen in Sprache und Literatur. Zagreb: Dominović Verlag 2018, S. 187–203.
Meinen, Iris: Eine Ästhetik des Ekels. Körperflüssigkeiten und Popliteratur. In: Stefan Neuhaus/Uta Schaffers (Hg.): Was wir lesen sollen. Kanon und literarische Wertung am Beginn des 21. Jahrhunderts. Würzburg: Königshausen & Neumann 2016, S. 113–124.
Menninghaus, Winfried: Ekel. Theorie und Gesichte einer starken Empfindung. Frankfurt a.M.: Suhrkamp 1999.
Peters, Ursula/Georg F. Schwarzberger (Hg.): Vom Essen und Trinken. Darstellungen in der Kunst der Gegenwart. Wuppertal: Kunst- u. Museumsverein Wuppertal 1987.
Raab, Jürgen: Soziologie des Geruchs. Über die soziale Konstruktion olfaktorischer Wahrnehmung. Konstanz: UVK-Verlag 2001.
Rosenkranz, Karl: Ästhetik des Häßlichen. Stuttgart: Reclam1990.
Rytz, Juliane Rosemarie. „Die Sprache ist eine Haut". Subjektivierung entlang versehrter Körpergrenzen in der Gegenwartsliteratur. Bremen 2009.
Schroer, Markus: Soziologie des Körpers. Frankfurt a.M.: Suhrkamp 2005.
Setzwein, Monika/Hans Werner Prahl: Soziologie der Ernährung. Opladen: Leske + Budrich 1999.
Simmel, Georg: Soziologie der Mahlzeiten. In: Ders.: Gesamtausgabe. Aufsätze und Abhandlungen 1909–1918, Bd. 1. Hg. von Rüdiger Krammer/Angela Rammstedt. Frankfurt a.M.: Suhrkamp 2001 (1910), S. 140–148.
Vollhardt, Mascha: Groteske, Ekel, Unbehagen: zur Problematisierung männlicher Körpergrenzen in Texten von Heinz Strunk, Ingo Niermann und Alexander Wallasch. In: Ulrike Veder/Corina Caduff (Hg.): Gegenwart schreiben. Paderborn: Fink 2017, S. 95–104.
Winkels, Hubert/Maja Ellmenreich: „Ein Milieu, das man aus der Literatur nicht kennt." In: Deutschlandfunk v. 21.9.2016 (https://www.deutschlandfunk.de/raabe-preis-fuer-der-goldene-handschuh-ein-milieu-das-man-100.html) (30.10.2025).

Nils Rottschäfer

Sehnsüchte und Sehnsuchtsorte im Werk von Heinz Strunk

> 3.8.: Der dumme „Jahrhundertsommer“ und kein Ende in Sicht. [...] Verzweiflung wie in den Sonnenländern. Gedanke: Nur in den Ländern des hohen Nordens ist die Liebkosung des Lichts sanft und weckt Freude. Woanders zerfrisst es alles. So wie manche den beständigen Wunsch haben, nach Süden, in die Länder der Sonne zu reisen, höre ich ununterbrochen den Ruf des Nordens. Die deutsche Sehnsucht (englisch: longing), fortwährendes Schmachten in der Tiefe des Herzens. (Strunk 2018)

Wiederholt ist darauf hingewiesen worden, dass eine scheinbar ausweglose Tristesse den poetologischen Kern des Werks von Heinz Strunk ausmacht. Inmitten einer Welt aus Säufern, Verlorenen und Elenden erschaffen sich die Strunk'schen Figuren jedoch Refugien der Sinnerfüllung. Strunks Geschichten zeichnen in der Miniatur die Mühen und Konflikte der zeitgenössischen alltäglichen Existenz nach, durchaus mit dem Mut zur Tragik. Die Schauplätze und Handlungsorte der Erzählungen und Romane könnte man als ambivalente Sehnsuchtsorte bezeichnen, am signifikantesten ist sicherlich die seinem Roman aus dem Jahr 2016 den Titel gebende Absturzkneipe Der goldene Handschuh. Strunk ruft, so die leitende These der folgenden Überlegungen, Sehnsuchtsorte auf, die in der Literaturgeschichte als Zufluchtsstätten zu modernen Erfahrungen der Beschleunigung, Fragmentarisierung und Entfremdung bis heute inszeniert werden. Überhaupt sind die Sehnsuchtsorte der Kultur- und Literaturgeschichte im Werk Strunks unübersehbar. Die Sehnsucht nach Gewissheiten, nach neuen Optionen und nach Anerkennung, nach einem Leben fernab von den sozialen und kulturellen Zwängen der Gegenwart, treibt die literarischen Figuren in die poetische Produktivität. Für die (scheiternden) Protagonisten des Strunkschen Kosmos ist die Sehnsucht Bedingung für eine spezifische Wahrnehmungsweise der Welt. Strunks Sehnsuchtsorten ist eine *double-bind*-Struktur inhärent: Sie bedeuten sowohl Rückzug aus der Welt als auch den Wunsch nach einem Ankommen und Angenommen-Sein. Strunks Texte beschwören kurze, kontingente Glücksmomente und das nur momenthafte Gelingen, von dem die literarischen Figuren ein Leben lang zehren.

1 Deformierte Helden auf Glückssuche

Heinz Strunk gehört zu den renommiertesten deutschsprachigen Gegenwartsautoren. Das Ich in seinen Texten (vor allem in den jüngst erschienenen) kann sich im

https://doi.org/10.1515/9783111408798-007

scheinbar Vertraulichen und Konkreten nicht wirklich zurechtfinden. Doch auf was kann sich das Subjekt beziehen, wo erfährt es Zugehörigkeit? Strunks Poetik lässt sich – und zwar durch die Verwendung eines breiten poetischen Repertoires und auf allen ästhetisch-semantischen Niveaus – als eine Sehnsuchtspoetik beschreiben. Das gilt sowohl für die Figurenebene (die verzweifelt Suchenden, die sich danach sehnen, einmal wirklich anzukommen und angenommen zu werden) als auch für die narrative Struktur und poetisch-rhetorischen Verfahren der Texte selbst, die den Gestus der (unabschließbaren) Suche nach Sehnsuchtsorten performativ in den Erzählgestus überführen und die Spannung zwischen einem ‚Schon' und einem ‚Noch-Nicht' literarisch inszenieren.

Die Rede von Sehnsuchtsorten impliziert die Frage, *wie* literarische Texte einen ‚geographischen Erstraum' (Niendorf, St. Pauli, das Stettiner Haff usw.) in einen ‚fiktiven Zweitraum' von hoher symbolischer Bedeutsamkeit überführen und auf einer Karte auffindbare Orte imaginativ überschreiben. Was machen diese konkreten Orte mit den Menschen? Die Differenz zwischen dem Leben in der Welt und dem Nicht-ganz-Übereinstimmen mit der Welt ist Ausgangspunkt der Sehnsüchte der entwurzelten Figuren. Sie evoziert eine verzweifelte Suche nach Nähe, Befreiung und Zugehörigkeit auf der Ebene der erzählten Handlung, zugleich nach Schreibweisen und literarischen Verfahren einer von Brüchen und Ambivalenzen geprägten Sehnsuchtspoetik.

Strunk, im literarischen Betrieb einen Außenseiter-Habitus verkörpernd (vgl. Behrs 2020, 163–182), der durch seine Biografie und seinen künstlerischen Werdegang beträchtliche Authentizität beanspruchen kann, gilt als Fachmann für Säuferabstürze, für milieuspezifische Äußerungsformen und für genaue Sozialreportagen aus den unteren Schichten der Gesellschaft. Ein wesentlicher Grund für das Leiden und für den Schmerz der Protagonisten in seinem literarischen Werk, bevölkert von Lebensmüden, Außenseitern und unattraktiven Normalos, liegt in ihrem antiheldischen Habitus. Sie scheinen ihre Ziele nicht erreichen zu können, verlaufen sich auf ihrer Suche nach Glück, werden ständig gedemütigt und gekränkt. Surrogate für die fehlenden Glückserfüllungen und Sehnsuchtsziele bilden häufig die Welt der Absturzkneipen, der unterklassigen Restaurants und Grillstuben, wie etwa Willis-Schwenk-Grill (*Nach Notat zu Bett*), das Restaurant „Kamin 21" im Roman *Jürgen*, wo die Pommes frites „in einer ganz unvergleichlichen Art geriffelt sind" (Strunk 2017, 50); die „Stammkneipe Moraviastübchen" (Strunk 2023a, 57) der Stalkerin in der Erzählung *Nachrichten von Carola* (Strunk 2023a, 62) sowie die „Taverna Plaka" in *Es ist immer so schön mit dir* „mit ihren extragroßen Fleischplacken" (Strunk 2021, 87). Auch Roth im Roman *Ein Sommer in Niendorf* testet an den Abenden „immer je ein anderes Restaurant" (Strunk 2022, 31).

Die Figuren setzen sich im Verlauf der Lebensphasen in Beziehung zu der sie umgebenden Welt. Diese erzählten Räume haben eine symbolische Funktion. Tobias Rüther bemerkt in einer Rezension treffend, dass es bei Strunk „[i]mmer eigentlich […] um den Phänotyp eines Mannes" gehe,

> der in die Lücke abstürzt, die sich auftut zwischen Anspruch und Wirklichkeit. Immer leidet dieser Typ Mann, meist ist es auch der Erzähler, daran, dass er in der Welt nicht als das gilt, was er zu sein glaubt. Er leidet an sich selbst und an den anderen Menschen, daran, wie die aussehen, wie die riechen, wie die reden – Körper und Sprache sind Leitmotive im Werk Strunks. (Rüther 2023, 36)

Das scheint die grundlegende poetische Herausforderung bei Strunk zu sein, der ja auch für die ‚Welt des schwitzigen Männerwitzes' und der geschlechtlichen Peinlichkeit, für die Drastik der Sprache und seinen Fäkal- und Saufhumor bekannt ist: Wie kann man über Liebe und Sehnsüchte, über sexuelles Begehren denn eigentlich sprechen, ohne in Kommunikationsroutinen, in Sprachklischees und hinlänglich bekannte sprachliche Muster zu verfallen? Gibt es Momente und Orte des Einverstanden-Seins mit der Welt und einen Ausweg aus den bedrückenden Verhältnissen? Schon in *Fleisch ist mein Gemüse* ist „Heinzers Diskurs" der „einer prekären Männlichkeit" (Huber 2019, 579). Das schroffe sexualisierte Vokabular ist jedoch nicht als Provokation oder (nur) als poetisches Spiel mit gesellschaftlichen Tabus zu verstehen, sondern eher als Irritation auslösende sprachliche Mimikry: So wird Sehnsucht heutzutage eben auch artikuliert, eine Sehnsucht, die von den Strunkschen Erzählern zwar ironisch kommentiert, aber nicht delegitimiert wird. „Gerade, weil ihm nichts Menschliches fremd zu sein scheint, ist Strunk ein großer Humanist." (Reents 2018 unpag.)

Der menschliche Körper, zusätzlich zu natürlichen ‚Makeln' deformiert durch Suff und Völlerei, bildet tatsächlich eines der Leitmotive bei Strunk. All die armen Kreaturen, vom Geschlechtstrieb umhergehetzte Figuren auf der Suche nach ein bisschen Lust und Liebe, werden in einen darwinistischen Wettbewerb der Körper geschickt. Sie entsprechen nicht den Ansprüchen der modernen Leistungs- und Effizienzgesellschaft. Es sind sozial Entwurzelte, die Deklassierungs- und Demütigungserfahrungen erleben. Stets ist die Individualität durch die Negativität der Verhältnisse bedroht. Die Hinwendung Strunks zu den ewig Abgehängten und Zu-kurz-Gekommenen, zu *seinem* Thema, bedeutet auch ein Insistieren auf der Möglichkeit des – zumindest kurzfristigen – Ausbrechens aus dem Hamsterrad der Verzweiflung, wodurch der typische Strunk-Sound mit seiner Mischung aus Komik und Tristesse entsteht. Mögen die Wünsche der prekären Außenseiter nach Erfüllung der Sehnsucht und nach einem kleinbürgerlichen Leben auch trivial sein, der Humor der Erzähler denunziert diese nicht, und das ist kennzeichnend für die Humanität von Strunks Erzählen, das das Existentielle durch Komik auffängt.

Strunks Texte verdichten und inszenieren die Sehnsuchtsbewegungen der Figuren, die sich auf permanenter Glückssuche befinden, Identität aber letztendlich in der Dissonanz zwischen Ich und Welt finden. Es sind leidende Subjekte voller Scham und Peinlichkeit, wie der an sexuellen Nöten leidende Thorsten Bruns im Roman *Fleckenteufel* (Strunk 2009) während einer Familienfreizeit der evangelischen Gemeinde in Scharbeutz an der Ostsee (vgl. Meinen 2018). Strunk gibt seinen Helden jedoch zumindest momenthaft die Chance, das Prinzip Hoffnungslosigkeit zu durchbrechen. Sie können aber ihre Sehnsüchte und Hoffnungen nicht immer so einfach artikulieren. Das ist auch poetologisch zu verstehen, wird damit doch auf die auffallende Repetitions- und Echostruktur des eigenen Werks verwiesen. Strunks Poetik kann auch als eine der Fort- und Neuschreibung bezeichnet werden; der Autor scheint wirklich bei seinen Themen bleiben zu wollen. Dass die poetischen Eigenschaften der Texte und auch die Wahl der Themen und Motive über ein größeres Korpus hinweg stabil bleiben, ist wichtiger Teil von Strunks ästhetisch-lakonischem Kommunikationsspiel. Aus dieser Spannung zwischen existenziellen Fragen und dem Trivialen und Grotesken gewinnen die Texte ihre Komik – bis hin zu dem gesellschaftskritischen Kinderbuch *Die Käsis* (Strunk 2023b) über die Liebe zwischen einer ‚Parmesandame' und einem industriell gefertigten Scheibenkäse im Käsiland, wo ein Beef Jezos ein diktatorisches Regime führt. Die illustrierte Abenteuergeschichte endet mit einer klassenübergreifenden Versöhnung und der Erfüllung der Sehnsüchte der beiden Hauptfiguren:

> Endlich ist der Spuk vorbei, und Käs und Käselinchen feiern ihre Hochzeit bis in die frühen Morgenstunden mit einem tauschönen, romantischen Schnaps-Buffet. Fortan leben Käs und Käselinchen glücklich und zufrieden als freiwillig verbimselte Ehileute und schweben selig im siebten Käsihimmel. (Strunk 2023b, 73)

Auffällig in Strunks Werk ist die Wiederholung von Motiven und makrostrukturellen Modellen; man kann dieses Verfahren als poetische Strategie der Rekombination bezeichnen. Form und Inhalt konvergieren in dem Umstand, dass diese Such- und Sehnsuchtsbewegungen in den Texten performativ gestaltet werden: Die erzählten Geschichten mäandern, schweifen ab. Das Beharren auf Themen und Motiven und die Variation von Figurationen und Sätzen in mehreren Texten ist tatsächlich eines der auffälligsten Merkmale in Strunks ganz eigenwilliger Poetik mit ihrer ‚Echo'-Struktur. Es gibt mittlerweile ein ganzes ‚Set' an Strunk-Sätzen (die oftmals die Form von Sprichwörtern annehmen oder sich an Sprichwörtern und ‚geflügelten Worten' orientieren, also eine gewisse Nähe zur Gnome aufweisen), die in jedem seiner Romane begegnen, auch in Interviews. Sie sorgen für einen hohen Wiedererkennungseffekt.

Strunks Texte sind radikal auf den (männlichen) Protagonisten, auf das einzelne Subjekt bezogen: auf seine Ängste, Nöte, Sehnsüchte, sein Nicht-ganz-auf-der-Welt-Sein, sein mitunter komisches und verzweifeltes Hinterherhetzen hinter leeren Verheißungen. Mitunter sind die Figuren traumatisiert, wie der Protagonist Heinzer in Strunks Debut *Fleisch ist mein Gemüse* (Strunk 2017). Auch hier stehen Verzweiflung, Demütigung und Tristesse in einem engen Konnex mit der Lebenswelt und dem wohnlichen Umfeld – keinesfalls ein Sehnsuchtsort mit utopischen Zügen, sondern Ausgangspunkt der Verzweiflung und der Sinnsuche.[1] In Heinzers Sichtweise befindet sich das Reihenhaus, in dem er mit seiner Mutter am Rand von Hamburg-Harburg lebt, in einer unwirtlichen Gegend.[2] Sein Lebensumfeld, der Ort Harburg, liegt auf der ‚falschen' Elbseite: „Der Hamburger Stadtteil Harburg liegt am falschen, dem südlichen Ufer der Elbe. Das schöne, große, eigentliche Hamburg ist auf der anderen Seite. In jeder Stadt gibt es richtige, weniger richtige und falsche Bezirke, und wenn man im falschen wohnt, sollte man damit nicht hausieren gehen." (Strunk 2017, 12) Die unmittelbare Umgebung empfindet Heinzer als trostlos: „Unsere Siedlung war offenbar der Humus, in dem psychische Defekte aller Art hervorragend gediehen, denn der hoffnungslose Fall wohnte gleich nebenan." (Strunk 2017, 17) Nach dem Tod der Mutter verkauft Heinzer das Reihenhaus. Mit dem anschließenden Ausstieg bei *Tiffanys*, der Tanzkapelle, mit der er als Saxophonist über norddeutsche Dörfer tingelte, endet auch seine Zeit in Harburg. Er bricht endlich zu neuen Ufern, zu neuen Sehnsuchtsorten auf: „Das Zwergenhaus habe ich verkauft. Dann habe ich auf die andere Seite der Elbe *rübergemacht* und mir als

---

1 Auch die Schinkenstraße auf Mallorca ist eigentlich ein Ort der Tristesse. Die Fernsehserie *Last Exit Schinkenstraße*, für die Strunk das Drehbuch schrieb und eine der Hauptrollen spielt, sorgt jedoch für eine Art Versöhnung mit dem deutschen Sehnsuchtsort. Überhaupt scheint Strunk eine Affinität zu Zielen des Massentourismus zu besitzen. So heißt es in *Nach Notat zu Bett*: „Bereits zum vierten Mal ist das 4* *H10 Grand Palace Meloneras* im Süden Gran Canarias mein Ziel. Halbpension (recht ordentliches Buffet), drei Pools, abendliches Unterhaltungsprogramm, Zimmer mit phantastischem Blick auf den Atlantischen Ozean, deutsches TV (17 Programme). Meloneras ist ein aus dem Boden gestampfter Retortenort am südlichen Ausläufer von Maspalomas. Man weiß immer schon, wo was ist, und verschwendet keine Zeit mehr damit, rauszufinden, wo es den besten Kaffee, die schmackhaftesten Snacks, die sowieso sonst was gibt. Meloneras ist mein persönlicher Wolfgangsee." (Strunk 2019, 46–47).

2 Der, zumindest auf autobiografischer Ebene im Genre des Tagebuchs, jedoch auch einen elegischen Affekt auslösen kann: „Der jährliche Nostalgie-Ausflug in meine Heimatstadt Hamburg-Harburg am Nachmittag inspiriert mich zu einem Text auf der Melodie des bekannten Gassenhauers *Sweet Home Alabama*: ‚Sweet Home, Hamburg-Harburg, ich komm zu dir zurück, Sweet Home, Hamburg-Harburg, woanders hatte ich kein Glück.' So wahr und so bitter!" (Strunk 2019, 187)

Erstes eine neue Spielhalle gesucht" (Strunk 2017, 250) – womit sich die neuen Sehnsuchtsorte als die alten erweisen.

Aussteiger, Absteiger, Ausgeschlossene, häufig scheinbar ‚eigenschaftslose' Männer, träg-phlegmatisch, hadernd oder ausgesprochen selbstgewiss: Das ‚Nicht-mehr', das ‚Zu-wenig' und das ‚Noch-nicht' leiten die ästhetische Suche. Auch darin zeigt sich „Strunks Gespür für die malträtierte Seele" (Rüther 2023). Lässt sich für die ersten Romane (etwa *Heinz Strunk in Afrika*) konstatieren, dass Strunk „auch mit in die Gegenwart transferierten romantischen Topoi (taugenichtshafte Züge des Protagonisten, Kleinkünstlermilieu, Fortsetzung der Volksliedtradition in gegenwärtiger Unterhaltungsmusik, Schlager)" spiele, jedoch „seine Helden nicht von explizit formulierter Sehnsucht geprägt" seien, sondern, „von dezidiertem Musenverzicht" (Reents 2015, 465), so muss man für die Werkphase, die mit dem Roman *Der goldene Handschuh* beginnt, hinzufügen, dass sich zunehmend eine Sehnsuchtsartikulation und -suche der krisenhaften Strunkschen Figuren beobachten lässt. Prägnante Beispiele hierfür sind das „Autobahnpilgern" im Tagebuch *Nach Notat zu Bett* (Strunk 2019, 149) und im *Handschuh*-Roman der Wunsch, sowohl bei Tätern als auch bei Opfern, nach einem irgendwie besseren Leben (vgl. Behrs 2020, 174). Diese Akzentverschiebung in der poetischen Sehnsuchtskonzeption ruft auch den klassischen Topos des Meeres auf – als Ort, an dem man sich aufs Wesentliche konzentrieren kann, zur Ruhe kommt, Freiheit fühlt: „Die Sonne ist fast untergegangen, wo Himmel und Wasser zusammentreffen, leuchten ihre Strahlen in einem farbigen Band, das sich in einem Halbkreis auf dem Meer spiegelt." (Strunk 2022, 170) Das Meer taucht auch schon vor dieser Werkphase immer wieder als Sehnsuchtstopos auf, beispielsweise in dem Roman *Fleckenteufel* und in dem Film *Immer nie am Meer* (2007), wird jedoch in den jüngsten Texten Strunks anders funktionalisiert: Das Zusammenfallen von Himmel und Meer im Zitat deutet an, dass die Sehnsucht Erfüllung finden kann. Die Szene vereinigt zentrale Motive des Strunkschen Werks: das (zum Meer) Fließende, Transitorische, das Fernweh und das Hinausdrängende.

Diese Sehnsuchtsmomente figurieren die Romane Strunks literarisch in einer Doppelpoligkeit: Als Erinnertes, das schon hinter den Figuren liegt, oder als Antizipiertes. Evident ist eine ihnen gemeinsame Grundkonstellation. Im Ton zwar vor keiner sprachlichen Derbheit zurückscheuend und gekoppelt an Verfahren grotesker Komik, treibt die Sehnsucht nach Gewissheiten, nach festen Orten, nach Anerkennung und neuen Optionen in die Sinnsuche der Strunkschen Protagonisten – und in die poetische Produktivität, erweisen sich die Antihelden und Aussteiger häufig als Schreibende und als Sich-ihr-Leben-Erzählende. Das Sprechen über

Sehnsucht bleibt stets eine Gratwanderung.[3] Ein wichtiges Movens des Schreibens ist der Versuch sich in einem Akt der Selbstmitteilung das Leben zu erzählen. So verwundert es nicht, dass sich Strunk in seinem Tagebuch unter anderem auf die großen ‚Ich-Erkunder' Franz Kafka und Julien Green beruft.[4] Selbstbeobachtung und Schreiben bedingen sich gegenseitig. Die Sehnsuchtsmomente und -orte im Werk Strunks sollen nun mit Hilfe eines Streifzugs durch das bisher erschienene Œuvre gezeigt werden.

2 Sehnsuchtsmomente und -orte: Ein Streifzug durch das Werk

Der Roman *Der goldene Handschuh* (Strunk 2016), von der Literaturkritik hochgelobt, bildet einen Wendepunkt im Werk Strunks. Seither erprobt der Autor neue poetische Artikulationsformen. Der Text kreist um die Geschichte des Serienmörders Fritz Honka, genannt „Fiete". Die titelgebende Kneipe, 365 Tage im Jahr und 24 Stunden am Tag geöffnet, ist eine Antiidylle, eine Art Vorhölle. Die Stammkundschaft trifft sich hier mit dem Ziel, durch billigen Alkohol für einige Stunden der Wirklichkeit zu entfliehen und die Nähe der anderen depravierten Kneipengäste zu spüren. „Drei Uhr morgens an einem eisigen Tag im Februar 1974, der kleine, schiefe Mann mit dem eingedrückten Gesicht und den riesigen Händen sitzt seit zwölf Stunden auf seinem Stammplatz an der kurzen Seite des L-förmigen Tresens und redet auf seinen Nebenmann ein" (Strunk 2016, 15): Damit setzt die erzählte Handlung ein. Die vertraute Struktur des Kneipenbinnenraums bildet für die Besucher eine Art Sehnsuchtsort, an dem sie sich – bei aller Gewalt und Brutalität – angenommen und in ihrem Elend und ihrer Trostlosigkeit verstanden fühlen: „Manche sitzen zwanzig, dreißig Stunden hier. Einmal hing einer zwei Tage und Nächte bewegungslos auf seinem Hocker, der war schon tot, wegen des Schichtwechsels hat aber keiner was gemerkt." (Strunk 2016, 17)

---

3 Spuren davon finden sich auch in Strunks Tagebuch *Nach Notat zu Bett*: „Gibt es ein Leben, das gut zu Ende gegangen ist? Wirklich gut? Nein, eben nicht, nie. Am Ende doch immer ein grauenhaftes Drama, dieses ganz und gar sinnlose Festhalten, selbst bei denen, die ihr ganzes Leben lang an nichts als an Selbstmord gedacht haben." (Strunk 2019, 99) „Was muss eigentlich passieren, damit ich mich mal wohl fühle? Ein richtiges Scheißleben ist das." (128); „Nachtgedanke: Ein unermesslicher Bedarf an Trost herrscht in der Welt." (129)

4 „Warum liest man in den Tagebüchern anderer? Weil man wissen will, wie die das Leben gemeistert haben. Woran sie gescheitert sind. Und man selbst? Macht man es besser, hat man mehr Glück?" (Strunk 2019, 44–45)

Strunks Roman „siedelt dort im Grunde von Beginn an, im Abjekten, im Schmiersuff, bei den Schimmligen, im Verwesungsgestank unbedingter Verzweiflung“ (Baßler 2017, 114). Die Stimmen in der Kneipe überlagern sich; eigentlich lebt, trinkt und redet hier jeder für sich allein. Erzählt wird der Roman aus „kunstvolle[r] Halbdistanz“ (Baßler 2017, 116). Zu den Besuchern des „Handschuhs“ gehören unter anderem „Leiche“, „Soldaten-Norbert“, „Fanta-Rolf“ und „Anus“. Der Wirt und Inhaber Herbert Nürnberg hilft „bei der Steuererklärung, Arztbesuchen oder bei Scherereien mit Ämtern und Behörden“. Herbert helfe „gerne, und das ist einer der Gründe, weshalb die Menschen ihn in ihr Herz geschlossen haben. In welcher Kneipe gibt’s sonst noch Chefarztbehandlung?“ (Strunk 2016, 145). Die „vollen Lohntüten zum Monatsbeginn und die damit verbundene Druckbetankung“ lösen im „Handschuh“ ein „Sturmtief“ aus: „In Rekordgeschwindigkeit wurden aus Fremden Freunde, die sich verbrüderten und ewige Treue schworen.“ (Strunk 2016, 88)

Die Sitzordnung in der Kneipe muss konsequent eingehalten werden: Strikt getrennt von den Stammgästen an der Theke sind die „Schimmligen“, die im hinteren Teil der Kneipe an den Tischen trinken – auch das gehört zu diesem ambivalenten Sehnsuchtsort konstitutiv dazu. Hier, im untersten Segment der Hamburger Kiezgesellschaft, wo Nähe und Ferne, Realität und Sehnsucht konvergieren, findet Honka seine Opfer. Der Roman beurteilt nicht das Handeln des Frauenmörders. Er ist viel stärker – in seiner Verschränkung von Milieu, Lokalität der Kneipe und Täter – an der Entwicklung Fietes zum Mörder interessiert als an den Taten selbst. Die Geschichte des Frauenmörders wird ergänzt durch zwei weitere Handlungsstränge aus der oberen Gesellschaftsschicht: Eine erzählt von der Reeder-Familie von Dohren; Gegenstand des zweiten Handlungsstrangs bildet der Rechtsanwalt Karl von Lützow. Von seinem Beruf gelangweilt, imaginiert er gewaltvolle Sexualpraktiken. Der Roman entwirft eine Welt, in der männliche Sexualität als prinzipiell deviant gezeichnet wird, weil sie nahezu ausschließlich mit Gewalt gekoppelt ist. Durch die Parallelhandlungen entsteht im Roman eine „poetische[] Verteilungsgerechtigkeit“, die deutlich mache, „dass nicht das Milieu alleine ‚schuld‘ an der Entwicklung zum Mörder ist“ (Mattern/Neuhaus 2021, 120) – womit Strunk „der hanseatischen Palette-Tradition damit gleich noch die der Buddenbrooks an die Seite“ setze (Baßler 2017, 115).

Alle Figuren des Romans sind Sehnsuchtsmenschen, so auch der Rechtsanawalt Karl von Lützow:

> Nach dem Essen geht’s nach Laboe, zu einem ausgiebigen Spaziergang an der Ostsee. Es beruhigt ihn ungemein, wenn sie im Rhythmus der Wellen einfach nur wortlos nebeneinander laufen, dieses wunderbare Nebeneinander, das warme Gefühl der Verbundenheit. Die schlimmen Gedanken, die am Morgen aus dem Nichts in ihm aufgestiegen waren wie giftige Nebel, verflüchtigen sich endgültig. (Strunk 2016, 140)

Während die Figur Heinzer aus *Fleisch ist mein Gemüse* in Harburg auf der ‚falschen' Elbseite wohnt, liegt das „Anwesen der von Dohrens [...] auf der richtigen Seite der Elbchaussee, der mit den ungeraden Hausnummern" (Strunk 2016, 33). Moralisch verwahrlost sind sie alle, ob arm oder reich: „Es gibt im *Goldenen Handschuh* keine gefährdete Unschuld, keine moralische Korruption der Mittel- durch die Unterschicht, sondern lediglich unterschiedliche Ausprägungen sittlicher Verwahrlosung, die nur für die Privilegierten ohne Konsequenzen bleibt." (Behrs 2020, 174) Auch Fiete ist durch und durch ein Sehnsuchtsmensch:

> Er stellt sich eine andere Welt vor, in der er selbst jung und gesund und sein Atem angenehm ist und er einer nach Rosen duftenden Frau mit reiner Haut, schönem Gebiss, einem makellosen Körper den Himmel auf Erden bereitet. Ein katastrophales Glücksverlangen überfüllt ihn. Er hofft auf ein Wunder, aber das tut er ja die ganze Zeit schon. (Strunk 2016, 39)

Erwähnt werden kurze Glücksmomente in der Kindheit,

> das zweite Wunder, nach Brockhöfe, 1952, kurz nachdem er aus der DDR geflohen war und Bauer Geerdes ihn an Sohnes statt angenommen hatte. Zwei Jahre war es, inmitten der Lüneburger Heide, das reine Glück gewesen, mehr Glück, als er es sich jemals hätte träumen lassen, mehr, als ein einziger Mensch es überhaupt verdient hat. [...] Zum ersten Mal hatte sich ein menschliches Wesen wirklich für ihn interessiert, sich in ihn hineinversetzt, war ihm mit Verständnis, sogar Liebe begegnet. Er stellt sich oft eine Zeitmaschine vor, dann würde er sie auf Brockhöfe einstellen, würde sie so einstellen, dass das Schöne, wenn es zu Ende ist, immer gleich wieder von vorne beginnt. (Strunk 2016, 39–40)

Fiete „ist gut darin, sich was Schönes vorzustellen" (Strunk 2016, 41); mit Beginn der Maurerlehre im Alter von 14 Jahren „hat er seinen Zerreißpunkt" erreicht (Strunk 2016, 75), später gedemütigt und geschlagen durch den Bauern Frerk mit anschließendem (gescheiterten) Suizidversuch. „Keine von Fietes Hoffnungen hat sich erfüllt. Es ist alles nur noch schlimmer geworden und schlimmer und schlimmer." (Strunk 2016, 189)

Mit dem Roman zeigt sich eine fortdauernde Faszination für das vermeintlich Unverstellte, Unmittelbare: des Verbrechens, der Gewalt. Er schließt damit an eine große literaturgeschichtliche Tradition an; schon der Expressionismus inszenierte förmlich das Rohe, Elementare, Vorzivilisierte ästhetisch.[5] „Das Milieu [...] ist bei Strunk nicht die Ursache von Bosheit und Verzweiflung, sondern allein das Sammelbecken der von ihnen Gezeichneten." (Baßler 2017, 116) Honka ist also auch ein Produkt der Gesellschaft – jemand, dessen Sehnsüchte nie erfüllt werden konnten. Aus dem Opfer wird ein Täter – damit schließt Strunks Roman an Schillers spät-

5 Auf die Bezüge zu Gottfried Benn hat Moritz Baßler hingewiesen (vgl. 2017, 124).

aufklärerisches Programm im *Verbrecher aus verlorener Ehre* an (vgl. Wortmann 2022, 175). Neben einer amourösen Sehnsucht betrifft das „katastrophale[] Glücksverlangen" (Strunk 2016, 39) der „Handschuh"-Besucher auch den Bereich des Sozialen und Materiellen. Als Honka kurzzeitig Arbeit als Wachmann findet, verbindet sich dieser Erfolg sofort mit großen Hoffnungen:

> Er gehört jetzt nicht mehr zum Abschaum, dem Bodensatz, zu den Aussätzigen und Verlorenen, Elenden, Alkoholikern, Tagedieben, Verbrechern, er geht vielmehr einer sinnvollen Tätigkeit, von der Gesellschaft hochangesehenen Arbeit nach, mehr noch, einer *Aufgabe*, die seine Hingabe, Disziplin und Fleiß erfordern wird. Nie wieder Schmutz, Lärm, Kälte, Erniedrigungen, Schläge, Schikane, den Körper ruinierende Arbeit unter widrigsten Umständen. Weg aus St. Pauli! (Strunk 2016, 108)

Fiete unternimmt den Versuch, sich (zumindest teilweise) vom Milieu des „Goldenen Handschuhs" zu distanzieren, indem er Arbeit sucht und sich selbst eine Erziehung zur Normalität auferlegt, inklusive Wochenendprogramm mit Hafenrundfahrt und Zoobesuch. Fietes Projekt der ‚Verbürgerlichung' scheitert jedoch. „Führerschein, das wäre was. Auto, feste Anstellung, eigene Wohnung. Und eine Frau." (Strunk 2016, 147) Es ist eine Kleinbürgerlichkeit auf Probe. Zurückweisungen, Demütigungen und sein Alkoholismus lassen ihn schnell wieder zurück ins „Handschuh"-Milieu rutschen. Die Wünsche und Sehnsüchte der Kneipenbesucher kommen nicht nur in Dialogen oder durch interne Fokalisierung zum Ausdruck, sondern vor allem in Schlagertexten, die inner- und außerhalb des „Handschuhs" permanent gespielt werden (*Du fängst den Wind niemals ein, Ich hab die Liebe verspielt in Monte Carlo, Schwarze Madonna, Auf der Straße der Sehnsucht, Schuhe, so schwer wie Stein, Ja, am Zucker-Zuckerhut, Bleib nicht einsam heut Nacht, Wunder gibt es immer wieder*, Heintjes *Du sollst nicht weinen*). Den Figuren ist der Hiatus zwischen ‚Schlagersehnsucht' und erbärmlicher Realität zwar bewusst, aber die Kitschtexte lösen dennoch ein Begehren aus, bis der Alkohol der Sentimentalität ein jähes Ende setzt: „Siebenmal legt Fiete die Träne auf, beim achten Mal stolpert er und kracht auf die Schrankkante." (Strunk 2016, 33) Die Schlager bilden ein Substitut für die schwer artikulierbaren Sehnsuchtswünsche der Figuren. Fiete ist ein sentimentaler Mörder, der von Schlagertexten und darin entworfenen Idyllen und Sehnsüchten zu Tränen gerührt ist. Salvatore Adamos *Es geht eine Träne auf Reisen* (neben *Es hängt ein Pferdehalfter an der Wand* „Fietes Lieblingslied", Strunk 2016, 25), wird im Roman von Honka bis zum Ende immer wieder aufgelegt und durch die Erzählinstanz strophenweise zitiert.

Die vermeintlich ‚Unterprivilegierten' müssen sich „mit für sie angefertigten Produkten der Kulturindustrie zufriedengeben, weil sie ihre Sehnsüchte nicht selbst zum Ausdruck bringen" können. „Aus dem Kontrast zwischen Schlager und Realität entsteht die Sehnsucht der Kneipengäste, und aus dem Kontrast zwischen der Trivialität der ‚traumlose[n] Kunst fürs Volk' (Horkheimer/Adorno) und den komplexeren Ausdrucksmöglichkeiten der bürgerlichen Kunst entstehen die Kritik und die Form des Romans" (Behrs 2020, 176) Die Idylle ist vollständig aus dem beschädigten Leben verbannt und tritt nur noch als Widergänger in der trivialisierten Form des Schlagers auf.[6]

Strunk erweist sich als scharf beobachtender Chroniker der Tristesse. Aber: Die Armen, Kranken, Niedergeschlagenen, die Seelenkranken, die hoffnungslos Verschuldeten hoffen immer noch, wie Soldaten-Norbert dem jungen Wilhelm Heinrich von Dohren (genannt ‚WH 3') erläutert:

> Trotzdem geben sie die Hoffnung nicht auf, ganz bis zum Schluss, bis zum letzten Augenblick. Aber Hoffnung ist ein Seil, auf dem die Narren tanzen. Das wissen die auch, aber es interessiert sie nicht. Sie denken, eines Tages kommen das Glück und die Liebe Hand in Hand hier reinspaziert, um sie rauszuholen. (Strunk 2016, 172–173).

Damit erweist sich Soldaten-Norbert als jemand, der den Gemütszustand von WH 3 erstaunlich hellsichtig artikulieren kann: „WH 3 ahnt, was gemeint ist. So ungefähr fühlt er sich durchgehend, er würde es nur etwas anders ausdrücken. Und jetzt muss er erst einen wie Soldaten-Norbert kennenlernen, damit das mal in Worte gefasst wird." (Strunk 2016, 174) Und auch WH 2 „ist gerne bei den Fertigen, Verrückten, Pennern, Behinderten und Besoffenen. Vielleicht gehört er schon bald dazu." (Strunk 2016, 182)

Die Sehnsucht als poetischer Antrieb drängt immer weiter, weil sie nie genug hat. Strunks Roman *Jürgen* (Strunk 2017) handelt von einem verlorenen Glückssucher, der sich mehr schlecht als recht durchs Leben schlägt, dessen Sehnsuchtsbewegung und quälende Suche nach amourösem Glück und nach Erfüllung permanent anhält. Durch den exzessiven Konsum von Erfolgs- und Datingratgebern wird er dazu verleitet, den Erfolgsmenschen und ‚Macher' zu imitieren. Der zwischen Narzissmus, Sendungsbewusstsein, Selbstzweifeln und tieftrauriger Melancholie schwankende Tontechniker in Strunks *Es ist immer so schön mit dir* (Strunk 2021) gehört einer anderen Sphäre an: Er ist nicht entscheidungsfreudig, zuweilen lethargisch-phlegmatisch, „seine sozialen Kontakte haben sich mit den Jahren ziemlich ausgedünnt" (Strunk 2021, 145). Wie so viele Protagonisten Strunks, ist der verhinderte Künstler eine zweifelnde, selbstquälerische und melancholische Figur, die sich auf der falschen Seite des Lebens zu befinden scheint. Das Reflexivwerden der Moderne kann sowohl einen Zugewinn an Freiheit bedeuten als auch eine Überforderung. Die Rede von der ‚erschöpften Gesellschaft' ist mittlerweile zu einem Gemeinplatz der gesellschaftlichen Selbstbeschreibung geworden. Strunks Protago-

6 „Die meisten Schlagertexte stimmen, ob man's wahrhaben will oder nicht." (Strunk 2021, 91)

nist „vertritt keine Weltanschauung, hängt keiner Religion an, glaubt Psychologen ebenso wenig wie Gurus, Wahrsagern oder den Sternen. Seine diesbezüglichen Erfahrungen liegen lange zurück“ (Strunk 2021, 131). Sein Lebensplan wird folgendermaßen beschrieben: „Ohne Ehrgeiz die Tage verdämmern, durch Zufälle dahin geraten, wo man ist. Sich treiben lassen, zunehmende Stimmungen, abnehmende Stimmungen, nach nicht durchschaubaren Mustern…“ (Strunk 2021, 10)

Es ist immer so schön mit dir schildert zunächst die selbstgenügsame und selbstbezügliche Saturiertheit eines bürgerlichen Paares. Die Leidenschaft verblasst, die Partnerschaft mit Julia wechselt in den Modus einer gepflegten Langeweile, des Ennui, des Parallel-Nebeneinanderlebens: „Aus Liebe, Sex und Zärtlichkeit wird Liebe, Kuscheln, Zärtlichkeit und schließlich Freundschaft, Nähe, Gemütlichkeit.“ (Strunk 2021, 15) Der Roman erzählt von einer *Midlife-Crisis*, die sich als eine Sinnkrise manifestiert, über die sentimentalische Trauer, die verpassten Möglichkeiten und über das Ausbleiben leidenschaftlichen Verlangens und sexueller Erfüllung. Zahlreiche Begriffe und Wendungen innerhalb des Textes lassen sich als poetisch-poetologische Reflexionen deuten, die auf das grundsätzliche Problem, das, was die Figuren existentiell angeht und betrifft, in eine sprachliche Form zu bringen. So wirft Julia dem namenlosen Protagonisten vor: „‚Immer weißt du die falschen Sätze auswendig.‘ Julia legt jetzt los. ‚So viele Sätze gibt es, die dummen und langweiligen merkst du dir alle.‘“ (Strunk 2021, 164) Der Roman stellt seine poetische ‚Gemachtheit‘ und seine Künstlichkeit offensiv heraus. Die poetische Suche nach Glück und Erlösung ist gleichzeitig eine Reise durch andere Texte und künstlerische Werke; so holt der Protagonist wohl nicht zufällig „[n]ach dem Planschen“ *Anton Tschechows Meistererzählungen* hervor“ (Strunk 2021, 192), in denen ebenso häufig von einem Fünkchen Hoffnung die Rede ist bei gleichzeitigem Bewusstsein von der Unerreichbarkeit der Sehnsuchtsziele. Auch während des ‚Redewendungen- und Sprichwort-Battles‘ mit Ina, der Schwester seiner Freundin, zeigt sich eine selbstreflexive Ebene, die sich ebenso als ironischer Kommentar auf das eigene Werk bezogen deuten lässt: „Am meisten lernt man doch durch die Varianten des Immergleichen“, und: „Die Quelle allen Übels ist Formlosigkeit“ (Strunk 2021, 240) sowie „Nur äußerster Mangel an Phantasie und Vorstellungskraft rechtfertigt das Reisen“ (Strunk 2021, 241). Der Tontechniker richtet sich in seinem Unglück und Selbstmitleid förmlich ein:

> An Abenden wie diesen ist er im Unglück zu Hause, *leidenschaftlich* unglücklich, wenn es so etwas gibt: in Bitterkeit schwimmend wie ein Fisch im Wasser. Wenn das Unglück von der Erde verbannt würde, wüsste er gar nicht, was er mit sich anfangen sollte. […] Gehört das Unglück nicht untrennbar zum Künstlerschicksal? (Strunk 2021, 17)

Einst eine „vielversprechende Hoffnung“, hatte er „seine Chance, und er hat sie nicht genutzt, verschlafen, verdaddelt“ (Strunk 2021, 100). „Ich halte mich nur an den einen entscheidenden Satz: Popmusik ist Musik *für* junge Leute *von* jungen Leuten.“ (Strunk 2021, 101)[7] Immer wieder variiert die moderne Literatur diesen Gedanken: Die künstlerische Produktion ist von Melancholie, Resignation und Selbstreflexivität begleitet. Nicht nur, dass die gescheiterte Musikerkarriere erwähnt wird, auch die paramusikalischen Strukturen der Sprache (Klanglichkeit, Rhythmus, Wiederholungsstrukturen, Melodiosität, Tendenz zur Serialität) weisen auf eine produktive Medientransformation hin. Dem verhinderten Künstler bleibt lediglich die Erkenntnis: „*Weiße Welle* nennt man das Seniorenpublikum in Stadttheatern, die popmusikalische Entsprechung sind *Rockopas* (bzw. -omas), die vielleicht traurigste Spezies, die das Menschengeschlecht je hervorgebracht hat.“ (Strunk 2021, 103) Auch dieser Strunksche ‚Anti-Held‘ ist von einem Sehnsuchtsverlangen befallen: „Echtes Glück, Kinderglück. Schwache Erinnerungen, dünn wie Rauchfäden, leider kann er sich nur an wenig aus der Kindheit erinnern. Vergnügt war er. Mutig. Neugierig. Bestand praktisch nur aus Vorfreude.“ (Strunk 2021, 18–19) Er sucht nach etwas, das nicht ständigen Aushandlungs- und Reflexionsprozessen unterliegt. Für ihn bildet das Tonstudio einen Sehnsuchtsort und ein Refugium der Sicherheit, das durch die gewohnten Routinen eine beruhigende Wirkung auf den Protagonisten ausübt: „Um sich abzulenken, geht er ins Studio.“ (Strunk 2021, 132) Seine Tätigkeiten lassen sich auf das künstlerische Multitalent Strunk[8] beziehen:

> Sein Arbeitsplatz ist achtzehn Quadratmeter groß und liegt im Erdgeschoss einer zweistöckigen, etwas heruntergekommenen Gewerbeeinheit. Hinterhof, Nachkriegsbau, dreihundertneunzig Euro Miete inklusive. [...] Sein eigenes Studio heißt *Audio-Konzept*. [...] Hörbücher, Hörspiele, Podcasts, E-Learning, Guides, Tutorials, Telefonansagen, Interviews, Erklärvideos. AUDIO-KONZEPT – ALLES; WAS SPRACHE KANN. Er ist schnell und liefert gute Qualität zu günstigen Kursen. (Strunk 2021, 30–31)

So recht von der Stelle kommt dieser sich in einer Sinnkrise befindende Einsame nicht. Er hat sich aus allen sozialen Bezügen herausgelöst: „Das Betreten eines öffentlichen Raumes, das Eintauchen in ein soziales Spannungsfeld überfordert ihn.“ (Strunk 2021, 34) *Es ist immer so schön mit dir* ist ein eigentümlicher Liebesroman, ein Lebensgefühlsroman, der die *Midlife-Crisis* ins Zentrum des Erzählvorgangs stellt; einen Punkt des Lebens, an dem die Figuren an ihrem Lebensentwurf zu zweifeln beginnen.

---

7 Was sich auch als selbstironischer Kommentar Strunks auf die eigene Rubrizierung als ‚Popautor‘ lesen lässt.

8 Vgl. auch den Beitrag von Philipp Kohl in diesem Band.

Die Aversion gegen das Reisen, ein häufiges Mittel gegen Lebenskrisen und Erschöpfungen, wird mehrfach im Text erwähnt: „Er hat nicht mehr als einen Stecknadelkopf von der Welt gesehen, und das reicht dicke. Die Krankheit, möglichst viel erleben zu wollen, hat er nie verstanden. Besichtigungen *zerbröselnder* Bauwerke, noch im Bau befindlicher *künftiger* Bauwerke, Sehenswürdigkeiten aller Art und achte Weltwunder interessieren ihn einen feuchten Kehricht" (Strunk 2021, 112), heißt es in einer charakteristischen Wendung des Romans.

Der namenlose Protagonist verdichtet bestimmte Charakteristika der typischen Strunkschen Figuren, wobei er sich in mancher Hinsicht als atypisch erweist (Körperlichkeit, Erfolg bei den Frauen):

> Wenn er eines nicht gebrauchen kann, dann sind es Komplikationen. Es hat lange genug gebraucht, Komplikationen aus seinem Leben zu verbannen. Vermeidbare Komplikationen. Unvermeidliche Komplikationen bleiben mehr als genug. Von der Illusion eines *schönen* Lebens hat er sich verabschiedet, von der eines komplikationsfreien nicht. (Strunk 2021, 45)

Von der sentimentalischen Trauer über den Verlust der Jugendzeit und deren Verheißungen hat er sich ebenfalls nicht verabschiedet. Die den Erzähler prägende Sehnsucht ist von einer Doppelpoligkeit gekennzeichnet: Das Sich-von-etwas-weg-Sehnen und das Sich-zu-etwas-hin-Sehnen:

> An einem herrlichen Julinachmittag, wolkenloser, glänzender, blendender hoher Himmel, einer der Tage, an denen die Sonne nie mehr untergeht, hatten sie auf ihre Initiative hin einen Ausflug ins Grüne unternommen. Mareike hatte sich von ihrer Frau Mutter Micra und Picknickkorb geliehen. Allein, dass sie Auto fahren konnte, war Grund genug, sie zu vergöttern. Mareike hatte an alles gedacht: Baguette, Nudelsalat, Käseauswahl, nur die Flasche Sekt hatte sie wohl zu Hause vergessen. […] Himmlische eineinhalb Stunden saßen sie eng umschlungen und küssten sich, was das Zeug hielt, der altersschwache Micra erfüllt von Flüstern, Umarmungen, halb ausgesprochenen Worten, kleinen Seufzern. Nie zuvor hatte er im Herzen eines weiblichen Wesens so was wie Leidenschaft hervorgerufen. Es war der glücklichste Moment seines Lebens. (Strunk 2021, 84–85)

Im Zentrum des Romans stehen Geschlechterrollen, Sehnsüchte und sexuelles Begehren am Beispiel einer toxischen Partnerschaft – die dunklen, verzweifelten, hysterischen, paranoiden Seiten einer Beziehung. Der einst aufstrebende Musiker trifft auf Vanessa, die an einer Essstörung leidet.[9] Er verstrickt sich mit ihr in eine durchaus ungesunde Beziehung voller Zweifel, Machtspiele, Unterwürfigkeit, Sehnsucht,

9 „Vanessa hat Angst vor einer Vergröberung und Verfettung, die sie zum Abbild ihrer Mutter machen würde, sie hat Angst davor, zu werden wie ihre Mutter und ihre Großmutter und ihre Urgroßmutter, die endlose Reihe der dicken, kranken, traurigen Mütter und Urmütter." (Strunk 2021, 130)

Abscheu, unerwartetem Glück und der totalen Zerrissenheit zwischen diesen Facetten, inklusive Suizidgedanken: „Eine fast schon religiöse Trostlosigkeit breitet sich in ihm aus. [...] Im Gedanken an Selbstmord hat er schon als Kind Zuflucht gesucht, eine bittersüße Verzweiflung, der er sich lustvoll hingegeben hatte, Rache, um Eltern, Verwandte, Lehrer und alle zu bestrafen, die ihm unrecht getan hatten." (Strunk 2021, 202–203)

Auch in diesem Text gibt es inmitten der Verzweiflung und Tristesse Sehnsuchtsorte als Möglichkeiten, der Ohnmacht und dem Schweigen zu entkommen, in diesem Falle das Seebad Heiligendamm:

> Er wälzt und recherchiert und blättert und grübelt, bis während einer Reportage über *Urlaub an der mecklenburgischen Ostseeküste* der Groschen fällt. Plötzlich ist klar, wohin die Reise gehen muss: zu dem magischsten aller deutschen *Magic Places*, zum ältesten Seebad Europas, dem Sehnsuchtsort der Hautevolee, wo auf dem G8-Gipfel Geschichte geschrieben wurde: *Heiligendamm*. (Strunk 2021, 208)

Fast schon kitschig werden die Sterne und das Meer aufgerufen – aber auch der Kitsch verweist auf eine unerfüllte Sehnsucht, die sich nicht so einfach beiseiteschieben lässt. „Er stellt sich ans Fenster. Die Sterne lassen das Meer metallisch leuchten, die Sterne, so klar und schön und hell wie die Lieder, die von ihnen handeln." (Strunk 2021, 212) Und: „Am späten Abend gehen sie noch einmal auf die menschenleere Seebrücke. Sie sind so glückstrunken, dass sie sogar vergessen, miteinander zu schlafen. ‚Es ist immer so schön mit dir', sagt sie." (Strunk 2021, 215)[10] Der diametral entgegengesetzte ‚Nicht-Ort', Signum der Tristesse und des von Frank Witzel und Philipp Felsch so benannten ‚BRD-Noir', ist das „Romantik-Hotel Schlüter" in Hildesheim, „ein wulstiges, zernagtes, durchfeuchtet wirkendes Gebäude. Palast der Löcher. Romantik-Hotels heißen Romantik-Hotels, weil sie in der Regel mit einem beträchtlichen Renovierungsstau zu kämpfen haben. Das Romantische, sprich Verfallene, Kaputte, Vermoderte, wird einfach auf den Zimmerpreis geschlagen." (Strunk 2021, 231)

Nach zwanzig Monaten zwischen manischer Aufgedrehtheit und abgrundtiefer Depression trennen sich die beiden Hauptfiguren des Romans: „Sie weinen und weinen und weinen, die ganzen zwanzig Monate fließen in diesem einen Moment zusammen." (Strunk 2021, 282)[11] Das Romanende deutet an, dass für den einsamen

10 Auch in *Ein Sommer in Niendorf* ist die Seebrücke der „Stammplatz" für den glückssuchenden Melancholiker Roth.

11 Strunk hat sich in einem Interviewband selbst über den Roman geäußert: „Der Mann quält sich mit dem Unbehagen rum, ständig etwas falsch zu machen und neben sich zu stehen. Jeder Satz dumm, jeder Schritt ein Fehltritt, in keinem Augenblick ist er er selbst. Die beiden ertrinken in

und trostsuchenden Tontechniker ein Neuanfang zumindest *in potentialis* möglich ist. An diesem Frühjahrstag fühlt er sich wirklich aufgehoben, getragen und entlastet, fraglos angenommen, eingebettet in die Schönheit und Harmonie der Natur – das kurze, vergängliche Zusammenfallen von Erwartung und Erfüllung, dem keine Dauer beschieden sein kann, und die Sehnsucht nach einem solchen Evidenzerlebnis, die letztendlich *movens* der Erinnerung und des Schreibens ist:

> An mehreren Stellen gleichzeitig bricht die Abendsonne aus der niedrigen Wolkendecke, das Zimmer leuchtet in allen Farben des Sonnenuntergangs, und ein plötzliches Glücksgefühl weitet ihm die Brust. Er denkt an einen Ausflug ans Meer, an Pommes frites und Kindertränen, Sand und geschmolzene Wolken an einem heißen Sommernachmittag, wenn Trugbilder am Horizont tanzen. […] Er löscht das Licht und wiederholt still für sich alles, was er weiß. Eine ganze Menge ist das nämlich. (Strunk 2021, 285–286)

Erst die als Krise empfundene Verlusterfahrung ermöglicht eine Distanz zur gescheiterten Liebesbeziehung, die den Impuls auslöst, die Welt erzählerisch zu modellieren. Strunk konzipiert eine literarisch-ästhetische (Neu-)Formulierung von Sinn, die als Vergegenwärtigung des geglückten Augenblicks im Zeitmodus des performativen Jetzt erfolgt.

Die erzählerische Redundanz ermöglicht in literarischen Texten die Wiedererkennbarkeit von narrativen Mustern und die Absicherung von „Konsensualität", die das Bedürfnis nach „Erwartungssicherheit" und Kohärenz befriedigen (Koschorke 2016, 38–44). Entsprechend reiht sich auch die Hauptfigur Georg Roth aus dem Roman *Ein Sommer in Niendorf* in die Riege der Strunkschen Glückssucher ein. Der Text beginnt folgendermaßen:

> Der ganze lange und hoffentlich schöne Sommer liegt vor ihm. Ohne Arbeit, Verpflichtungen, Aufgaben; sage und schreibe keine einzige Eintragung im Terminkalender, das gab's seit zwanzig Jahren nicht mehr. Oder fünfundzwanzig, oder dreißig. Bevor Roth im Oktober seinen neuen Posten antritt, kann er tun und lassen, was er will. Auf eine Kreuzfahrt gehen, in die Berge fahren, einen Abenteuerurlaub machen, ein Apartment am Meer mieten. Er entscheidet sich für Letzteres. (Strunk 2022, 9)

Die Wahl fällt auf den Ort Niendorf, „dieses nicht sonderlich exklusive Seebad" (Strunk 2022, 9). Der Ort erweist sich zunächst als „[i]dyllisches Fleckchen, urig, romantisch, wie auf der Homepage beschrieben" (Strunk 2022, 13). Niendorf mit den „überall herumstehenden uniformen Plastikstühle[n]" „ist ein unstrukturierter Ort

---

einem Meer von Missverständnissen, ohne dass die Schuldfrage zu klären ist, und werden zu paranoiden Hysterikern, die bei jeder unbedeutenden Kleinigkeit sofort den Weltuntergang wittern. Am Ende sind sie sich auf kranke Art ähnlich geworden, verschmolzen im Unglück. Sie können nicht anders, als sich gegenseitig runterzuziehen." (Michaelsen 2023, 27)

ohne jegliche Vibes, keinerlei sexuelle Spannung existiert"; voll von „Heerscharen behelmter Fahrradsenioren" (Strunk 2022, 15). Es gibt gelegentlich aufblitzende Momente des Angekommen-Seins: „Er gewöhnt sich an, spätabends auf die menschenleere Seebrücke zu gehen und dort noch eine Flasche Wein zu trinken. Über ihm die Sterne, vor ihm das schwarze Loch der Lübecker Bucht. Der Mond, denkt er, so schön und rund wie eine menschliche Träne." (Strunk 2022, 39)

Jedoch hält der Eindruck nicht lange an – auch Niendorf erweist sich als ein ambivalenter Sehnsuchtsort, wähnt sich Roth doch „[e]ingekerkert im selbst gewählten Exil, einem hässlichen Zementhaufen namens Niendorf. Niendorf, Timmendorfer Strand, Scharbeutz, Haffkrug, Sierksdorf, Siebzigerjahre-Schrottarchitektur, Bausünden ohne Charme und Schönheit. Er ist leer im Kopf. Er tappt im Dunkeln." (Strunk 2022, 67) Roth, 51, promovierter Wirtschaftsanwalt, ist kein Schriftsteller, möchte aber einer werden. Er hat sich eine dreimonatige Auszeit von seinem Beruf als Anwalt genommen, um in jenem Ostseebad, in dem im Frühjahr 1952 die Gruppe 47 tagte (woran eine „Gedenktafel" erinnert), aus seiner Familiengeschichte ein Buch zu machen. Mit dem Schreiben wird es jedoch nichts, was vor allem an der Begegnung mit dem vulgären und aufdringlichen Strandkorbvermieter und Spirituosenhändler Breda liegt. Der illiterate Breda, ein „Wiedergänger von Norman Bates" (Strunk 2022, 196) ist für den ‚unzuverlässigen' Roth mitunter ein „abgerissenes Viech", ein „Freak" (Strunk 2022, 113).

Roth ist ein Anwalt in der *Midlife-Crisis*, der dauernd „unter Strom steht", „immer knapp vor der Überlastung, selbst wenn er schläft; er kann es nur schwer ertragen, Zeit zu verlieren, zu verplempern" – er verkörpert damit das Gegenteil zu dem Protagonisten in *Es ist immer so schön mit dir*, wobei sich auch Roth als „Pragmatiker" bezeichnet (Strunk 2022, 122). Auch ihn treibt eine Sehnsucht nach Glück oder einem Leben mit weniger Ballast.

Auffällig sind die Verweise im Roman auf Thomas Mann und poetologisch lesbare Sätze: „Vorstellungsvermögen ist die vielleicht wichtigste Eigenschaft, die ein Autor mitbringen sollte" (Strunk 2022, 69); „Macht nicht erst eine unverwechselbare Intonation den wahren Schriftsteller aus?" (Strunk 2022, 76); „*Herzlichen Dank der Gruppe 47 für den Support aus dem Reich der Toten*" (Strunk 2022, 95); „Ein Buch zu schreiben ist, wie Wasser aus einem Stein zu pressen, das weiß er jetzt." (189) Edo Reents stellt eine Verbindung zur Poetik Thomas Manns her: „Womit wir es zu tun haben, das ist die Konfrontation des Geistes(menschen) mit dem Leben, mit der zur Reflexion nicht ausgelegten Vitalität […]." (Reents 2022)

Wie alle Strunk-Romane zeichnet sich *Ein Sommer in Niendorf* durch einen eigentümlichen Sound aus:

> Qualität von Strunks Schreiben: sein protokollarisches Verhältnis zur Alltagswirklichkeit. Seine Kunst besteht darin, die verkommensten und trostlosesten Milieus realistisch

> nachzuzeichnen, ohne sich über sie zu erheben oder sie zu parodieren. Im Gegenteil erweisen sich oft gerade Figuren, die sich für moralisch und intellektuell überlegen halten, als die eigentlich verkorksten. (Thomalla 2022)

Als sich der Aufenthalt in Niendorf dem Ende zuneigt, hat sich etwas verändert. Roth ist seiner ursprünglichen Welt entfremdet und „weiß nicht mehr, wer er ist. Er ist irgendetwas anderes geworden“ (Strunk 2022, 216). Nachdem er seinen Aufenthalt zunächst um eine Woche verlängert hat, deutet sich an, dass er den Badeort möglicherweise nie wieder verlassen wird. Die Pointe des Textes liegt darin, dass das, was scheinbar den Eindruck einer sozialen Abstiegsgeschichte macht, zur Befreiung führt. In der kaputten Welt von Niendorf findet Roth mit Bredas Freundin Simone sein Glück. Das Versagen des Helden wird hier zur Tugend umgemünzt. Roth ist nicht mehr das starke, autonome, sich mühelos behauptende Individuum, sondern ein sein Schicksal tragendes Subjekt – und dadurch in der Lage, das Leiden zu überwinden oder es sogar zu einer Art von Sieg umzufunktionieren. Roth ist Breda geworden, „zum Spritverkäufer degradiert, Hilfskraft im Schnapsloch“ (Strunk 2022, 140). Roth entscheidet sich dafür, in Niendorf zu bleiben – er hat seinen (partiellen) Sehnsuchtsort gefunden, eine eigentümliche Mischung aus Idylle und ‚Vorhölle‘: „Bei gutem Wetter unternehmen sie Ausflüge nach Scharbeutz, Haffkrug, Fehmarn. Wenn sie übers Brodtener Ufer nach Travemünde spazieren, verschmelzen sie mit den Grau- und Brauntönen des Winters.“ (Strunk 2022, 239)

Das moderne Bewusstsein weiß um die Vergeblichkeit einer Suche nach ungebrochener und unreflektierter Geborgenheit und Zugehörigkeit, was ihre melancholische Sehnsucht nach Kompensationserfahrungen erklärt. Diese evozieren die eigentümlichen Erzählverfahren im Werk Strunks, die ostentativen Wiederholungsstrukturen, die autoreferenziellen Schleifen, Neologismen, das Spiel mit Zitaten aus unterschiedlichsten Kontexten von Literatur, Populärkultur und Werbung sowie Zitate mit unsicherer Quellenangabe,[12] die freie Mischung der Ausdrucksformen, die Spracharbeit und -inszenierung, den Zusammenprall von Komik und Pathos, aber auch die Absurdität und Düsternis in den Erzählbänden *Das Teemännchen* (Strunk 2018) und *Der gelbe Elefant* (Strunk 2023a).[13] Hier gibt es ebenso Sehnsuchtsorte, etwa für den dauerqualmenden „Malocher“ der Schrebergarten und für den Landwirt Karsten der heimische Hof.

In Strunks jüngstem Roman mit dem alliterierenden Titel *Zauberberg 2* spielt wiederum ein ambivalenter und (auch im Wortsinn) ‚brüchiger‘ Sehnsuchtsort

---

12 „Intellektueller Querulantismus bildet noch keine Organisationsform. (Sloterdijk?)“ (Strunk 2021, 242). Das Zitat stammt allerdings aus Peter Rühmkorfs *Tabu. Tagebücher*.

13 Gelegentlich ist in diesen Erzählungen Strunks Vorbild Botho Strauß mit seinen frühen, zum Teil fast ins Slapstickhafte gehenden Stücken erkennbar.

eine zentrale Rolle; in diesem Falle eine am Stettiner Haff in einer „endlos scheinende[n] Sumpflandschaft“ (Strunk 2024, 25) gelegene Klinik, in der der Mittdreißiger Jonas Heidbrink, Protagonist des Romans, Hilfe sucht: „Das Schloss, der Sumpf, die Vögel, die perfekte Kulisse für einen Edgar-Wallace-Krimi aus der TV-Steinzeit“ (Strunk 2024, 49). Die flache Einöde, in der sich die psychosomatische Klinik befindet, erweist sich als idealer Mikrokosmos, um die individuelle Krise Heidbrinks, der sich „nach Ruhe“ sehnt (Strunk 2024, 276), ins Zentrum des erzählten Geschehens zu rücken. Auch diese unglückliche, unsichere und einsame Strunksche Figur sehnt sich nach einem Platz auf der Welt: „Er hat nie irgendwohin gehört, und womöglich gibt es auf der ganzen Erde keinen Platz für ihn“ (Strunk 2024, 200). Und: „Wäre die Welt ein guter Ort, dann würde doch selbst er ab und an ein bisschen Freude empfinden. Aber die Welt ist kein guter Ort. Die Aussichtslosigkeit seiner Lage ist überwältigend.“ (Strunk 2024, 275) Heidbrink erfährt an diesem isolierten und monotonen Ort in einem ‚Niemandsland‘, Weite und Horizont evozierend, zumindest zeitweise eine Verbesserung seines krisenhaften Zustands: „Auch rundherum: Vor ein paar Wochen noch war alles zementgrau wie in Wochenschaufilmen, dann brach der Frühling so plötzlich herein, als wäre die Erdachse unvermittelt ein Stück weiter gerutscht. Aus dem Schneematsch schoben sich grüne Sprösslinge hervor und aus den Zweigen der Bäume klebrige Knospen“ (Strunk 2024, 142).

Der ständig Lebensweisheiten von sich gebende Bernhard Zeissner, ein Ex-Galerist und ebenfalls Patient des Sanatoriums in dem schlossartigen Bau, glaubt nicht an die Existenz von Sehnsuchtsorten:

> Die persönliche Begegnung mit Menschen und Orten reizt mich nicht mehr. Die Erde quillt über von sinnlosen Unternehmungen. *Sehnsuchtsort*, wenn ich das schon höre. Um die Ernüchterung zu umgehen, sollte man die Erfüllung seiner Sehnsüchte vermeiden. Reisen ist banal, wie Hobbys und Freizeit überhaupt. Reisen, Hobbys, Freizeit, und dann übergangsloses Abgleiten in die Senilität. (Strunk 2024, 227–228)

Diese zynische Sichtweise Zeissners, so haben die Ausführungen zeigen können, wird von einem Großteil der Protagonisten im Werk Strunks jedoch nicht geteilt.

Primärliteratur

Strunk, Heinz: Fleisch ist mein Gemüse. Eine Landjugend mit Musik. 34. Aufl. Reinbek bei Hamburg: Rowohlt 2017 (2004).

Strunk, Heinz: Fleckenteufel. Reinbek bei Hamburg: Rowohlt 2009.

Strunk, Heinz: Der goldene Handschuh. Reinbek bei Hamburg: Rowohlt 2016.

Strunk, Heinz: Jürgen. Reinbek bei Hamburg: Rowohlt 2017.

Strunk, Heinz: Das Teemännchen. Reinbek bei Hamburg: Rowohlt 2018.

Strunk, Heinz: Intimschatulle 42. In: Titanic 55 (2018) (https://www.titanic-magazin.de/heft/2018/september/heinz-strunk-intimschatulle-42-spaetzeuger-junge-fruechte-morscher-lenden/) (30.10.2025).
Strunk, Heinz: Nach Notat zu Bett. Heinz Strunks Intimschatulle. Hamburg: Rowohlt 2019.
Strunk, Heinz: Es ist immer so schön mit dir. Hamburg: Rowohlt 2021.
Strunk, Heinz: Ein Sommer in Niendorf. Hamburg: Rowohlt 2022.
Strunk, Heinz: Der gelbe Elefant. Hamburg: Rowohlt 2023a.
Strunk, Heinz: Die Käsis. Illustriert von vents 137 und Typeholics. Hamburg: Lappan 2023b.
Strunk, Heinz: Zauberberg 2. Hamburg: Rowohlt 2024.

Sekundärliteratur

Baßler, Moritz: Verstehen heißt Verzweifeln. Laudatio auf Heinz Strunk und seinen Roman ‚Der goldene Handschuh'. In: Hubert Winkels (Hg.): Heinz Strunk trifft Wilhelm Raabe. Der Wilhelm Raabe-Literaturpreis 2016. Göttingen: Wallstein 2017, S. 114–127.
Behrs, Jan: Abstieg in die Form. Deutsche Gegenwartsliteratur und das beschädigte Leben. In: Zagreber Germanistische Beiträge 29.1 (2020), S. 163–182.
Huber, Till: Heinz Strunk: *Fleisch ist mein Gemüse* (2004). In: Moritz Baßler/Eckhard Schumacher (Hg.): Handbuch Literatur & Pop. Berlin/Boston: De Gruyter 2019, S. 576–590.
Koschorke, Albrecht: Wahrheit und Erfindung. Grundzüge einer allgemeinen Erzähltheorie. Frankfurt a.M.: Fischer 2012.
Mattern, Nicole/Stefan Neuhaus: Intermediale Verhandlungen des Bösen in Wolfgang Murnbergers *Das ewige Leben* und Fatih Akins *Der goldenen Handschuh*. In: Andrea Bartl/Corinna Erk/Jörn Glasenapp (Hg.): Schnittstellen. Literatur, Film und Fernsehen der Gegenwart. Paderborn: Wilhelm Fink 2021, S. 113–126.
Meinen, Iris: Entgrenzte Körper. Zur Darstellung von Körperausscheidungen in der Neuen Deutschen Popliteratur. In: Ingo Breuer/Svjetlan Lacko Vidulić (Hg.): Schöne Scheiße – Konfigurationen des Skatologischen in Sprache und Literatur. Zagreb: Dominović Verlag 2018, S. 187–203.
Michaelsen, Sven: „Hätte ich das bloß nie gesagt!" Die neuen besten Interviews. München: Piper 2023.
Reents, Edo: Es gibt nichts, was es nicht gibt. In: FAZ v. 29.09.2018 (https://www.faz.net/aktuell/feuilleton/buecher/rezensionen/belletristik/heinz-strunks-erzaehlungen-15769688.html) (30.10.2025).
Reents, Edo: Spaßbremse im noblen Zwirn. In: FAZ v. 15.06.2022 (https://www.faz.net/aktuell/feuilleton/buecher/rezensionen/belletristik/heinz-strunks-roman-ein-sommer-in-niendorf-bei-rowohlt-18102424.html) (30.10.2025).
Reents, Friederike: Stimmungsästhetik. Realisierungen in Literatur und Theorie vom 17. bis ins 21. Jahrhundert. Göttingen: Wallstein 2015.
Rüther, Tobias: Die richtige Dosis. In: FAS 25 (2023), S. 36.
Thomalla, Erika: Ganz unten in Niendorf. In: SZ (https://www.sueddeutsche.de/kultur/heinz-strunk-ein-sommer-in-niendorf-roman-rezension-1.5602193) (30.10.2025).
Wortmann, Thomas: Lokalkolorit. Oder: Honka erzählen. Paratexte in Heinz Strunks Roman *Der goldene Handschuh* (2016). In: Sandra Beck/Johannes Franzen (Hg.): Kriminalerzählungen der Gegenwart. Zur Ästhetik und Ethik einer Leitgattung. Baden-Baden: Nomos 2022, S. 155–181.

Marcel Winter

Schweiß, Tabak, Alkohol: Inszenierungen des Olfaktorischen im Werk Heinz Strunks

„Laß mich eine Prise schnuppern in deinem Zimmer, und ich weiß, wer du bist." (Doderer 1969, 97)

1 Einführende Bemerkungen

Schlechte Gerüche sind in den Erzählwelten Heinz Strunks omnipräsent. Allenthalben riecht es: nach Schweiß, Zigaretten und Alkohol, mitunter auch nach Urin, Erbrochenem und Exkrementen, nach Fäulnis, Moder und Tod. Nicht selten werden die Figuren, Dinge und Räume anhand des Geruchs, den sie verströmen, charakterisiert. Gerüche sind bei Strunk also nicht bloß begleitende oder zu vernachlässigende Staffage, sondern handlungsrelevant und strukturgebend. Auffällig ist die klare Dominanz schlechter Gerüche gegenüber wohlriechenden. Während jene die Lebenswirklichkeit der Protagonisten bestimmen, sind diese zumeist in den Bereich der Imagination verbannt. Wohlriechende, betörende Düfte findet man bei Strunk, von wenigen Ausnahmen abgesehen, also nur in der Phantasie, während die Wirklichkeit ein ‚olfaktorisches Pandämonium' darstellt. Im Folgenden wird das Feld des Olfaktorischen in einigen Texten Heinz Strunks skizziert. Gefragt wird nach dem Auftreten von Gerüchen, ihrer Integration in die Handlung und den Funktionen, die sie einnehmen. Nach einer kurzen Einführung in die literaturwissenschaftliche Geruchsforschung rücken die Texte selbst in den Fokus. Das Korpus für die Analyse bilden die beiden Romane *Der goldene Handschuh* (2016) und *Es ist immer so schön mit dir* (2021) sowie ausgewählte Texte aus dem Erzählband *Das Teemännchen* (2018).

Anders als vielleicht zu vermuten wäre, haben Gerüche bei Strunk keine sozialdistinktive Funktion. Sie dienen nicht dazu, die monetär Bessergestellten vom gesellschaftlichen Prekariat abzugrenzen, die Reichen von den Überlebenskämpfern an den Rändern der Gesellschaft. Die naheliegende semantische Verknüpfung von „reich und wohlriechend" und vice versa „arm und stinkend" sucht man bei Strunk vergebens. Reichtum und Armut sind also nicht durch olfaktorische Komponenten gekennzeichnet, und gerade die Darstellung der Reederfamilie von Dohren in Strunks Roman *Der goldene Handschuh* zeigt, dass auch die vermeintliche

https://doi.org/10.1515/9783111408798-008

Oberschicht vor triebgesteuertem, egozentrischem Handeln nicht gefeit ist.[1] Gerüchen kommt in den Texten Strunks zudem häufig eine kassandrische Funktion zu. Riecht es schlecht oder hängt, wie an einer Stelle im Roman *Es ist immer so schön mit dir*, ein „seltsamer Geruch" (Strunk 2021, 120) in der Wohnung, ist dies ein verlässlicher Indikator für kommendes Unheil, ein Menetekel aus der Luft.[2] Gerüche treten außerdem zumeist nicht isoliert auf, sondern stehen in Verbindung mit visuellen Wahrnehmungsaspekten, bisweilen auch mit haptischer Wahrnehmung, während der Raum des Akustischen bei Strunk eine untergeordnete Rolle spielt. Optik und Olfaktorik ergänzen sich gegenseitig, stützen einander und fügen sich zum kohärenten Ganzen. Sie sind die beiden dominanten Wahrnehmungsbereiche in den Texten Heinz Strunks.

2 Literaturwissenschaft und Geruch

Die literaturwissenschaftliche Geruchsforschung hat sich seit den 1980er Jahren vom „Nischenansatz zu einem gewichtigen Forschungszweig" (Krause 2023, VII) entwickelt. Bis heute maßgeblich für die Beschäftigung mit Gerüchen in literarischen Texten ist Hans J. Rindisbachers 1992 publizierte Monographie *The Smell of Books: A Cultural-Historical Study of Olfactory Perception in Literature*. Rindisbacher, der für seine diachron angelegte Studie deutsche, französische, russische und englische Literatur berücksichtigt, spannt den Bogen vom 19. Jahrhundert über die Dekadenzliteratur der Jahrhundertwende und den Expressionismus bis zur

1 Im Zentrum der Darstellung der von Dohrens stehen der notorisch onanierende, gesundheitlich beeinträchtigte 17-jährige Wilhelm Heinrich 3 sowie sein Onkel, der alkoholkranke, nihilistische Anwalt Karl von Lützow, der eine sexuelle Präferenz für „leichte bis mittlere Deformationen" (Strunk 2016, 57) hegt und seine Misogynie offen zur Schau stellt.

2 Die gesamte Szene in der Mietwohnung, in der es im Folgenden zu sexuellen Handlungen zwischen Lars, einem 28-jährigen Diakon und Kantor, und der 14-jährigen Vanessa kommt, ist olfaktorisch strukturiert: Die Wohnung riecht seltsam, Lars' Atem hat einen „seltsam metallischen Geruch" (Strunk 2021, 121), nach dem Beischlaf ist Vanessas Mund trocken und faulig und sie „ekelt sich vor dem feinen, beißenden Eisengeruch ihres Blutes". (Strunk 2021, 122) Ekel und Angst bemächtigen sich des jungen Mädchens, für das die sexuelle Begegnung mit dem doppelt so alten Lars eine traumatische Erfahrung darstellt: „Auf dem Nachhauseweg fängt sie an zu rennen, denn sie hat Angst, dass sie, wenn sie aufhörte zu rennen, vollständig verschwinden würde." (Strunk 2021, 122) Die adoleszente Vanessa hat Angst, sich aufzulösen, was ein Motiv darstellt, das bei Strunk immer wieder auftaucht. Dass die traumatische Erfahrung, die sie machen musste, eng mit Gerüchen verknüpft ist, ist nicht zufällig, sondern schließt an wissenschaftliche Erkenntnisse an: „[I]t has been repeatedly noted that olfactory perceptions oftentimes impact the experience of trauma." (Babilon 2017, 237) Zur Verknüpfung von Olfaktorik und Trauma siehe Babilon 2017, 225–276.

Postmoderne. Er konstatiert für das bürgerliche Zeitalter des neunzehnten Jahrhunderts eine „olfactory repression“ (Rindisbacher 1992, VIII), die erst am Ende des Jahrhunderts überwunden wird. Realistische Autoren wie Freytag, Stifter, Keller und Fontane, deren Texte Rindisbacher in seiner Studie analysiert, berücksichtigen olfaktorische Aspekte kaum. „Smell is envisaged as the sense that is not (to be) talked about.“ (Rindisbacher 1992, 33) Erst indem die Naturalisten bisher marginalisierte Schichten der Gesellschaft und Armut, Gewalt oder Alkoholismus in den Blick nehmen, werden auf der Textebene auch Gerüche bewusst wahrgenommen und vor allem nicht mehr verschwiegen. „In naturalism, writers such as Zola go far beyond bourgeois realism and introduce olfaction as a new aesthetic element in literature.“ (Rindisbacher 1992, VIII) Auch die Dekadenz- und Fin-de-siècle-Literaten widersetzen sich der „bourgeois repression of the olfactory“ (Rindisbacher 1992, VIII), sodass für die Zeit der Jahrhundertwende nachgerade von einer „olfactory explosion“ (Rindisbacher 1992, 143–219) gesprochen werden kann. Gerüche bilden lebensweltliche und soziale Realitäten ab und wirken sich außerdem auf die inneren Zustände der Menschen aus. Kultur- bzw. literaturhistorisch betrachtet, etablieren der Naturalismus und das Fin-de-siècle die olfaktorische Perzeption (und ihre Darstellung) in der Literatur. Sie erweitert das Feld der Sinneswahrnehmungen: „Literary texts will now not only open our eyes and unplug our ears, they will also penetrate our nostrils.“ (Rindisbacher 1992, 143) Der Expressionismus lotet, wie Kristin Eichhorn und Frank Krause im Rückgriff auf Rindisbacher ausführen, „Zusammenhänge von Geruchshygiene und problematischen Spielarten sozialer Macht“ (Eichhorn/Krause 2023, 8) aus. In der Postmoderne stellen Gerüche keine Provokation mehr da, sondern sind häufig integraler Bestandteil eines Textes: „[I]n literature itself a whole gamut of texts whose narrative structure relies at least partly on smells and scents.“ (Rindisbacher 1992, IX)

Diese Befunde Rindisbachers sind in den vergangenen drei Dekaden erweitert, vertieft und ausdifferenziert worden. Zahlreiche Studien haben sich der Geruchsthematik angenommen und die literaturwissenschaftliche Geruchsforschung auf diese Weise als Forschungsfeld etabliert. Der Fokus liegt hierbei auf der Analyse bestimmter Epochen (oder Zeiträume)[3] und auf dem Auftreten von Gerüchen im

---

3 Vgl. u.a. Frank Krauses materialreiche Untersuchung zur Darstellung von Gerüchen in Texten über den Ersten Weltkrieg 2016. Vgl. außerdem den von Kristin Eichhorn und Frank Krause herausgegebenen Band zu olfaktorischer Wahrnehmung im Expressionismus, der aus Einzelanalysen besteht, etwa zu Gerüchen im Werk Johannes R. Bechers: Eichhorn/Krause 2023. Siehe auch den von Katharina Herold und Frank Krause edierten Sammelband *Smell and social life* (2021), der die Zeit von 1880 bis 1939 in den Blick nimmt und komparatistisch angelegt ist.

Werk eines einzelnen Autors bzw. konkreter Analysen einzelner Texte,[4] die auf Geruchsmotive hin gelesen werden. „As the field of enquiry is heterogeneous, it typically requires specialisation on specific periods and particular types of motifs."[5] (Herold/Krause 2021, 10) Mit der Fokussierung auf Geruchsmotive in den Texten Strunks wird also eine von der literaturwissenschaftlichen Geruchsforschung präferierte Spur aufgenommen, die sich dem Werk eines einzelnen Autors zuwendet.

3 „Hier stinkt's ja vielleicht": Olfaktorische Wahrnehmung bei Heinz Strunk

3.1 *Der goldene Handschuh* (2016)

Der Schauplatz ist eine ‚Kaschemme', es ist drei Uhr in der Nacht an einem Tag im Februar anno 1974. Seit zwölf Stunden am L-förmigen Tresen sitzend, denkt der Mann, der als der „Schiefe" vorgestellt wird, an eine vergangene Liebschaft zurück: „[D]ie hat immer so gut gerochen, einmalig war das ... dies ganze parfümierte Fleisch, da denk ich noch mein Leben dran." (Strunk 2016, 15) Momente wie diese sind im Folgenden rar, denn die Welt, die in Strunks Roman *Der goldene Handschuh* (2016) entworfen wird, ist von bestialischen Gerüchen bestimmt. Allerorten gärt, fault, stinkt es. Wie groß die Diskrepanz zwischen der gutriechenden, desodorierten Welt der Imagination und der stinkenden Realität ist, wird bei der Beschreibung von Fritz'/Fietes Wohnung[6] deutlich, die expressis verbis das olfaktorische Grauen skizziert, in dem er haust: „Hier stinkt's ja vielleicht. So was hat Gerda noch nie gerochen, und sie hat schon einiges gerochen. Der Dunst feuchter, vor sich hin modernder Teppiche, abgestandener Pisse, von Dreck, der aus der Luft rieselt, toten Tieren, Ratten, Mäusen, Vögeln, da muss auf jeden Fall irgendwas Totes dabei sein." (Strunk 2016, 31) Die geruchsintensive, kaum auszuhaltende Melange bestätigt Siggi, Fietes Bruder, als er zu Besuch kommt und die Wohnung betritt: „Mensch,

---

4 Zu nennen sind etwa John Sutherlands Untersuchung von Geruchsmotiven im Werk George Orwells 2016 sowie zahlreiche Einzeluntersuchungen in Sammelbänden. Vgl. u.a. Weilandt 2021, 55-66 oder Krauses kurze Analyse von Geruchsmotiven im Werk des expressionistischen Schriftstellers Carl Einstein 2022, 99–103.

5 Hier ist Frank Krauses jüngste Publikation (2023) anzuführen, die die Bedeutung von Gerüchen in sakralen Kontexten seit der Aufklärung untersucht.

6 Der Name Fiete ist ein Spitzname, den Fritz erhält und der ihn mit Stolz erfüllt: „Fiete, das klingt sympathisch, pfiffig. […] Er kommt sich vor wie was Besonderes." (Strunk 2016, 18) Ich folge dem Text und verwende ebenfalls diesen Namen.

Fritz, hier stinkt's aber wieder. Kann mi ma jemand aufn Kopp scheißen, ich brauch 'ne Erfrischung." (Strunk 2016, 75)

Die anschaulich beschriebene ‚Geruchslandschaft' charakterisiert nicht allein das Ambiente, in dem Fiete sich bewegt, sondern hat auch unmittelbare Auswirkungen auf die körperlich-geistige Verfassung der Protagonisten. Gerda überkommt angesichts des „Dreck[s] und Schrott[s] und Gestank[s]" (Strunk 2016, 33), mit dem sie in Fietes Wohnung konfrontiert ist, „ein Schub ungeheurer, hoffnungsloser Verzweiflung". (Strunk 2016, 33) Diese Verzweiflung resultiert zum einen aus dem olfaktorischen Status quo, der für Gerda eine neue Erfahrung darstellt, und darf zum anderen als unheilvolles Zeichen gewertet werden, das auf die Torturen vorausweist, die sie noch erdulden muss, als Fiete beschließt, sie zu einer willenlosen Sklavin zu machen, und dies in einem absurden Vertragstext zu fixieren versucht. Der Verwesungsgestank lässt die Wohnung als Ort des Todes erscheinen, der später nicht nur Tierkadaver beherbergen wird, sondern in dem auch Überreste menschlicher Körper zu finden sein werden. „Wonach riecht es eigentlich *genau*? Pi, wahrscheinlich Pi. Hunderttausendmal danebengepinkelt, vergoren, geronnen, dann riecht es irgendwann eben so. Und tote Ratte, Maus, Tier", heißt es an anderer Stelle über den Geruch in Fietes Wohnung. (Strunk 2016, 53)

Der Bereich der Imagination bietet die Möglichkeit zur Flucht vor dem olfaktorischen Grauen der Wirklichkeit. Die wohlduftende Welt steht als großes Glücksversprechen vor Fiete, der sich mit den Begebenheiten, mit denen er tagtäglich zu tun hat, längst arrangiert hat.[7] Er träumt sich in eine desodorierte Welt hinein, die den Gestank nicht kennt: „Er stellt sich eine andere Welt vor, in der er selbst jung und gesund und sein Atem angenehm ist und er einer nach Rosen duftenden Frau mit reiner Haut, schönem Gebiss, einem makellosen Körper den Himmel auf Erden bereitet. Ein katastrophales Glücksverlangen überfällt ihn." (Strunk 2016, 39) Die Textstelle verdeutlicht paradigmatisch die große Bedeutung des Geruchs: In Fietes imaginierter Welt bilden Jugend, Gesundheit und ein guter Atem wie selbstverständlich einen semantischen Raum. Die Frau wird mit Rosenduft, reiner Haut, schönen Zähnen und einem makellosen Körper assoziiert. Der Zugang zu einer solchen Welt aber, in der in den Augen Fietes paradiesische Zustände herrschen und die durch betörende Gerüche und ein makelloses Äußeres gekennzeichnet ist, bleibt ihm freilich verwehrt; das Glücksverlangen ist ein bloßes Phantasma. Er lebt stattdessen im fortwährenden Gestank, der sich in den Wänden so festgesetzt hat, dass er nicht mehr zu eliminieren ist: „Die Luft ist unbeschreiblich schlecht, praktisch ohne Sauerstoffanteil, der schneidende, entsetzliche Gestank und der tote

---

7 An einer Stelle des Textes heißt es: „An den Gestank in seiner Wohnung hat er sich gewöhnt, als sei er ein Teil von ihm geworden." (Strunk 2016, 108)

Rauch von zehntausend Zigaretten kriechen überall rein." (Strunk 2016, 42) Interessant ist an dieser Stelle, dass der Rauch nicht mit dem üblichen Adjektiv „kalt" attribuiert wird, sondern mit dem Wörtchen „tot", was Fietes Wohnung erneut als Ort des Todes ausweist.

Als Gerda ihm von ihrer Tochter Rosi erzählt, die in einer Metzgerei arbeitet, entsteht in seinen Gedanken wieder ein Idealbild, das mit dem Olfaktorischen eng verknüpft ist: „Tochter Rosi ist laut Gerda etwas rundlich, aber hübsch, mit einer wunderbar weichen, samtenen Haut, und sie riecht gut, wie ein frisch gebadetes Baby, immer schon hat sie so gerochen, man möchte am liebsten Tag und Nacht an ihr schnüffeln." (Strunk 2016, 46) Fietes nachgerade obsessive Fokussierung auf den Wohlgeruch lässt ihn rasch abschweifen und phantasieren. Er stellt sich vor, wie Rosi „im frisch geschlachteten Fleisch der Auslage wühlt, es zerlegt, schneidet, würfelt, wie sie ganz allein eine Schweinehälfte durch den Fleischwolf jagt" (Strunk 2016, 46) und wie sie ihm später von Gerda angeboten wird. Zweierlei ist an der Schilderung auffällig: zum einen das Zusammenspiel visueller, haptischer und olfaktorischer Aspekte, zum anderen der gedankliche Konnex zwischen der Tätigkeit der Metzgerin, die das Fleisch verarbeitet und den Kunden feilbietet, und sexuellen Phantasien. Der Akt des Wühlens, Zerlegens, Schneidens und Würfelns von Fleisch erregt Fiete. Nicht nur die Metzgerin Rosi aber, die Gerda ihm, wie er in dem ‚Vertrag' schreibt, „bei der ersten Möglichkeit [...] zuzuführen" hat (Strunk 2016, 87), weckt in ihm seine rege Phantasie, auch die Welt des ‚horizontalen Gewerbes' stellt er sich als allenthalben duftenden Kosmos vor. „Das Beste an den Nutten ist ihr guter Geruch. Geduscht und gebadet und eingecremt sind die, mit frisch gewaschenen Haaren und gepflegten Nägeln, Rouge und Schminke und Parfüm und allem." (Strunk 2016, 108)[8]

Dass Gerüche bei Strunk keine sozialdistinktive Funktion einnehmen, das Oben ergo nicht akkurat vom Unten trennen, wird durch den zweiten Erzählstrang deutlich. Neben der Handlung um Fiete Honka und das höchstprekäre Milieu der Trinker wird parallel auch die Geschichte der reichen Industriellenfamilie von Dohren erzählt, deren ökonomischer wie moralischer Niedergang unübersehbar ist. Wilhelm Heinrich der Dritte (WH 3), 17 Jahre alt und Enkel des Firmenpatriarchen, leidet am Noonan-Syndrom, was ihn „etwas seltsam" (Strunk 2016, 38)

8 Die Verknüpfung von Geruch und Prostituierten greift Strunk in der Erzählung *Nutten mit Kaffeefahne*, publiziert im Band *Das Teemännchen* (2018), noch einmal auf. Dort heißt es: „Neulich habe eine [Prostituierte, M.W.] 'ne richtige *Kaffeefahne* gehabt. [...] [D]ie Frauen kommen eine halbe oder Dreiviertelstunde vor Schichtbeginn, und frühstücken erst einmal in aller Ruhe. Manchmal vergessen sie, sich dann die Zähne zu putzen, und wenn der erste Freier kommt, haben sie eine Kaffeefahne oder Brötchenkrümel in den Mundwinkeln oder Eigelb unterm Kinn." (Strunk 2018, 27–28)

aussehen lässt, und schlägt sich mit pubertätsgeschuldeten Sexualitätsproblemen herum: „Er ist dauergeil und wichst wie ein Affe.“ (Strunk 2016, 39) Ein zweites Augenmerk ist auf Karl von Lützow gerichtet, den jüngeren Bruder Margot von Dohrens, der Ehefrau Wilhelm Heinrichs des Zweiten, Anwalt von Beruf, alkoholabhängig, suizidgefährdet und mit einer Vorliebe für unförmige, normabweichende Frauen, die er unterwerfen und dominieren kann. Seine Sicht auf die Welt ist von Zynismus, Narzissmus, Nihilismus und einer starken Misogynie bestimmt. Frauen sind für ihn letztlich Mittel zum Zweck, um seine Phantasien auszuleben und seine Triebe zu befriedigen. Gerüche spielen dabei eine wesentliche Rolle. Als er sich an eine Nacht zurückerinnert, in der Frauke, seine Bettgenossin, die er immer dann kontaktiert, wenn es ihn nach Sex gelüstet, nicht mehr nach Hause gefahren war, sondern die Nacht bei ihm verbracht hatte, kommen ihm just die Gerüche aus jener Nacht in den Sinn:

> Ein bitteres Erwachen war das gewesen, neben diesem Panorama aus Dellen, Wülsten und Rillen. Das Schauderlichste jedoch waren ihre säuerlich-stechenden-bitteren Ausdünstungen. Sie roch, als hätte sie ihr halbes Leben im Koma gelegen. Erstaunlich, wie schnell der Mensch zu stinken anfängt. Es hatte Tage gedauert, den Geruch aus der Nase zu bekommen. (Strunk 2016, 116)

Karl von Lützows Reminiszenz an die Nacht mit Frauke ist dominiert von visuellen und olfaktorischen Aspekten. Nicht nur die Erinnerung jedoch ist olfaktorisch geprägt, auch im Hic et nunc findet der Geruch Erwähnung. Während einer demütigenden SM-ähnlichen Session, in der Karl von Lützow Fraukes Gesäß mit Schlägen traktiert, sie ohrfeigt und ohne ersichtlichen Grund nackt bis 300 zählen lässt, wird auch der Geruch zur Charakterisierung des Umfelds herangezogen: „Sie sieht aus wie ein zu groß geratener Zwerg. Es riecht schlecht. Als stünde sie in einer unsichtbaren Wolke aus Gasen, Dämpfen und Zersetzungsprozessen.“ (Strunk 2016, 124–125)

Beide Welten, das prekäre Milieu der gescheiterten Existenzen um Fiete wie die vermeintliche Oberschicht Hamburgs, deren Verkommenheit rasch deutlich wird, kommen im titelgebenden „Goldenen Handschuh“ zusammen. Bei seinem ersten Besuch begegnet WH 3 „Soldaten-Norbert“, einem der Stammgäste im „Handschuh“. Ehe sich ein Gespräch zwischen den beiden entspinnt, das eher einem Monolog gleicht, dringt WH 3 der Geruch Norberts in die Nase. „Vom süßlichen Uringestank, dem aus allen Adern und Poren und Zellen strömenden Nikotin, dem aus dem Magen dünstenden Müllfraß wird ihm schlecht. Vor lauter Schiss kackt er ein wenig in die Hosen.“ (Strunk 2016, 171) Der degoutant-abstoßende Geruch Norberts bewirkt eine physiologische Reaktion bei WH 3, was im olfaktorischen Moloch namens „Goldener Handschuh“ aber nicht weiter auffällt. Sein zweiter

Besuch, dieses Mal mit der von ihm angebeteten Schulfreundin Petra, mit der er – die Wirklichkeit völlig verkennend – seine ersten sexuellen Erfahrungen zu machen gedenkt, ist wieder von Gerüchen bestimmt: „Der Urin-, Kot- und Kottergestank von tausend Jahren Scheißhaus steigt ihm in die Nase." (Strunk 2016, 238) Der Aufenthalt im „Handschuh" gerät für den 17-Jährigen zum Desaster. Erst wird er verbal angegriffen („Voll der Mongo.") (Strunk 2016, 240), anschließend wird auf ihn uriniert: „WH 3 pellt sich in der vollgeschissenen Kabine aus seiner Hose und versucht sie auszuwringen. Sie ist so nass, dass er danach fast nicht wieder reinkommt. Vom beißenden Urin werden die Beine rot anlaufen, und dann wird's anfangen zu stinken." (Strunk 2016, 241) Die Schlussszene im „Goldenen Handschuh" ist von erbarmungswürdiger, mitleiderregender Drastik. Als WH 3 von der Toilette in den Gastraum zurückkommt, ist – der Leser weiß es schon – Petra verschwunden. Die Sinn- und Aussichtslosigkeit seines Tuns wird schonungslos vor Augen geführt: „Er rennt, so schnell er kann, und macht dabei hohle und behinderte Geräusche, und auch sein kleines, rotes, zermatschtes Herz kann springen und tanzen und hüpfen, wie es will, es hat keine Chance, absolut keine, jedenfalls nicht mehr in diesem Leben." (Strunk 2016, 245)

Strunks Ekelpanorama steigert sich zum Ende des Romans ins kaum mehr Erträgliche. Fiete Honka ergeht sich in grausamen Gewaltphantasien, träumt davon, „berühmter zu sein als Jack the Ripper" (Strunk 2016, 246); eiternde Wunden, aus dem Kopf rieselndes Blut, weißer Schleim, der aus dem Penis sickert, stellen die dominanten Körperflüssigkeiten im letzten Kapitel dar. Gerüche sind ein integraler Bestandteil dieser Welt des Ekels und der Widerwärtigkeiten. Steht am Anfang die Flucht in die imaginative Welt des Wohlgeruchs, bleibt am Ende nur der (reale) Leichengeruch der Opfer Honkas. In der späteren Urteilsbegründung, die als Postskriptum den Kapiteln angehängt ist, heißt es:

> Honka ist seiner Triebhaftigkeit im Sinne einer Sucht verfallen. Der Umstand, dass es ihm möglich war, mit den Leichen, deren Geruch ständig in der Luft hing und die in Verwesung übergegangen waren, und in denen sich Käfer und Maden eingenistet hatten, in der Wohnung zusammenleben konnte, macht das deutlich. (Strunk 2016, 251)

3.2 *Es ist immer so schön mit dir* (2021)

Auch im 2021 veröffentlichten Roman *Es ist immer so schön mit dir*, der anders als *Der goldene Handschuh* weder im ‚Absturzmilieu' Hamburgs spielt noch die Upper Class, die an der Elbchaussee residiert, in den Blick nimmt, sondern die zum Scheitern verurteilte Beziehung eines in die Jahre gekommenen ehemaligen Musikers zur jungen Schauspielerin Vanessa thematisiert, spielen Gerüche eine zentrale Rolle und durchziehen leitmotivisch den Text.

Blickt man näher auf die auftretenden Gerüche, fällt das Zusammenspiel von visueller und olfaktorischer Wahrnehmung auf. Als Vanessa und die namenlose männliche Hauptfigur in ein Café einkehren, tritt eine Servicekraft an ihren Tisch, um die Bestellung aufzunehmen: „Die Bedienung kommt an ihren Tisch. Eine *neue* Bedienung, Schichtwechsel. Farblos wie eine Maus und massig wie ein Pudding. Als sie sich vorbeugt, riecht es nach kaltem Schweiß." (Strunk 2021, 53) Das als wenig schmeichelhaft beschriebene Erscheinungsbild wird durch den kalten Schweißgeruch, den die Servicekraft verströmt, olfaktorisch bestätigt. Der visuelle Eindruck stimmt mit der olfaktorischen Wahrnehmung überein und ergibt also ein kohärentes Gesamtbild. An anderer Stelle des Textes ist die Reihenfolge der auftretenden Sinneseindrücke umgekehrt. Als die Hauptfigur an der Kinokasse ansteht, um alkoholische Getränke zu kaufen, dringt ihr ein penetranter Geruch in die Nase: „Es stinkt. Der junge schlappe Mann direkt vor ihm dünstet einen penetranten Geruch aus, nach Nikotin, Schweiß, ungewaschenen Füßen und Schlimmerem." (Strunk 2021, 156) Die Geruchswahrnehmung geht der visuellen Wahrnehmung hier voraus, der schlechte Eindruck, den der Geruch hinterlässt, wird durch die Optik des jungen Mannes manifest: „So sieht der also von vorn aus: ein unterm Kinn lappiges Ziegengesicht, benommen und ausdruckslos, Haut leicht gelblich und verwaschen, sehr blass, dunkelviolette Ringe unter den Augen." (Strunk 2021, 157) Das Gesamturteil fällt vernichtend aus: „Grundzustand: kränklich-matt, auf halber Kraft laufend, empfindlich." (Strunk 2021, 158) Die olfaktorischen und visuellen Sinneseindrücke, die der Erzähler ausbreitet, werden um die Beschreibung des Verhaltens des jungen Mannes namens Torsten erweitert, was wiederum ein konsistentes Gesamtbild generiert. Torsten nämlich, penetrant riechend und kränklich-matt aussehend, kauft eine gargantueske Menge an Essen: „Nachos, Käsedip, Popcorn, Fried Macaroni Cheese Bites UND [sic] Crispy Fried Mac and Cheese Balls – das können die doch unmöglich schaffen! Haben die den ganzen Tag noch nichts gegessen? Nehmen sie ihre Hauptmahlzeiten für gewöhnlich im Kino ein?" (Strunk 2021, 158)[9]

9 Allgemein ist anzumerken, dass dem Essen in den Texten Strunks eine außerordentliche Bedeutung zukommt und nicht selten mit der Geruchswahrnehmung verknüpft ist. Als Siggi seinen älteren Bruder Fiete besucht, kredenzt Gerda einen Hühnereintopf mit Kartoffeln und Gemüse. Den bestialischen Gestank, der in der Wohnung herrscht, führt Fiete auf die Koch- und Essgewohnheiten der griechischen Gastarbeiter im Souterrain zurück: „[G]rauenhafte Gerichte aus der Heimat [...]. Mit Hammelfleisch, Knoblauch und fremdländischen Gewürzen und wer weiß was noch, bis der Gestank in alle Ritzen und Fugen gezogen ist, sich überall festsetzt und das ganze Haus, ach was, die ganze Straße, die ganze Gegend verseucht hat." (Strunk 2016, 71–72) Auch in *Es ist immer so schön mit dir* durchziehen Essensgerüche leitmotivisch den Text. Diese evozieren nicht das Bild

Gegenüber dem dominanten visuell-olfaktorischen Komplex spielt der akustische Wahrnehmungsbereich keine nennenswerte Rolle. Das akustische Moment tritt nur an einer Stelle signifikant in Erscheinung: In der Nacht vor Vanessas Geburtstagsfeier betrinkt sich der Protagonist mit ihrem besten Freund Tobi, woraufhin sie Reißaus nimmt und auf dem Sofa nächtigt, was sie wie folgt begründet: „Das ganze Schlafzimmer riecht nach Schnaps, und du schnarchst *abartig laut*." (Strunk 2021, 229) Auch die typographische Gestaltung des Satzes, die Kursivsetzung der Wörter „abartig" und „laut" weist auf die Bedeutung des Akustischen hin.

Ist im *goldenen Handschuh* jeglicher Wohlgeruch ins Reich der Imagination verbannt, gibt es im Leben des namenlosen Protagonisten in *Es ist immer so schön mit dir* rare reale Momente, in denen er mit wohlriechenden Gerüchen zu tun hat. Während er bei seiner ersten Freundin Julia eine „vergorene Note" (Strunk 2021, 11) wahrnimmt, bescheinigt sie ihm umgekehrt, dass sie seinen Geruch möge (vgl. Strunk 2021, 14), was freilich weniger über den Geruch *an sich* aussagt als über ihre individuelle Wahrnehmung. Seine zweite Freundin Vanessa hingegen riecht so gut, dass ihr Geruch schon von weitem wahrnehmbar ist: „Wie gut ihr Atem riecht, denkt er, den riecht man ja noch bis hierher." (Strunk 2021, 48) Die Makellosigkeit ihres Äußeren und ihre elegante Art zu rauchen fügen sich mit dem wohlriechenden Atem zur stimmigen Gesamterscheinung. Auch der erste gemeinsame Sex ist vom Duft bestimmt: Der Protagonist geht im sexuellen Akt völlig auf, „besteht nur noch aus Schwanz, einem eisenharten, mächtigen, pulsierenden Riesenteil" (Strunk 2021, 153–154); er nimmt den Geruch wahr, der von seiner Sexualpartnerin ausgeht: „Wie gut sie duftet. Wie weich ihre Haut ist. Ihr Atem strömt ruhig und warm über seine Hand. Die Liebe zu ihr drückt ihm die Kehle zu." (Strunk 2021, 154) Das Olfaktorische, das Haptische und das Fluiddynamische erzeugen eine Wohlfühlatmosphäre, Vanessa strömt Wärme aus. Der leibliche Akt des Geschlechtsverkehrs ist bei Strunk vom Riechen und Tasten/Fühlen bestimmt, während akustische Aspekte außen vor sind. Allein der letzte Satz zerstört das harmonische Dreierlei aus Olfaktorik (der Duft), Haptik (die weiche Haut) und Strömungsmechanik (der ruhig und warm strömende Atem): Die Liebe zu ihr hat etwas potenziell Lebensbedrohliches, der Wohlgeruch ist nur temporär und verschwindet dann hinter dem Bild der Kehle, die zugedrückt wird.

---

einer wohlriechenden Duftlandschaft, sondern fügen sich in den olfaktorischen Moloch ein, den Strunk darstellt. Die Speisen sind erkaltet, riechen penetrant, sind vergoren, halb verdaut oder in Zersetzung begriffen, was Ekelgefühle und andere Reaktionen hervorruft. Im Theater ist der Geruch der Speisereste so unerträglich, dass er „die Kehlen wund schabt". (Strunk 2021, 61) Zu konstatieren ist also, dass die Essensgerüche keine duftende Gegenwelt eröffnen, sondern sich als abstoßende Gerüche in die bestehende Romanwelt einfügen.

Sieht man von diesen seltenen Momenten des Wohlgeruchs ab, ist die dargestellte Welt von Schweiß, Nikotin, Schimmel, Ausdünstungen, kurzum: von schlechten, Degout und Widerwillen erregenden Gerüchen dominiert. Im Theater riecht die Luft nach „Schweiß, fettigen Haaren und nach Bratfett" (Strunk 2021, 59), die erkalteten Speisereste dünsten penetrant, faulig und stechend vor sich hin. Die schlechten Gerüche aber bilden nicht allein die Duftkulisse, vor der die Protagonisten handeln, sondern haben eine konkrete Auswirkung auf das Handlungsgeschehen: „Die depressive, schlappe, mutlose Stimmung ist eine geheimnisvolle chemische Verbindung mit den depressiven, schlappen, mutlosen Speisen eingegangen und hängt als muffige Warmhalteglocke hoch droben im zweiten Zug." (Strunk 2021, 59) Stimmung und Geruch bedingen sich reziprok. Ähnlich verhält sich es, als Vanessa in Hildesheim weilt und sich der Protagonist mit Julia, seiner Ex-Freundin, trifft. Sie kehren in eine 24-Stunden-Kneipe ein, die durch ihren Geruch gekennzeichnet wird: „Eine 24-Stunden-Kneipe, schmutzig, spakig, marode, trostlos, in der Luft ein hartnäckiger Geruch nach verstopften Toiletten. Der Gestank dringt ihm in Mund und Nase und gleitet seine Kehle herunter." (Strunk 2021, 163) Der Geruch wird nicht nur nasal, sondern auch oral aufgenommen. Er stellt den ersten Eindruck dar, den die Kneipe bietet, und ist ein Vorbote der Unterredung zwischen Julia und der männlichen Hauptfigur, in der sie mit ihrem Ex-Freund abrechnet. Die Kneipe ist wenig überraschend nicht nur olfaktorisch eine Herausforderung: „Das Licht ist gelb und kränklich, die Luft sirupdick. Auf dem Tisch Mandarinenschalen, in denen jemand Zigaretten ausgedrückt hat, ein Kerzenstummel ragt aus einer von Wachs ertrunkenen, überquellenden Untertasse." (Strunk 2021, 163) Das bereits beschriebene Zusammenspiel visueller und olfaktorischer Wahrnehmungskomponenten, das für den gesamten Roman charakteristisch ist, zeigt sich auch hier: visuelle und olfaktorische Perzeptionen bilden keine entgegengesetzten Pole, sondern ergänzen einander. Ähnliches zeigt sich in der Szene der Geburtstagsfeier Vanessas: Der angemietete Saal in einem Romantik-Hotel, das als „wulstiges, zernagtes, durchfeuchtet wirkendes Gebäude" (Strunk 2021, 231) beschrieben wird, ist mit „haferbreifarbenem Parkett ausgelegt und riecht nach kaltem Rauch, verschüttetem Bier und nicht in Schwung gekommenen Festen". (Strunk 2021, 233) Das Morsche des Gebäudes und der Geruch sind ein untrügliches Indiz dafür, dass die Zusammenkunft anlässlich des Geburtstags von Vanessa aus den Fugen geraten wird, was schließlich auch passiert. Während der Feier kommt es zum verbalen Duell zwischen Vanessas Freund und ihrer Schwester Ina, das bei Holger, der mit Ina liiert ist, einen olfaktorischen Eklat auslöst:

> Ein widerwärtiger, faulig-süßlicher Gestank breitet sich aus. Nicht nur der Geruch selbst ist ekelerregend, sondern auch die Assoziationen, die er auslöst: in Zersetzung begriffene Frikadellen, vergorener Kartoffelsalat, halb verdaute Würstchen. Holger! Aus lauter Angst vor dem

> furchtbaren Wohnmobil hat er seinen Schließmuskel nicht mehr unter Kontrolle. (Strunk 2021, 243)

Wie schon bei WH 3 im *goldenen Handschuh* ist Angst die Ursache für einen olfaktorischen Fauxpas. Seelische Zustände werden mit physiologischen Prozessen verknüpft, das körperliche Wohlbefinden hängt auch an den Gerüchen, die die Luft erfüllen. Der Geburtstag endet alkoholintoxikiert im Hotelzimmer, die Beziehung zwischen Vanessa und dem Protagonisten ist wenige Monate später passé. Die Gerüche haben diese ungleiche und letztlich von Beginn an zum Scheitern verurteilte Liaison – der Text lässt daran wenig Zweifel – begleitet und ihren Verlauf fortwährend untermalt: Wo schlechte Gerüchte omnipräsent sind, kann nichts Bleibendes entstehen, die Atmosphäre, in der die Liebe wachsen und auf fruchtbaren Boden fallen soll, ist von Gestank zersetzt.

3.3 *Das Teemännchen* (2018)

Die Erzählungen und Prosaminiaturen aus dem Band *Das Teemännchen* (2018), der zeitlich zwischen den beiden für diesen Beitrag berücksichtigten Romanen veröffentlicht wurde, vervollständigen und erweitern den Strunk'schen Geruchskosmos. Anders als in den wirklichkeitsnahen Romanen verbindet Strunk in den Kurz- und Kürzestgeschichten des *Teemännchens* ein realistisches Erzählen mit surreal-grotesken Momenten, die mitunter kafkaesk anmuten.

Die Erzählung *Tempo 100* führt den Leser in die Abgründe einer heterosexuellen Beziehung, die längst keine mehr ist. Die Ausweg- und Sinnlosigkeit des Verhältnisses zwischen Michael, genannt Mike, und Marion, seiner seit 24 Jahren sogenannten Lebensabschnittsgefährtin, offenbart sich während einer gemeinsamen Autofahrt, die sie nach Bozen zur Hochzeit eines Freundes führen soll. Die Annäherung an die beiden Figuren erfolgt auf visuellem Wege: Mit wenigen Pinselstrichen wird Michael skizziert, sein äußeres Erscheinungsbild – „ein trauriges Gerippe in zu großen Sandalen und mit spindeldürren, haarlosen Waden, die wenigen grauen Haare zu einem Pferdeschwanz gebunden" (Strunk 2018, 9) – und seine Weltsicht – „Er ist der Prototyp des unbelehrbaren, humorlosen, linken Spießers." (Strunk 2018, 9) –, während über Marion nur wenig preisgegeben wird. Ihr Erscheinungsbild ist silhouettenhaft konturiert, ihre Gedankenwelt bleibt nebulös, allein die tiefe Abneigung gegenüber ihrem Partner wird deutlich. Die Beziehung ist eine „Need-Company. Zu alt, zu leer, zu langweilig, zu dick, zu dünn, zu arm, zu uninteressant, zu alles Mögliche." (Strunk 2018, 10) Michael hat allerdings im Laufe der Zeit sadistische Züge ausgeprägt: Richtet er nach Feierabend Worte an Marion, dann mit der Absicht sie zu züchtigen. „Ödes Gefasel mit näselnder, pfeifender Stimme vorgetragen, um sie zu bestrafen“, heißt es im Text. (Strunk 2018, 10) Um die anderen Verkehrsteilnehmer zu ärgern, fährt er absichtlich langsam. Die Situation zwischen den beiden ist zum Zerreißen gespannt; nicht aber Michaels Aussehen oder sein Verhalten bringen das Fass zum Überlaufen, sondern sein Geruch lässt die Situation schlussendlich eskalieren. „Ihr ist schlecht, eine brodelnde, sich über Stunden hebende und senkende Übelkeit. Sie kann seinen moschusartigen, zwiebeligen Schweißgeruch nicht mehr ertragen und das ewige Gerülpse. Immer wenn er aufstößt, riecht es nach verdorbener Hühnersuppe.“ (Strunk 2018, 12) Die olfaktorische Wahrnehmung gewinnt eine existenzielle Bedeutung, denn die tiefverzweifelte Marion entschließt sich, ins Steuer zu greifen. „Sie muss dem hier, dem sinnlosen, schrecklichen gemeinsamem Leben, ein Ende setzen.“ (Strunk 2018, 12) Der Versuch misslingt, Michael realisiert, was Marion vorhat, und schlägt ihr „mehrmals mit voller Wucht ins Gesicht“, sodass sie blutend, wimmernd und winselnd „wie ein sterbender Hund“ (Strunk 2018, 13) zurückbleibt. Für Marion ist der misslungene Suizidversuch der Beginn neuer umfassender Demütigungen durch ihren Partner, die – im Text nicht mehr selbst beschrieben – die Grenzen von Raum und Zeit sprengen: „Das wird sie ihm büßen, lange, sehr lange, bis ans Ende aller Tage, ans Ende aller Zeit. Die kann sich gar nicht vorstellen, wie langsam er fahren wird, sie werden niemals ankommen, weder in Südtirol noch sonst wo.“ (Strunk 2018, 13) Der Geruch ist also an zentraler Stelle eingebettet in die Erzählung, die in auffälliger Weise mit religiös konnotierten Termini operiert. Begriffe wie Schuld, Bestrafung, Buße strukturieren den kurzen Text, verleihen ihm eine existenzielle Wucht und eröffnen zugleich eine transzendente Ebene. Wenn Michael sich in Bestrafungsphantasien ergeht, Marion schuldig spricht und sie für ihren erweiterten Suizidversuch büßen lässt, geriert er sich als alttestamentarischer, allmächtiger Gott. Die Erzählung kulminiert schließlich im Schlusssatz, der den transzendenten Überbau, der dem Text inhärent ist, deutlich macht: „Sie fahren und fahren und fahren, und durch ein Loch im Universum sickert jetzt die Dunkelheit wie flüssiger Teer.“ (Strunk 2018, 13) Den Figuren bleibt der erlösende Tod versagt.

Auch in der grotesken Erzählung *Borstelgrilleck* spielen Gerüche eine Rolle. Der Text handelt von dem alptraumhaften Niedergang und Verfall der Protagonistin Anja, die von einer „Bauernkalenderschönheit“ (Strunk 2018, 16) zu einer unansehnlichen Frau Mitte 40 degeneriert, so unansehnlich, dass der Chef der Imbissbude, in der sie arbeitet, beschließt, sie in den Keller zu verbannen, wo sie den Blicken der Kunden entzogen ist. Stark zeitraffend erzählt, wird der Verfall Anjas vornehmlich am Visuellen festgemacht: „Dauernd lösen sich ihre Haare und hängen im heißen Fett, das Gesicht ist schrundig, faltig, seltsam starr, dreifach gestaffelte Tränensäcke, Haut gedunsen und rotfleckig, Wasser in den Beinen, Figur ruiniert vom Imbissfraß.“ (Strunk 2018, 20) Der optische Niedergang wird begleitet von

Gerüchen. Im „Pommesmief, Schaschlikmief, Wurstmief, Frikadellenmief“[10] (Strunk 2018, 18) verfällt sie so sehr, dass sie sich peu à peu auflöst und verschwindet. „Wie ein Regenwurm, der beim Überqueren der glühend heißen Straße vertrocknet“, heißt es im Text. (Strunk 2018, 21) Nur die gummibehandschuhten, verkrüppelten Hände, ein „schwach urinöser“ (Strunk 2018, 22) Geruch, der vom Keller nach oben zieht, und von Zeit zu Zeit ein heiseres Flüstern bleiben am Ende von ihr übrig.

Das schon für den Roman *Es ist immer so schön mit dir* konstatierte Zusammenspiel visueller und olfaktorischer Komponenten, das in den Texten Strunks ein rekurrentes Muster ist, zeigt sich auch in der Erzählung *Yummy Whoop Fuck*, die sich um das trostlose, elende Leben einer adipösen namenlosen Frau dreht, die ununterbrochen twittert und zunehmend verfällt. Sie wird zunächst über ihr Aussehen definiert: „Mehrfaches Knubbelkinn, das über Brust und asymmetrischer, Falten und Wülste bildender Wampe ragt.“ (Strunk 2018, 87) Ihr adipöses Erscheinungsbild – sie wiegt, wie der Text verrät, zwischen 120 und 140 Kilogramm bei einer Körpergröße von 1,66 Meter (vgl. Strunk 2018, 87) – verhindert ein positives Selbstwertgefühl.[11] Der trostlosen Wirklichkeit versucht sie zu entkommen, indem sie in die Welt der sozialen Medien flieht, wo sie banalste Dinge zum Besten gibt: „Ein ungeordnetes Sperrfeuer aus verstümmelten Sätzen, Wörtern, Phrasen, Schwachsinn, das beim Lesen eine Art negativen Unterdruck erzeugt.“ (Strunk

---

10 Durchwehen degoutante Essensgerüche die Handlungsräume der beiden untersuchten Romane, rückt das Essen in mehreren Texten des *Teemännchens* gar in den Mittelpunkt. Der Verfall Anjas hängt eng mit den Gerüchen in der Imbissbude zusammen, in der sie arbeitet, in *Yummy Whoop Fuck* dreht sich alles um das Gewicht der namenlosen Protagonistin. Ihr Leben wird vom Essen bestimmt. Dass die Beziehung zwischen Tobias und Jenny in der Erzählung *Jenny Müller* zerbricht, liegt auch am „Fleischinferno“ (Strunk 2018, 36), das der junge Westdeutsche Tobias angewidert zur Kenntnis nimmt, ohne selbst von den Fleisch- und Wurstwaren zu kosten. Im Text heißt es: „Er bekommt so gut wie nichts hinunter mit seinem verkorksten Magen.“ (Strunk 2018, 36) Das Geschehen in der Erzählung *Sizzling Hot*, das um ein adipöses Pärchen kreist, spielt an einer Autobahnraststätte, zu deren konstitutiven Merkmalen, wie der Erzähler zu Beginn anmerkt, neben Kondomautomaten, Pornozeitschriften und Fernfahrerduschen auch der „Müllfraß“ (Strunk 2018, 71) gehört, der den Gestrandeten dort offeriert wird. Der Akt des Essens selbst hat nichts Nachahmenswertes an sich: „[Sie] schlingen, stopfen, schieben, schaufeln die rot-weiß-braune Leckerei in sich rein, ohne dabei ein Wort zu wechseln.“ (Strunk 2018, 73) Essen wird schlicht einverleibt und landet später aus Unachtsamkeit auf dem Boden, was angeekelte Blicke nach sich zieht.

11 Ihre fehlende Selbstachtung zeigt sich auch auf dem Feld des Sexuellen. Sie setzt sich devianten, erniedrigenden Sexualpraktiken aus, die sie zwar nicht goutiert, aber über sich ergehen lässt. Ein Kölner, mit dem sie eine Affäre hat, den sie an den Wochenenden besucht und der sie konsequent von der Öffentlichkeit abschirmt, weil ihm ihre Körperfülle peinlich ist, erprobt seine urophilen Neigungen an ihr: „Manchmal hat er sie angepisst, da hatte er Lust drauf. Sie musste mit geöffnetem Mund so lange vor ihm knien, bis er losstrullte.“ (Strunk 2018, 91)

2018, 88) Der Verfallsprozess aber, der sich wie ein roter Faden durch die Erzählungen des *Teemännchens* zieht, hat auch hier längst eingesetzt und ist unumkehrbar: „Die über das ganze Leben verhängte Aussichtslosigkeit und das kaputte Innenleben deformieren sie immer mehr." (Strunk 2018, 92) An dieser signifikanten Stelle kommt der olfaktorische Aspekt ins Spiel, der die Unabwendbarkeit des Verfalls unterstreicht: „Obwohl sie mehrmals am Tag duscht, riecht sie bitter. Das schlechte Essen und der billige Alkohol und die vielen Zigaretten und die Tonnen an Schminke haben sie bis in die letzte Pore kontaminiert, sie dünstet unablässig aus." (Strunk 2018, 92) Der schlechte Geruch haftet an ihr wie Pech und Schwefel, die Ausdünstungen sind nicht temporär, sondern permanent, die Verelendung nimmt ihren nicht mehr aufzuhaltenden Lauf, ihre existenzielle Verzweiflung bricht sich in stundenlangen Weinorgien Bahn, „während sie weiterschreibt", wie es im Text heißt. (Strunk 2018, 93) Der Verfall ist sowohl visueller als auch olfaktorischer und mentaler Natur – die drei Bereiche sind miteinander verknüpft und können nicht einfach voneinander separiert werden –; übrig bleibt am Ende, wie in der Erzählung *Borstelgrilleck* auch, ein menschliches Wrack. In *Yummy Whoop Fuck* stützt also die olfaktorische Wahrnehmung die Darstellung des Visuellen, die um die verheerende mentale Verfassung der Protagonistin ergänzt wird. Dieses Gesamtbild wird durch die eingeschobenen fiktiven Tweets, die typographisch durch Kursivsetzung vom restlichen Text abgehoben sind, kontrastiert, was die große Diskrepanz zwischen Realität und digitaler Welt verdeutlicht. Ein Tweet, der suggeriert, dass alles in bester Ordnung sei, beschließt die Erzählung und betont so emphatisch noch einmal die schon beschriebene Kluft zwischen (realem) Sein und wirklichkeitsverleugnender Selbstdarstellung im digitalen Raum.

4 Strunks Geruchskosmos

Heinz Strunk entwirft in seinen Texten eine Welt der Leiblichkeit, die beispielsweise an die präklassische Welt eines François Rabelais erinnert, wie sie Michail Bachtin in seiner grundlegenden Studie *Rabelais und seine Welt. Volkskultur als Gegenkultur* (1965/1995) umfassend beschrieben hat. Das Primat des Olfaktorischen gegenüber dem Akustischen ist Ausdruck dieser Welt des Leiblichen, die neben dem Geruchsaspekt weitere Merkmale aufweist, die in Strunks Texten redundant auftauchen: eine vulgäre Fäkalsprache, das Fokussieren auf menschliche Grundbedürfnisse wie Essen, Trinken und Koitieren, die ostentative Erwähnung von Ausscheidungsprozessen aller Art, vom Urinieren über das Defäkieren bis zum Vomieren. Wo menschlichen Grundbedürfnissen und Ausscheidungsprozessen so viel

Raum gegeben wird, ist es nachzuvollziehen, dass dem Olfaktorischen eine exponierte Rolle zukommt.

Gerüche haben bei Strunk keine sozialdistinktive Funktion. Sie dienen nicht dazu, das gesellschaftliche Oben vom Unten zu scheiden. Vielmehr ist die Welt so organisiert, dass schlechte Gerüche allerorten zu finden sind, während das Wohlriechende nur temporär erscheint oder gleich ganz in den Bereich der Imagination verbannt ist. In der kontaminierten Welt, die im *goldenen Handschuh* präsentiert wird, sind Wohlgerüche nurmehr ein Produkt der Phantasie, ein Eskapismus aus der trostlosen Realität, die nichts Wohlriechendes mehr zu bieten hat. Die schlechten Gerüche fügen sich in eine Welt ein, die verrottet und vermodert ist und keine Aussicht auf Besserung bereithält. Sie stehen nicht allein für sich und bilden nur die Kulisse, sondern sind in das Geschehen integriert und haben spürbare Auswirkungen auf die Verfassung der handelnden Figuren. Durch die enge Verknüpfung mit anderen Sinneswahrnehmungen sind sie ein zentraler Baustein der erzählerischen Gestaltung. Während das Akustische nur eine marginale Rolle bei Strunk spielt, gehen visuelle und olfaktorische Komponenten zumeist eine die entstandenen Eindrücke stützende Verbindung ein. Gerüche und optische Reize subvertieren das Geschehen nicht, sondern affirmieren es und wirken oft verstärkend. Strunks von Ekel, Verfall und zwischenmenschlichen Aversionen geprägte Welt ist trost- und aussichtslos, in dieser Trost- und Aussichtslosigkeit aber konsistent (wenn auch mitunter grotesk und nachgerade kafkaesk). Gerüche haben außerdem häufig eine kassandrische Funktion, indem sie auf kommendes Unheil vorausweisen. Der unvermeidliche Weg nach unten, der v.a. die Texte des *Teemännchens* kennzeichnet, der körperliche Verfall machen sich bei Strunk stets (auch) an Gerüchen fest. Seine Erzählwelt ist, das kann abschließend konstatiert werden, eine Welt der schlechten Gerüche, in der das Wohlduftende mit all seinen Assoziationen nur noch eine ephemere Erscheinung darstellt oder eben gar nicht mehr existent ist.

Primärliteratur

Doderer, Heimito von: Repertorium. Ein Begreifbuch von höheren und niederen Lebens-Sachen. München: Biederstein 1969.

Strunk, Heinz: Der goldene Handschuh. Reinbek bei Hamburg: Rowohlt 2016.

Strunk, Heinz: Das Teemännchen. Reinbek bei Hamburg: Rowohlt 2018.

Strunk, Heinz: Es ist immer so schön mit dir. Hamburg: Rowohlt 2021.

Sekundärliteratur

Babilon, Daniela: The Power of Smell in American Literature: Odor, Affect, and Social Inequality. Frankfurt a.M.: Lang 2017.

Bachtin, Michail: Rabelais und seine Welt. Volkskultur als Gegenkultur. 8. Aufl. Frankfurt a.M.: Suhrkamp 1995.

Eichhorn, Kristin/Frank Krause (Hg.): Expressionismus 18. Riechen und Gerüche. Berlin: Neofelis 2023.

Herold, Katharina/Frank Krause (Hg.): Smell and Social Life: Aspects of English, French and German Literature (1880–1939). München: Iudicium 2021.

Krause, Frank: Geruchslandschaften mit Kriegsleichen. Deutsche, englische und französische Prosa zum Ersten Weltkrieg. Göttingen: V&R Unipress 2016.

Krause, Frank: ‚... sie werden in dionysischen Sandalen stinken ...'. Zur Problemgeschichte von Geruchsmotiven im Werk von Carl Einstein. In: Jasmin Grande/Eva Wiegmann/Maria Männig/Walter Delabar (Hg.): Einstein: Ein Widerbesuch bei Carl Einstein mit philologischen Perspektiven, Fragen zum Wissen der Moderne, zur Ästhetik, Avantgarde und ihren medialen Praktiken, zum Kritiker und dessen Netzwerk und zu den inter- und transkulturellen Zugängen. Bielefeld: Aisthesis 2022, S. 99–103.

Krause, Frank: Geruch und Glaube in der Literatur. Selbst und Natur in deutschsprachigen Texten von Brockes bis Handke. Berlin/Boston: Düsseldorf UP 2023.

Rindisbacher, Hans J.: The Smell of Books: A Cultural-Historical Study of Olfactory Perception in Literature. Ann Arbor: University of Michigan Press 1992.

Sutherland, John. Orwell's Nose: A Pathological Biography. London: Reaktion Books 2016.

Weilandt, Maria: Stereotyped Scents and ‚Elegant Reality' in Edmond de Goncourt's Chérie (1884). In: Katharina Herold/Frank Krause (Hg.): Smell and Social Life: Aspects of English, French and German Literature (1880–1939). München: Iudicium 2021, S. 55–66.

Teil III: **Lektüren**

Erika Thomalla

Steps of Success: Die Poetik des Ratgebers in der *Titanic*-Kolumne *Das Strunk-Prinzip*

Die Helden von Heinz Strunks Romanen und Erzählungen sind nicht gerade das, was man in der Sprache des Self-Managements als ‚Gewinnertypen' bezeichnen würde. Sie haben Hautprobleme, interessieren sich für Frauen, die sie nicht bekommen können, leiden an den immergleichen Routinen ihres Alltags und schlagen sich oft erfolglos, manchmal kriminell durchs Leben. Im Zentrum fast jeder Strunk-Geschichte steht der „Phänotyp eines Manns", der an der „Lücke [...] zwischen Anspruch und Wirklichkeit" scheitert (Rüther 2023 unpag.). „Loser-Voyeurismus" hat das ein Rezensent einmal kritisch genannt und bemängelt, dass Strunks Porträts mittelmäßiger Männerfiguren auch da, wo sie aus der Ich-Perspektive beschrieben werden, „vulgär und herablassend" seien (Briegleb 2017 unpag.). Diese Kritik verkennt allerdings, dass Strunk gerade solchen frustrierten Durchschnittstypen oder ‚Losern' eine empathische, detailverliebte Aufmerksamkeit entgegenbringt. Die Sprache und der Alltag der Figuren, die oftmals starke Parallelen zu seiner autofiktionalen Persona aufweisen, werden wertfrei, ohne Überheblichkeit nachgezeichnet. Im Gegenteil erweisen sich gerade jene Protagonisten, die sich für moralisch oder intellektuell überlegen halten und meinen, ihr Leben bestens im Griff zu haben, oft als die eigentlich verkorksten (vgl. Thomalla 2021, 21; Thomalla 2022, 11). Strunks Interesse gilt den Abgründen und Kehrseiten der sogenannten Normalität. Seine Texte zeugen von einer Skepsis gegenüber perfekten Erfolgsbiografien – und damit auch gegenüber jenen Personen und Redeweisen, die festlegen, was gelungene und was gescheiterte Existenzen sind.

Zu dieser Poetik gibt es eine Art Programmschrift: Die Kolumne *Das Strunk-Prinzip*, die ab 2012 in der Satire-Zeitschrift *Titanic* erschien. Mit dem Ende der Kolumne im Jahr 2014 publizierte Strunk die Texte nochmals gesammelt und teilweise überarbeitet in Buchform. *Das Strunk-Prinzip* imitiert die Rhetorik, die Argumentation, den Stil, die Themen sowie die Bildsprache zeitgenössischer Lebensratgeber, die seit den 1990er-Jahren zunehmend auf ein Programm der Selbstverantwortung und der Selbstoptimierung umstellten. Die Möglichkeit, ein ‚gelungenes', glückliches und erfolgreiches Leben zu erreichen, wurde der Eigenleistung des Einzelnen überantwortet.

Wie im Folgenden gezeigt wird, läuft Strunks Nachahmung der Ratgeberliteratur aber nicht auf eine bloße Parodie solcher Selbstoptimierungsideologien hinaus. Die mit dem Verfasser bzw. mit dessen Autorpseudonym namensidentische

https://doi.org/10.1515/9783111408798-009

Sprecherinstanz[1] nimmt keine verlässliche oder stabile Position ein. Einerseits betreibt die Kolumne eine Zuspitzung und Übersteigerung der Sprache des Self-Empowerments und des Selbstmanagements, andererseits aber kehrt sie die Logiken des Ratgebergenres um und entwirft damit alternative Modelle einer gelungenen Lebensführung. Ebenso wie in Strunks erzählerischem Werk verbindet sich auch in seinen satirischen Kolumnen oftmals eine groteske, überzeichnete Komik mit einem empathischen Blick auf soziale Randgruppen und Außenseiter (Hansen 2017, 121–133). Als Gattungssatire richtet sich *Das Strunk-Prinzip* aber nicht nur auf die Inhalte von Selbstoptimierungsideologien, sondern vor allem auf deren Form. Durch die Unberechenbarkeit der Sprecherposition wird der Fokus darauf gelenkt, wie die Gattung der Ratgeberliteratur die Differenz zwischen dem Normalen und dem Anormalen, zwischen Erfolg und Scheitern rhetorisch und formalästhetisch konstituiert. Und darauf, dass sich diese Unterscheidungen auch ganz anders vornehmen lassen.

1 Erfolg als Einstellungsfrage

Das *Strunk-Prinzip* empfiehlt sich durch die strahlende Physiognomie seines Erfinders. Das Autorenfoto, das seit der zweiten *Titanic*-Kolumne im April 2012 monatlich in jedem Heft abgedruckt wurde, zeigt einen gepflegten Heinz Strunk mit Krawatte, Nadelstreifenweste, Goldring, Brille und Stift in der Hand. Das Bild wirbt nicht nur mit Insignien des Wohlstands, der Seriosität, der Kompetenz und des Erfolgs, sondern demonstriert die Resultate der Empfehlungen auch am Autor selbst (Abb. 1). Noch offensiver wird die vorgebliche Effizienz des „Prinzips" in der Buchfassung der Kolumnen zur Schau gestellt: Während Strunk auf dem Rückdeckel vor rotem Hintergrund im gelben Rollkragenpullover mit abgekämpftem, trübem Blick und gerunzelter Stirn in die Kamera blickt, befindet sich auf dem Cover ein Bild, das ihn mit breitem Lachen, gebleachten Zähnen, Anzug, roter Krawatte und dynamischer Körperhaltung zeigt. Sein Zeigefinger ist auf das imaginäre Publikum gerichtet, das sich dadurch gleichermaßen adressiert und zur aktiven Rezeption aufgefordert fühlen darf (Abb. 2). Im Klappentext ist nachzulesen, dass der Autor das „STRUNK-PRINZIP in einer sogenannten Blindstudie" zunächst „an sich selbst" getestet habe: „Bereits nach einem Vierteljahr waren Depressionen, Alkoholabhän-

1 Seit 1992 verwendet Mathias Halfpape das Pseudonym Heinz Strunk, vgl. Munzinger. Internationales Biographisches Archiv 45 (2021) vom 09.11.2021, unter: https://www.munzinger.de/search/portrait/Heinz+Strunk/0/26949.html, zuletzt aufgerufen am 30.10.2025.

gigkeit und beginnende Adipositas praktisch nicht mehr nachweisbar“ (Strunk 2014).

Flüssig geschrieben!

AUCH FÜR DEN LAIEN VERSTÄNDLICH!

DAS STRUNK-PRINZIP

Gefühle – Vielfalt pur!

Heinz Strunk hat seinen Satirestachel noch mal richtig angespitzt! Piekst er zu, erkranken seine »Opfer« an Lachkrämpfen, Witzinfarkt und Pointenverschluß. Und dann kann sie nichts mehr retten, noch nicht einmal das STRUNK-PRINZIP!

Pünktlich zum Oktober, dem Monat der Frühlingsgefühle!

Abb. 1: Aus Titanic 10/2014, 62

Strunk ironisiert damit eine Werbestrategie, die in der Ratgeberliteratur der Zeit allgegenwärtig ist. Der Ratgeber erlebte auf dem deutschen Buchmarkt seit Mitte der 1990er-Jahre einen unvergleichlichen Aufschwung. Er entwickelte sich innerhalb weniger Jahre zum erfolgreichsten Sachbuchgenre. Als Konsequenz dieser Entwicklung führte die deutsche Buchbranche 2007 eine Trennung zwischen der vormals zusammengefassten Warengruppe Ratgeber und Sachbuch ein (vgl. Pohl 2007, 116). Sechs Jahre später betrug der Anteil von Ratgeberliteratur am Gesamtmarkt bereits 16,7 Prozent: Es handle sich um eine „Top-Warengruppe“ mit beständigen Zuwächsen in fast allen Bereichen, stellte das *Börsenblatt* fest (Börsenblatt 2013). Neben diesem quantitativen Zuwachs veränderten sich auch der Ansatz und die Tonalität der Gattung. Das betrifft insbesondere jene Segmente des Ratgebers, die sich mit Lebenshilfe, Lebensführung, Berufscoaching und persönlicher Entwicklung befassten.

Abb. 2: Cover von Strunk 2014

Bereits in den 1960er- und 1970er-Jahren wandten sich die Lebensratgeber von einem Programm der Disziplinierung und der Willensschulung ab und erklärten die individuelle Entfaltung und Zufriedenheit zum Ziel gelungener Lebensführung (vgl. Senne/Hesse 2019, 201–308) Seit Mitte der 1990er Jahre rückten die Themen der Eigenverantwortung und des Selbstmanagements in den Fokus des Genres. Als Konsequenz eines globalisierten Arbeitsmarkts und dynamischer Marktentwicklungen drehte sich ein beträchtlicher Teil der Literatur um „ein ökonomisiertes, unternehmerisches Selbst, dessen Herauslösung aus als überkommen empfundenen traditionellen Arbeitsbeziehungen in eine Führung seiner selbst als Unternehmen im Kleinen münden“ sollte (Senne/Hesse 2019, 311). Vor allem in der „Informations- und Kommunikationstechnologiebranche, im Weiterbildungs- und Beratungssektor und den Unternehmen der New Economy“ wurde der sogenannte „Arbeitskraftunternehmer“ zum neuen Rollenmodell (Bröckling 2013, 49).

Dieser Trend verstärkte sich mit der Wirtschaftskrise der frühen 2000er Jahre und dem damit verbundenen Anstieg der Arbeitslosenzahlen. Vielfach wurde jetzt gefordert, weniger auf ‚traditionelle‘ Berufswege und Erwerbsbiografien zu setzen, sondern stattdessen an der eigenen Flexibilität, Anpassungsfähigkeit und Selbstvermarktungsstrategie zu arbeiten (vgl. Sennett 2001).[2] Diese Zielsetzungen gelungenen Selbstmanagements bildeten sich bereits auf den Covern der Ratgeberliteratur ab. Ein beliebtes Motiv war die „schwungvoll-energetische Körperhaltung eines Anzugträgers“ (Senne/Hesse 2019, 311), der sich – ähnlich wie Strunk – als lebender Beweis für die Wirksamkeit der vermittelten Inhalte präsentierte (Abb. 3).[3] Die Glaubwürdigkeit der Lebensratgeber wurde verstärkt an der individuellen Biografie eines Verfassers festgemacht, der sich gegen alle Widerstände und trotz einer ungünstigen Ausgangslage den Weg an die Spitze erkämpft, aus einer Depression befreit oder das große Glück gefunden habe. Die zugehörige, notorisch in Vorworten und auf Klappentexten gebrauchte Formel, mit der auch das *Strunk-Prinzip* wirbt, lautet: „Ich habe es geschafft. Und Sie können es auch schaffen!“ (Strunk 2014).

Abb. 3: Cover von Jürgen Höller: *Sprenge deine Grenzen*. Weinheim: Wiley 2010

2 Siehe auch Simon Roloff: Die Ausweitung der Coaching-Zone. Drei Versuche zur Selbstoptimierung in der Mittelschicht, Bielefeld 2023, S. 73ff.

3 Das Cover von *Das Strunk-Prinzip* orientiert sich offenbar an dem Cover (Abb. 3) des Buchs *Sprenge deine Grenzen* (1998) von dem Coach Jürgen Höller, den Strunk im Interview zu diesem Band nennt.

Die Lebensratgeber der 1990er und 2000er Jahre gehen davon aus, dass individuelles Glück und beruflicher Erfolg in der Verantwortung des Einzelnen liegen. Es handle sich um eine Frage der richtigen Haltung: „Geld wird eher diejenigen erreichen, die über Entschlossenheit, Talent und ein hohes Selbstwertgefühl verfügen, [...] so dass sie Risiken eingehen können, über ein gutes Urteilsvermögen verfügen und einen guten Sinn für das richtige Timing haben", heißt es paradigmatisch in einem Klassiker der Gattung (Sinetar 1989, 124).[4] Wer dieses Prinzip erkannt habe, werde zur ‚Gewinner'- oder ‚Sieger'-Persönlichkeit. Aus Sicht der Lebensratgeber zeichnet sich der Erfolgstypus nicht durch naturgegebene Charaktereigenschaften aus, sondern durch die Fähigkeit, das ‚Mindset' umzustellen: „Das Leben gleicht einem Kombinationsschloß, bloß mit mehr Zahlen. Wenn Sie die richtigen Zahlen in der richtigen Reihenfolge einstellen, wird sich das Schloß für Sie öffnen. Es spielt keine Rolle wer Sie sind, solange Sie die richtige Zahlenkombination haben" (Tracy 1998, 11). Das sogenannte „Gewinner-Prinzip" (Tracy 1998, 11) beruht demnach auf erlernbaren Regeln. Wer sie einmal verstanden und sich angeeignet hat, kann mit einer Veränderung seiner ganzen Person rechnen.

Allerdings warnen die Ratgeber davor, dass solche Gewinner-Persönlichkeiten oft mit dem Neid und Anfeindungen ihrer innovationsfeindlichen Umwelt konfrontiert werden: „Menschen mit Gewinner-Persönlichkeit, die flexibel, neugierig und anpassungsfähig wirken [...], sich Krisen und Konflikten gegenüber offen und aufgeschlossen verhalten, stoßen vielfach auf das Unverständnis ihrer Vorgesetzten, ihrer Kollegen, ihrer Familie oder ihrer Freunde" (Kluge 2007, 87).[5] Die Lebensratgeber ermutigen die ‚Gewinner'-Typen daher dazu, sich von der Engstirnigkeit ihres Umfelds nicht verunsichern zu lassen und „Schuldverdächtigungen" zurück-zuweisen. Es gehe um „Empowerment": „Weil Sie einzigartig und komplex sind, werden Sie unter Umständen eine besondere Art von Einsamkeit erfahren. [...] Vielleicht hilft es Ihnen zu wissen: Je stärker Sie werden und je weiter Sie sich entwickeln, desto außergewöhnlicher werden Sie" (Kluge 2007, 93). Das ‚Ich' soll also zu einer durchsetzungsstarken Marke werden. Solche Erfolgsrezepte werden auch etymologisch abgesichert. So weist die amerikanische Sachbuchautorin Harriet Rubin darauf hin, dass das englische Wort für Marke, „brand", auf den Prozess des Destillierens („brandy") zurückzuführen sei, bei dem alles Unnötige und Triviale

---

4 [M]oney is more likely to follow the person with determination, talent and the high self-esteem that allows him to be a healthy chooser, so that his risk taking, judgement skills and sense of timing are sound.

5 Im Original heißt es „ihren Freunden", dieser Fehler wurde korrigiert.

herausgebrannt werde: „Eine Marke ist Ihre Essenz: wer Sie sind, wenn Sie alles Überflüssige wegbrennen“ (Rubin 1999, 77).[6]

Diese Aufwertung exzentrischer Individualität verbindet sich mit einer Tendenz zur Didaktisierung, Schematisierung und Präsentation einfacher Lösungswege. Die Ratgeberliteratur wartet mit scheinbar wissenschaftlich belegten Theorien auf, die in simple ‚Formeln‘ oder ‚Prinzipien‘ übertragen werden sollen. Titel wie *Die Formel des Erfolgs*, *Der Glücks-Faktor*, *Das Maximum-* oder *Das Gewinner-Prinzip* suggerieren, dass der Grund für die Differenz zwischen den gesellschaftlichen Siegern und Verlierern – wie in der Metapher vom Zahlenschloss – durch einfache Kniffe und Anwendungen überwindbar ist (Enkelmann/Böttcher 1992; Seligman/Brockert 2005; Tracy 2000, 2003). Wenn man nur will, lässt sich ein neues Leben durch ein „100 Schritte-“ oder „10 Punkte-Programm“, in „7 Tagen“ oder durch „7 Bausteine“ erreichen (vgl. Kirschner 1997; Morin 2001; McKenna 2006). Das *Strunk-Prinzip* greift auch diesen seinerseits realsatirischen Topos auf: Die „Glücksformel“, die der Verfasser entdeckt habe, sei durch wenige „Steps of Success“ erreichbar (Strunk 2014).

In den zeitgenössischen Ratgebern werden solche einfachen Prinzipien mithilfe von kleinen, mitunter dilettantisch anmutenden Zeichnungen vom ‚Glücksbaum‘ bis zur ‚Erfolgspyramide‘ visualisiert. Die Texte arbeiten mit Checklisten, Persönlichkeitstests oder Suggestivfragen: „Wie halten Sie durch? [...] Sie kennen die Antwort, es hat mir Ihrer Einstellung zu tun. [...] Denken Sie darüber nach, wie es ist, wenn Sie es nicht tun. Wie fühlen Sie sich dann? Fühlen Sie, wie energielos Sie morgens sind? [...] ...und sagen Sie nicht: Das ist schwer! [...] Sie beweisen sich dadurch nichts, wenn Sie behaupten, es ist schwer. Außer, dass es schwer ist. Wollen Sie das?“ (Mazur 2018, 60). Solche suggestiven Fragen und die daraus abgeleiteten Botschaften werden auch typografisch und satztechnisch unterstrichen: durch Fettschreibung, Großbuchstaben oder Zeilenumbrüche, die einzelne Merksätze oder Regeln im Schriftbild absetzen und hervorheben. So komplex die ‚Formeln‘ oder ‚Quotienten‘ angeblich sind, ihre Vermittlung und Aneignung soll über schlichte Slogans, Allegorien, Grafiken Schlüsselbegriffe und Motti möglich sein.

6 „A brand is your essence. Who you are when you burn away all that is excess.“ (eigene Übersetzung).

2 Macher oder Mitmacher

Diese Tendenzen zeitgenössischer Lebensratgeber bilden den Hintergrund für Strunks Adaption. *Das Strunk-Prinzip* greift nicht nur die Topoi und Rhetoriken der Selbstmanagement-Anleitungen auf, sondern entwickelt auch eine spezifische Sensibilität für die Eigenheiten der Gattung: Einerseits erhebt die Kolumne den Anspruch, hochkomplexe wissenschaftliche Erkenntnisse zu vermitteln, andererseits wählt sie dafür einen hyperdidaktischen Duktus, der den Lesenden wenig gedankliche Eigenständigkeit zuzutrauen scheint. So wird etwa regelmäßig auf die einfache Verständlichkeit des Texts hingewiesen: „Ohne unnötige Fremdwörter!", „Auch für den Laien verständlich!", „Angenehm zu lesen!", „Heute in Kindersprache!", „Nur bekannte Worte!", „Kein Kauderwelsch!", „Endlich Klartext!" sowie „In Normalschriftgröße!" und „GROSSE BUCHSTABEN!" (vgl. Strunk 7, 9, 11/2012, 65, 62; 2, 4, 9, 12/2013, 62). Das *Strunk-Prinzip* basiert der Behauptung nach auf „allerneuesten Forschungsergebnissen" und halte Antworten „auf über 9000 Kernfragen bereit" (Strunk 12/2012, 62). Dieses Expertenwissen werde vom Verfasser in der „Light-Version für Kiddies, Kinder und Jugendliche", in „bildreicher Sprache" für „Umschüler" und „Nonabiturienten" oder sogar in „Babysprache" wiedergegeben (Strunk 8/2013, 62; 2/2012, 62).

Auch inhaltlich übernimmt Strunk die Tendenz der Ratgeberliteratur zur Vereinfachung und Didaktisierung. So etwa in einer Kolumne mit dem Titel *Tiere – Partner des Menschen*, die verspricht, überraschende Antworten auf scheinbar einfache Fragen zu liefern: „Das STRUNK-PRINZIP fragt erst einmal ganz naiv in die Runde: Was genau sind eigentlich Tiere?" Nach einer selektiven Liste einzelner Tierarten, in der Pferde als „nutzlos" und „dumm", Kühe als „lieb" und Katzen als „verschlagen" klassifiziert werden, folgt die „Grunddefinition": „Ein Tier ist keine Pflanze, aber auch kein Pilz" (Strunk 2/2013, 62). In einer anderen Kolumne wird das Thema „Lifedesign" „Schritt für Schritt" erklärt, indem der Wohnraum systematisch und „sachlich" in die vier Unterpunkte Flur, Wohnzimmer, Küche und Keller aufgeteilt wird (Strunk 7/2012, 56). Neben solchen Pseudodefinitionen und Scheinsystematiken fließen in die Kolumnen immer wieder Sprichwörter ein („Einfach mal fünfe grade sein lassen") oder es werden Allgemeinplätze aus dem Arsenal der Lebenshilfe empfohlen („Denken Sie an die schönen Dinge des Lebens") (Strunk 10/2014, 63).

Besonders prägnant wird die suggestive, didaktische Rhetorik im Vorwort zur Buchfassung des *Strunk-Prinzips* aufgegriffen, das auf einer *Titanic*-Kolumne mit dem Titel *Erfolg – alles oder nichts* basiert (Strunk 9/2014, 62–63). Hier werden sämtliche rhetorische und gestalterische Merkmale der Ratgeberliteratur aufgegriffen und parodiert. Der beginnt mit einer Ansprache an die Leserschaft, die an den Auftritt eines Motivationstrainers vor Publikum erinnert:

> Frage: Warum ist Ihre Kaufentscheidung gerade zugunsten dieses Buches gefallen? Weil Sie hochzufrieden mit sich und Ihrem Leben sind? Weil Sie bereits jetzt genug von allem haben? Geld, Sex, Macht? Weil Sie alles erreicht haben, was Sie sich vorgenommen haben?
>
> SICHER NICHT!
>
> Sondern weil Sie MEHR wollen, weil Sie zukünftig nicht mehr zu den MITMACHERN zählen wollen, sondern zu den MACHERN. Was unterscheidet diese beiden Typen?
>
> ERFOLG! (Strunk 2017, 7)

Strunks Beschreibung des Machers greift die Charakterisierung der „Gewinner-Persönlichkeiten“ in den zeitgenössischen Management-Ratgebern auf. Während der Mitmacher „bescheiden“, „ängstlich“ und „erfolglos“ sei, mit „hängenden Schultern“ sowie einem „seltsamen Watschelgang“ durchs Leben gehe und einen „schweißigen, nassen Händedruck“ habe, sei der Macher ein Erfolgstyp in bester physischer Verfassung. Er habe stets „ein Lächeln auf den Lippen“ und wisse: „Eine schwache Hand gehört gebrochen“ (Strunk 2017, 10).

Das Vorwort buchstabiert aus, was in der Ratgeberliteratur implizit bleibt. In dem Maße wie ökonomischer Erfolg, gutes Aussehen oder ein glückliches Liebesleben auf individuelle Willensstärke und Anstrengung zurückgeführt werden, findet eine Abwertung sozialer ‚Verlierer‘ statt. Wer im Berufs- oder Privatleben keine beeindruckenden Resultate vorweisen kann, muss sich das nach dieser Logik selbst zuschreiben: „Es ist allein Ihre Entscheidung: Wollen Sie Wirtschaftskapitän, Diktator oder Malerfürst sein oder als Wurzelsepp, Latrinenwart oder Olm im Rinnstein enden?“ (Strunk 2017, 12). Während der „Mitmacher“ selbstverschuldet im sozialen Elend ende, weil er sich die Prinzipien des Erfolgs nicht zu eigen gemacht habe, zeichne sich der erfolgreiche „Macher“ dadurch aus, dass er da, wo die Realität noch nicht den Wunschvorstellungen entspreche, auf simulierte Kompetenz und selbstbewusste Rhetorik setze: „Der Erfolgreiche weiß: ‚*Was* man sagt, ist zu 93 % egal, *wie* man es sagt, ist entscheidend“ (Strunk 2017, 10).

Diese Maxime ist zugleich das heimliche Rezept für die Machart des *Strunk-Prinzips*. Als Personifikation des erfolgreichen ‚Machers‘ verbindet Strunks Ratgeber-Persona das unbescheidene Lob der eigenen Genialität mit einer unver-hohlenen Geringschätzung seines Publikums. Während der Einsatz von Großbuchstaben, Merksätzen, Allgemeinplätzen und banalen Definitionen sowie die Hinweise auf die leichte Verständlichkeit („Das versteht nun wirklich jeder!“ (Strunk, 2/2012, 62)) suggerieren, dass die kognitiven Fähigkeiten des Publikums eher niedrig eingestuft werden, dient der Rückgriff auf ein scheinbar wissenschaftliches Vokabular oder gelehrte Floskeln dazu, den Anschein von Sachkompetenz zu erzeugen. Die Texte sind gespickt mit lateinischen Sprüchen, Literaturhinweisen sowie metaphern- oder fremdwortreichen Definitionen:

> Der systemtheoretische Kommunikationsbegriff nach Saugenstein (siehe auch die Saugenstein-Vermutung, S. 564 ff.) schließt auch die taktile Kommunikation ein sowie das Impression Management (durch Kleidung, Frisur usw.) und vegetative Symptome (Erröten, Schwitzen, Pupillengröße). Man sieht jetzt schon: ein Fass ohne Boden. *Quid sit futurum cras, fuge quaerere* – Was morgen sein wird, frage nicht! (Strunk 4/2014, 62)

Die Texte machen beobachtbar, wie aus banalen Feststellungen komplexe Analysen konstruiert werden. Einleitend bezeichnet Strunk die behandelten Themen oft als „facettenreich" (Strunk 11/2013, 62) oder „vielfältig" (Strunk 12/2012, 62), als „Themenspindeln" oder „Themenkomplexe" (Strunk 9/2013, 62), die man nur durch ausgeklügelte, eigens dafür entwickelte Analyseverfahren bewältigen könne: „Das Strunk-Prinzip nähert sich diesem vielschichtigen Thema im Spinnenverfahren, also scheinbar beliebig und von allen Seiten, um die Nuss dann blitzartig zu knacken" (Strunk 1/2014, 62).

Getreu dem Motto, dass das „wie" entscheidender ist als das „was", erfindet Strunk Etymologien, um sie in seine Argumentation einzupassen: „Was ist die Grundlage des Erfolges? […] Du musst MOTIVIERT sein. Das Wort kennt jeder, aber wissen Sie auch, was es bedeutet? Es kommt aus dem Griechischen und heißt: Moti = du kannst, vation = alles, was du willst" (Strunk 2017, 8).[7] Die Kolumnen führen damit vor, was sie lehren: ‚Erfolgsformeln', ‚Glücksquotienten' oder ‚Gewinnerprinzipien' sind keine Angelegenheit der Wissenschaft, sondern eine Frage der Rhetorik und der Selbst-Affirmation. Ein Erfolgsmensch ist jemand, der von sich behauptet, einer zu sein – und der genau benennen kann, was ihn von anderen, weniger erfolgreichen Personen unterscheidet. Ohne Verlierer gibt es keine Gewinner.

3 PRO- und ANT-bleme

Es gibt viele Kolumnen von Strunk, die genau diese Logik aufgreifen und überaffirmieren. Personen, die sich nicht in „Top-Kondition" befinden, bescheinigt *Das Strunk-Prinzip* charakterliche Defizite oder fehlende Disziplin. So wird etwa

7 Vgl. die entsprechende Passage in der Kolumne Erfolg – alles oder nichts, in: Titanic 9/2014, 62–63, hier 62.

behauptet, dass der Konsum von Junk-Food mit einer „Ich-Schwäche“ einhergehe (Strunk 12/2012, 62). Alte Menschen, deren Körper „überwiegend aus Fettschmand“ bestünden, sind aus Sicht des Kolumnisten eine gesellschaftliche Bürde. Die beste Idee für ihre produktive Verwendung habe bisher die deutsche Post „mit ihrem neuen Service ‚Handgeleckt‘“ präsentiert: „Die Rentner sitzen im Postamt auf einem kleinen Schemel neben dem eigentlichen Schalterbeamten und lecken Briefmarken an“ (Strunk 4/2013, 62). Die Funktion von Hobbys bestimmt Strunk darin, „wertvolle Arbeitsressourcen“ zu schonen und „bis ins hohe Alter abrufbereit“ zu halten (Strunk 5/2013, 63).

In kleinen, „schockierenden“ Fallbeispielen greift die Kolumne eine Rhetorik der Skandalisierung auf, die sich gegen diejenigen richtet, die sich einem solchen zweckrationalen Lebensstil widersetzen. So wird etwa der Fall des Sammlers „Herbert K. (Name geändert)“ referiert, der besessen „Zahnersatz aus der Zeit vor dem Zweiten Weltkrieg“ gesammelt, und den man am Ende „leblos zwischen Gebirgen aus schnatternden Gebissen“ in seiner Wohnung vorgefunden habe (Strunk 5/2013, 63). An anderer Stelle beschreibt Strunk einen Computer-Nerd als einen durch „XXL-Bigmacs und nachgezuckerte Cola grotesk aufgeschwemmte[n] Freak, dessen Wurstpumpen sich immer wieder in irgendwelchen Kabeln verheddern“ (Strunk 11/2012, 62). In einer Kolumne über Sexualität wiederum wird ein Sexsüchtiger porträtiert, der in Speiserestaurants „sein wundgescheuertes Becken ungeniert am liebevoll eingedeckten Tisch“ reibe und am „Ende eines langen Leidensweges“ mit „toten Augen“ auf den „zerfetzten Johannes“ blicke (Strunk 6/2014, 63).

Mit solchen Überzeichnungen führt *Das Strunk-Prinzip* vor, wie sozial abweichendes Verhalten skandalisiert und stigmatisiert wird. Das normale, optimale Leben definiert sich in Abgrenzung zu dem, was als verfehlt, pervers und asozial gilt. Es gibt aber auch Kolumnen, die anders funktionieren. Sie bedienen sich zwar derselben rhetorischen Mittel, aber im Dienst einer entgegengesetzten Lebensphilosophie. *Das Strunk-Prinzip* lässt sich dann nicht mehr als parodistische Überzeichnung von Selbstoptimierungsprogrammen lesen, sondern setzt sich – im Gegenteil – für Maßlosigkeit und Exzess ein. Beispielhaft lässt sich das an einer Kolumne zum Thema Alkoholismus zeigen. Der Text mit dem Titel *Trinker vs. Abstinenzler – Gut gegen Böse* erschien „pünktlich zum Januar“ 2014, „dem Monat mit den meisten Alkoholtoten“ (Strunk 1/2014, 62). Allerdings warnt die Kolumne weniger vor übermäßigem Alkoholkonsum als davor, auf ihn zu verzichten. Es gebe, so Strunk, nur zwei grundsätzliche Existenzformen: Trinker und Abstinenzler. Und er macht sogleich deutlich, welcher dieser beiden Optionen er den Vorzug gibt: „Griechen und Römer priesen als einzige menschenwürdige Daseinsform die Muße. *Otium cum dignitate* – Muße mit Würde. Doch was ist Muße ohne Alkohol? Langeweile!“ (Strunk 1/2014, 62).

Wie in anderen Kolumnen greift Strunk auch hier auf Bildungszitate, erfundene Etymologien, Typologien und Definitionen zurück – doch diesmal nicht, um für radikale Askese- und Selbstoptimierungsstrategien zu werben, sondern für ein gegenläufiges Programm: „Saufen". Der Trinker wird von Strunk als „klug" und „leidenschaftlich" sowie „zumeist künstlerisch hochbegabt" charakterisiert. Der Nichttrinker dagegen sei ein „Geschöpf der Unlust". Er achte ständig auf seinen „Herzschlag" und werfe mit „Lebensweisheiten" nur so um sich: ‚Carpe diem' / ‚ein Tag ohne Lachen ist ein verlorener Tag'. Sagt's und schämt sich nicht dabei" (Strunk 1/2014, 63).

Dass es so etwas wie ein „Alkoholproblem" gebe, stellt der Kolumnist infrage – oder zumindest möchte er den Begriff gerne durch den Verweis auf die vermeintliche Etymologie neu definieren:

> Fundstück, aus einem Alkoholikerfragebogen: FÜHLEN SIE SICH 100 % (!!) BESSER, WENN SIE ALKOHOL GETRUNKEN HABEN? Oh, là, là, ein Alkoholproblem! Das STRUNK-PRINZIP fragt: Was heißt eigentlich Problem? Wer das Wort PROblem untersucht, stellt fest, dass PRO ja eigentlich FÜR heißt. PRObleme sind also für uns gemacht und nicht gegen uns. Sonst hießen sie ja ANTbleme. (Strunk 1/2014, 62)

Ein Alkohol-Problem verweist aus dieser Sicht auf einen guten Charakter, Nüchternheit hingegen wird zum sozialen Problem deklariert. Ebenso votiert Strunk für eine „Abschaffung der negativen Konnotation des Begriffs ‚Alkoholiker'". Während der Alkoholiker „nach herkömmlichem Verständnis" als jemand gelte, „der sein Leben nicht im Griff hat, ein grundarmes Schwein, ein Loser, Nichtsnutz, Kacksack", deute diese Bezeichnung genau genommen auf eine besondere Form der Expertise hin: „Unter einem Alkoholiker verstehe man jemanden, der Ahnung hat von Alkohol. Punkt, Aus, Ende der Durchsage" (Strunk 1/2014, 63).

Der Text über Trinker und Abstinenzler verfährt also exakt wie jene Kolumnen, die überzeichnete Schilderungen von Nerds oder Außenseitern enthalten und sich scheinbar für Askese, Gewinnermentalität und Selbstregulierung stark machen. Aber er kehrt die Vorzeichen um. Der Alkoholiker wird vom „Loser" zum sozialen Talent aufgewertet, der Abstinenzler hingegen erinnert mit seiner Sorge um die Gesundheit und dem Rückgriff auf leere Floskeln eher an Strunks ‚Macher' oder ‚Erfolgsmensch'. In beiden Fällen gilt die satirische Überzeichnung dem ‚Macher'- oder Gewinner-Typen: Im ersten imitiert Strunk dessen Redeweisen und Abgrenzungsstrategien, im zweiten lenkt Strunk durch eine Inversion das Augenmerk auf die rhetorische Verfasstheit der Ratgeberkolumne. Was als normales oder erwünschtes Sozialverhalten gilt, wer die Integrierten und die Außenseiter sind, ist von den sprachlichen Operationen der Grenzziehung, institutionalisierten Sprecherpositionen, Strategien der Plausibilisierung und der Evidenzstiftung abhängig. Das *Strunk-Prinzip* verkehrt die selbstetablierten Wertungen je nach Kontext willkürlich ins Gegenteil. So erscheinen die asketisch lebenden, erfolgsorientierten, arbeitsamen Nicht-Trinker auf einmal als Problemfall, die exzesshaft lebenden Säufer dagegen als Experten, Charismatiker und Erfolgsmenschen. Besonders sichtbar wird dieser flexible Umgang mit den rhetorischen Verfahren in der Buchfassung der Kolumne, in der Texte, die sich scheinbar für so unterschiedliche Programme einsetzen, unmittelbar nebeneinander stehen.

Vor dem Hintergrund von Strunks anderen literarischen, journalistischen und satirischen Publikationen fällt es schwer, bei der Lektüre der Alkoholiker-Kolumne nicht auch an die autofiktionale Persona des Verfassers zu denken. Denn Strunk bringt sich selbst in unterschiedlichen Kontexten immer wieder mit Eigenschaften und Verhaltensweisen in Verbindung, die aus der Perspektive des Selbstmanagements das Gegenteil der optimierten Lebensführung darstellen. So auch in der seit 2014 in *Titanic* als Nachfolge des *Strunk-Prinzips* veröffentlichten Kolumne *Intimschatulle*. *Intimschatulle* ist eine Tagebuchkolumne, in der Strunk seinen Alltag dokumentiert. Der Text changiert zwischen einer Parodie der hochliterarischen Tradition des Tagebuchschreibens und der Beschreibung primitiver Bedürfnisse oder unästhetischer Vorgänge. Auch für diese Verbindung von Hochkultur und scheinbarer Intimität gibt es Vorbilder – besonders prominent in den Tagebüchern Thomas Manns, der in regelmäßigen Abständen seine Verdauungsprobleme notierte (Bucheli 2017). Doch der Tagebuchschreiber Strunk überspitzt auch in diesem Fall beide Stilelemente. Er sinniert einerseits anlässlich eines Briefs seiner Schwester Gisela kritisch über deren „Talent épistolaire“, zitiert aus den Tagebüchern Kafkas, berichtet vom Besuch eines Brahms-Abends und rundet seine Notizen häufiger durch Bildungszitate ab („Ne discere cessa!“). Zugleich schildert er aber auch, wie er „kaputtgesoffen“, „leergewichst und vollgefressen“ im Bett liegt, unter „nächtlichem Harndrang“, Durchfall und Schlaflosigkeit leidet, sich „energielos“ durch den Tag schlägt, sich mit Bier und Wein, Grappa und Schnaps, Champagnercocktails oder Starkbier mit Zucker zulaufen lässt (Strunk 4, 5, 6, 7, 8/2015, 62–63).

So wie *Das Strunk-Prinzip* das Augenmerk auf jene Verhaltensweisen und Sozialfiguren lenkt, die im Selbstoptimierungsdiskurs das Andere, Ausgeschlossene bilden, macht die *Intimschatulle* darauf aufmerksam, welche Teile des Alltagslebens im Rahmen literarischer Tagebücher üblicherweise verschwiegen oder höchstens wieder in stark stilisierter Form geschildert werden. Indem Strunk notorisch körperliche Begierden, Gebrechen und Exzesse schildert, identifiziert er sich, ähnlich wie in anderen autofiktionalen Texten oder in der Alkoholismus-Kolumne, immer wieder mit den von ihm dargestellten Proleten-, Außenseiter- oder Verlierer-Typen. Jede Parodie ist deshalb ein Stück weit als Selbstparodie angelegt. Das zeigt sich auch an der Art und Weise, in der die Alkoholiker-Kolumne fast zehn Jahre später noch einmal für einen anderen Kontext zweitverwertet wurde.

Als der Ballermann-Hit „Layla“ im Jahr 2022 wegen seiner sexistischen Inhalte in die Kritik geriet, forderte die *ZEIT* deutsche Schriftsteller dazu auf, „Abhilfe zu schaffen – mit eigenen Schlagern“ (Zeit-Magazin 2022). Strunk schrieb daraufhin das Lied *Breit in 100 Sekunden*, das samt zugehörigem Musikvideo veröffentlicht wurde. Dieses Lied wirkt nicht nur wie das musikalische Begleitprogramm zur Alkoholiker-Kolumne, sondern enthält auch wörtliche Übernahmen:

> Breit in 100 Sekunden
> in alle Löcher lass ich es laufen
> dann bleib ich breit für einhundert Stunden
> immer nur Saufen Saufen Saufen
> Liebe ist ein Gefühl, Durst auch
> Ich bin schuldig, schuldig weil nüchtern
> Sei wie du bist, aber sprich nicht drüber
> trink jetzt aus, bevor der Schaum hart wird [...]
> Vorbeugen ist besser als auf die Schuhe zu kotzen
> Du musst mal zum Friseur, aber nicht wegen der Haare
> 1 Kasten Bier ist 1 Getränk für 2 Personen
> wenn einer nicht mittrinkt. (Strunk 2022)

Das Motto „Ein Kasten Bier ist ein Getränk für zwei Personen, wenn einer nicht mittrinkt“ war in der Alkoholiker-Kolumne dem Sozialtypus des Biertrinkers zugeschrieben worden. Im Musikvideo ist es Strunk selbst, der diese Zeilen in die Kamera singt. Mit hochgekrempelten, tätowierten Armen und farbiger Sonnenbrille ist er zusammen mit anderen, ähnlich gekleideten Personen in einem Gute-Laune- und Feier-Szenario am Strand zu sehen.

Breit in 100 Sekunden ist offensichtlich eine Parodie auf das Genre des Sauf- und Partysongs. Doch indem sich Strunk zum Zentrum des Musikvideos macht und die Botschaft des Lieds dadurch selbst verkörpert, hat seine Darbietung einen Doppelcharakter zwischen satirischer Überbietung und affirmierender Adaption. Parodien gehen nie völlig darin auf, ein rein negatives Verhältnis zu ihrem Gegenstand einzunehmen, sondern tendieren dazu, ihn im Akt der herabsetzenden Imitation auch zu bestätigen (Hutcheon 1985, 69ff.). Bei Strunk ist dieses „Paradox of Parody“ (Hutcheon 1985, 69) besonders sichtbar. Die eigene Autorschaftspersona wird so stark in die überzeichneten Porträts sozialer Randgruppen eingeflochten, dass dadurch ein teilnehmender, empathischer Blick ermöglicht wird. In jedem übersteigerten Porträt eines ‚Losers‘, eines ‚Freaks‘ oder ‚Asozialen‘ steckt immer auch ein bisschen Strunk selbst.

Primärliteratur

Strunk, Heinz: Breit in 100 Sekunden. In: YouTube (https://www.youtube.com/watch?v=D_3Xebq7uCc) (30.10.2025).
Strunk, Heinz: Das Strunk-Prinzip: Wohnen – Lifedesign Paradox 1119. In: Titanic 7 (2012), S. 56–57.
Strunk, Heinz: Das Strunk-Prinzip: Außenseiter – Leben im Off. In: Titanic 11 (2012), S. 62–62.
Strunk, Heinz: Das Strunk Prinzip: Ernährung – ein „fettes" Thema. In: Titanic 12 (2012), S. 62–63.
Strunk, Heinz: Das Strunk-Prinzip: Tiere – Partner des Menschen. In: Titanic 2 (2013), S. 62–63
Strunk, Heinz: Das Strunk-Prinzip: Alter – Gehirnjogging im Leerlauf. In: Titanic 4 (2013), S. 62–63.
Strunk, Heinz: Das Strunk-Prinzip: Hobbys: Von Dur bis Moll.... In: Titanic 5 (2013), S. 62–63.
Strunk, Heinz: Das Strunk-Prinzip: Sport – auf eigenes Risiko. In: Titanic 11 (2013), S. 62–63
Strunk, Heinz: Das Strunk-Prinzip: Urlaub. Ein Reizthema im Faktenzwinger. In: Titanic 8 (2013), S. 62–63.
Strunk, Heinz: Das Strunk-Prinzip. Reinbek bei Hamburg: Rowohlt 2014.
Strunk, Heinz: Das Strunk-Prinzip: Trinker vs. Abstinenzler – Gut gegen Böse. In: Titanic 1 (2014), S. 62–63.
Strunk, Heinz: Das Strunk-Prinzip: Kommunikation – Bande zwischen Menschen. In: Titanic 4 (2014), S. 62–63.
Strunk, Heinz: Das Strunk-Prinzip: Sexualität – von Säften und Süchten. In: Titanic 6 (2014), S. 62–63.
Strunk, Heinz: Das Strunk-Prinzip: Erfolg – alles oder nichts. In: Titanic 9 (2014), S. 62–63.
Strunk, Heinz: Das Strunk-Prinzip: Gefühle – Vielfalt pur! In: Titanic 10 (2014), S. 62–63.
Strunk, Heinz: Intimschatulle. In: Titanic 4 (2015), 5 (2015), 6 (2015), 7 (2015), 8 (2015), jeweils S. 62–63.
Strunk, Heinz: Vorwort. In: Ders.: Das Strunk Prinzip. Reinbek bei Hamburg 2015, S. 7–12.

Sekundärliteratur

Briegleb, Till: Wenn der Loser-Voyeurismus nur noch vulgär liegt. In: SZ v. 21.3.2017 (https://www.sueddeutsche.de/kultur/roman-fertigkost-aus-der-kindskopfkueche-1.3429679) (30.10.2025).
Bröckling, Ulrich: Das unternehmerische Selbst. Soziologie einer Subjektivierungsform. 5. Auflage, Frankfurt a.M.: Suhrkamp 2013.
Bucheli, Roman: Immer schweigt das Tagebuch. In: NZZ v. 22.10.2017 (https://www.nzz.ch/feuilleton/immer-schweigt-das-tagebuch-ld.1323217) (30.10.2025).
Das Börsenblatt: Ratgeber sind die Top-Warengruppe im ersten Halbjahr. In: Das Börsenblatt v. 11.7.2013 (https://www.boersenblatt.net/archiv/629186.html) (30.10.2025).
Enkelmann, Nikolaus B./Gabi Böttcher: Die Formel des Erfolgs. Ratgeber für Sieger. München: mvg-Verlag 1992.
Hansen, Simon: Vom Komiker zum Schriftsteller: Heinz Strunks „Trilogie des Sexualtriebs" Fleisch ist mein Gemüse (2004), Fleckenteufel (2009) und Der goldene Handschuh (2016). In: Ewa Żebrowska/Magdalena Olpińska-Szkiełko/Magdalena Latkowska (Hg.): Beiträge zur Germanistik. Warschau 2017, S. 121–133.
Hutcheon, Linda: A Theory of Parody. The Teachings of Twentieth-Century Art Forms. New York/London: Methuen 1985.

Kluge, Nicola: Empowerment, Teil 2: Self-Management und Empowerment-Werkzeuge. Berlin: Lit 2007.

Mazur, Hans-Gerd: Mindset der Gewinner. Der praktische Weg zu mehr Glück und Erfolg. Norderstedt 2018.

McKenna, Paul: Ein neues Leben in sieben Tagen. Erfahren Sie die Strategien erfolgreicher Menschen für ein erfülltes Leben. München 2006.

Morin, William: Durchstarten zum Erfolg. Das 10-Punkte-Fitness-Programm für Ihre Karriere. Landsberg am Lech: mvg 2001.

Munzinger. In: Internationales Biographisches Archiv 45 (2021) v. 9.11.2021 (https://www.munzinger.de/search/portrait/Heinz+Strunk/0/26949.html) (30.10.2025).

Pohl, Sigrid/Konrad Umlauf: Warenkunde Buch. 2., erneuerte Aufl. Wiesbaden: Harrassowitz 2007.

Rubin, Harriet: Soloing. Realizing Your Life's Ambition. New York: Harper Business 1999.

Rüther, Tobias: Heinz Strunk und die Frage der richtigen Dosis. In: FAZ v. 26.6.2023 (https://www.faz.net/aktuell/feuilleton/buecher/rezensionen/belletristik/der-gelbe-elefant-von-heinz-strunk-18983936.html) (30.10.2025).

Seligman, Martin E.P./Siegfried Brockert: Der Glücks-Faktor. Warum Optimisten länger leben. Köln: Lübbe 2005.

Senne, Stefan/Alexander Hesse: Genealogie der Selbstführung. Zur Historizität von Selbsttechniken in Lebensratgebern. Bielefeld: transcript 2019.

Sennett, Richard: Der flexible Mensch. Die Kultur des neuen Kapitalismus. Berlin/München: Siedler 2001.

Sinetar, Marsha: Do What You Love, The Money Will Follow. Discovering Your Right Livelyhood. New York/Mawah: Random House Publishing Group 1989.

Thomalla, Erika: Anti-Liebesroman. Heinz Strunks neues Buch zeigt die Magie romantischer Phrasen. In: Der Freitag v. 22.7.2021, S. 21.

Thomalla, Erika: Ganz unten in Niendorf. Heinz Strunks sommerliche Horrorversion eines großen literarischen Vorbildes. In: SZ v. 14.6.2022, S. 11.

Tracy, Brian: Das Gewinner-Prinzip. Wege zur persönlichen Spitzenleistung. Wiesbaden: Gabler 1998.

Tracy, Brian: Das Maximum-Prinzip. Frankfurt a.M./New York: Campus Verlag 2003.

Zeit-Magazin: Breit in 100 Sekunden. In: Zeit-Magazin v. 27.07.2022 (https://www.zeit.de/zeit-magazin/2022-07/schlager-musik-schriftsteller-heinz-strunk-musikvideo) (30.10.2025).

Stefan Willer

Heinz Strunk liest Botho Strauß

„Botho Strauß ist der Autor meines Lebens." Mit diesem Satz beschließt Heinz Strunk das Nachwort zu seiner 2014 publizierten Anthologie von Texten und Bruchstücken des 1944 geborenen Erzählers, Essayisten und Dramatikers Botho Strauß (Strauß 2014a, 238).[1] Die emphatische Äußerung und der Umstand, dass Heinz Strunk bislang nur dieses eine Mal als Herausgeber eines anderen Autors in Erscheinung getreten ist, legen es nahe, der Beziehung von Strunk zu Strauß genauer nachzugehen. Das geschieht in diesem Beitrag mit einem relativ kleinschrittigen Verfahren. Zu Beginn mache ich mich (1.) an eine erste Durchsicht der Anthologie. Nach einem Seitenblick (2.) auf andere Botho-Strauß-Textsammlungen, die 2014 bereits vorlagen, werden (3.) einige Beispiele Strauß'scher Prosa in Strunks Auswahl nachgezeichnet. Daran schließt sich ein Zwischenresümee an (4.), in dem ich der Frage nachgehe, welche Eigenheiten Strunk aus Strauß' Textkorpus auswählt und welches Gesamtbild von Botho Strauß in der Anthologie entsteht. Es folgt die Gegenfrage (5.), wie sich vor dem Hintergrund des Bezugs auf Strauß die Prosa Heinz Strunks lesen und verstehen lässt. Auch dafür werde ich (6.) einige Beispiele anführen; sie sind den Erzählbänden *Das Teemännchen*, *Der gelbe Elefant* und *Kein Geld Kein Glück Kein Sprit* entnommen. Abschließend (7.) soll nochmals die Reichweite der Formel vom „Autor meines Lebens" diskutiert werden.

1

Heinz Strunks Botho-Strauß-Anthologie trägt den eigenwilligen Titel *Der zurück in sein Haus gestopfte Jäger*. Er stammt aus Strauß' Roman *Der junge Mann* (1984) und ist dort die Überschrift einer kurzen Binnenerzählung. Auch sonst verwendet Strunk in seiner Auswahl Strauß' eigene Überschriften, sofern vorhanden.[2] Die meisten der Textausschnitte tragen aber keine Überschriften, sind also entweder nicht genau deckungsgleich mit Kapiteln Strauß'scher Bücher oder stammen aus Büchern, in denen es gar keine Zwischentitel gibt. Bei den Vorlagen handelt es sich um die Bände mit erzählender Prosa, die Strauß zwischen 1980 und 2013

1 Weitere Zitate aus diesem Band, einschließlich des Nachworts, werden mit einfacher Angabe der Seitenzahl nachgewiesen.

2 Aus *Der junge Mann* gilt das für die weiteren Binnentexte *Bernd und Bäumin*, *Die Händlerin auf der hohen Kante* und *Die beiden Talentsucher*.

https://doi.org/10.1515/9783111408798-010

veröffentlicht hat. Der früheste ist der Roman *Rumor*. Außer diesem und *Der junge Mann* gibt es eine dritte Veröffentlichung, die sich als Roman klassifizieren lässt: *Kongreß. Die Kette der Demütigungen* (1989), ebenfalls mit einigen Ausschnitten in der Anthologie vertreten. Alle übrigen zugrunde gelegten Bücher von Botho Strauß enthalten kürzere Prosatexte. Nur im Ausnahmefall (*Mikado*, 2006) sind dies formal einheitliche Kurz- und Kürzestgeschichten. Meistens bewegen sich die Texte in einem gattungsmäßig nicht klar bestimmbaren Übergangsbereich zwischen narrativem Fragment, Parabel und mehr oder weniger ausgeführter novellistischer Erzählung. In den „Denk-Erzähl-Werken“ (Hage 1992, 1) wie *Paare, Passanten* (1981), *Beginnlosigkeit* (1992) oder *Vom Aufenthalt* (2009) kommen auch essayistische Passagen dazu (zum ‚Denken‘ bei und nach Strauß vgl. Theisohn 2024). Das umfangreiche dramatische Werk von Botho Strauß spielt hingegen in Strunks Auswahl keine Rolle.

Im Textteil der Anthologie sind die ursprünglichen Buchzusammenhänge nicht erkennbar, es sei denn, man ist ein überaus versierter Strauß-Leser. Sie werden aber durch den Anhang erschlossen, der alle Abschnitte mit Kurztiteln der Buchveröffentlichungen nachweist und die Kürzel in Form einer Werkliste auflöst. Bei Sichtung der Nachweise fällt einerseits ein Variationsprinzip auf: Meistens wechseln die Buchvorlagen von Abschnitt zu Abschnitt und es lässt sich keine bestimmte gattungsmäßige oder chronologische Abfolge erkennen. Andererseits gibt es zwischendurch Häufungen aus einzelnen Büchern, so dass mehrere Abschnitte nacheinander aus ein und demselben entnommen werden, jedoch niemals *en bloc*, sondern jeweils von verschiedenen Stellen. Außerdem sind manchmal thematische Übergänge von Textstück zu Textstück erkennbar, aus denen sich gedankliche Bündelungen und Schwerpunkte ergeben. Die Buchvorlagen sind in etwa gleich zahlreich vertreten, allerdings stammen aus dem *Kongreß*-Roman besonders wenige und aus *Vom Aufenthalt* besonders viele Texte. Einigermaßen umfangreiche Abschnitte kommen aus *Rumor* und *Der junge Mann*, aber auch aus den Bänden mit kürzerer Prosa werden mitunter längere Passagen entnommen; umgekehrt finden sich sowohl aus den Romanen als auch aus den anderen Bänden sehr kurze Auszüge von nur wenigen Zeilen.

Gestaltet ist Strunks Anthologie als Sammlung von Kurzprosa. Die Abschnitte werden voneinander nur durch Querstriche getrennt, die am linken Seitenrand beginnen und ein wenig in den Satzspiegel hineinragen. Eine – womöglich zügige – Lektüre von vorne bis hinten ist zweifellos denkbar, wird aber durch die Art der Zusammenstellung eher nicht nahegelegt. Im Nachwort fordert Heinz Strunk ausdrücklich zur nichtlinearen Rezeption auf: „Man kann diese Sammlung in die Hand nehmen, sie dann wieder weglegen; ob sie sich dazu eignet, im Ganzen gelesen zu werden, in ihrer außergewöhnlichen Dichte, kann ich nicht sagen.“ (236) Er nennt

Strauß' Texte „Collagen, Betrachtungen, Erzähl-Miniaturen", weist aber auch sein eigenes Verfahren als Collage aus: Schon bevor er sich selbst „in der Schriftstellerei versuchte", habe er Strauß'sche Texte ausgewählt und umgruppiert, „absichtslos, nur für mich, mit Schere und Klebestift", bis eine nach seiner Einschätzung „zwingende Reihenfolge" entstanden sei. Erst Jahre später habe er die Sammlung binden lassen, „um sie *sehr* ausgesuchten Freunden zu *sehr* speziellen Anlässen zu schenken" (234–235).

2

Als Kontrast zu seiner „fragmentarisierte[n] Auswahl" (234) nennt Heinz Strunk im Nachwort die zwei Jahre zuvor, 2012, von Thomas Hürlimann bei Hanser herausgegebene thematische Anthologie *Sie/Er*, die laut Verlagstext Strauß' „Liebesgeschichten der besonderen Art" enthält. Auch dort wird aber nicht rein inhaltlich argumentiert, sondern zugleich das formal Intervenierende der Auswahl betont: Hürlimann habe „die ihm liebsten Geschichten herausgesucht und neu gemischt".[3] Noch deutlicher verbindet die bereits 1989 von Volker Hage in Reclams Universal-Bibliothek veröffentlichte Strauß-Auswahl in Titel und Untertitel das Thema mit der Form: *Über Liebe. Geschichten und Bruchstücke.* Als fragmentarisch werden damit sowohl die Strauß'schen Texte als auch das in ihnen entstehende Konzept von Liebe gekennzeichnet. Es handle sich, so Hage im Nachwort, um Eindrücke von „eilig Liebenden und die Liebe schon Verpassenden", die untereinander wiederum nicht zu homogenisieren seien, „einen Befund, einen Tenor, eine Summe, derlei bieten diese Geschichten und Bruchstücke, diese Skizzen und Fragmente nicht" (Hage 1989, 140 u. 146). Der Herausgeber bemüht sich allerdings um eine Art von Systematik, indem er die von ihm aus dem damals vorliegenden Prosawerk entnommenen Ausschnitte in Rubriken wie „Einzelne und Fremde" oder „Liebesunfälle" sortiert und die nicht betitelten Texte mit eigenen, thematisch sprechenden Überschriften versieht.

Ähnlich verfährt Hage in den 1999 gemeinsam mit Barbara Hoffmeister herausgegebenen *Gedankenfluchten*, in der es außer zwei Abschnitten zum Thema „Liebe" auch einen zu „Sexus" gibt, außerdem ein gutes Dutzend weitere, unter anderem zu „Glaube, Gott", „Sprechen, Sprache" oder „Alter, Tod". Thomas Oberender präsentiert in seiner ebenfalls 1999 erschienenen Anthologie *Der Gebärdensammler*

---

3 https://www.hanser-literaturverlage.de/buch/botho-strauss-sie-er-9783446238657-t-1151# (22. Juli 2025).

Strauß'sche Texte über und für das Theater, zunächst einige in Gänze präsentierte Reden und Laudationes, gefolgt von einer nach theatertheoretischen Begriffen unterteilten Auswahl (in die neben erzählerischen Abschnitten auch zahlreiche Auszüge aus Dramen und Essays eingegangen sind). Und Sebastian Kleinschmidt gliedert seine im selben Jahr wie Strunks Anthologie erschienene, als *Gedankenbuch* titulierte Sammlung *Allein mit allen* in nicht weniger als 17 thematische Abteilungen mit Überschriften wie „Menge, Typus, Einzelner", „Kunst, Religion, Philosophie" und „Von der Erziehung".

Heinz Strunks anthologische Technik lässt sich auf diese Vorläufer insofern beziehen, als man bei keiner Sammlung Strauß'scher Texte um den Fragmentarismus herumkommt, der sie ohnehin kennzeichnet, weshalb auch die anderen Anthologisten dazu neigen, das Bruchstückhafte in der Geste des Auswählens nochmals besonders zu betonen. Was Strunks Ausgabe von ihren unterscheidet, ist das von vornherein immanente Vorgehen. Es will seinen Autor nicht in einer bestimmten Hinsicht auswerten, sondern gewissermaßen nur ihn selbst würdigen. Der erratische Titel des Bandes funktioniert fast wie ein Signal gegen eine diskursive Festlegung. Es wird allerdings trotzdem noch zu fragen sein, welches Bild von Botho Strauß Heinz Strunk in seiner Auswahl präsentiert oder mit ihr erzeugt, auch wenn es nicht um ein kohärentes Thema geht.

Parallel zu den genannten Anthologien sind Strauß' eigene, ohne externe Herausgeber erstellte Textsammlungen entstanden. Der Essayband *Der Aufstand gegen die sekundäre Welt* war 1999 zunächst ein schmales Buch von etwas mehr als 100 Seiten, das aber in zwei Folgeauflagen (2004 und 2012) durch Hinzunahme weiterer Texte um mehr als die Hälfte anwuchs. Der häufige Wiederabdruck dient bei Strauß nicht nur der Bestätigung des einmal Gesagten, sondern auch seiner Reformulierung. Das gilt besonders für den *Anschwellenden Bocksgesang*, der 1992 in *Der Pfahl* (dem damaligen Jahrbuch des Matthes & Seitz-Verlags), 1993 im Magazin *Der Spiegel* und 1994 im Sammelband *Die selbstbewußte Nation* erschien, wobei für die *Spiegel*-Version ganze Abschnitte anders angeordnet wurden. Weitere Veränderungen finden sich in der Fassung, die im erwähnten Essayband von 1999 abgedruckt wurde, und nochmals weitere in der 2020 veröffentlichten Sammlung mit *Kritischer Prosa*. Dort steht im Impressum der Hinweis: „Alle Texte sind für diese Ausgabe vom Autor durchgesehen worden" (Strauß 2020, upag.), der deutlich macht, dass und wie Botho Strauß seine Gedanken fortwährend neu konstelliert und umwendet. Die Kehrseite des Verfahrens ist, dass einem bei Strauß auch dort vieles bekannt vorkommt, wo er vermeintlich Neues präsentiert. So enthält die *Kritische Prosa* einen auf 2019 datierten Schlussabschnitt „Sprengsel" mit dem Vermerk „geschrieben für dieses Buch" (Strauß 2020, 320), der dennoch bis in einzelne Formulierungen frühere Beiträge verarbeitet. Auch der Band *Lichter des Toren. Der Idiot und seine Zeit*, erschienen 2013, also im Jahr vor Strunks Anthologie, enthält ohne Nachweis verschiedene zuvor andernorts publizierte und nur leicht veränderte Passagen.

Möglicherweise steht Heinz Strunks collagierendes Verfahren dem Strauß'schen Umgang mit den eigenen Texten gar nicht so fern – zumal Strunk als Autor durchaus ähnlich verfährt. Ein wesentlicher Unterschied besteht allerdings in der Lizenz zum Um- und Fortschreiben, die sich der Autor jederzeit selbst erteilen kann, während der Anthologist bei den vorliegenden Texten bleiben muss, die er zwar nach eigener Vorstellung an- und abschneiden kann, an deren Wortlaut er sich aber nicht zu schaffen macht. Auch hier gibt es allerdings namhafte Vorläufer, die anders verfahren sind, etwa Rudolf Borchardt, der in seiner 1927 erschienenen Anthologie *Ewiger Vorrat deutscher Poesie* Gedichte von Hölderlin und Heine gezielt fragmentierte, um Gattungszusammenhänge oder Überlieferungswege anzudeuten, auch wenn sie sich in den Texten selbst nicht finden ließen (vgl. Willer 2014, 243–246). Doch von derartigen Eingriffen ist Strunk weit entfernt, der Strauß' Stilgefühl auf die Formel „Kein Wort zuviel und keines zuwenig" bringt (235). In dem, was ein „Meister" (238) geschrieben hat, gibt es nichts zu verändern.

3

Heinz Strunk beginnt seine Sammlung Strauß'scher Prosa mit drei Abschnitten, die von extremer Vereinzelung und zugleich von Paaren handeln. Am Anfang steht eine angedeutete Geschichte, deren erster, grammatisch unvollständiger Satz eine Figur vorstellt: „Ein Mann, durch Schläge und Beraubung so erniedrigt, daß er sich kaum noch aufrecht hält und immer wieder auf die Erde gleiten muß […]" und der – noch in diesem ersten Satz – über die Straße kriecht, „die Wange mit halb geöffnetem Mund über den Kieselpfad oder den Asphalt ziehend, die ganze rechte Gesichtshälfte schon blutig geschürft" (7). Im Fortgang des kurzen Textes ist von der Ehefrau die Rede, die den „Kriechmenschen" begleitet, so gut es geht, ihn aber nicht zur Rückkehr nach Hause bewegen kann, weil er sich „erzlangsam seinem Ziel nähert", der „Großen Deponie" (8). Das nächste Textstück ist eine Miniatur über ein Paar, dessen Wiedersehen nach jahrzehntelanger Trennung mit dem endlich nachgeholten Fluchwort der Frau endet („Verdirb!", 8). Während der erstgenannte Abschnitt sich in eben dieser Form als abgegrenztes Stück in *Das Partikular* findet (Strauß 2000, 124–125), ist dem zweiten in *Vom Aufenthalt* eine kurze, metaphorische Maxime über die Liebeskälte vorangestellt: „Der Gefrierpunkt der Liebe wird nicht selten der Stern, der später in den Nächten glitzert" (Strauß 2009/2012b, 89). Strunk hingegen setzt direkt mit der Situation des Paares ein: „Sie konnte es nie verwinden, damals nicht das letzte Wort gehabt zu haben“ (8). Darin zeigt sich, neben der eingreifend-collagierenden Technik des Ab- und Zuschneidens, eine Tendenz zum Konkreten, die auch sonst zu den Eigentümlichkeiten von Strunks Sammlung gehört.

Der dritte Abschnitt der Anthologie ist derjenige, den Strunk im Nachwort als Erstbegegnung mit dem Autor schildert. Kurz nach Erscheinen von *Paare, Passanten* 1981 habe er, mit Anfang zwanzig, dieses ihm vom Hörensagen als „Kultbuch der Linken“ bekannte Buch in einer öffentlichen Bibliothek gefunden und bei der „Botschaft eines Kambodschaners an seine Frau, bevor er von den Roten Khmer hingerichtet wurde“, aufgeschlagen. „Dieser gerade einmal zwanzig Zeilen lange Text traf mich mit einer Wucht, dass mir die Tränen in die Augen schossen.“ (233–234) Der Text setzt, nach der genannten (nicht als Überschrift formatierten) Initiale, mit der dreizeiligen Botschaft ein, in der der Schreiber seine Frau als „Stern“, sich selbst hingegen als „Erdenwurm“ bezeichnet. Das Zitat ist typographisch durch Einrückung gekennzeichnet, doch erhält man in *Paare, Passanten* keinerlei Information darüber, woher es bezogen wird und wie sich die intime Mitteilung zum politischen Kontext, der bis 1979 dauernden totalitären Gewaltherrschaft der Roten Khmer in Kambodscha, verhält. Umso auffälliger ist der Fortgang der Passage. Weiterhin in Ich-Perspektive wird nun die Scham desjenigen imaginiert, der ohne Kampf zum Opfer werden muss; es wird aber auch der Triumph angesichts der „allmächtige[n] Kraft“ seiner letzten Worte bekundet, die ihn überleben, indem sie seine Frau zum Stern verklären und ihn fast zum Nichts verkleinern. Die von Strunk erinnerte, eminent körperliche Reaktion war für ihn als jungen Leser möglicherweise durch die „Kombination der Subjekt- mit der Todesthematik“ bedingt, die sich in *Paare, Passanten* noch häufiger findet (Anz 1990, 410). Die ‚Wucht‘ des kurzen Textes ist aber nicht zu trennen von der eigenwilligen, fast verstörenden literarischen Übernahme eines eigentlich unverfügbaren Vermächtnisses – offenbar Grund genug für Heinz Strunk, den Abschnitt weit vorne in der Anthologie zu platzieren.

Es folgen, immer noch am Anfang des Bandes, unverändert übernommene Auszüge aus *Die Nacht mit Alice, als Julia ums Haus schlich* und *Beginnlosigkeit*, dann ein weiterer aus *Paare, Passanten*, den Strunk wiederum verkürzt: Er übernimmt die Szene, in der sich ein früherer „Mitläufer im Nazi-Regime“ in einem im Kino gezeigten Dokumentarfilm selbst als „brüllenden jungen Mann“ erkennt (10). Weggelassen wird ein erster Absatz, der die historische Selbsterkenntnis mythologisch rahmt. Dort heißt es, dass Äneas einst in einem Tempel „Szenen aus einem legendären Krieg“ und dabei „auch sein eigenes Bild“ gesehen habe (Strauß 1981/1994b, 173). Wie schon im zweiten Abschnitt der Anthologie wird hier also eine Mehrsträngigkeit vereinfacht. Das geht einher mit der Reduktion von Strauß’ historisch komplexer Überblendung des zeitgeschichtlichen und des mythologischen Falls, der im Umkehrschluss dazu führt, auch das NS-Regime als mythologisch-legendarisch zu verstehen. Dies ist aber im Original eine entscheidende Motivation der dann geschilderten Denkbewegung des alten Mannes, wenn er sich im Kino von „lauter kritische[n] Köpfe[n]" umgeben sieht, die „in johlendes Gelächter" ausbrechen und „keinerlei Ehrfurcht vor dem Bösen empfinden" (11). Ohne den vorgeschalteten Äneas-Absatz muss diese problematische Beanspruchung des ‚Bösen' und der ‚Ehrfurcht' für den konkreten historischen Fall letztlich unverständlich bleiben.

Was die Entnahme von Textpassagen aus längeren Erzählzusammenhängen betrifft, ist ein Abschnitt aus *Rumor* von Interesse. Dieser erste Roman von Botho Strauß handelt von einem Mann namens Bekker, dessen sozialer und körperlicher Verfall teils von einem externen Erzähler beobachtet, teils in Dialogen beredet, teils in inneren Monologen wiedergegeben wird, wobei Bekkers Identität zusehends im ‚Rumoren' seiner Sprache untergeht (vgl. Willer 2000, 67–71). Eine Überwältigung durch Sprache widerfährt auch anderen Figuren des Romans. Heinz Strunk präsentiert unter anderem eine Episode, in der Bekker einem seiner früheren Lehrer begegnet und sich daran erinnert, wie die Schüler, darunter sein eigener Sohn, diesen Lehrer als Ex-Nazi erkannten und beschimpften. Der inzwischen wohlhabend gewordene Sohn hat das Haus gekauft, in dem sein Vater wohnte, und diesen durch drastische Mieterhöhungen hinausgeworfen. Die Episode beginnt damit, dass der Alte, offenbar von einer Art Schimpfzwang befallen, vor seinem Haus steht und es als „Schandproppen" anklagt (66). Innerhalb des von Strunk gewählten Ausschnitts gibt es drei mit „[...]" markierte Auslassungen, die sonst an keiner Stelle der Anthologie vorkommen. Die erste (66) betrifft einige Zeilen mit Reminiszenzen an Bekkers Schulängste (Strauß 1980/1994, 131); mit der zweiten (67) wird ein Dialog zwischen Bekker und dem alten Lehrer übersprungen, der im Roman volle drei Seiten einnimmt (Strauß 1980/1994, 134–137); an der dritten (69) fehlt eine kurze Nebenbemerkung, in der sich Bekker vorstellt, seinen früheren Chef so zu „würgen", wie es der Sohn des Lehrers mit seinem Vater getan habe (Strauß 1980/1994, 138). Ausgelassen werden also Verknüpfungen und Perspektivierungen, die für den Romanzusammenhang wichtig sind, aber von der Konzentration auf die Anekdote von dem hilflos schimpfenden Alten und dem „geduldige[n] Vernichtungswerk" des Sohnes (69) wegführen würden.

Ein letztes Beispiel kann zeigen, wie Heinz Strunk durch die Bündelung mehrerer Auszüge aus ein und derselben Vorlage gedanklich-thematische Zusammenhänge schafft. Solche umfangreicheren Bündelungen gibt es mehrmals: Aus den *Fabeln von der Begegnung* folgen sieben Abschnitte aufeinander (31–35), aus *Vom Aufenthalt* einmal sieben (133–139) und einmal sechs (184–188). Sieben Abschnitte finden sich auch aus *Beginnlosigkeit* (156–160). In diesen *Reflexionen über Fleck und Linie* aus dem Jahr 1992 behandelt Botho Strauß Krisen des Erkennens, die er in verschiedenen wissenschaftlichen Disziplinen wie Kosmologie, Mathematik und Hirnforschung aufweist und auf den Diskurs des ‚radikalen Konstruktivismus' bezieht. Das essayistische Schreiben ‚über…', wenngleich literarisch vielfältig gebrochen und aufgelöst, nimmt in diesem Buch so breiten Raum ein wie sonst selten im Werk des Autors (vgl. Willer 2000, 134–141; Hoffmann 2006, 284–332). Heinz Strunk unterstreicht mit seiner Auswahl diese Eigenheit von *Beginnlosigkeit*, was innerhalb der Sammlung zu einer Art von essayistischem Intermezzo führt. Es beginnt schon mit dem vorangehenden Abschnitt aus *Paare, Passanten* über die Veränderungen der Individualität im Medienzeitalter (154–155). Bei dieser Individualitätsskepsis schließt die erste Bemerkung aus *Beginnlosigkeit* über die „autonome Macht der Sekrete, der Enzyme und Hormone" an (156), gefolgt von mehreren Überlegungen zur Spannung zwischen neuartiger Erkenntnis und hergebrachter Sprache, aber auch zum „Rest des Heiligen Schauders", der sich einstelle, wenn man über den Kontrast zwischen maximaler genetischer Information und minimalem genetischen Material nachdenke (158).

4

Es ist nicht ganz leicht zu sagen, was den Anthologisten Heinz Strunk an den zuletzt genannten Passagen fasziniert. Wohl kaum sind es die konkreten Hinweise auf Wissensbestandteile und Erkenntniskrisen; jedenfalls wäre nicht zu erkennen, warum dieser thematische Fokus von besonderer Wichtigkeit sein sollte. Eher wird man annehmen können, dass Strunk im erörternd-reflektierenden Stil von *Beginnlosigkeit* ein sprachliches Register und spezifische Ausdrucksmöglichkeiten vorfindet, die er exemplarisch vorführen möchte. Es wären demnach gerade diese Beispiele, die das im Nachwort „gerüchteweise" angeführte Vorurteil widerlegen sollen, Botho Strauß sei „kompliziert, elitär anstrengend – eben langweilige Hochliteratur", woraufhin der Topos von Strauß als „Repräsentant einer neuen Rechten" zitiert wird, den Strunk ebenfalls als Gerücht verbucht (235). Durchaus sieht er ihn aber als Vertreter eines „nahezu ausgestorbenen Intellektuellentypus", der sich durch den Verzicht auf literaturbetriebliche Verbindungen und auf mediale „Dummerhaftigkeiten" auszeichne (236). Auch damit wird wohlgemerkt ein Strauß-Topos reproduziert, nämlich der des idiosynkratischen Einzelgängers. Der Medien- und Intermedialitätsprofi Heinz Strunk könnte ein Auge für die institutionellen Verbindungen haben, aus denen heraus jene Autorschaft entstanden ist – besonders das Theater –, sowie für die Versiertheit, mit der Strauß es vermag, seine Aversionen gegen literarisch-kritische Konventionen an konventionellen Orten wie *Spiegel* und *Frankfurter Allgemeine Zeitung* publizistisch wirksam unterzubringen.

Doch das literaturpolitische Für und Wider um Botho Strauß interessiert Heinz Strunk überhaupt nicht, ebenso wenig wie die Frage nach den literarischen Traditionen, aus denen sich dieser hochgradig belesene, zitierfreudige Autor mal offenkundig, mal anspielungsweise speist (vgl. Theisohn 2024, 22–32; Willer 2025). Worauf es ihm ankommt, sind genuin stilistische Qualitäten, die er allerdings weniger sprachlich-rhetorisch erläutert als vielmehr mittels musikalischer Assoziationen bestimmt, weil ihm, „von Haus aus Musiker", die betreffenden Kategorien näher liegen. Strunk attestiert Strauß ein „untrügliche[s] Gefühl für Komposition und Melodie, vor allem aber für den Rhythmus", seine Sätze seien „von einem imaginären *Pulse* getrieben" und verdichteten sich „zu atemloser Prosa" (235). Es ist wohl nicht zuletzt die so wahrgenommene musikalische Affinität, die Strunk als ‚Wucht' des Strauß'schen Stils empfindet und beschreibt, wobei er es im Nachwort unterlässt, diese „klangliche Wahrheit" (235) konkret zu belegen.[4]

Neben den sprachlichen Eigenheiten ist im Nachwort von einigen „verbindenden Züge[n]" die Rede, die Strunk auf der Ebene der Erzählinhalte, Plots, Motive und Figuren ansiedelt. Er nennt „Strauß' Liebe zum Phantastischen, Märchenhaften" und spricht von „Chiffren und Symbolen", wofür beispielhaft zwei Binnenerzählungen aus *Der junge Mann* stehen: „Bernd, der sich in eine Bäumin verliebt, und die Händlerin auf der hohen Kante, die sich eines Morgens Hunderte Meter über den Dächern der Stadt schwebend wiederfindet." (236) Hier sieht er einen direkten Übergang zu Charakteristika, die keineswegs zum Standardrepertoire der Strauß-Forschung und Strauß-Kritik gehören: „Albtraum, Horror und grenzenlose[r] Schrecken", wofür er als Beleg unter anderem den titelgebenden Jäger aus *Der junge Mann* nimmt, der aus unterdrücktem Jagdeifer zur blutsaugenden Bestie wird und dabei den „Gipfel der Verformung" überschreitet (237, vgl. 43). Dieses und zahlreiche andere gestaltwandelnde Wesen dokumentieren für ihn aber nicht nur Strauß' Befähigung zum Märchen- und Horrorautor, sondern auch seinen Stellenwert als „Gegenwartschronist". Die fantastischen Monstren stehen demnach in enger Verbindung mit den Randfiguren der Gesellschaft, den „Debilen, Entstellten, Unfallfreaks" (237), die Strunk aus Strauß' Texten in großer Anzahl auswählt. Ob diese Verbindung eine paradigmatische ist (so dass die Fantasiegestalten als Metaphern für soziale Randständigkeit zu lesen wären) oder ob beide Figurentypen eher in einem gleitenden Übergang stehen (so dass der ‚Freak' plötzlich zum Monster werden kann und umgekehrt), lässt Strunk im Nachwort offen. Er weist aber

4 Am Ende dieses Beitrags deute ich an, dass Heinz Strunks eigene Texte auf ein solches rhythmisch-klangliches Stilideal hin untersucht werden könnten.

außerdem darauf hin, dass Strauß auch „jenseits der Extreme" ein Meister der Menschendarstellung sei (237).

Dem Zuschnitt geschuldet ist der Umstand, dass ein wesentliches Element der Strauß'schen Prosa nicht repräsentiert werden kann: die Arbeit am erzählerischen Zusammenhang, die ein Gegengewicht zum Fragmentarischen darstellt. Dieses Element findet sich vor allem in den Romanen, etwa durch den minutiösen Einsatz wiederkehrender Motive in *Der junge Mann* (vgl. Herwig 1987), aber auch in den Büchern mit kürzerer Prosa. In der Sammlung lässt sich dieses Verfahren, trotz der Versuche, die Textstücke durch Gruppierung zu verbinden, nicht wiedergeben. Insgesamt entsteht der Eindruck von Strauß als einem Verfasser kurzer Prosa, teils in Form bündiger Erzählungen – manchmal im anekdotischen Zuschnitt, öfter mit offenem Anfang und Ende –, teils in Form von Beobachtungen und Betrachtungen. Da den ausgewählten Passagen nicht anzumerken ist, in welcher Weise sie aus ihren Kontexten ausgeschnitten worden sind (vom Fall der bei *Rumor* eingefügten Auslassungspunkte abgesehen), werden Leser, die Strauß in dieser Ausgabe erstmals kennenlernen, das Aphoristische, d.h. im Wortsinn das ‚Abgegrenzte', für einen wesentlichen Faktor seiner Prosa halten – keineswegs zu Unrecht, aber eben unter Weglassung der kompositorischen Arbeit an der Herstellung größerer Formen. Eine Tendenz zum Großen und Ganzen ist bei Strauß auch im Gedanklichen, Programmatischen und Literaturpolitischen nicht zu übersehen, besonders in den Affekten gegen kritische Intelligenz und einen vermeintlichen linken Mainstream, der sich mit den Jahren immer öfter Bahn bricht. Hier handelt es sich um kein Gerücht, sondern etwas von Strauß selbst beharrlich Vorgebrachtes, das aber in Strunks Anthologie keine nennenswerte Rolle spielt.

Wenn man will, kann man dieses Ausblenden als eine Art Rettung verstehen, wie Magnus Klaue formuliert hat: „Wiedergelesen mit dem Strunk'schen Idiom, erhalten Strauß' Texte Nuancen zurück, die ihnen durch ein vorurteilsbehaftetes Lesen, aber auch durch den ihnen eigenen überschießenden Zug zum Höheren, genommen zu werden drohen." (Klaue 2024 unpag.). Die Feststellung ist insbesondere auf das Hörbuch gemünzt, das Strunk, wie bei fast all seinen Veröffentlichungen, selbst eingelesen hat. In der Tat klingt seine Diktion, vom norddeutschen Akzent über den „manchmal stotternden und immer etwas nuschelnden Vortrag" (Klaue 2024 unpag.) bis hin zu Details der Betonung und Gestaltung, genau so wie beim Lesen seiner eigenen Texte. Ob dies tatsächlich, wie Klaue nahelegt, ‚nuancierter' ausfällt als andere Strauß-Interpretationen und ob damit wirklich das ‚Höhere' durch etwas anderes (Alltäglicheres?) kompensiert wird, mag dahingestellt bleiben. Unübersehbar ist in jedem Fall, dass Heinz Strunks Aneignung der Strauß'schen Texte, die bereits durch ihren Zuschnitt und ihre Zusammenstellung geschieht, durch das Vorlesen gewissermaßen besiegelt wird. Dafür spricht auch der

Umstand, dass in der Audioversion dem eigentlichen Titel der Anthologie eine Überschrift vorangestellt ist, die nur zum Teil eine sachliche Information, zum anderen Teil aber eine richtungsweisende Formel ist (die daher auch als Titel des vorliegenden Beitrags gewählt wurde): *Heinz Strunk liest Botho Strauß.*

5

Der von Heinz Strunk in diesem mehrfachen Sinn ‚gelesene' – gesammelte, collagierte, kommentierte, interpretierte – Botho Strauß ist ein Autor eigenen Zuschnitts, an dem in der Anthologie bestimmte Charakteristika hervorgehoben werden, während andere als weniger interessant oder gänzlich irrelevant ausgeblendet bleiben. Profiliert wird Strauß als Prosastilist und als physiognomischer Menschenkundler mit scharfem Blick für Rand- und Grenzfiguren, unbeachtet bleibt er hingegen als politisch-ästhetischer Polemiker, als gelehrter Traditionalist und nicht zuletzt als Theaterautor. Überhaupt sind diskursive oder auch mediale Orientierungen, wie erwähnt, für die Auswahl von untergeordneter Bedeutung. Das zeigt sich in der Publikation nicht zuletzt im Verzicht auf thematische Rubriken oder eine sonstige interne Unterteilung, die über die Markierung der Abschnitte hinausginge. Kontexte entstehen ausschließlich situativ, durch Resonanzen und Kontraste zwischen den ausgewählten Textstücken. Vorherrschend ist das schlaglichtartige Verfahren, das die Konzentration auf das jeweilige Fragment fördert und einfordert.

Angesichts des so entstehenden Bilds vom Autor Strauß und der ihm angemessenen Lektüre kann man Strunks Anthologie einen programmatischen Stellenwert zuschreiben – in der Weise, dass seine Beschäftigung mit Strauß Rückschlüsse auf die Poetik seines eigenen Schreibens zulässt, zumindest im Ansatz und dem Anspruch nach. Wechselverhältnisse zwischen anthologischer Praxis und autorschaftlicher Poetik wurden literaturwissenschaftlich mehrfach untersucht, zum Beispiel für die frühe Neuzeit (Doetsch 2016; Niefanger/Rose 2019), im Hinblick auf den bereits genannten Rudolf Borchardt und andere als Herausgeber tätige Schriftsteller des frühen 20. Jahrhunderts (Pape 2022) oder für die deutschsprachige Popliteratur um 1970 (Bandel 2019). In solchen historisch höchst unterschiedlich gelagerten editorischen Projekten kann der Schwerpunkt auf den gesammelten Texten liegen – von denen man sich sowohl eine Rückbesinnung auf wichtige Traditionen als auch einen ästhetischen Innovationsschub versprechen mag –, er kann aber auch auf dem Akt des Sammelns und damit auf einer „Poetik der Kompilation" (Ingold 2013) liegen, die in der neueren Popliteratur als Tendenz zur Selbstanthologisierung ins Autoreflexive gewendet werden kann (Meinecke 2012).

Um vor diesem kurz skizzierten Hintergrund die poetologische Tragweite von Strunks Strauß-Anthologie zu bestimmen, ist nochmals an die Besonderheit der Konstellation zu erinnern. Hier wendet sich der anthologisierende Schriftsteller einem einzigen Autor zu, noch dazu einem, der nicht erst für die literarische Öffentlichkeit entdeckt werden muss, etwa weil er sprachlich-kulturell oder historisch fern läge, sondern einem durchaus bekannten, viel besprochenen und weiterhin publizierenden Zeitgenossen. Charakteristisch für dieses Verhältnis scheint die vorbehaltlose Bewunderung zu sein, die Strunk Botho Strauß entgegenbringt. Am Ende seines Nachworts nennt er dessen Prosa „erschütternd und beglückend"; sie sei „bei all ihrem Gewicht an den entscheidenden Stellen von einer Einfachheit, die erst ein Meister erlangt". Der Befund des Meisterlichen wird dann noch durch den des Singulären überhöht („Ich kenne keinen, der ihm gleichkommt"), worauf die Schlussformel vom „Autor meines Lebens" fällt (236). Eben diese Formel deutet aber darauf hin, dass die euphorische Zustimmung zur Strauß'schen Autorschaft eine Selbstaussage des Autors Heinz Strunk ist, aus der ein poetologisches Eigeninteresse spricht. Man kann hier eine Beziehung der ‚Einflussangst' im Sinne Harold Blooms erkennen, jener spezifischen Variante der Intertextualitätstheorie, der zufolge im Bereich der Literatur und Dichtung niemals Originalität oder Authentizität, sondern immer nur verschiedene ‚Fehllektüren' von Vorläufern zu beobachten sind. Strunks Anthologie wäre demnach das Ergebnis einer produktiven Fehllektüre, und seine hingebungsvolle Zuwendung zu Strauß im Nachwort keine Selbsterniedrigung, sondern „das ‚Aufheben' der Stärke des Vorläufers *in einem selbst*" (Bloom 1995, 78).

Es handelt sich hier nicht um einen psychologisierenden Deutungsvorschlag, sondern um den Versuch, Strunks radikale Affirmation konzeptuell zu fassen. Seine Bereitschaft, sich für den älteren Kollegen zu begeistern, ohne irgendwelche Untertöne von Reserviertheit oder Konkurrenz laut werden zu lassen, ist jedenfalls bemerkenswert. Bemerkenswert ist aber auch der intervenierende Zugriff, dem sich die Anthologie verdankt und bei dem Strunk dem bewunderten Autor mit den Mitteln der Collage auf den textuellen Leib gerückt ist. Er präsentiert ausdrücklich einen von ihm zugerichteten Botho Strauß. Man darf daraus schließen, dass sich seine Hochschätzung der Strauß'schen Prosa auch auf den Digest richtet, den er selbst daraus verfertigt hat. Bedenkt man außerdem die im Nachwort umrissene Entstehungsgeschichte (234–235), dann dokumentiert die Sammlung Strunks eigenen Weg hin zur literarischen Prosa – zugleich als deren erstes Produkt und als deren Vorschule. Der Fortgang des Anthologieprojekts hängt offenkundig mit der sich etablierenden Autorschaft zusammen. 2008, als Strunk nach eigenen Angaben die Sammlung zuerst binden ließ, waren seine ersten beiden Bücher bereits erschienen; zwei weitere waren herausgekommen, als ihm „drei Jahre später" (235), also 2011, sein Verleger empfahl, die Anthologie zu publizieren; als sie dann 2014 erschien – im Jahr von Botho Strauß' 70. Geburtstag –, lagen wiederum zwei weitere Bücher von Heinz Strunk vor.

Wenn man den programmatischen Stellenwert des von Heinz Strunk zum mustergültigen Kurzprosaisten deklarierten Botho Strauß so hoch ansetzt, wie ich es hier vorschlage, dann gibt es gute Gründe, Strunks eigene Kurzprosa als unmittelbaren Effekt seiner intensiven Beschäftigung mit Strauß zu verstehen. Die Anthologie lässt sich so als eine Art Aufgabenstellung für Strunks in den folgenden Jahren aufgenommenes und seither fortgesetztes Schreiben in der Form der erzählerischen Miniatur verstehen. Ausgehend von dieser Hypothese sollen nun an den Bänden *Das Teemännchen* (2018), *Der gelbe Elefant* (2023) und *Kein Geld Kein Glück Kein Sprit* (2025) einige Erzählmuster und Stilelemente aufgewiesen werden, die an Botho Strauß gemahnen, so wie ihn Heinz Strunk präsentiert. Damit soll – in aller gebotenen Kürze – der etwas umwegigen Frage nachgegangen werden, was der mit Strunk gelesene Strauß wiederum an Strunk lesbar macht. Berücksichtigt werden dabei drei Aspekte, die alle bereits genannt wurden: erstens die Beschäftigung mit sozialen Randfiguren von mehr oder weniger monströsem Zuschnitt, zweitens das Interesse an Paaren in ihrer doppelten Vereinzelung, drittens bestimmte Formen der erzählerischen Beobachtung und Betrachtung.

6

Gestalten am Rand. Die an Botho Strauß aufgewiesene Fähigkeit, „in beispielloser Genauigkeit" hybride und schauerliche Grenzfiguren zu entwerfen und gerade dadurch „Menschenschicksale in einem Moment der Wahrheit festzuhalten" (237), kann, der bekundeten Beispiellosigkeit zum Trotz, als beispielgebend für die Menschendarstellung bei Heinz Strunk gelten. In seinen drei Erzählbänden findet sich ein ganzes Panorama solcher Gestalten und Ungestalten, zum Beispiel eine Gruppe von älteren Menschen „mit Handikaps und Einschränkungen, [...] Haltungsschäden, Deformationen, sichtbaren Rheuma-, Gicht- und Diabetes-Folgen", die auf Usedom einen eigenen „Strand der Versehrten" bevölkern (Strunk 2018, 29); oder die als „Zwei Gnome" apostrophierten „gleichermaßen unter starker Skoliose leidende[n], sehr kleine[n] Männer um die sechzig", die zufällig an der Supermarktkasse aufeinander treffen und, statt „Solidarität unter zwei Leidensgenossen" zu üben, in Streit geraten (Strunk 2018, 108–109); oder „Kjell aus Tarp", der als „chipsdick, keksdick, burgerdick" bezeichnete Nerd, der seine Arbeit als Computerspezialist inmitten der „Zersetzungsrückstände seines Kummers" verrichtet (Strunk 2023, 122–123); oder der über zwei Meter große, unter der Glasknochenkrankheit leidende „Riese in der Holzklasse", der aufgrund eines Buchungsfehlers auf einem zu kleinen Flugzeugsitz kauert und dem nach einigen Flugstunden alle Knochen im Leib zerbrechen, „wie ein in sich zusammenfallendes Kartenhaus" (Strunk 2025, 153 u. 160).

Ausführlich wird ein solches innerliches Zerbersten und Zerbröckeln in *Eisengreis*, einer der längsten Erzählungen, imaginiert. Darin geht es um den 75-jährigen Werner, der nach dem Tod seiner Frau ein ambitioniertes Fitnessprogramm beginnt und sich an dem „Zugewinn an Selbstwertgefühl" berauscht, „den ihm sein neuer alter Luxusbody verschafft" (Strunk 2023, 144). Da er aber an fortgeschrittener Osteoporose leidet, brechen ihm beim übermäßigen Ausführen von Liegestützen die „von Knochenfraß zerlöcherten Scharniere *beider* Oberarmköpfe [...] mit zwei unmittelbar aufeinanderfolgenden hässlichen Krachern" (Strunk 2023, 149). Unfähig, mit den nun ertaubten Armen den Drehknauf an der Tür seines Fitnesskellers zu öffnen, bleibt er darin eingesperrt. Diesen Zustand hält er dank seiner im Höchstmaß vorhandenen körperlichen und gedanklichen Disziplin – er kombiniert Gänge durch den Kellerraum mit Gedankenreisen in entlegenste Zonen der Erde – wochenlang durch, begibt sich aber schließlich in die Truhe, in der er die Trainingsgeräte verwahrt hatte, kann nicht mehr auf sich aufmerksam machen, als die Rettung naht, und wird als unerkannter Leichnam mitsamt seiner Sportausrüstung entsorgt.

Am Unglück dieser auf unterschiedliche Weise isolierten, körperlich gezeichneten, marginalisierten oder sich selbst marginalisierenden Figuren ist immer auch das soziale Umfeld beteiligt, oft in kontrastierender Weise. So findet in direkter Nähe zum „Strand der Versehrten" ein Yogaseminar statt, dessen Teilnehmer „in allem das genaue Gegenteil" sind, „gedehnt, gesund, jung, schön, fröhlich" und ohne Mitleid mit ihren Nachbarn, „denn deren Unglück ist zu 99,9 Periode selbstverschuldet" (Strunk 2018, 30–31). Der „Eisengreis" hat zu Beginn der Geschichte ein Paar zu Besuch, an das er bereits sein Haus verkauft hat, da er in eine elegante Eigentumswohnung umziehen will. In seiner Sichtweise sind die beiden die verächtlichen Gegenbilder zu seiner eigenen Fitness, „hoffnungslose Fälle [...], den tückischen Freuden des Alters erlegen: Ruhe, Bequemlichkeit, Alkohol" (Strunk 2023, 143). Gerade sie könnten ihn schließlich befreien, nehmen aber nur mit Ekel den Gestank im Keller wahr und werfen alles darin Befindliche auf den Müll. Beim zerberstenden Großwüchsigen im Flugzeug weigert sich eine böswillige Mitreisende, den eigentlich für ihn vorgesehenen Premiumplatz zu verlassen. Der Computernerd wird bisweilen zu Partys eingeladen und hat Beziehungen zu Frauen, spürt aber umso mehr, dass „niemand sein Herz anrühren" wird (Strunk 2023, 123). Und im Fall der beiden kleinen Männer betrachten Angestellte und Kunden des Supermarkts den handgreiflich werdenden Streit wie einen unterhaltsamen Wettkampf.

Das geschieht allerdings nur in der Phantasie eines sich in der ersten Person zu Wort meldenden Berichterstatters – ein erzähltechnisches Manöver, das unter dem Gesichtspunkt ‚Betrachtung' noch etwas genauer zu beschreiben sein wird.

Paare. Die Literaturkritik hat Botho Strauß oft als Chronisten des postmodernen Liebes- und Beziehungslebens gewürdigt; auch die schon erwähnten Anthologien *Über Liebe* und *Sie/Er* setzen diesen Schwerpunkt. Dabei kann die Existenzweise der männlich-weiblichen Liebes- und Lebensgemeinschaft durchaus überhöht werden: „Der menschliche Vierfuß ist auf Erden das höchstentwickelte Lebewesen", heißt es einmal im Theaterstück *Der Kuß des Vergessens* (Strauß 1999b, 294). Die literarische Produktivität dieser Figurenkonstellation liegt aber im Missverstehen und Scheitern, in der gegenseitigen Verfehlung und Verletzung, also in der Instabilität heterosexueller Beziehungen gerade aufgrund der ihnen innewohnenden gesellschaftlichen Normativität. Es gibt allerdings Beispiele für gelingendes Leben zu zweit, das aus der Abweichung von den allgemein anerkannten Normen entsteht, so wie in Strauß' Stück über den amerikanischen Dichter Robinson Jeffers und seine Frau Una, die weltabgewandt im Raum der poetischen Überlieferung existieren (Strauß 1999b, 155–171). In Heinz Strunks Paar-Darstellungen werden Glücksvorstellungen hingegen durchweg destruiert. Wenn es Gemeinschaft gibt, besteht sie in der Übereinkunft zur Selbstbeschädigung, etwa wenn in der Erzählung *Sizzling Hot* das „adipöse Pärchen" an der Autobahnraststätte riesige Wurst- und Pommes-Portionen zu sich nimmt und dabei immer mehr Münzen im Spielautomaten versenkt: „Herrlich ist das, essen und spielen" (Strunk 2018, 71 und 73). In ähnlicher, aber zukunftsbezogener Formulierung heißt es: „Herrlich wird das", wenn ein „Malocher"-Paar, das wegen übermäßigen Rauchens von der Nachbarschaft angefeindet wird, den baldigen Ruhestand gänzlich im Schrebergarten zu verbringen gedenkt, denn dort können sie „so viel dampfen, wie sie wollen" (Strunk 2023, 136–137).

Doch selbst solche Einvernehmlichkeiten sind bei Strunks Paaren die Ausnahme. Häufiger gibt es Verbindungen, die auf der Unterdrückung eigener Bedürfnisse und der gewohnheitsmäßigen Vernachlässigung des anderen beruhen und bis zur offenen Aggression gehen können. *Tempo 100*, der erste Text in der Sammlung *Das Teemännchen*, erzählt die Geschichte von „Marion und Michael (M&M)", die ihre 24-jährige Beziehung über weite Strecken mit dem Versuch verbracht haben, „den anderen mit noch ätzenderer Kleinkariertheit zu Boden zu ringen", ein Wettbewerb, den er, als sie schon längst aufgegeben hat, dennoch fortführt, „immer wieder, immer weiter, gnadenlos" (Strunk 2018, 9–10). Die zweite Hälfte der Erzählung zeigt das Paar auf einer nicht enden wollenden Autobahnreise im „schrottreife[n] Passat", den Michael mit provozierender Langsamkeit fährt – maximal 100 Stundenkilometer, dann „extra *noch* langsamer, Tempo 85" –, bis Marions

„Zerreißpunkt“ erreicht ist: Sie greift ins Lenkrad, um das Fahrzeug direkt vor einen Laster zu steuern, woraufhin Michael ihr „seine Faust mehrmals mit voller Wucht ins Gesicht“ schlägt. Anschließend reduziert er die Geschwindigkeit „schrittweise bis auf 60“ und sinnt darüber nach, dass sie ihm das „büßen“ werde, „bis ans Ende aller Tage, ans Ende aller Zeit“ (Strunk 2018, 11–13). Das quälende Tempo der Fortbewegung wird in dieser motivisch dicht gearbeiteten Erzählung zum Sinnbild für die auf unabsehbare Dauer gestellte Katastrophe der Paarbeziehung, in der der Zeitverlauf selbst eine Form der Gewalt ist.

Wie bei den monströsen Individuen wird auch bei den Paaren das Unheil oft durch die gesellschaftliche Rahmung verstärkt. In *So nicht!* missrät die Institutionalisierung einer über zwanzigjährigen Lebensgemeinschaft zur Ehe, weil der Versuch des Mannes, den Heiratsantrag ohne alles „*übertrieben Romantische*“ und bloß „*nebenbei*“ zu stellen, von der Frau mit „entsetzlichem Ernst“ und der titelgebenden Abfuhr „So nicht“ beantwortet wird, die zugleich die Partnerschaft beendet (Strunk 2025, 82–83). In *Kroketten (Croquettes)* scheitert der Versuch, eine Urlaubsbekanntschaft zwischen zwei Paaren im Alltag fortzuführen, an dem vordergründigen Umstand, dass im griechischen Stammrestaurant des einen Paars die beliebten Kroketten nicht mehr vorrätig sind. Die doppelte Coda der Erzählung zeigt die Konsequenzen des Abends, die bei „Claudi und Andi“ nur in gewohnheitsmäßiger „allerschlechtester Laune“, bei „Melli und Olli“ hingegen in „tiefe[r] Erschöpfung“ und dem Entschluss zur Trennung bestehen (Strunk 2023, 24–25). In *Klaus & Klaus* hält es ein beruflich arrivierter Fünfzigjähriger für eine gute Idee, seine deutlich jüngere und sozial höherstehende Freundin zu einem Fest in seine ländliche Heimatstadt mitzunehmen, um sie dort als „neue Trophäe zu präsentieren“ (Strunk 2018, 172). Doch statt der von ihm erhofften Bewunderung schlägt ihnen Abneigung und Feindseligkeit entgegen, was zu einer raschen Erosion der Beziehung führt: Sie blickt verächtlich auf seine soziale Herkunft; er empfindet sie als verwöhnt und ungerecht; schon am nächsten Morgen ist sie für immer verschwunden.

Betrachtungen. Im Nachwort zu seiner Anthologie verwendet Heinz Strunk zweimal den Begriff des Betrachtens: innerhalb der Trias „Collagen, Betrachtungen, Erzähl-Miniaturen“ und im Befund, Botho Strauß sei „befähigt wie kein Zweiter“, die „furchtbaren Mischwesen“ und „grässlichen Schwärme […] zu betrachten“ (234 und 237). Wie sich dieses Betrachten konkret vollzieht, erläutert er nicht, doch in der Tat lässt sich speziell an der frühen Prosa, und hier besonders an *Paare, Passanten*, zeigen, dass Vorgänge der Betrachtung und Beobachtung oft zur Darstellung einer „Opposition zwischen dem beobachtenden Einzelnen und der beobachteten Menge“ genutzt werden (Willer 2000, 99). Grundsätzlich kann mit ‚Beobachtung‘ und ‚Betrachtung‘ vieles gemeint sein: visuelle Kenntnisnahme, ästhetische Wahrnehmung, ein kontemplatives Weltverhältnis, ein reflektierendessayistisches Textgenre – oder auch die Überlagerung mehrerer dieser Aspekte, etwa die Inszenierung von Wahrnehmung in einem literarischen Text. Darüber hinaus stehen optische Kategorien wie Perspektive und Fokalisierung (Genette 2010, 118–124) für narrative „Mittelbarkeit" (Stanzel 1989, 15–38), also für die Regelung von Nähe- und Distanzverhältnissen in Erzähltexten. In dieser Hinsicht lässt sich der Betrachtungs-Begriff auf die Spezifik von Heinz Strunks erzählender Prosa anwenden. Sie liegt in der von Moritz Baßler gerühmten „kunstvolle[n] Halbdistanz", mit der Strunk „immer wieder in die Innensicht der Figuren gleitet". Er sei ein „virtuoser Stimmenimitator", der sowohl in direkter Rede wie in der Wiedergabe von Gedanken den von ihm dargestellten „grenzdebilen Gestalten [...] seine eigene Sprache leihen" könne (Baßler 2017,116; zur narratologischen Kategorie ‚Stimme' vgl. Genette 2010, 137–139).

Was Baßler für *Der goldene Handschuh* formuliert, lässt sich auch an den kurzen Erzählungen aufweisen. Paradigmatisch dafür mögen drei Sätze aus der Festbeschreibung von *Klaus & Klaus* stehen: „Was Maureen wohl gerade so denkt? Die scheint es immerhin *ganz interessant* zu finden. Nur beim Anblick des Billigfleisches auf den Riesengrills wird ihr etwas elend zumute." (Strunk 2018, 175) Die Sätze stehen im Anschluss an eine Passage, die die Gedanken des Protagonisten Klaus Lehmkuhl in Innensicht schildert. An diese Perspektive lässt sich die Erwägung, „[w]as Maureen wohl gerade so denkt", direkt anschließen. Dasselbe könnte für den nächsten Satz gelten, „Die scheint es immerhin *ganz interessant* zu finden"; dafür wäre allerdings anzunehmen, dass es sich bei der kursivierten, gleichsam als Zitat eingeblendeten Formel *„ganz interessant"* um eine Redewendung handelt, die Maureen häufiger anbringt und die Klaus ihr daher als Einschätzung der Situation unterstellen kann. Da davon aber vorher nicht die Rede war, könnte man mit gleichem Recht annehmen, dass die Vermutung von einer anderen Instanz stammt. Diese könnte intradiegetisch sein, also der erzählten Welt zugehören – ein oder mehrere Besucher des Fests, von dem oder denen Maureen beobachtet wird –, es könnte sich aber auch um den Kommentar eines extradiegetischen Erzählers handeln. Dieser würde zunächst über die Figur Maureen eine Mutmaßung anstellen, um dann im dritten Satz unvermittelt in ihr Bewusstsein zu blicken und festzustellen, dass es ihr „beim Anblick des Billigfleisches [...] etwas elend zumute" wird. Darauf folgen mehrere Sätze aus Maureens Perspektive, die im Anschluss erneut durch die interne Fokalisierung des männlichen Protagonisten abgelöst werden: „Klaus Lehmkuhl ist mulmig zumute" (Strunk 2018, 175).

Das von Baßler genannte ‚Gleiten' in die Innensicht kann sich also auf das fiktive Bewusstsein mehrerer Personen erstrecken. Es gibt aber auch die Beschränkung auf das Innenleben einer einzigen Figur. Mustergültig dafür steht der in seinem Keller isolierte „Eisengreis" Werner Spremberg, dessen mentale Reisen ausführlich wiedergegeben werden, wobei der explizite Bewusstseinsbericht – „Er stellt sich einen warmen, sonnigen Frühlingstag vor“ – immer wieder in Schilderungen halluzinierter Ereignisse mit suggestiven Einzelheiten übergeht: „Die Luft ist heiß und körnig [...]. Die Erde saugt schmatzend an seinen Füßen“ (Strunk 2023, 158 und 161). Auch sonst nutzt Strunk hier das gesamte Spektrum der Erzählung von Gedanken, von der Schilderung kognitiver Vorgänge über die erlebte Rede bis zum inneren Monolog. Auffällig sind die Passagen in Du-Form, da sie sich als Selbstanrede, aber auch als Zuwendung des Erzählers zu seiner Figur, in beiden Varianten jedenfalls als Aktivierungen eines Über-Ichs lesen lassen. Denn gerade dort greift die Erzählung immer wieder auf Motivationssprüche zurück, die Werners Fitness-Programmen zu entstammen scheinen: „*Come on, Werni!* Ein Diamant ist ein Stück Kohle, das Ausdauer hatte“, oder: „*Der Wille ist es, der entscheidet, ob du Hunger hast oder nicht*“, Letzteres gefolgt von einer Rückfrage samt Antwort, die erneut sowohl auf Rechnung des Protagonisten wie des Erzählers gehen könnten: „Warum setzen sich vermeintlich dämliche Redensarten und Kalendersprüche durch? Weil sie wahr sind.“ (Strunk 2023, 154 u. 162)

Die Art, in der die Strunk'sche Erzählinstanz die von ihr präsentierten Welten und Innenwelten betrachtet, in der sie sich selbst zu Wort meldet und ihren Standort markiert, fällt höchst unterschiedlich und variabel aus. In der oben erwähnten Geschichte *Zwei Gnome* zeigt der Erzähler schon mit der Kennzeichnung in der Überschrift, die er im Text mehrmals wiederholt („Gnom 1“, „Gnom 2“), ein boshaftes Vergnügen an der Degradierung seiner Figuren. Im letzten Absatz wird das nochmals ausgestellt, wenn er sich als „Ich“ zu Wort meldet und die körperliche Konfrontation ausmalt: „Ich sehe sie schon ihre Einkaufswagen erklimmen, mit denen sie dann, wie Ritter in einem Turnier, einen Kampf auf Leben und Tod austragen“ – ein vorgestellter Voyeurismus, für den „Kunden, Kassierer, der Marktleiter“ als Publikum hinzu imaginiert werden (Strunk 2018, 108–109). Demgegenüber sind in *Sizzling Hot* Betrachtung und Wertung des Pärchens in der Raststätte unmerklicher und perfider. Dafür steht der abgründige Satz: „Alles, was einem zu ihnen einfällt, stimmt wahrscheinlich“ (Strunk 2018, 71). Der Erzähler verbirgt sich hier zweifach, hinter der generalisierten Perspektive der etwaigen Betrachter in der Raststätte, die sich ihr Teil denken, und hinter der scheinbar vorsichtigen Einschätzung, dass jene allgemeinen Einschätzungen „wahrscheinlich“ zutreffen. Da aber beides einander bestätigt, dienen Vorsicht und Vorbehalt letztlich der Befestigung des erzählerischen Vorurteils. Die erzählerische Volte wird damit selbst zur Problemanzeige; sie zeigt die Funktionsweise sozialer Stigmatisierung.

7

Ausgehend von der Anthologie *Der zurück in sein Haus gestopfte Jäger* bin ich der Frage nachgegangen, ob und wie sich durch die Botho-Strauß-Lektüren hindurch Heinz Strunks Konzept und Praxis von Autorschaft zu erkennen gibt. Die Formel vom „Autor meines Lebens“ ist dabei von weitreichender Bedeutung. Dafür sprechen die existenzielle Wucht und Wirksamkeit, die Strunk jenen Lektüren attestiert, und die werkgenetische Perspektive, in die er sie einordnet: Strauß ist derjenige Schriftsteller, der sein eigenes Schreiben mit initiiert hat, der es begleitet und an dem es sich abarbeiten muss. Diese programmatischen Befunde erlauben und erfordern detaillierte Beobachtungen sowohl an Strauß’ als auch an Strunks Texten. Diese analytische Perspektive konnte im vorliegenden Beitrag nur angedeutet werden. Wesentlich ausführlicher könnte und müsste vor allem eine detaillierte Stilanalyse ausfallen. Denn wenn es zutrifft, dass Strunk in der Zuwendung zu Strauß eine Art von Aufgabenstellung für sein eigenes literarisches Projekt formuliert, erstreckt sich dies auch auf den emphatischen Begriff einer Prosa, deren Charakteristika im Nachwort der Anthologie genannt werden: Präzision, Gewicht, Einfachheit, Ökonomie sowie vor allem Musikalität, eine aus „Komposition“, „Melodie“ und „Rhythmus“ entstehende „klangliche Wahrheit“ (235). Es wäre überaus lohnend, Strunks Arbeit an einem rhythmisch-klanglichen Stilideal genau zu untersuchen und dafür einen minutiösen Vergleich mit den von ihm ausgewählten Strauß-Miniaturen anzustellen. Umso mehr darf man mit Heinz Strunks Einladung schließen, es auch mit den rätselhaftesten der Strauß’schen Texte – und es wäre zu ergänzen: auch mit den *scheinbar* offenkundigsten Texten Heinz Strunks – „von Zeit zu Zeit wieder zu versuchen“ (238).

Primärliteratur

Strauß, Botho: Über Liebe. Geschichten und Bruchstücke. Hg. Volker Hage. Stuttgart: Reclam 1989.
Strauß, Botho: Beginnlosigkeit. Reflexionen über Fleck und Linie. München/Wien: Hanser 1992.
Strauß, Botho: Rumor. Roman. München: Deutscher Taschenbuch Verlag 1994a (1980).
Strauß, Botho: Paare, Passanten. München: Deutscher Taschenbuch Verlag 1994b (1981).
Strauß, Botho: Der Gebärdensammler. Texte zum Theater. Hg. Thomas Oberender. Frankfurt a.M.: Verlag der Autoren 1999a.
Strauß, Botho: Theaterstücke III. München/Wien: Hanser 1999b.
Strauß, Botho: Das Partikular. München/Wien: Hanser 2000.
Strauß, Botho: Sie/Er. Erzählungen. Hg. Thomas Hürlimann. München: Hanser 2012a.
Strauß, Botho: Vom Aufenthalt. München: Deutscher Taschenbuch Verlag 2012b (2009).
Strauß, Botho: Der zurück in sein Haus gestopfte Jäger. Hg. Heinz Strunk. Reinbek: Rowohlt 2014a.

Strauß, Botho: Allein mit allen. Gedankenbuch. Hg. Sebastian Kleinschmidt. München: Hanser 2014b.
Strauß, Botho: Die Expedition zu den Wärtern und Sprengmeistern. Kritische Prosa. Hamburg: Rowohlt 2020.
Strunk, Heinz: Heinz Strunk liest Botho Strauß. Der zurück in sein Haus gestopfte Jäger. Zusammengestellt von Heinz Strunk. Bochum: ROOF Music 2014.
Strunk, Heinz: Das Teemännchen. Reinbek bei Hamburg: Rowohlt 2018.
Strunk, Heinz: Der gelbe Elefant. Hamburg: Rowohlt 2022.
Strunk, Heinz: Kein Geld Kein Glück Kein Sprit. Hamburg: Rowohlt 2025.

Sekundärliteratur

Anz, Thomas: Modern, postmodern? Botho Strauß' *Paare, Passanten*. In: The German Quarterly 63 (1990), S. 404–411.
Bandel, Jan-Frederik: Rolf Dieter Brinkmann und Ralf-Rainer Rygulla: Acid – neue amerikanische Szene (1969). In: Moritz Baßler/Eckhard Schumacher (Hg.): Handbuch Literatur & Pop. Berlin/Boston: De Gruyter 2019, S. 398–413.
Baßler, Moritz: Verstehen heißt Verzweifeln. Laudatio auf Heinz Strunk und seinen Roman ‚Der goldene Handschuh'. In: Hubert Winkels (Hg.): Heinz Strunk trifft Wilhelm Raabe. Der Wilhelm-Raabe-Literaturpreis 2016. Göttingen: Wallstein 2017, S.114–127.
Bloom, Harold: Einflußangst. Eine Theorie der Dichtung. Übers. Angelika Schweikhart. Basel/Frankfurt a.M.: Stroemfeld 1995.
Doetsch, Marina: Konzeption und Komposition von Gottscheds „Deutscher Schaubühne". „Eine kleine Sammlung guter Stücke" als praktische Poetik. Frankfurt a.M. u.a.: Lang 2016.
Genette, Gérard: Die Erzählung. Übers. Andreas Knop. 3. Aufl. Paderborn: Fink 2010.
Hage, Volker. Nachwort. In: Botho Strauß: Über Liebe. Geschichten und Bruchstücke. Hg. Volker Hage. Stuttgart: Reclam 1989, S. 135–151.
Hage, Volker: Das Ende vom Anfang. Botho Strauß' aufregender Versuch über ‚Beginnlosigkeit', seine ‚Reflexionen über Fleck und Linie'. In: Die Zeit v.10.04.1992, Literaturbeilage, S. 1.
Herwig, Henriette: ‚RomantischerReflexionsRoman' oder erzählerisches Labyrinth? Botho Strauß: ‚Der junge Mann'. In: Michael Radix (Hg.): Strauß lesen. München/Wien: Hanser 1987, S. 267–282.
Hoffmann, Torsten: Konfigurationen des Erhabenen. Zur Produktivität einer ästhetischen Kategorie in der Literatur des ausgehenden 20. Jahrhunderts (Handke, Ransmayr, Schrott, Strauß). Berlin/New York: de Gruyter 2006.
Ingold, Felix Philipp: Copy, cut, paste. Für eine Poetik der Kompilation. In: Volltext 4.1 (2013), S. 36–38.
Klaue, Magnus: Trilogie des Wiederlesens. Botho Strauß zum Achtzigsten. In: Die Welt v. 2.12.2024.
Meinecke, Thomas: Ich als Text. Frankfurter Poetikvorlesungen. Frankfurt a.M.: Suhrkamp 2012.
Niefanger, Dirk/Dirk Rose: „Gesammlet und ans Licht gestellet". Poesie, Theologie und Musik in Anthologien des frühen 18. Jahrhunderts. Hildesheim: Olms 2019.
Saner, Fabian: Anthologisches Schreiben. Eine ästhetisch-politische Konstellation bei Hugo von Hofmannsthal, Walter Benjamin und Rudolf Borchardt. Paderborn: Brill Fink 2022.
Stanzel, Franz K.: Theorie des Erzählens. 4., durchgesehene Aufl. Göttingen: Vandenhoeck & Ruprecht 1989.
Theisohn, Philipp: Denken nach Botho Strauß. Begegnungen in einer anderen Zeit. Berlin: Matthes & Seitz 2024.

Willer, Stefan: Botho Strauß zur Einführung. Hamburg: Junius 2000.
Willer, Stefan: Erbfälle. Theorie und Praxis kultureller Überlieferung in der Moderne. Paderborn: Fink 2014.
Willer, Stefan: Zusammengesetzte Urzeit. Shakespearesche Traditionen bei Botho Strauß. In: Cultura tedesca 70 (Juli–Dezember 2025, S. 189–204).

Teil IV: **Hören und Schauen**

Philipp Kohl

Heinz Strunks Hörwerk

1 Einleitung: Der Autor als Audioproduzent

2009 berichtet der Kritiker Peter Richter in der *Frankfurter Allgemeinen Sonntagszeitung* von einem gescheiterten Leseversuch. Mit Heinz Strunks zweitem Buch *Die Zunge Europas* konnte er nichts anfangen, großen Genuss hat ihm jedoch das Hörbuch während einer Zugfahrt bereitet. Er kommt zu dem Schluss: „[M]an muss Strunk hören, man braucht, unbedingt, seinen Sound" (Richter 2009, B3). Diesem Appell möchte sich der folgende Beitrag anschließen und die akustischen Aspekte von Strunks Schaffen erkunden. Mit „Sound" meint Richter Strunks Lesestimme. Nicht nur die eigentümliche Sprechstimme – gekennzeichnet durch einen Hamburgischen Zungenschlag, durch Lispeln, Nuscheln, Versprecher sowie ein bestimmtes Timing –, sondern auch die vielfältigen Deklamationstechniken mit einem umfangreichen Arsenal an Stimmtypen zeichnen Strunks Hörbücher aus. Bei ihnen handelt es sich aber nur um die bekannteste Form seines akustischen Werks. Es gibt vor allem in seiner frühen Schaffensphase noch vieles mehr, was Strunks Sound ausmacht: selbst produzierte Hörspiele, Musik, Telefonscherze, Live-Rundfunksendungen, später auch Audioserien. Im Folgenden soll versucht werden, all diese Formen der Audioliteratur (vgl. zu diesem Begriff Binczek 2020) aus Strunks Feder in einem Gesamtüberblick darzustellen. Im Zentrum der Aufmerksamkeit steht dabei nicht der den Arbeiten zugrundeliegende Text, sondern ihr Klang.

Im Titel dieses Beitrags ist von „Heinz Strunks Hörwerk" die Rede. Das Wort ‚Hörwerke' liest man häufig auf Tonträgern mit Autorenlesungen, Radiovorträgen und Hörspielen, wie sie als MP3-CD-Ausgaben etwa zu Thomas Mann, Heinrich Böll oder Eckhard Henscheid vorliegen. Der Begriff des „Hörwerks" steht hier aber bewusst im Singular. Er bezieht sich einerseits auf die Gesamtheit des anhörbaren Werks von Heinz Strunk, also nicht nur auf genuin akustische Werke (Hörspiel-CDs und Audioserien, Musik- und Telefonarbeiten), sondern auch auf das in Hörbüchern akustisch realisierte Schriftwerk. Andererseits enthält der Titel eine These: Strunks Werk ist ein Hörwerk im konstitutiven Sinn, und wer es nur liest, verpasst Wichtiges. Das hat verschiedene Gründe: Einerseits ist das auf Tonträgern veröffentlichte Werk wesentlich umfangreicher als das gedruckte. Fast alles, was Strunk geschrieben hat, kann man auch als von ihm gelesenes Hörbuch hören. Doch längst nicht alles, was er zum Anhören hervorgebracht hat, kann man auch lesen. Andererseits meint die These des Hörwerks, dass Hören und Schreiben bei Strunk nicht

https://doi.org/10.1515/9783111408798-011

voneinander zu trennen sind. Die akustische Literatur lässt sich also nicht unabhängig von der Audiopoetik der geschriebenen Texte betrachten.

Strunks Audiopoetik ist vieles, aber keine Radiopoetik. Er ist kein radiophoner Schriftsteller, also kein klassischer Hörspielautor, der für Rundfunkanstalten schreibt und Regie und Produktion in fremde Hände gibt. Nicht nur schreibt Strunk nicht *für* das Radio, er schreibt sogar *gegen* das Radio, namentlich die Comedy, während deren Aufkommen er seine ersten Hörspiele macht. Im Gegensatz zu den oben genannten Autoren – mit Mann und Henscheid sind zugleich zwei wichtige Einflüsse genannt – ist er für die akustische Gestalt seiner Arbeiten selbst verantwortlich. Zwar ist es in der Literatur seit der Jahrtausendwende nichts Ungewöhnliches, dass Schriftsteller auch Musik und Hörspiele schreiben, sie teilweise selbst produzieren und die akustischen Verfahren in ihrem Schreiben fruchtbar machen (vgl. z.B. Assmann/Menzel 2018). Außergewöhnlich dagegen ist, dass jemand das alles auch selbst medial hervorbringt – bei Strunk zunächst mit DAT- und Mehrspurrekorder, mit Holzblasinstrumenten und Synthesizer sowie durch CD-Pressung in Eigenregie, später mit dem Programm Logic und Software-Effekten bzw. -Instrumenten. 1992 beginnt Mathias Halfpape damit, als Heinz Strunk Hörspiele im Heimstudio, seiner „Frickelbude“ (Strunk 2006, unpag.), zu produzieren und im Selbstverlag zu veröffentlichen. Als er ab 2006 seine gesammelten Arbeiten, nun als „Kurzhörspiele“ bezeichnet, auf Anthologie-CDs neu herausbringt, hat er bereits aufgehört, Neues zu produzieren.

Der Übergang zu anderen Medien geht tendenziell mit dem in ein anderes Fach einher: An die Stelle des Hörspiels treten Hörbuch und Musikalben, und Strunk wird vom Humoristen zum Prosaautor. Es kommt deshalb überraschend, dass Strunk 2018 noch einmal einen großen, genuin audioliteralen Wurf wagt: Für den Streamingdienst Spotify produziert er die Audioserie *Heinz Strunks Familienaufstellung*, für die er alte Kurzhörspiele zur langen Form der Serie verarbeitet. Obwohl mehrfacher Bestsellerautor, verweigert er sich jeglicher Mithilfe und verbringt stattdessen Monate mit dem Aufnehmen und Schneiden von Tonspuren.

Wenn Strunks Form der Autorschaft hier mit der Rolle eines Audioproduzenten gefasst wird, dann geht dies über die Beschreibung des gleichnamigen Berufs hinaus, wie ihn der männliche Protagonist seines Romans *Es ist immer so schön mit dir* (2021) ausübt. Strunk schafft nicht nur auf Tonträgern veröffentlichte Audioliteratur, sein Schreiben selbst ist von einer akustischen Produktionsästhetik geprägt. Ähnlich wie seine Audioarbeiten auf einer umfangreichen Soundbibliothek mit selbst aufgenommenen Alltags- und Körpergeräuschen basieren, schöpfen seine Texte aus einem Archiv von Sprüchen, die er gehört, gelesen oder erfunden hat. Wie Audiodateien in einem Hörspiel kann er sie kopieren, schneiden und verfremden.[1]

Immer wieder betont Strunk, dass Notatsammlungen ein wichtiger Teil seines Materials sind. In *Die Zunge Europas* bspw. notiert der Ich-Erzähler, ein Comedyautor, nicht nur eigene Ideen, sondern auch Gefundenes, Aufgeschnapptes und Mitgehörtes in einer „Chinakladde". Der Autor Strunk verfügt über ein umfangreiches Textarchiv mit allerlei Sprüchen oder ‚Schnacks' – ein großes Reservoir dafür bieten ihm der Boulevard, das Privatfernsehen und das Internet.[2] Ein Buchtitel, *Der gelbe Elefant* (2023), ist Resultat eines digitalen Traumnotats. Nach dem Aufwachen spricht Strunk eine Sprachnotiz in sein Telefon (Strunk/Merget 2023, 26:49), notiert die Episode und verarbeitet sie in *Nach Notat zu Bett* (Strunk 2019, 32). Der Buchtitel ist programmatisch zu lesen: Der Autor ist nicht ‚nach Diktat verreist', wie die Floskel lautet, sondern hat ferngesehen, etwas notiert und sich für die Arbeit mit dem Material ausgeruht. In *Ein Sommer in Niendorf* (2022) findet sich das Notat eines Gesprächsmitschnitts aus einer Lübecker Kneipe wieder, das als Kulisse in mehreren Hörspielen enthalten ist (siehe Kap. 10). *Field recording* und *home recording* lassen sich als Verfahren verstehen, die nicht nur auf die Audioarbeit selbst beschränkt sind.

Liest man Strunks Texte als Produktionen, die auf einem akustischen Archiv beruhen, erklären sich auch die zahlreichen Wiederholungen von Sprüchen, Formulierungen oder ganzen Episoden.[3] Es handelt sich also im engeren Sinn nicht um Selbstzitate, sondern um Elemente eines kreativen Baukastens, die an verschiede-

---

1 Das Verhältnis zwischen Audioschnitt und literarischer Montage, insbesondere von *cut-up* und *tape poetry* bei William S. Burroughs, hat eine lange Tradition, die hier nicht wiederzugeben ist. Als Vergleichspunkt im deutschsprachigen Raum könnte Rolf Dieter Brinkmann dienen. In seiner WDR-Hörspielarbeit *Die Wörter sind böse* (1974) spricht er nicht nur über Tonbandaufnahme und -schnitt, sondern auch über die institutionellen ‚Beschneidungen' des Experiments durch die Rundfunkanstalt (vgl. dazu Epping-Jäger 2014, 153). Strunk selbst hat, obwohl er ab 2000 kurz bei Radio Fritz moderiert und zwei seiner Erfolgsromane als Hörspiele adaptiert worden sind, nie eine Arbeit fürs Radio geschrieben bzw. produziert. (Siehe dazu auch Kap. 6 und 9.)

2 Auf seinem Laptop führt Strunk eine Word-Datei namens „BIG GAG ARCHIV". Im *Studio Braun Buch* sind mehrere Seiten Material unter der Überschrift *The Big Archiv* abgedruckt. Dazu heißt es: „Originale Sammlung ausgedachter oder über seinen Weg gelaufener Sprüche aus dem Fundus Heinz Strunks. Anfang des Jahrhunderts. Geschöpft aus den Quellen Boulevard, Nachmittagsfernsehen, Internet oder es ist ausgedacht. Die Textexegese der Werke von Strunk fängt hier an und hört hier auf. Viele archetypischen [sic] Begrifflichkeiten, Gags und Redewendungen rekurrieren auf dieses Archiv, das er wie eine gute asiatische Kokosnusssuppe jahrelang köcheln lässt und streckt." (Klug/Studio Braun 2016, 178–179).

3 So findet sich etwa der Spruch „Da lachen ja die Hühner und noch nicht mal die" in *Fleckenteufel, Heinz Strunk in Afrika, Das Strunk-Prinzip* und *Jürgen*.

nen Stellen zum Einsatz kommen. Die Hörspielarbeiten, an denen sich solche Aspekte besser erkennen lassen, enthalten aber auch literarische Verfahren, die im Prosawerk praktisch nicht vorkommen: Hier gibt es nicht nur dramatische und lyrische Formen, sondern auch intertextuelle, selbstreferentielle und metafiktionale Spiele.[4] Hier ist „Heinz Strunk" zugleich Autor, Sprecher und Figur, eine Instanz, die sich auf verschiedenen Ebenen verdoppelt, fragmentiert oder in Schwundstufen reproduziert, insbesondere in seiner häufig als Alter Ego bezeichneten ‚Lebensfigur' Jürgen Dose.

Die folgenden Kapitel widmen sich Strunks Hörwerk in verschiedenen Phasen, Medien und Gattungen, und zwar nach Möglichkeit in chronologischer Reihenfolge: Der Beitrag beginnt mit den Hörspiel-CDs im Selbstverlag zwischen 1992 und 1999 (Kap. 2) und der dreiteiligen CD-Anthologie beim Label Roof Music zwischen 2006 und 2010 (Kap. 3). Dann folgt ein Kapitel (4) zu Jürgen Dose, das sich über einen längeren Zeitraum ab 1997 erstreckt und verschiedene Gattungen und Medien behandelt. Nach den Telefongag-CDs mit Studio Braun zwischen 1998 und 2004 (Kap. 5) und den Live-Rundfunksendungen zwischen 2000 und 2003 (Kap. 6) folgen zwei Kapitel zu jenen Medien, die Strunk bis heute veröffentlicht und die deshalb am bekanntesten sind: Hörbücher (Kap. 7) und Musikalben (Kap. 8). Zuletzt wird es um die späte Rückkehr zur Hörspielarbeit in den Audioserien zwischen 2018 und 2021 gehen (Kap. 9). Den zahlreichen Podcast-Interviews, die Strunk seit den 2010er Jahren gegeben hat, ist kein eigenes Kapitel gewidmet. Als audioliteral-autobiographischer Paratext zur autofiktionalen Literatur werden sie aber immer wieder eine Rolle spielen.

2 Heinz Strunk Enerprises: CDs im Selbstverlag (1992–1999)

Entgegen der von Strunk gepflegten Erzählung, seine Hörspielkunst habe in den 1990er Jahren keinerlei Resonanz gefunden, erscheint 1997 in der frisch gegründeten *Jungle World* eine ausführliche Rezension der CD *Trittschall im Kriechkeller*. Mario Mentrup, der sich als einen von zehn Strunk-Fans bezeichnet, findet darin Worte, die sich knapp drei Jahrzehnte später fast hellseherisch lesen:

4 Siehe etwa die Montagetechniken der CD-Booklets in Kap. 2 und 3, die Herausgeberfiktionen der Jürgen-Dose-Arbeiten in Kap. 4 und das Selbstrecycling in den Audioserien in Kap. 9 dieses Beitrags.

> Berühmt wird, wer sich gerne wiederholt und keine Scham hat, dasselbe 1000mal zu sagen, zu spielen, zu singen. Das ist das Showgeschäftsgesetz. Die meisten, die so über die Jahre verfahren, weil sie glauben und hoffen, das menschliche Kulturverhalten verstanden zu haben, werden sich noch umgucken. Nach Heinz Strunk. Berühmt wird man allerdings nicht alleine. Und Heinz Strunk ist alleine. „Kein Vertrieb, keine Firma, nicht im Laden oder sonstwo erhältlich", steht auf der aktuellen CD-Produktion, „aufgenommen von Heinz Strunk für Heinz Strunk Enerprises". (Mentrup 1997)

Mentrup zitiert korrekt, Strunks angebliche Produktionsfirma heißt tatsächlich „Heinz Strunk Enerprises", mit typisch Hamburgischer Kontraktion. Vier CDs bringt Strunk im Selbstverlag unter dem Banner dieser Pseudofirma heraus.[5] Mit finanzieller Unterstützung des Sängers Michy Reincke, für den er Saxophon spielt, lässt Strunk 1992 sein Erstlingswerk *Spaß mit Heinz* pressen. Ähnlich wie sein Vorbild Helge Schneider arbeitet er mit einem Mehrspurrekorder. Dieser erlaubt es, die Tonhöhe von Stimmen manuell zu verändern, eine mühsame Technik, die Strunk als „bandpitchen" bezeichnet und später durch einen digitalen Effekt des Programms Logic ersetzt (Strunk 2006, unpag.). Sehr ausführlich macht gleich der erste Titel von *Spaß mit Heinz* von dieser Technik Gebrauch: *Arschbrand*, eine Szene im Klassenzimmer, in der ein Lehrer seinen Schülern Synthesizer-Sounds vorspielt und sie die jeweils gemeinten Geräusche erraten lässt – was einem von ihnen bei einer Art Feuerwehrsirene zum gesuchten Wort „Arschbrand" mit erstaunlicher Kombinierfähigkeit gelingt. Dieses Hörspiel und das Gedicht *Saugetücher* (siehe Kap. 8) sind die einzigen beiden Titel, die Strunk ab 2006 auf den Roof-CDs (siehe Kap. 3) wieder veröffentlicht. Vieles lässt er später weg, vor allem die gesungenen Schlager- und Volksliednummern sowie Hörspiele und Werbespots mit allzu frivolen Texten, etwa die vom Opa gelesene Rittergeschichte *Gute Nacht* voller Anzüglichkeiten und den Potenzmittel-Spot *Der Riemefreunt*. Und dann gibt es auf den ersten beiden CDs noch eine Sprechrolle, die heute völlig unbekannt ist: Strunk spricht eine Art Conférencier mit hochgepitchter Stimme und angelsächsischem Akzent, der an Howard Carpendale erinnert, also jenen Schlagerstar, für den Strunk als Saxophonist tätig war. In dieser Stimme begrüßt er das Publikum und verabschiedet sich von ihm, erzählt Geschichten und kündigt Stücke an.

Auch von der zweiten CD *Der Mettwurstpapst* (1994) gibt Strunk später kaum etwas unverändert heraus, genau genommen nur das Titelstück, das man als programmatisch hören kann: Mit heruntergepitchter Stimme weist Strunk, begleitet von Schuss- und Explosionsgeräuschen, ein Mädchen an, in Deckung zu gehen und das titelgebende Gedicht vorzulesen. Dabei kontrastiert der kindliche, stolpernde Vortrag mit dem Altherrenwitz der Verse („Du linkisch dir am Säcklein schabst, /

5 Ich danke Heinz Strunk für die Bereitstellung der CDs.

Denn vor dir steht der Mettwurstpapst."). Wie bei *Saugetücher* auf der ersten CD (siehe Kap. 8) handelt es sich um die Dramatisierung eines lyrischen Texts. Der Rollentausch verhindert, dass der Autor ihn so ungebrochen vortragen muss, wie er das später mit seinen Romanen in den Hörbüchern tut. Die Titelfigur ist auf dem Cover mit einer von Strunks naiven Zeichnungen[6] abgebildet: ein unförmiges Wesen mit monströsem Gebiss, das auf einem „Mettwursttrecker" sitzt und eine Krone trägt, auf der „Holy Pope" zu lesen ist. Im Stück *Ganz Grob*, einem Industrial-Track mit heruntergepitchtem Sprechgesang, stilisiert er sich als unansehnlicher, übergewichtiger Außenseiter, als mit dem städtischen Leben nicht kompatibler „Mettwurstbauer". Nicht nur wird dieser Figur im titelgebenden Gedicht gehuldigt, auch im Titel *Begrüßung durch H.S.* ist die Figur Heinz Strunk Gegenstand kultischer Verehrung: Strunk skandiert darin zusammen mit Kindern Fußballgesänge wie „Es gibt nur einen Heinz Strunk". So simuliert er eine Gefolgschaft, die es aus verschiedenen Gründen nicht geben kann: erstens, weil es keinen Publikationskanal außer der privaten Zirkulation gibt, und zweitens, weil niemand seine Kinder in die Obhut einer solchen Figur geben würde.

In der dysfunktionalen Didaktik lässt sich wohl am ehesten eine fassbare Referenz auf den Zeichner und Humoristen Heino Jaeger (1938–1997) erkennen, eines der wichtigsten Vorbilder für Strunk und sein Umfeld. Seine Hörspiele bestehen oft aus Dialogen, in denen sich jemand mit einem absurden Problem an „Dr. Jaeger" wendet, und daraufhin in dessen „Lebensberatungspraxis" noch absurdere Ratschläge erhält. Wenn bei Strunk ein Opa einem Kind die Funktionsweise eines Motors auf haarsträubend kontrafaktische Weise erklärt (*Der Verbrennungsmotor*), erinnert dies an Jaegers Ratschlag, Milch zu färben: „Sie geben dem Frischerzeugnis bleifreies Bleiweiß hinzu. Bis Sie reinweiße Milch erhalten." (transkribiert in Jaeger 1988, 34).

Gibt es auf dem Erstling einen Damen- und einen Herrenchor, verwendet das Zweitwerk *Der Mettwurstpapst* Kinderstimmen („Strunkkinder") für musikalische Darbietungen: In *Zebrastreifen* lässt ein Lehrer ein Mädchen das gleichnamige Stück zu Klavierbegleitung singen, muss dann aber feststellen, dass der Text des Kinderlieds vom besprochenen Inhalt abweicht – eine Oma wird darin auf grausame Weise von einem LKW überfahren. Anschließend singt Strunk selbst als Kind mit höhergepitchter Stimme und zugehaltener Nase den Text *Kackwurst*, bekannt von der ersten CD, in einer noch obszöneren Version. Auf *Mutter ist ein Sexmaschien* ist dieses Stück dann später noch einmal neu zu hören, diesmal gesungen

6 Weitere solcher Zeichnungen sind in *Das Strunk-Prinzip* sowie im *Studio Braun Buch* enthalten. Der visuell-graphische Teil ist in Strunks Werk sicher am schwächsten ausgeprägt – es soll aber nicht unterschlagen werden, dass es ihn gibt.

von einem Kind.[7] Es sind auf der zweiten CD nicht mehr nur gespielte, sondern reale Kinder, die Teil von Strunks Schwarzer Pädagogik werden. Dabei übernimmt Strunk entweder die Rolle des einfühlsamen Pädagogen oder des schlüpfrigen Großvaters.

Musikalisch entwickelt sich Strunk konsequent von der parodistischen Appropriation zum eigenen Sound. Sind es auf *Spaß mit Heinz* vorwiegend Schlager, finden sich auf *Der Mettwurstpapst* schon einige Spoken-Word-Stücke, in denen die populären Konventionen fehlen. Auf den ersten CDs erklingt auch noch häufig die Stimme der Sängerin Anja Krenz, mit der Halfpape zuvor im Duo Dis Noir gearbeitet hat (siehe Kap. 8). Auf *Du Bist Hübsch, Kati!* ist sie als Leadsängerin zu hören, die einen Dialog mit dem heruntergepitchten Strunk führt, hier als „Schankwirt". Im Roman *Fleisch ist mein Gemüse* verarbeitet Strunk ihre Zusammenarbeit fiktional, unterschlägt aber, dass Krenz' Stimme auch fester Bestandteil seiner frühen humoristischen Arbeit ist. Seine eigenen Produktionsversuche bezeichnet er darin despektierlich als „Playbacks ohne klaren Verwendungszweck" (Strunk 2004, 21). ‚Ernsthaftes' und humoristisches Werk lassen sich also nicht so klar trennen, wie man meinen könnte. Vor allem die Tracks mit weiblichem Gesang sorgen daher für Ambivalenz: Stammen sie noch aus den überquellenden Archiven der „Hitfabrik" (Strunk 2004, 104) oder wurden sie eigens für die humoristischen CDs produziert? Immer wieder spielt Strunk mit den verschiedenen stilistischen Schichten seines Werks, so etwa in *Jung und Dick-Song* (*Mutter ist ein Sexmaschien*), auf dem der Sprechgesang eines Mädchens über den thematisch völlig unverbundenen Soulgesang von Anja Krenz gelegt ist. Die Verfremdung macht den eigenen Track, der sonst unauffällig im Radio laufen könnte, für den kommerziellen Gebrauch unschädlich.[8]

---

7 Auf *Mutter ist ein Sexmaschien* (siehe Kap. 3) gibt es drei Blöcke aus einleitenden Kurzhörspielen, in denen Kinder Strunk Fragen stellen, und anschließenden Musikstücken, die sie singen: *Bazill*, *Jung & Dick* und *Immer Locker*. Sie treiben zwei in den frühen CDs begonnene Tendenzen auf die Spitze: Einerseits tritt Strunk hier als väterlicher „Heinzer" auf, der Kindern Ratschläge zu Krankheiten, Übergewicht und Sozialverhalten gibt. Andererseits verwendet Strunk die Mädchenstimmen, um seine vormals selbst gesungenen Stücke neu zu vertonen, und baut so eine weitere Ebene der Vermittlung auf.

8 Noch einmal greift Strunk diese Idee für *Langsame Esser* (*Sie nannten ihn Dreirad*, 2015) auf, in der er die Soul-Refrainzeile „Open your mind" mit „Öffne deinen Verstand" repliziert und im missionarischen Ton das schnelle Essen predigt. Es singt Yasmin K., die auch auf anderen neueren CDs mitwirkt (siehe Kap. 8). In den Liner Notes finden sich aber auch fiktive Sängernamen, etwa „Bandi Citrom", Hauptfigur des von Strunk in der *Titanic* häufig zitierten *Romans eines Schicksallosen* (*Sorstalanság*, 1973) von Imre Kertész.

Auf der CD *Trittschall im Kriechkeller* (1997) stellt Strunk den melodischen Gesang weitgehend ein und reduziert die Stimmvarianten seiner Spoken-Word-Tracks auf zwei Charaktere: Heinz Strunk und Jürgen Dose (siehe Kap. 4). Die Alter-Ego-Figur ermöglicht außerdem komplexere diegetische Verfahren. Es gibt nun nicht mehr lose von einem Conférencier angesagte Nummern, sondern eine fiktionale Welt, die das ganze Album strukturiert, etwa mit Dose als Hörer eines Radios, in dem Strunk läuft. Auf der letzten in Eigenregie produzierten CD *Der Schlagoberst kommt* (1999) kehrt Jürgen Dose auf einigen Titeln wieder, doch die zyklische Struktur entfällt. Nun wendet sich das Artwork ins Autobiographische: Zum ersten Mal gibt sich Strunk im Booklet als jener Mann zu erkennen, der bis 1997 in der Tanzkapelle „Tiffanys" gespielt hat.[9] Unter der Überschrift „Heinz Strunk Werdegang" wird ein Lebenslauf in Stichworten präsentiert. Zu sehen sind nicht nur ein Bandfoto, sondern auch Porträts von Strunk selbst. Nach dem unscharfen Coverfoto mit seinem Gesicht auf *Spaß mit Heinz* und dem naiv gezeichneten „Selbstbildnis 1994" auf *Der Mettwurstpapst* ist dies ein Schritt in Richtung autofiktionaler Literatur.

Die Booklets der CDs erfüllen aber noch weitere Funktionen. Von Beginn an verwendet Strunk sie als Medium des Publikumskontakts, der ihm mangels Label kaum möglich ist. Im Wissen darum, dass seine Tonträger nicht durch viele Hände gehen werden, gibt Strunk seine Telefonnummer an. Wie verschiedentlich bezeugt ist, hat diese Strategie einen gewissen Erfolg: Ärzte-Musiker Bela B meldet sich und verschafft Strunk einen Gastauftritt, zudem vermittelt er Strunk an Schamoni und Palminger und legt so den Grundstein für Studio Braun (vgl. Klug 2016, 11). Ein metareflexives Element, das seit der ersten CD zum Einsatz kommt, sind manifestartige Aufrufe, „Heinz Strunk Gruppen" zu bilden. Der im Booklet der zweiten CD *Der Mettwurstpapst* in Schreibmaschinentype mit Schreibfehlern abgedruckte Text liest sich wie ein dilettantisches Agit-Pop-Schriftstück:

> Bildet selbstständig neueHein Strunk Gruppen! Gewinnt wertvolle Preise! Trefft euch nachmittags mit Freunden und studiert Heinz Strunk Hörspiele ein! Führt sie öffentlich auf, z.b- in eurer Schulaula oder in der Fußgängerzone! Verschickt Heinz Strunk Platten auch in die Ostzone und in Fremde Länder! Habt Ihr Probleme? Teilt Sie Heinz Stru nk mit! Er hilft gerne und gut! Macht Vorschläge für die neue Heinz Strunk Platte! Seid nett zu euren Mitmenschen und verhindert damit Kriege! (Strunk 1994, unpag., Schreibweise wie im Original)

Auch wenn ab dem Album *Der Schlagoberst kommt*, das zumindest in kleiner Auflage in den Handel gelangt, die Telefonnummer aus dem Artwork verschwindet,

9 Neben *Tiffanys* nennt das Booklet auch noch vier weitere Bands: *Partytime, Hermanns Band, Celebration, Balance*. Im Original schreibt sich die Kapelle *„Tiffany's"*, wie auf den Bandfotos zu erkennen ist, die Strunk in verschiedenen Werken veröffentlicht.

behält Strunk die Manifeste der „Heinz Strunk Gruppen" bis zu *Einz* (2003) bei, seiner ersten bei einem regulären Label veröffentlichten CD. Hier wird zur Kontaktaufnahme auf www.heinzstrunk.de verwiesen (zur Website siehe Kap. 6). Nun steht da korrekt „Heinz Strunk Enterprises" – ein Signal dafür, dass die Zeit des Samisdat endgültig vorbei ist.

3 Die dreiteilige Anthologie bei Roof Music (2006–2010)

Nach diesem Durchbruch findet Strunk mit Roof Music nicht nur sein Stamm-Hörbuchlabel, sondern auch einen Ort, an dem er seine gesammelten Hörspiel- und Musikarbeiten neu herausbringen kann. Hier tritt der Künstler in große Fußstapfen: Anfang der 1990er Jahre hat Helge Schneider auf diesem Label seine beiden Hörspiel-CDs veröffentlicht. Nun bringt Strunk drei Alben mit jeweils drei Schwerpunkten heraus: *Mit Hass gekocht* (2006, Hörspiele), *Der Schorfopa* (2007, Hörspiele und Werbespots), *Mutter ist ein Sexmaschien* (2010, Musik und Hörspiele). Die Covers erinnern mit ihrem Tapeten-Hintergrund an den Einband von *Fleisch ist mein Gemüse*. Mit den Roof-CDs führt Strunk eine neue Gattungsbezeichnung für seine Audioarbeiten ein, er nennt sie „Kurzhörspiele". Damit eignet sich Strunk einen Begriff der deutschen Hörspiellandschaft an, der seine Ursprünge im nationalsozialistischen Rundfunk hat und in den 1970er Jahren zur Blüte im öffentlich-rechtlichen Radio kommt (Tophoven 1994). Doch dieser scheinbare Rückgriff auf eine Tradition ist in mehrfacher Hinsicht trügerisch. Anders als im System des Rundfunkhörspiels gibt es in Strunks Produktionskosmos nämlich nur eine Figur, ausgenommen die Gäste am Mikrofon. Die Booklets nennen bis zu sechs Aufgaben in Personalunion: „Konzept, Aufnahme, Schnitt, Produktion, Sprache, Booklet-Text: Heinz Strunk" (Strunk 2007, unpag.). Auch die Länge der Arbeiten unterschreitet das im Radio übliche Kurzhörspiel-Format von bis zu 30 Minuten (vgl. Tophoven 1994, 20). Es gibt keinen Titel auf den CDs, der fünf Minuten übersteigt. Wenn Strunk sich die Formen des Radios aneignet (Nachrichten, Reportage, Interview, Umfrage, Werbespot), dann tut er im Grunde nichts anderes als die in den 1990er Jahren aufkommende Radiocomedy, die sie ebenfalls parodiert (vgl. dazu Dachselt 2017, 389). Doch er grenzt sich auch formal davon ab, indem er seine Arbeiten nun als Kurzhörspiele bezeichnet. Laut dem Booklet von *Der Schorfopa* ist es sein

„Lebensziel, Comedy erst unschädlich zu machen und anschließend zu vernichten“ (Strunk 2007, unpag.).[10]

Die Booklets der Werkschau-CDs nutzt Strunk nun nicht mehr für (pseudo-)avantgardistische Manifeste zur Bildung von „Heinz Strunk Gruppen“, sondern für (pseudo-)poetologische Reflexionen. *Mit Hass gekocht* enthält ein Gespräch, in dem der Autor sich selbst interviewt. Darin wird die Kürze der Hörspiele programmatisch erklärt: „Es geht um Kompression, kein Wort zuviel und keines zu wenig. Gags under pressure! Und eben nicht nur Gags. Erfahrungskondensate! Augenblicke der Wahrheit, in denen ein ganzes Menschenleben auf eine einzige signifikante Szene reduziert wird.“ (Strunk 2006, unpag.). Strunk gibt dafür das Beispiel *Geschwindigkeitsbegrenzung*, ein heruntergepitchter Monolog, der nur aus einem Satz besteht: „Geschwindigkeitsbegrenzung empfinde ich als persönliche Beleidigung“. Ihm liegt ein Field Recording zugrunde, das Strunk 1998 in der Lübecker Kneipe Hilma mit einem DAT-Rekorder heimlich aufgenommen hat.[11] Strunk besteht darauf, Samples und Atmosphären selbst aufzunehmen und verzichtet weitgehend auf fremde Soundbibliotheken (Strunk/Cyris 2013, 89). Das Selbstgespräch schließt mit einer Passage zum Klang selbst:

> Worte wie Masse, Paste, Knete, Soße, Schwitze hängen wie ein feingliedriger Schmierfilm über den Hörspielen: wie Ölschlick kriechen sie pastengleich in die zugigen Ritzen und Spalten, sie schmiegen sich wie Zimtglasur in offene Brüche, sie heilen als Ton und Mooserde die offenen Stellen, als Knochenzement die nässenden Wunden, pulsierende Mikrostrukturen, gallertartiges Plasma, das ständig schrumpft, klumpt und sich neu verästelt wie Wüsteneier unter Druckbestrahlung. (Strunk 2006, unpag.)

Mit dieser poetischen Beschreibung von etwas Zähflüssigem trifft Strunk den Klangcharakter seiner Produktionen gut, ohne dass man genau sagen könnte, worauf er sich bezieht. Eindeutiger sagt es Tobias Lehmkuhl in seiner Rezension in der *Süddeutschen Zeitung*: „[D]as Klangbild ist nicht gerade, was man subtil und vielschichtig nennt, im Gegenteil, alles wirkt eine Nummer zu dick aufgetragen.“ (Lehmkuhl 2006, 16) In der Tat macht es wenig Unterschied, ob man Strunk in Mono oder in Stereo hört, denn der akustische Raum ist kaum plastisch, was auch an der simplen Ausgangstechnik des Mehrspurrekorders liegt. Die Figuren reden laut, und laut sind auch die Geräusche: das markante Öffnen und Schließen von Türen, das unerbittliche Ticken von Wanduhren, außerdem die zahlreichen Körpergeräusche,

---

10 Die Anti-Comedy-Polemik wird 2008 Gegenstand des Romans *Die Zunge Europas*. Eine Stelle daraus wird 2020 zur Grundlage seiner Dankesrede beim Kasseler Literaturpreis für grotesken Humor (Strunk 2020).

11 DAT steht für Digital Audio Tape. Zur weiteren Verwendung des Field Recordings siehe Kap. 10.

von denen Strunk eine reiche Dateisammlung besitzt (siehe Kap. 9). Diese Geräusche liegen oft sehr nah bei den Stimmen, sodass sie im Raum nicht getrennt davon zu verorten sind. Ihnen hat Erving Goffman in seiner klassischen Unterscheidung zwischen Vorder- und Hinterbühne den Raum des *backstage* zugewiesen: „minor physical self-involvements such as humming, whistling, chewing, nibbling, belching, and flatulence." (Goffman 1959, 128) Diese Welt liegt bei Strunk fast auf einer raumakustischen Ebene mit der Sprache.

Nachdem die Roof-Anthologie zunächst nur für zwei CDs geplant ist, folgt 2010 noch einmal ein Album, das auch Musikstücke enthält: *Mutter ist ein Sexmaschien*, benannt nach dem gleichnamigen Musikstück, das eine Schlager-Strophe mit einem Punk-Refrain kombiniert. Für diese CD hat Strunk eine Struktur eingeführt, die er im Booklet wie folgt beschreibt: „Hörspiel. Musik. Pause. Musik. Pause. Hörspiel. Pause. Pause. Musik. Die Abfolge digitaler Einsen und Nullen, der Lumpenball der vernommenen Worte, die Rohmasse der Abfälle wird größer und größer." (Strunk 2010, unpag.). Diese Texte lassen sich nicht einfach nur als Parodien schriftstellerischer Selbstauskünfte oder von verschrobenem Kritikersprech lesen. Einige Stellen erweisen sich als Produkte komplexer Montagen, etwa ein Blurb, der dem Fernsehmoderator Markus Lanz zugeschrieben wird: „*Mutter ist ein Sexmaschien* ist das Epizentrum eines großen Schweigens, das sich in unserem Innern ausdehnt, durch deren [sic] Hohlformen das längst Durchdachte in schier unversiegbarer Verdünnung rinnt." (Strunk 2010, unpag.) Der zweite Teil des Satzes ist ein abgewandeltes Zitat aus dem Prosaband *Paare, Passanten* (1981) von Botho Strauß. Was bei Strauß Gegenstand einer rationalitätskritischen Reflexion über eine neue Kunst ist, die die ‚Hohlformen' des Durchdachten hinter sich lassen müsse,[12] wird bei Strunk zur positiven Selbstbeschreibung. Seine Kurzhörspiele sollen also selbst ‚hohl' und ‚verdünnt' sein, nicht nur im Sinne humoristischer *silliness*, sondern auch im raumakustischen: als hohle Formen, in denen etwas klingen kann. Auch Textschnipsel aus Strauß' Büchern *Beginnlosigkeit* (1992, „Neuronenherrschaft") und *Vom Aufenthalt* (2009, „Lichthieb durch die Finsternis") lassen sich mit einer digitalen Stichwortsuche identifizieren.

Die zugrundeliegende Kompilationstechnik macht Strunk 2014 in seinem Strauß-Band *Der zurück in sein Haus gestopfte Jäger* transparent. Diese Anthologie

---

12 „Eine neue Kunst [...] müsse sich daher zuallererst lossagen von der bloß paradoxen, bloß kritischen, bloß das Falsche entlarvenden Intelligenz, durch deren Hohlformen das Längstdurchdachte in schier unversiegbarer Verdünnung rinne." (Strauß 1994, 14). Dass die grammatikalisch schlampige Montage in Strunks Strauß-Konterbande Programm ist, zeigt eine ähnliche Passage im Booklet von *Der Schorfopa*: „Zombies, deren ausgezehrtes Vokabular aus weiterfressendem Mund in die immer gleichen Hohlformen tröpfelt, durch dass [sic] das bereits tausend Mal wiederholte in unversiegbarer Verdünnung rinnt." (Strunk 2007, unpag.).

– besser gesagt: Collage (vgl. Klaue 2024) – versammelt etwas längere Stellen, deren Quellen in einem elfseitigen Literaturverzeichnis minutiös aufgelistet sind (Strunk 2014, 239–249). Und in *Zauberberg 2* (2024) wird die Praxis dann Teil einer literarischen Montagepoetik, die die eigene Sprache mit Stellen von Thomas Mann verwebt, was ebenfalls durch einen umfangreichen Anhang ausgewiesen ist (Strunk 2024, 279–288). Dass dieses Verfahren zum ersten Mal inkognito in einem Hörspiel-Booklet auftaucht, sagt etwas über den Stellenwert der Audioliteratur in Strunks Schaffen: Nicht nur Soundfiles, sondern auch Textelemente lassen sich schneiden, verschieben, mit Effekten verfremden und mischen.

4 Der Kosmos Jürgen Dose (1997–2017)

Dieser abschließende Abschnitt zu Strunks Hörspiel-CDs handelt von einer Figur, die bereits erwähnt, aber in ihrer ganzen Tragweite noch nicht erschlossen worden ist, weil sie in fast allen Teilen von Strunks Werk vorkommt: Jürgen Dose. An ihr lässt sich zeigen, über welche Kanäle graphisch und phonographisch realisierte Literaturen verbunden sind. Strunk nennt Jürgen Dose seine „Lebensfigur" und vergleicht sie mit Dittsche, der von Olli Dittrich verkörperten Kunstfigur (Strunk/Cyris 2013, 88). Auch Dittrichs Alter Ego, bekannt durch die gleichnamige ARD-Improvisationssendung, hat seine Ursprünge in einer originellen, leider nicht überlieferten Form privater bzw. halböffentlicher Audioliteratur: In den 1980er Jahren spricht Dittrich kurze Hörspiele auf seinen Anrufbeantworter, die so populär werden, dass seine Telefonnummer in Szenekreisen weitergereicht wird.

Auf dem kargen Titel der 1997 produzierten ersten Dose-CD *Trittschall im Kriechkeller* (im Folgenden: *Trittschall* 1997) ist als Urheber ein gewisser „Juergen Dose" angegeben, Coverbild oder Booklet gibt es nicht. Nach einem kurzen Jingle stellt sich Dose, der stockend, schüchtern und mit leicht hochgepitchter Stimme spricht, in einer Erzählung über seinen Alltag vor.[13] Er singt Spoken-Word-Songs, ist in Hörspielszenen beim Arzt und mit seinem Freund Bernd Würmer zu hören, und er hört „Äther-Radio". Der Sender spielt nicht nur abstruse Nachrichten, sondern auch das Stück *Immer locker* von Strunks erster CD. Dose hört also Strunk. In einem anderen Titel sagt er selbst einen Strunk-Song an (*Leben pur*), als wäre er der Conférencier.

13 Zum ersten Mal ist diese Sprechweise in der Erzählung *Mikropilze* auf *Mettwurstpapst* zu hören.

Wer oder was also ist Jürgen Dose? Autor, Erzähler, Figur? Nachdem Heinz Strunk mit *Jürgen* 2017 einen Roman mit Jürgen Dose als Hauptfigur und Ich-Erzähler schreibt, bezeichnen ihn viele Kritiken als Alter Ego. Doch in Strunks Hörwerk hat er eine Vorgeschichte, in der das noch nicht so eindeutig ist. Rezensent Mentrup schreibt, für die CD habe er eigens die „Figur Juergen Dose erfunden“, den „Künstlernamen Heinz Strunk (vorläufig) abgelegt“ (Mentrup 1997). Auf *Der Schlagoberst kommt* (1999) ist Dose eindeutig der Status als Rolle zugewiesen, auf der Tracklist werden die Dose-Titel mit „J. D. erzählt“ markiert. Im Booklet gibt es Bilder von Halfpape als Heinz Strunk und als Jürgen Dose, der mit Anglerhut, Strickjacke, Weste und Brille dargestellt ist und damit als einer jener Zukurzgekommenen erscheint, um die sich Strunks Literatur immer wieder dreht. In dieser Montur tritt der Autor ab 1998 in der Sat.1-*Wochenshow* auf und trägt als Heinz Strunk Texte vor, die auf seinen späteren CDs mit Dose-Stimme gesprochen werden.[14] Mit Studio Braun und im Radio hingegen tritt Strunk überwiegend unter dem Pseudonym Jürgen Dose auf und gibt sogar Interviews unter diesem Namen.[15]

Erst nach dem Erfolg von *Fleisch ist mein Gemüse* legt sich Strunk 2004 auf sein Hauptpseudonym fest. Wäre er unter dem Pseudonym Jürgen Dose bekannt geworden, so sagt er später, hätte er dieses beibehalten.[16] Er gibt den Namen jedoch nicht auf. Denn kurz darauf macht er mit dem Projekt Jürgen Dose einen neuen, künstlerisch ambitionierteren Anlauf: Die CD *Trittschall im Kriechkeller. Aus dem Leben des Jürgen Dose* erscheint 2005 bei Trikont (im Folgenden: *Trittschall* 2005), hier ist 2004 bereits das letzte Album von Studio Braun erschienen. Die CD hat ein zehnseitiges Booklet und ist in ihrer Ausstattung viel hochwertiger als alles, was Strunk bisher herausgebracht hat. Im Heft bedient sich der Autor Heinz Strunk einer Herausgeberfiktion: Er hat, so die Erzählung, seinen Nachbarn Jürgen Dose in sein Homestudio eingeladen und mit ihm dort einige seiner Texte vertont.[17] Nach dem

---

14 Seine Rubrik heißt dort *Offener Kanal Hamburg Harburg*. In Folge 81 (15. September 1998) trägt er den Text *Brunei* (später auf *Mutter ist ein Sexmaschien*) vor, der sich dann in *Jürgen* wiederfindet (Strunk 2017, 206–208). Außerdem ist Strunk zu dieser Zeit Teil des sechsköpfigen Comedyensembles CO6, das im Auftrag von Brainpool für ProSieben einen Piloten produziert. Hier trägt er als Heinz Strunk in ähnlichem Kostüm einen Text darüber vor, sich nicht mehr übergeben zu wollen (siehe ähnlich Strunk 2017, 199–200).

15 Der *Tiroler Tageszeitung* gibt er 2002 ein Interview als „Frontman“ Jürgen Dose von Studio Braun, in dem auch auf seine CD *Spaß mit Heinz* verwiesen, der Name Heinz Strunk aber nicht angegeben wird (Dose/N.N. 2002).

16 So Strunk im Gespräch 2024. Er sagt, dass diese Wahl dem Erfolg des Romandebüts geschuldet sei. (Siehe Interview in diesem Band.)

17 Im spartanischen Inlay von 1997 ist diese Herausgeberfiktion schon angedeutet: „Juergen Dose, geb. 1962, lebt als Produktionshelfer in Hamburg - Harburg. Aufgenommen von Heinz Strunk in den Strunkstudios fuer Heinz Strunk Enerprises.“ (Strunk 1997, unpag.).

Dose-Text *Trittschall im Kriechkeller*, den er „poetisch-wundersame Jugenderinnerungen“ nennt, hat Strunk das Album benannt. Biografische Überschneidungen gibt es sowohl mit Strunk als auch mit seiner Mutter: Dose lebt zusammen mit seiner bettlägerigen Mutter, sowohl in den Titeln *Die neue Schwester* und *Stop!!!* als auch im Roman *Fleisch ist mein Gemüse* wird sie von „Schwester Renate“ gepflegt. Aber auch Dose selbst ist laut Booklet-Vorwort nach den Aufnahmen bedürftig geworden und lebt nun in einem Pflegeheim, wo Strunk ihn regelmäßig besucht. Dies erinnert ebenfalls an die Mutter-Sohn-Handlung des Debütromans.

Trittschall 2005 ist schwer einer Gattung zuzuordnen. Im Waschzettel schlicht als „CD“ bezeichnet (Strunk 2005b), wird das Album in einigen Rezensionen als Hörbuch kategorisiert (z.B. Geer 2005). Dagegen spricht, dass nicht nur erzählende Texte, sondern auch Hörspiele und Musik enthalten sind. Im Gegensatz zu Strunks Hörbüchern liegt dem Album außerdem kein veröffentlichtes Buch zugrunde. Zwar gibt es Texte im Booklet, doch gehören sie nicht zu den Titeln auf der CD, sondern sind eigene Kapitel, die teilweise auf anderen CDs vertont werden und später Eingang in den Roman *Jürgen* finden. Dennoch macht das Album formale Anleihen beim Hörbuch: Es ist durch Kapitelüberschriften strukturiert, die Strunk mit ganz leicht heruntergepitchter Stimme liest. Dieser Effekt findet sich in Strunks übrigem Hörwerk an keiner Stelle. Es handelt sich also nicht um die Stimme des Hörbuchsprechers; Strunk nennt auch nicht wie sonst üblich seinen Namen am Beginn der CD. Innerhalb der Kapitel finden sich Musikstücke, Hörspiele und Dose-Erzählungen. Eine narrative Struktur, wie Strunk sie auf der ersten CD noch stärker versucht, hat das Album nicht, vielmehr sind die Titel thematisch in sechs Teilen sortiert.

Man könnte bei *Trittschall* 2005 also von einer Art Pseudo-Anthologie sprechen. Strunks Herausgeberfiktion, er habe Dose zur Studioaufnahme eingeladen, hat allerdings einen Haken: Zwar ist Doses Stimme als Sprecher von Erzählungen und Spoken-Word-Stücken zu hören, doch tritt er auch in Hörspielen als Figur mit anderen Figuren auf. Hat er sie etwa mit Strunk zusammen produziert? Oder hat Strunk seine Stimme aus Rezitationen verwendet, um daraus Hörspiele zu produzieren? Spielt Strunk selbst mit? Dazu sagt das Vorwort nichts. Zu einer Metalepse, also der Begegnung zwischen Autor und Figur, wie sie im Hörspiel nicht unüblich ist (vgl. z.B. Mahne 2007, 105–106), kommt es nicht, denn Strunk und Dose sprechen nicht miteinander. Im Gegensatz zu *Trittschall* 1997 ist Strunk nun mit seiner unverfremdeten Stimme nicht mehr zu hören.

War Dose anfangs noch ein gleichrangiger Teil der verschiedenen Autor-Personae von Mathias Halfpape, wird er mit dem Roman *Jürgen* vollends zum Teil der fiktionalen Welt. Auch wenn der Roman, dessen Textmaterial sich bis in die 1990er Jahre zurückverfolgen lässt, ähnlich wie die CD den Charakter einer Anthologie hat, fällt die Vermittlungsebene der Herausgeberfiktion weg. Exemplarisch lassen sich diese Veränderungen an den Vertonungen des Texts *Trittschall im Kriechkeller* selbst nachvollziehen. Er liegt in einer Hörspielfassung auf den gleichnamigen CDs von 1997 und 2005 sowie in gekürzter Hörbuchform als Epilog des Romans *Jürgen* (Strunk 2017, 252–253; Hörbuch zu *Jürgen*, CD 5, Track 14) vor. Den Hörspieltext spricht Strunk in seinem Heimstudio, sodass ein gewisser Raum zu hören ist, auch Schnitte und Popgeräusche sind auszumachen. Doses Stimme ist nicht nur an ihrem hochgepitchten Effekt-Preset zu erkennen. Er hat auch eine idiosynkratische Sprechweise, die das Booklet-Vorwort von *Trittschall* 2005 als „eigentümlichen, abgehackten Singsang" (Strunk 2005a, unpag.) bezeichnet: Seine Rede wird immer wieder durch einen Tic unterbrochen, ein kurzes hohes Summen, manchmal verfällt er in ein eigentümliches Lachen, bei dem Strunk hektisch Luft durch die Zähne einsaugt. Dose stottert und wiederholt einzelne Satzteile, er überliest Satzzeichen, verdreht die Syntax und verschluckt Flexionsendungen (siehe zu Strunks naiver Spezialsprache auch Kap. 8). In der Version von 2005 rülpst er einmal, am Ende bedankt er sich wie vor einem imaginären Publikum (oder bei Strunk für die Aufnahme?).

All diese performativen Elemente sind im Hörbuch-Epilog verschwunden. Strunk ist hier nicht als Figur Dose zu hören, sondern als Sprecher des Ich-Erzählers im Roman *Jürgen*. Das heißt aber nicht, dass es im Hörbuch keine stimmlich performte Figurenrede gäbe. Denn Doses bester Freund Bernd Würmer spricht mit seiner aus den Hörspielen bekannten Stimme. Diese Sprechtechnik, die auf der ersten CD noch nicht voll entwickelt ist, wird später Strunks *shtick*, sie kommt auch regelmäßig bei Lesungen und in Hörbüchern für andere Charaktere zum Einsatz. Er hält sich dabei mit zwei Fingern die Nase zu und spreizt mit zwei weiteren die Mundwinkel, sodass er die Lippen nicht mehr ganz schließen kann.

Das Erscheinen des Buches wird 2017 nicht nur von der Verfilmung *Jürgen – heute wird gelebt* flankiert, sondern auch vom Album *Die gläserne Milf.* Darauf sind alle Musikstücke der CD von 2005 enthalten – aufgenommen mit neuem Gesang –, außerdem neue Kompositionen und zwei Remixe. Doses Hörspielstimme geht also nicht verloren, sondern tritt gewissermaßen in ein mediales Paralleluniversum ein. Der Untertitel *Der Soundtrack zum Roman „Jürgen"* dient zunächst einmal als eine Art crossmediales Vermarktungsinstrument: Strunk kann die eigene Musik, über deren geringe Absatzzahlen er immer wieder klagt, im Verbund mit seinem erfolgreichen Prosawerk verkaufen. Der Begriff des Soundtracks wirft aber auch Fragen von Medialität und Gattung auf: Es handelt sich nicht um Stücke, die im Text genannt werden (das Quellenverzeichnis führt zwei Songzitate auf; Strunk 2017, 255). Es sind auch keine Stücke darauf zu finden, die bestimmte Romanszenen musikalisch ausgestalten würden. *Die gläserne Milf* ist kein akustischer Paratext, sondern ein eigenständiges Werk. Der „Soundtrack zum Roman" *Jürgen* sollte daher nicht mit dem in der neueren Popliteratur beliebten Phänomen der Playlist zum Roman (vgl. Niehaus 2022) verwechselt werden.[18] Auch wenn Heinz Strunk in seinem Umfeld beileibe nicht der einzige musizierende Schriftsteller ist, liegt hier doch ein besonderer Fall vor: Mit dem Roman-Soundtrack bringt er einerseits eine von der fiktionalen Romanwelt unabhängige, aber doch mit ihr verwobene Klangwelt hervor. Und andererseits gewährt er einen Blick in frühere Schichten seines audioliteralen Werks, was er ein Jahr später in der Audioserie *Heinz Strunks Familienaufstellung* noch viel umfangreicher tun wird.

Es wäre wohl nicht vermessen, Strunks gesamte Audioproduktion als Soundtrack, als eine Art auditive Unterlage der gedruckten Literatur zu betrachten. Das muss nicht heißen, dass sie ihr untergeordnet wäre: Hier kann geschehen, was sich nicht in Prosa erzählen lässt. Es gibt darin lyrische, musikalische und lautmalerische Elemente. Am Beispiel der Dose-Audioarbeiten und des späteren Romans lässt sich diese Beziehung am deutlichsten in ihrer Entwicklung hören. Diese Arbeiten haben nicht nur ihre spezifischen Stimmen, sondern auch einen eigenen musikalischen Sound. *Trittschall* 2005 enthält überwiegend Elektronik-Tracks mit Jazz-Harmonien, es sind die anspruchsvollsten Kompositionen in Strunks Werk. Einen Kontrapunkt setzt *Stop den Wahnsinn!!!* Darin gibt es einen Spoken-Word-Teil mit komplexen Harmonien und einen Eurodance-Teil mit drei Akkorden, zu dem Strunk den titelgebenden Refrain mit Sprechgesang vorträgt. Hier ist der Kontrast zwischen Eigenkomposition und Stilappropriation besonders scharf. Der Sound der Stücke unterscheidet sich in der Produktionsqualität deutlich von professionellen Studioarbeiten.[19] Es gibt einige Merkmale, die auf ihren expliziten DIY-Charakter verweisen: Tasteninstrumente und Percussion klingen mechanisch nach Sequencer, also einem Programm, das alle Noten wie auf einer Rolle anordnet, sie zu

---

18 Die Idee des Soundtracks zum Buch hat Strunk bereits in den Live-Lesungen zu *Das Strunk-Prinzip* erprobt, für die er laut Nachwort jedem der 33 Kapitel einen Song zuordnet (Strunk 2014, 236).

19 Dass Strunk den professionellen Sound des für ihn prägenden Jazz-Labels ECM (vgl. Strunk/Tröger 2009) sehr wohl beherrscht, kann man etwa in einem von Synthesizer-Pads begleiteten Sopransaxophon-Solo am Ende von Michy Reinckes Ballade *So schön kann keine Frau sein* (*Rintintin*, 1992) hören. Strunks Sound als Profimusiker lässt sich auf Reinckes Alben in Studioqualität studieren. Hier gibt es zahlreiche Tenorsaxophon-Soli, die an Timmy Cappello, den Saxophonisten von Tina Turner, erinnern. Mit ihm und dem Saxophonisten von Marius Müller-Westernhagen vergleicht sich auch der Ich-Erzähler in *Fleisch ist mein Gemüse*. Ein ähnliches Solo spielt Strunk auf *Das Licht ist nicht für mich*. Es enthält zahlreiche Rhythmisierungen durch *false fingerings*, *growls* und kreischende *high notes*, wie sie als Samples auch immer wieder auf späteren Stücken vertreten sind. – Ich danke Josef Engels für die jazzhistorische Einordnung und eine gründliche Lektüre.

einem exakt definierten Zeitpunkt beginnen und enden lässt, und zudem über eine eingeschränkte Dynamik verfügt. Gut zu hören ist das in der geloopten Arpeggien-Sequenz der Klavierbegleitung von *AA-Fingers*.

Die Musikstücke auf *Trittschall* 2005 sind dezidierte Heimstudio-Tracks. Dies korrespondiert mit der Leitmotivik der CD, die von Innenräumen geprägt ist: Im Booklet ist zu lesen, dass Strunk Dose zum ersten Mal im Treppenhaus begegnet sei, wo er dessen eigenartiger Stimme im Gespräch mit einer Nachbarin gelauscht habe. Alle Szenen der Hörspiele finden in geschlossenen Räumen statt. Programmatisch ist der titelgebende Schlusstext *Trittschall im Kriechkeller* selbst: Dose erzählt in einer Urlaubserinnerung, wie er sich in seiner Kindheit gerne im engen Keller seiner Großmutter aufgehalten und sich darin eingebildet habe, den „Trittschall" der dort lebenden Insekten zu hören. Trittschall, ein Begriff der Bauakustik, die sich mit ihm vor allem *ex negativo*, in Form der ‚Trittschalldämmung' zur Lärmhygiene beschäftigt, wird bei Dose zur Form des Kontakts mit der Kreatürlichkeit. Während dieser pseudo-autobiographische Kindheitstext in einer komplexen, reflexiven Sprache verfasst ist, kann die Berührung mit der Kreatur im naiven Songtext *AA-Fingers* (zuerst auf *Der Schlagoberst kommt*) ganz anders erklingen: „Hast AA-Fingers / Mit Fliegen dran / Bei Insekt bist König / Bei Mensche nich", heißt es darin über das Leben mit Kotspuren an den Händen, die sich das lyrische Du immer wieder zuzieht und sich damit weiter und weiter von der Welt isoliert (mit einer unvertonten Strophe abgedruckt in Klug/Studio Braun 2016, 261).

Nicht nur das hochgepitchte Effektpreset, das in Cartoons oft für ‚geschrumpfte' Figuren verwendet wird, sondern auch die kindliche Sprechweise legt nahe, dass Dose als Strunks infantile Alternativversion zu verstehen ist. Auch wenn er, ein „[a]usgewachsener 80 Kilo Mann" ist (Strunk 2005a, unpag.), im Berufsleben steht und mit seinem Freund Bernd Würmer über Sexualität spricht, ist die Welt der Erwachsenen weit von ihm entfernt. Dafür spricht auch, dass das Cover und das Booklet der CD authentische Fotos aus Strunks Kindheit enthalten. Der in Norddeutschland verbreitete Nachname *Dose*[20] lässt sich hier auf mindestens zwei Arten als sprechender Name lesen: erstens in Bezug auf sein Leben vor der Öffnung der Pandorabüchse der Pubertät, zweitens auf die Dominanz der engen Innenräume, denn Dose hält sich ausschließlich in geschlossenen Räumen auf. Im Spoken-Word-Text *Das Licht ist nicht für mich*, der viele Themen des Albums blitzlichtartig Revue passieren lässt, geht sein Nachname sogar metonymisch selbst auf ihn über: „Ich

20 Der Name fällt bereits auf *Spaß mit Heinz* im Titel *Wunderheiler*, auf dem von „Oma Dose" die Rede ist.

bin Dose, Jürgen Dose“, sagt er darin wiederholt, als rufe er aus seiner beengten Behausung um Hilfe, nennt sich „Dunkelmensch“.[21]

Es erscheint nicht übertrieben, bei der Welt von Strunks Lebensfigur von einem Dose-Kosmos zu sprechen. Schließlich denkt Dose selbst in Kategorien von Mikro- und Makrokosmos.[22] Im Text *Das Weltall* setzt er der eigenen Kleinheit und Enge die Weite des Universums entgegen, er schreitet innerlich die unermesslichen Entfernungen ab. Im Roman *Jürgen* heißt es später: „Um mich abzulenken, denke ich oft an die gigantischen Dimensionen des Weltalls, und alles rückt wieder auf ein normales Maß zurecht.“ (Strunk 2017a, 171) Die Schachtelwelt des Jürgen Dose ist ein Privatraum, der sich von der öffentlichen Welt abkapselt. Diese könnte auch die gefährliche Hamburger Halbwelt des Fritz Honka sein, mit der Strunk medial aufwächst, also jene Welt des „BRD Noir“, an die Philipp Felsch beim *Goldenen Handschuh* denken muss (vgl. Felsch/Witzel 2016, 15). Diese Abkapselung kann man auch hören. Es ist eine im sicheren Zuhause aufgenommene Stimme, ein *home recording* im emphatischen Sinn.

Nicht immer spricht auf *Trittschall* 2005 Jürgen Dose. Es gibt sowohl Dose- als auch Strunk-Stücke: Beide Stimmtypen verwenden ein ähnliches Pitch-Preset, doch in einigen Stücken fehlt die für Dose typische Sprechweise. Zwischen diesen beiden Typen, so ist zu vermuten, steht die Zäsur der Pubertät, denn in den Dose-Texten fehlen tendenziell die Erwachsenenthemen.[23] In Kapitel 5 („Sexualität und Demütigung“) ist die Hauptfigur Doses Freund Würmer, und die Onanie-Titel *Erwachende*

---

21 Enge Räume sind in Strunks Prosa immer wieder anzutreffen: Von „Schachtelmenschen“ spricht er einmal in seinem Nachwort zur Strauß-Anthologie (Strunk 2014, 236); bekannt ist das Leben im Harburger „Zwergenhaus“ in *Fleisch ist mein Gemüse*. In seinen späteren Erzählungen werden Figuren von Räumen körperlich verschluckt, so ein Mann von einem Hotelzimmer (*Schwarzes Loch* in *Das Teemännchen*, 2018), ein sportlicher Rentner (*Eisengreis*) von einer Truhe in *Der gelbe Elefant* (2023) und ein übergewichtiger Urlauber von einem Bett in der in *Zauberberg 2* (2024) enthaltenen Erzählung *Besucherritze*.

22 Dass Strunks Jürgen Dose eine philosophisch-poetologisch aufgeladene Figur ist, zeigen auch seine Berufsbezeichnungen: Laut Booklet arbeitet er als Produktionshelfer, laut CD bei einer Zeitarbeitsfirma. Im Roman arbeitet er als Pförtner in einem ‚Kabuff‘. Produktion, Zeitorganisation, geschlossene Räume – dies sind zentrale Aspekte der Audioarbeit an *Trittschall* 2005.

23 Nach der Sprechweise lassen sich die Stücke auf *Trittschall* 2005 in zwei Kategorien einteilen und grob thematisch zuordnen: Dose-Songs sind *Teilebahn, Stop den Wahnsinn!!!, AA-Fingers, Dackelblut, Das Licht ist nicht für mich*; Strunk-Songs sind *Meister des Akkords, Unsere Mission, Erwachende Leiber, Stupor, Erschießungsphantasien in Polen*. Auf der ersten CD von 1997, der die Ebene der Pubertät fehlt, gibt es den Dose-Song *Todesfalle Haushalt* und den Strunk-Song *Scheißhausalien*. Auf den Roof-CDs finden sich die Dose-Erzählungen *Samosteller* und *Penistier* (*Der Schorfopa*) sowie *James Last, Spatzekinder* (ein Radiointerview), *Pawlowsche Felder, Mikropilze, Brunei, Der Wunderheiler, Kuhferien (Mutter ist ein Sexmaschien)*. Auf dieser CD findet sich zudem der Dose-Song *Das Lied vom Einbruch*.

Leiber und *Stupor* singt Strunk, auch den Schlusstitel *Erschießungsphantasien in Polen* spricht Strunk. Es gibt aber noch viele andere Dose-Texte, die Strunk 2005 nicht in die Anthologie aufgenommen hat, viele davon finden sich später auf den Roof-CDs. Hier zeigt sich Dose von seiner philosophisch-parawissenschaftlichen Seite, die 2005 nur in den Booklet-Texten anklingt. Er verlässt die eigenen vier Wände und macht Urlaub auf dem Bauernhof, wo er in der Stube zu Hilfsarbeiten gedrängt wird, statt Frühstück zu bekommen (*Kuhferien*). Im Roman *Jürgen*, der viele frühere Hörspieltexte fast wörtlich als Dialoge übernimmt, begeben sich Dose und Würmer sogar auf Brautschau nach Polen.

Ein zuvor unveröffentlichter Song auf dem Album *Die gläserne Milf*, der hier abschließend etwas genauer angehört werden soll, bringt Dose in die Situation eines halböffentlichen Zwischenraums: der Titel *Kontoauszugssong*, in dem er an einem Drucker im Vorraum einer Bank steht und sich vor seinem drängelnden Hintermann rechtfertigen muss, warum es so lange dauere (die Begründung: viele „Kontobewegungen“). Am Ende singt er einen philosophischen Monolog, der eine für Dose unangenehme Vorstellung ausmalt: „Was passiert eigentlich, wenn während des Druckvorgangs die Bank schließt?“ Die Komposition basiert auf dem geloopten Sample eines Nadeldruckers, ist also eine Art Musique Concrète. Zu dem absteigenden F-Moll-Dreiklang singt Jürgen Dose, im Hintergrund ertönt eine Art Schnipsgeräusch, später kommen ein Beat und weibliche Backing Vocals hinzu. Strunk erzielt mit dem Nadeldrucker-Sample zwar eine klangliche Retro-Ästhetik, aber keine Innovativität in der Bearbeitung des gefundenen Materials. Für den Nadeldrucker sind schließlich schon ganze Partituren, Quartette und Symphonien geschrieben worden (vgl. Wagner 2023, 140–145). Mit dem immergleichen Loop inszeniert Strunk vielmehr die Gefangenheit in den sprichwörtlichen Mühlen des Alltags. Und er zeigt mit diesem Titel, dass Hörspiel, Spoken Word und Song in seinem Schaffen organisch miteinander verknüpft sind.

5 Telefonarbeiten mit Studio Braun (1998–2004)

Einem etwas größeren Publikum jenseits der Hamburger Szene werden Strunks Hörspiel- und Musikarbeiten nicht nur durch seine Radioauftritte, sondern auch 2002 durch das bei Ariola erschienene fünfte Studio-Braun-Album *Fear of a Gag Planet* bekannt (enthalten sind: *Mit Haß gekocht, AA-Fingers, Wanderhode*). Zwischen 1998 und 2004 veröffentlicht er sechs Alben in diesem Trio, dem außerdem Rocko Schamoni und Jacques Palminger angehören. Die Mehrzahl der darauf enthaltenen Stücke sind Telefonscherze, auf den ersten beiden Alben als „Gespräche“ bezeichnet. In der Roof Music-Compilation *Braunes Gold* (2012) ist im Untertitel von

„Telefonarbeiten“ die Rede. Ähnlich wie bei den „Kurzhörspielen“ auf der Roof-Anthologie (siehe Kap. 3) ist auch hier eine ironische Dignifizierung zu beobachten, diesmal durch ein ausgedachtes Genre. Die Telefonarbeiten lassen sich recht einfach auf eine Phase von Strunks Hörwerk eingrenzen (1998–2004). Denn vor Studio Braun hat er keine Telefongags veröffentlicht, und nachdem sich die Gruppe mit dem Projekt *Fraktus* und Arbeiten am Deutschen Schauspielhaus ab 2002 in ein Regie- und Schauspieltrio verwandelt, wird er es auch nicht mehr tun.

Wenn Strunks Kurzhörspiele vor dem massenkulturellen Hintergrund von Radiocomedy und Privatfernsehen entstehen, sind Studio Brauns Telefonarbeiten vor dem Hintergrund ihrer Mainstream-Pendants auf den Rundfunkwellen der 1990er Jahre zu hören. Ähnlich wie die Radio-Comedians verwenden Studio Braun Dialektvarietäten, um den lokalen Bezug zu Hamburg zu markieren (mit Ausnahme von Palminger, der wie viele Mitglieder der Hamburger Schule ein zugezogener Westfale ist). Das Projekt hat seinen Ursprung aber nicht im Radio, sondern in der Musikindustrie. Die Plattenfirma Mercury kommt auf Schamoni zu, der bereits mehrere Alben veröffentlicht hat (vgl. Klug 2016). Man stellt sich die deutsche Version des New Yorker Duos The Jerky Boys vor, das mehrere Millionen seiner derben *prank call*-Alben verkauft und 1995 sogar für einen Grammy nominiert wird, in Deutschland aber kaum bekannt ist. Die persönlichen Verbindungen zur Hamburger Plattenindustrie und Musikszene finden sich chiffriert in Pseudonymen wieder, die Studio Braun bei Anrufen verwenden, etwa Ariola-Chef Eckhart Gundel, in dessen Namen Strunk in *Radfahrerhass* als wütender Automobilist spricht (*Fear of a Gag Planet*).

Was den kommerziellen Ertrag betrifft, bleibt das Trio weit hinter den Erwartungen zurück.[24] Ästhetisch treiben Studio Braun den Telefonscherz jedoch in unerreichte Höhen. Im Gegensatz zum englischsprachigen Raum, wo die auf Kassetten oder Platten verbreiteten Scherze oft obszön oder *outrageous* sind (vgl. Klink 2004; Smith 2008), steht der deutsche Telefonscherz in der Tradition bundesrepublikanischer Fernsehunterhaltung. Die Sketche von Peter Frankenfeld (*Valsch ferbunden*) oder Karl Dall (*Spaßtelefon* in *Verstehen Sie Spaß*) spielen mit der Biederkeit des Kleinbürgertums und seiner Fähigkeit, über sich selbst zu lachen. Die Soziotypik der Gesprächspartner ähnelt bei Studio Braun oft den bekannten Unterhaltungsformaten: ältere Leute, die anhand ihrer Namen im Telefonbuch zu identifizieren sind und in absurde Situationen gebracht werden, Interessenten für Inserate, sowie Institutionen und Unternehmen, die mit seltsamen Anfragen konfrontiert werden.

Inserate sind für Studio Braun die wichtigste Form des Kontakts zwischen der Welt der Schrift und der Welt der Stimme. Sie rufen nicht nur Nummern aus

24 Strunk schätzt die Zahl der insgesamt verkauften Tonträger auf 25.000 (Strunk/Krömer 2023).

Anzeigen an, sondern geben auch selbst welche auf, um sich so anrufen zu lassen. Damit unterlaufen sie in gewisser Weise, was der Kommunikationswissenschaftler Robert Hopper als *caller hegemony* bezeichnet hat: In einem konventionellen Telefongespräch ist es der Angerufene, der sich zuerst äußern und so etwas von sich preisgeben muss, während der Anrufer schon weiß, wen er anruft (Hopper 1992, 9; vgl. Smith 2008, 223–224). Da Studio Braun aber selbst etwas erzählen wollen, kehren sie diese Hierarchie lustvoll um.[25] Die Welt von Studio Braun teilt sich in die Menschen am anderen Ende der Leitung, die das Normale und Biedere verkörpern, und das Trio, das oft aus einer Art Halbwelt zu ihnen spricht. Es kann aber auch ein Anruf aus einer ganz anderen Dimension simuliert werden, ein Aspekt von Studio Braun, der immer wieder als ‚psychedelisch' bezeichnet worden ist.

Viele Gags sind Ergebnisse ermüdender Trial-and-Error-Verfahren. In einem Interview erklären Studio Braun: „Bei einigen Telefonaten empfiehlt es sich, den Ablauf genau zu skizzieren. Nicht nur Stichworte, sondern auch exakte Formulierungen. Die Arbeit besteht dann darin, solange anzurufen, bis jemand dran ist, der so genau reagiert, wie wir uns das vorstellen. Andere Anrufe sind improvisiert." (Studio Braun/Weigend 2002, 44n). In einem anderen Interview erklärt Schamoni die unterschiedliche Methodik der Gesprächsführung, was nicht immer, aber tendenziell zutrifft: Während er selbst Annoncen bevorzugt, sich also häufig anrufen lässt, wählt Palminger selbst Nummern und beginnt spontane Gespräche. Strunk dagegen bereitet seine Dialoge minutiös mit Skripten vor (Jensen/Studio Braun 2000). Wenn sich Schamoni in *Doppelsalbig abgeschnözte Reend* (*Fear of a Gag Planet*, 2001, transkribiert in Klug/Studio Braun 2016, 190–191) nach einem DVD-Player erkundigt, erweist er sich als Meister des *doubletalk*, also der Vermischung von Standard- und Phantasiesprache, wie sie im Vaudeville Tradition hat.[26] Palminger ist dazu in der Lage, sein Gegenüber durch das improvisierte Diktieren willkürlicher Wort- und Buchstabenkombinationen zur Weißglut zu bringen (z.B. *Tatze*). Strunk dagegen überlässt wenig dem Zufall. Der Schriftsteller, der immer wieder betont, nicht schlagfertig zu sein, hat einen anderen Ansatz. Viele Titel sind nachträglich bearbeitet, was bei näherem Hinhören an Schnitten deutlich wird, die an unterschiedlichem Rauschen zu erkennen sind. Auf der DVD *20.000 Jahre Studio Braun* (2007) sind diese Schnitte auch in den Filmaufnahmen einzelner Gespräche

25 Schamoni gelingt es dabei mit stupender Gesprächskunst, sein Gegenüber zu verwirren, etwa in *Unschuldig angeklagt* (*Gespräche I*, 1998). Darin meldet er sich bei einer Journalistin auf der Suche nach Justizopfern. Allmählich, durch gewissenhaftes Fragen wie in einem analytischen Drama, wird ihr klar, dass ihr Dialogpartner nicht nur „gegen eine Leiter gekommen" ist, wie er anfänglich sagt, sondern eine heimtückische Beziehungstat verübt hat – denn auf der Leiter stand ein Rivale, der sich schwer verletzt hat.

26 Zum Gebrauch der Technik in der Telefoncomedy vgl. Smith 2008, 261–262.

zu erkennen. Die Montage führt nicht nur zu unnatürlichen Interaktionen, sondern auch zu einem verschobenen Timing. Hauptgrund dafür ist die Reduktion des Materials: Strunk gibt für die Gespräche später eine Originallänge von bis zu zehn Minuten an (Strunk 2006, unpag.).

Strunks bevorzugtes Gesprächsformat sind Gewinnspiele, Umfragen oder Werbeanrufe (z.B. *Gelbfleisch*, *Sitzhund*). Sie ermöglichen es ihm, eine gewisse Menge Text erst einmal loszuwerden, bevor jemand auflegt. Solche Szenarien gesteuerter Interaktivität haben auch bei Live-Performances die größte Aussicht auf Erfolg. Oft macht er humoristische Produktangebote: In der Arbeit *Privatkabarettist* (*Jeans Gags*, 2000) bietet er sich dem Magdeburger Kabarett „Die Kugelblitze" an. Mit der Würmer-Stimme rezitiert er Kalauer mit Politikernamen, ohne Rücksicht auf das abnehmende Interesse am anderen Ende der Leitung. In *Kochen im Unrechtsstaat* (*Gespräche II*, 2000) ruft Strunk bei Lutz Schulenburg an, dem Verleger der Edition Nautilus, zu dieser Zeit vor allem bekannt durch die autobiographischen Werke der in der DDR untergetauchten Ex-RAF-Terroristin Inge Viett. Er bietet ihm ein Manuskript mit dem Titel *Kochen im Unrechtsstaat* an, ein Kochbuch mit angeblichen Lieblingsrezepten hoher DDR-Funktionäre. Der Verleger, der schon nach Nennung des Titels lachend abwinkt, hört sich schmunzelnd einige Gerichte der Hausmannskost an, bis er die Anfrage höflich ablehnt. Beiden ist in dieser Situation klar, dass aus dem *pitch* nichts werden wird. Wichtig ist hier aber nicht, was der Verleger sagt, sondern das Zustandekommen des Gesprächs an sich, der akustischen Bühne für Strunks Text. Man könnte diese Art der Telefonarbeiten daher als unverlangt eingesandte Hörskripte bezeichnen. Ähnlich, wie es die pseudo-avantgardistischen Manifeste der Hörspiel-Booklets nahelegen, geht es Strunk dabei auch um eine Inszenierung des (Nicht-)Gehörtwerdens als Künstler.

Ein wichtiger Einfluss für Studio Braun ist der bereits erwähnte Heino Jaeger, dessen Hörspiele häufig Telefongespräche inszenieren. Im Titel *Die Kotlettstanze* (*Gespräche II*) ist Rocko Schamoni als norddeutscher Rinderhalter zu hören, der Jaeger nicht unähnlich klingt. Er bietet einem landwirtschaftlichen Betrieb die gleichnamige Erfindung an, die „Fleisch vom Lebendrind" entnehmen könne. In *Neues aus der Landwirtschaft* erklärt Jaeger als Landwirt in einem Interview ähnliche Erfindungen, etwa die „Großbezuckerung" von Säuen oder den „Schweinesessel" zum Fernsehkonsum. Vor allem in den Arbeiten Strunks lässt sich außerdem der Anschluss an die Neue Frankfurter Schule nachvollziehen. In *Stuhlverhalten* (*Fear of a Gag Planet*, 2002) gibt er sich als *Titanic*-Leser zu erkennen, indem er ein satirisches Gemälde von Michael Sowa aus der berühmten *Genschman*-Ausgabe adaptiert. Darauf ist neben sich quälenden Männern eine Zeitungsannonce mit einem Workshop und folgendem Text abgebildet: „Körperarbeit in der Toscana. Wir lernen halten und bewahren (Hold back Therapie) Eine Woche Stuhlverhalten mit

Verpflegung vom 1.9. - 8.9.89 1.250,-DM“ (Schreibweise wie im Original, Sowa 1989, 37). Strunk holt das Bild an seinen hessischen Ursprungsort zurück: „Stuhlverhalten im Taunus“ heißt das Seminar hier. Er diktiert einer Mitarbeiterin des *Hamburger Abendblatts*: „Ganzheitliche Körperarbeit nach Schamane Heinz Strunk. Wir lernen unseren Stuhl zu halten und zu bewahren.“ Zur Kontrolle wiederholt die Frau das Diktierte und wünscht Strunk hörbar erheitert viel Erfolg.

Stuhlverhalten ist ein transmediales Meisterstück: Die von Sowa gemalte Zeitungsannonce wird per Telefonat in die Realität eines gedruckten Inserats übersetzt, das potentiell neue Telefongespräche generiert, denn es könnten ja tatsächlich Interessenten anrufen. Eine Fortsetzung der Geschichte ist leider nicht bekannt. Die Persiflage des Coaching-Jargons wird Strunk später bei seiner humoristischen Kanonisierung als *Titanic*-Kolumnist begleiten: Als Nachfolger von Max Goldt debütiert er 2012 mit der Kolumne *Das Strunk-Prinzip*, die zunächst an die Rhetorik von Managerseminaren angelehnt ist. In der *Titanic* ist der transkribierte Telefonscherz ein altbewährtes Mittel politischer Satire, das vor allem Martin Sonneborn seit Mitte der 1990er Jahre nicht nur gegen hohe Würdenträger, sondern auch gegen unbedarfte Bürger einsetzt.[27] Die Medienwirksamkeit, die immer wieder dann entsteht, wenn verulkte Gesprächspartner etwas Entlarvendes sagen, fehlt bei Studio Braun allerdings völlig.

Ein grundlegender Unterschied zwischen den Telefonarbeiten gegenüber dem Telefonscherz von Comedy und politischer Satire ist der Verzicht auf Stimmenimitation (zu *impersonation* und *infiltration* vgl. Smith 2008, 219–226). Diese Praxis treibt ihre unheilvollen Blüten bis in die Gegenwart, man denke an die russischen Propagandisten Vovan & Lexus, die sich als Politiker ausgeben und damit westliche Staatsoberhäupter in die Bredouille bringen. Statt reale Personen nachzuahmen, erfinden Studio Braun stets ihre eigenen Rollen. Dabei bleiben sie – unterstützt durch den hohen Wiedererkennungswert ihrer Stimmen, vor allem bei Strunk – immer auch die Sprecherpersonen, die sie sind. Die Verstellung betrifft häufig das Alter. Dabei fällt auf, dass Strunks Kollegen oft in jüngere Rollen schlüpfen, Strunk sich aber älter macht und dabei seine aus den Hörspielen bekannte Greisenstimme verwendet. Palminger dagegen kann so infantil sprechen, seinen Gesprächspartner nachäffen und bepöbeln, dass dieser in *Druckbefüllung* (*Fear of a Gag Planet*) zur Vermutung kommt, er sei noch nicht einmal volljährig.

Studio Braun imitieren nicht, sie erfinden. Typisch ist die Mystifikation bzw. der Hoax, also die Fälschung ohne Original. Darin liegt auch der Keim ihres Filmerfolgs mit Fraktus, der angeblich ersten deutschen Techno-Gruppe. Eine durch die

---

27 Aufnahmen davon finden sich nicht nur auf der CD *BILD-Leser beschimpfen Titanic* (2000), sondern auch auf dem Album *40 Jahre Titanic* (2019).

spätere Prominenz der Mitglieder fast vergessene Praxis des Trios ist das Spiel mit Anonymität, Pseudonymität und Autormystifikation, wie es in den frühen Jahren noch möglich ist. Dass sich Strunk erst ab 2004 auf sein Hauptpseudonym festlegt, wurde bereits gesagt. Während Schamoni und Palminger mit ihren Pseudonymen als Musiker schon in Erscheinung getreten sind, ist Strunk ein weitgehend unbeschriebenes Blatt. Auf dem Cover von *Gespräche I* tragen die Mitglieder auf Augenhöhe ausgestanzte Plastikeimer, was auf *Gespräche II* kunstvoll variiert wird: Hier sind die weißen Kopfbedeckungen an jenen Stellen auf das Jewelcase gedruckt, an denen auf dem Booklet-Cover die Gesichter zu sehen sind. Während über Schamoni und Palminger andere Gesichter montiert sind, ist Strunk – schielend und ohne Haare – selbst zu sehen. Eine Begründung dafür, die Gesichter nicht zu zeigen, lautet: „Wir sind berühmte Persönlichkeiten aus dem Showbereich, teilweise sogar sehr berühmte. Man würde uns wohl sofort erkennen." (Jensen/Studio Braun 2000) Das Interview für das *Jetzt*-Magazin der *Süddeutschen Zeitung*, in dem das Trio die Manipulierbarkeit der Angerufenen reichlich übertrieben darstellt, führt Lars Jensen, anfangs selbst im erweiterten Mitgliederkreis von Studio Braun. Manche Rezensenten wissen mehr, als sie schreiben, und beteiligen sich am Verwirrspiel. So bringt Schorsch Kamerun, der mit Schamoni den Golden Pudel Club gegründet hat, in der *Zeit* den Musikmanager Tim Renner als mögliches Mitglied ins Spiel (Kamerun 2000).

Die Mystifikation hat Erfolg: Die Kritiken der ersten Alben und Liveauftritte verraten nicht, welche Realnamen sich hinter den Pseudonymen verbergen, sie ziehen auch keine Verbindungen zu bisherigen Veröffentlichungen der Mitglieder. Bereits *Gespräche I* (die römische Zahl steht im Originaltitel) spielt mit der Authentizitätserwartung an Liner Notes dadurch, dass eine Seite des Booklets mit „Achtung! Neue Namen!" überschrieben ist. In keiner CD gibt es konventionelle Liner Notes mit Namen, erst ein 2006 mit 192 Seiten angekündigtes, aber nicht erschienenes Rowohlt-Taschenbuch (*Ein Kessel Braunes. Das Studio Braun-Buch*) weist die Namen Strunk, Palminger und Schamoni auf dem Cover aus. In der Presse tritt Strunk zunächst unter dem Namen Bernd Pöhler (Jensen/Studio Braun 2000) oder Jürgen Dose (Boenisch 2000) in Erscheinung. Verkompliziert wird die Sache dadurch, dass sich Schamoni in verschiedenen Anrufen selbst als Pöhler meldet. Die erste Version des Artikels *Studio Braun* der deutschsprachigen Wikipedia enthält 2004 noch die Vermutung, dass „Heinz Strunk eigentlich Jacques Palminger heißt" (Wikipedia 2004), was immerhin drei Monate lang so stehenbleibt. Zum Vergleich: Der im *Studio Braun Buch* dokumentierte, selbst angelegte Wikipedia-Artikel *Fraktus* aus dem Jahr 2012 (Klug/Studio Braun 2016, 145) wird nach zwei Tagen korrigiert. Ein Versuch, die laut Bearbeitungskommentar „angebliche ‚Mystifikation'" (Wikipedia

2012) wieder in eine faktuale Biographie umzuschreiben, wird schnell rückgängig gemacht.

Die Arbeiten von Studio Braun unterscheiden sich von der Comedy nicht nur durch den absurden Inhalt, sondern zunehmend auch durch ihre formale Innovativität: Es sind nicht mehr nur Dialoge, sondern Szenarien, die den Menschen am anderen Ende der Leitung im Ensemble vorgespielt werden. Vorbild hierfür könnten die Konflikte sein, die das Duo Stermann & Grissemann bereits früher in der Radiosendung *Salon Helga* aufführt. Dabei spielt Christoph Grissemann Verhaltensauffälligkeiten (z.B. „Affektcholeriker“, „Angstpatient“ oder eine Frau, die eine Billardkugel verschluckt hat), die sein Partner Dirk Stermann den Angerufenen zu vermitteln versucht. Strunk und Studio Braun haben in der FM4-Sendung später Gastauftritte.

Eine besonders produktive theatrale Anordnung bei Studio Braun, die auf dem letzten Album *Ein Kessel Braunes* (2004, Anspielung auf die DDR-Show *Ein Kessel Buntes*) zur vollen Entfaltung kommt, ist der Familienkonflikt. In *Der harte Sohn* bemüht sich Strunk mit Greisenstimme um Arbeit mit der Begründung, sein Sohn zwinge ihn dazu. Nachdem Schamoni mit einem Türknallen hereinkommt, nimmt er den Hörer und beschwert sich über seinen Vater, der zu nichts zu gebrauchen sei. In *Bruderzwist* möchte Strunk bei einem Rechtsanwalt mit der Auflistung von allerlei Bagatelldelikten eine Klage gegen seinen Bruder anstrengen, um dessen Auszug aus der gemeinsam ererbten Wohnung zu erwirken. Nachdem Palminger hereinkommt und sich über die Gängelungen durch seinen Bruder beschwert, brüllt Strunk ihn an – und der Anwalt kann sich seinen Reim auf die Situation machen. Folie sind hier offensichtlich die ab den frühen 2000er Jahren im Privatfernsehen ausgestrahlten Doku-Soap- bzw. Scripted Reality-Formate über schwierige Verwandtschaftsbeziehungen. Das *Studio Braun Buch* betont die Innovationen des letzten Albums und nennt einige neue, teilweise rätselhafte Genrebezeichnungen: „Gruppentelefonate, Hörspiel & Telefonat, Sound-Telefonat, Talking-Cloud“ (Klug/Studio Braun 2016, 126). Auf *Ein Kessel Braunes* wird auch die Form des Telefongesprächs als Routine der Alltagskommunikation, die durch Anfang/Begrüßung und Ende/Verabschiedung markiert ist, programmatisch unterlaufen. „Gagfragmente“, so erklärt Schamoni einem Kind im gleichnamigen Titel, seien Teile eines Telefonats oder Witzes, „wo der Rest, irgendwie, ähm, bescheuert war“. Manche Stücke setzen mitten im Gespräch ein, andere enden mit Fades in Musik.

Angesichts der Erweiterung des Telefonscherzes mit dramaturgischen Mitteln erscheint es sinnvoll, die Arbeiten von Studio Braun im Kontext einer popliterarisch-humoristischen Renaissance des Dramoletts zu sehen.[28] Zu nennen wäre hier Benjamin von Stuckrad-Barres Bernhard-Hommage *Claus Peymann kauft sich keine Hose, geht aber mit essen*, die 2001 in der Harald-Schmidt-Show aufgeführt wird. Schon seit den 1980er Jahren schreibt der bereits erwähnte Max Goldt Dramolette, die dann zur Grundlage für die in der *Titanic* gedruckten Comics von Katz & Goldt werden. Später führt er die absurden Comic-Kurzdramen auch bei seinen Sololesungen auf.[29] 2022 wird Goldt der Kulturpreis Deutsche Sprache für die Weiterentwicklung der Gattung zuerkannt. In seiner Laudatio hebt Bernd Eilert hervor, dass sie bei Lesungen „durch Szenenanweisungen, die auf keiner Theaterbühne realisiert werden müssen, erfreuliche Freiräume eröffnet." (Eilert 2022, 35).

Bei Studio Braun eröffnen sich diese Freiräume nicht nur durch das Fehlen einer räumlichen Bühne, sondern auch durch die Interaktion am Hörer. Also einerseits dadurch, dass auditiv eine fiktionale Welt inszeniert werden kann, die visuell nicht darstellbar wäre, z.B. Strunk als lüsternes Monster in *Bigfuß* (*Jeans Gags*, 2000), das Schamoni überfällt, als er sich bei einer Zoohandlungsmitarbeiterin erkundigt, mit welcher Spezies er es zu tun haben könnte.[30] Und andererseits dadurch, dass das meiste von dem, was von den Gesprächspartnern verlangt wird, nicht zu realisieren ist. Es genügt oft, dass sich jemand das anhört, was da aufgeführt wird. Dabei muss im Sinne einer dramatischen Handlung am anderen Ende der Leitung nichts passieren. Es soll auch gar nichts passieren, wie die kindischen Anstiftungsversuche zu kriminellen Handlungen wohl am besten zeigen. Wenn doch einmal etwas passiert, dann durch einen Verhörer wie in *Sitzhund* (*Gespräche II*), als eine ältere Dame Strunks Aufforderung missversteht, für eine Umfrage die Rautetaste zu drücken. Sie sagt, sie könne ihre Katze gerne drücken, und holt auch die Nachbarskatze dazu. Eine rührende Situation, auf die Strunk mit ungläubig-amüsierter Mimik reagiert, wie im Videomitschnitt auf der DVD *20.000 Jahre Studio*

---

28 Dies ist keine Eigenbezeichnung von Studio Braun, sondern meine eigene, provisorische Schlussfolgerung. Gattungspoetologische Überlegungen zum Telefonscherz gibt es bisher nicht. Die dialogischen Gags der TV-Show *Crank Yankers* bringt Klink mit dem Kurzprosagenre der Vignette in Verbindung, ohne dies näher auszuführen (Klink 2004). Smith konzentriert sich in seiner Mediengeschichte auf das *prank call tape* als Genre des *audio entertainment* (Smith 2008, 218).

29 Hier ist eine gegenläufige transmediale Entwicklung ab den 2010er Jahren zu erkennen: Während Studio Braun mit den Telefonscherzen aufhören und sich Theater und Film zuwenden, überträgt Goldt die visuell gedachten Comicszenarien bei seinen Lesungen ins Akustische.

30 Die Versuche, das Beziehungsdramolett nicht nur in der dysfunktionalen Familie, sondern auch in homoerotischen Beziehungen aufzuführen, sind zusammen mit der Veralberung Ostdeutscher (z.B. *Gurkitier*, *Getreidespeicher*, siehe auch Kap. 9) wohl am schlechtesten gealtert. Siehe dazu auch *Auspuffmann*, in dem ein Automechaniker zum Besuch einer Schwulenparty überredet werden soll.

Braun zu erkennen ist. Ohne sich ein Lachen über den plötzlichen performativen Rollentausch verkneifen zu können, bittet Strunk sie: „Drücken Sie beide Katzen." In *Führerpfeife* (*Jeans Gags*) fordern die drei mit Expertengehabe einen Mann auf, in eine von ihm inserierte Trillerpfeife auf verschiedene Arten hineinzublasen, was er bereitwillig tut. Dies ist das Äußerste an Publikumsimmersion, zu dem Studio Braun bereit sind.

Dass den Telefonarbeiten Rollentexte zugrunde liegen, die prinzipiell auch andere aufführen können, demonstriert das Album *1:1:0 am Millerntor* (2001), auf dem das Trio den Telefonhörer dem FC St. Pauli überlässt. Im ersten Titel *Saunaaufguß* erkundigt sich Cheftrainer Dietmar Demuth bei einem Händler nach einem Saunazusatz, der die „nötige Grundaggressivität" seiner Spieler erhöhe, und schlägt dafür Fleckensalz, Stierblut und Kalkreiniger vor. Mit dieser Form des telefonischen Laientheaters demonstrieren Studio Braun, dass sie als Sprecher durchaus ersetzbar sind – nicht jedoch als Autoren und Hörspiel-Performer. In *Kampffische* fragt die Clubheimwirtin bei einer Tierhandlung nach bissigen Fischen, die sie in den Toiletten des gegnerischen Teams für das nächste Spiel aussetzen möchte. Nun sind die Sprecherhierarchien einmal umgekehrt, denn in herkömmlichen Gags sind Gastronomen ja die potentiellen Opfer (z.B. *Imbiß im Imbiß*). Dies lässt sich auch als Seitenhieb gegen die populären Telefonscherz-Formate verstehen, bei denen klar sein muss, wer wen veräppelt.[31]

Von den US-amerikanischen Jerky Boys grenzen sich Studio Braun offensiv ab und betonen, auf Sexismus, Gemeinheiten und Obszönitäten zu verzichten (Jensen/Studio Braun 2000). Rechtlich sichern sich die Plattenfirmen dadurch ab, dass Angerufene nach dem Telefonat ihre Zustimmung zur Veröffentlichung geben müssen. Namen sind oft mit psychedelisch wirkenden Rückwärtseffekten anonymisiert. Aus diesen Gründen lassen sich die Telefonarbeiten auch schwer (wieder-)aufführen. Live-Gags misslingen oft,[32] es wird überhaupt nur ein vor Publikum aufgezeichnetes Telefonat veröffentlicht (*Sexritter* auf *Fear of a Gag Planet*, 2002).

---

31 Die ‚Verarschung' ist eine Humortechnik, von der sich der Ich-Erzähler in *Die Zunge Europas* strikt abgrenzt. Zur Veräppelung in der Alltagssprache bzw. der spaßigen Fabrikation nach Goffman hat die Linguistin Helga Kotthoff die klassische Studie *Spaß verstehen* vorgelegt (Kotthoff 1998). Leider hat sie sich – trotz Arbeiten zu Scherzkommunikation, Anrufbeantwortern und Comedy – mit dem Telefonscherz nicht beschäftigt. Eine Studie wie die von Smith 2008 zum angloamerikanischen Kontext steht für den deutschen Sprachraum noch aus.

32 Dieses Problem löst die Livesendung *Verstehen Sie Spaß* in den 1980er Jahren dadurch, dass Karl Dall symbolisch ein Telefon wählt und dann eine Aufzeichnung eingespielt wird. Ab 1989 machen Grissemann und Stermann in ihrer Radiosendung *Salon Helga* Live-Telefonscherze, deren Scheitern zentraler Bestandteil der Inszenierung ist. Ein anderes Darstellungsproblem betrifft das Sehen: Wie zeigt man Telefongespräche, bei denen ein Teil immer unsichtbar ist? Jimmy Kimmels

Palminger spricht im Zusammenhang mit Studio Braun von *suspense of disbelief* (in Sprenger 2015, 41). Das lässt sich einerseits auf die Produktionsästhetik beziehen, die Vorbedingung für die Telefonscherze: Schnäppchenjäger lassen sich im Glauben an ein günstiges Angebot auf unseriöse Kommunikation ein. Paradebeispiel ist die frühe Arbeit *Motorsäge* (*Gespräche I*). Darin beantwortet Schamoni unterstützt von Zurufen seiner Partner die Fragen einer älteren Dame auf ein Inserat. Durch seinen virtuosen *doubletalk* ergibt sich im Verlauf des Gesprächs ein immer unschärferes Bild des fiktiven Geräts. Mit ihren Phantasieteilen („Strombenzin", „Dschungelgelöt"; „Düsenvertrieb", Klug/Studio Braun 2016, 32–33) beginnt Schamonis Motorsäge, Kafkas Odradek zu ähneln. *Suspense of disbelief* gibt es aber auch bei der Rezeption: Um Gespräche witzig zu finden, muss man davon ausgehen, dass sie in dieser Form stattgefunden haben, sich also einer Illusion von Echtzeitkommunikation hingeben. Vor allem in den späteren Arbeiten unterlaufen Studio Braun dies durch Montage. In der Arbeit *Duttflechterei* (*Jeans Gags*) spricht Strunk mit einer alten Dame aus dem Süddeutschen, der er eine Pflegebehandlung ihres Dutts verkaufen möchte. Nachdem sie ihn mit Rückfragen, was für ein Arzt er sei, aus dem Konzept bringt, wird ihre Aussprache so unverständlich, dass Strunk seinerseits mit Phantasielauten reagiert und sich ein Dialog aus nicht identifizierbarem Wortmaterial ergibt. Doch dies ist hörbar nachträglich produziert, denn an Schnitten ist zu erkennen, dass der Anruf in dieser Form nicht stattgefunden hat. Ähnlich ist das bei der Arbeit *Hausbar* (*Ein Kessel Braunes*). Strunk erkundigt sich darin beim Verkäufer eines Bar-Möbelstücks, wo und wann es abzuholen sei. Er wird dabei von seiner eigenen, tiefergepitchten Stimme unterbrochen, die ihm und später auch dem Angerufenen in der Rolle des Gewissens Vorhaltungen macht („Säufer, alle beide"). Wie in anderen Arbeiten Strunks sind die Reaktionen der Angerufenen von nachgeordneter Bedeutung. Was zählt, ist die auditive Kopräsenz, die es offensichtlich gegeben hat.

Abschließend lohnt der Vergleich mit einem frühen Pitch-Shifting-Gag, der noch einen stärkeren Live-Eindruck macht: In *Dunstabzugshaube* (*Gespräche I*) erkundigt sich eine Frau bei Strunk nach dem titelgebenden Küchenelement, das er zu einem unschlagbar günstigen Preis inseriert hat. Beim Sprechen verändert er Tonhöhe und Formanten seiner Stimme so, dass sie mal unnatürlich hoch und tief klingt, wofür er die Anruferin verantwortlich macht. Er beginnt zu schluchzen: „Die hat 800 Mark gekostet und ich will die für 100 Mark verkaufen, und Sie machen hier am Telefon so einen Terror! Ich kann nicht mehr! Das ist gemein!" In Strunks

---

Fernseh-Telefongagserie *Crank Yankers* animiert die Szenen mit Puppenspiel, Studio Braun produzieren Videos, in denen Figuren mit Eimern auf dem Kopf umringt von Statisten telefonieren (enthalten auf der DVD *20.000 Jahre Studio Braun – Ein Jubiläum feiert Geburtstag*).

Version ist es also nicht er, der den „Terror" ausübt,[33] sondern die Anruferin, die verzweifelt versucht, die Adresse zu notieren. Ganz am Ende macht Strunk seine Stimme mit brachialen Filtereffekten und Husten völlig unverständlich. *Dunstabzugshaube* meint also nicht nur ein Haushaltsgerät, sondern verweist auch auf den technischen Effekt, der den Sprecher aus der Wirklichkeit des Gesprächs förmlich absaugt. Der Einsatz von Pitch-Effekten zur Simulation anderer Realitätsebenen hat eine komödiantische Tradition, die sich mindestens bis ins Radio der 1950er Jahre zurückverfolgen lässt: Dafür setzen die Macher der BBC-Sendung *The Goon Show* (1951–1960) nicht nur die Möglichkeiten der Geschwindigkeitsveränderung durch die neue Tonbandtechnik ein, sondern imitieren sie auch lautmalerisch.[34]

Die beiden Pitch-Shifting-Beispiele von 1998 und 2004 zeigen: Strunk entwickelt Audioeffekte zu dramatischen Akteuren *sui generis*. Der Name „Studio Braun" gibt nicht zuletzt einen Hinweis auf die Aufnahmesituation und den Raumtyp, den viele Gespräche inszenieren: ein Studio mit Effekten, Musik und dem Klang eines Raums, in dem sich das Trio bewegen und Theater spielen kann.

6 Live-Rundfunksendungen (2000–2003)

Bevor es um die Hörbücher gehen wird, Strunks bekanntester Form der Audioliteratur, sei etwas zu seiner unbekanntesten gesagt: die jeweils kurzen Engagements bei Radio und Fernsehen um die Jahrtausendwende. Dabei handelt es sich zunächst um die *Jürgen Dose Schau* (2000 auf Radio Fritz, vertretungsweise 2001 auf FM4 im Format *Salon Helga* mit Grissemann und Stermann). Obwohl Strunk nun auf einem öffentlich-rechtlichen Radiosender zu hören ist, soll die eingangs vertretene Ansicht, dass er kein radiophoner Autor sei, unbedingt aufrechterhalten werden. Denn Strunk schreibt hier nicht eigens fürs Radio, sondern präsentiert als Moderator sein selbst produziertes Material. Nach der raschen Einstellung der Sendung

33 Das Wort vom ‚Terror' oder ‚Telefon-Terror' fällt häufig in Rezensionen, wird aber von Studio Braun nicht zur Eigenbeschreibung verwendet – im Gegensatz zu Telefonscherz-Comedians wie Jim Florentine mit seiner CD-Reihe *Terrorizing Telemarketers* (ab 2001). In der *Titanic* heißt die Telefonscherz-Rubrik seit den 2000er Jahren *Titanic-Telefon-Terror*.

34 Rick Cousins verweist bei Spike Milligan, dem Macher der Sendung, der technische Effekte trotz Verfügbarkeit sparsam einsetzt, gerade auf die „unwillingness to exploit the comic potential of audio tape" (Cousins 2016, 103). Für den Hinweis auf die Ähnlichkeit zum Strunkschen Gebrauch des Pitch-Shiftings danke ich Lewis Tennant. Er hat die akustische Assoziation mit *Dunstabzugshaube* bei einem Vortrag angemerkt, den ich 2019 an der Johannes Gutenberg-Universität Mainz über *Heinz Strunks Familienaufstellung* gehalten habe.

erhält Strunk, der bereits kurzzeitig in der Sat.1-*Wochenshow* zu sehen war, seine zweite Chance beim Privatfernsehen, mit der VIVA-Sendung *Fleischmann TV* (April bis Dezember 2003). Beide Formate haben sich, wie es so schön heißt, versendet. Aufnahmen sind schwer zu bekommen, die Medienresonanz ist spärlich. Doch auf einer akustischen Werkausgabe hätten die Sendungen ebenso ihren Platz verdient wie Kurzhörspiele, Musik und Telefonarbeiten. Denn neben der Wiederverwertung des selbst produzierten Materials führt Strunk hier Texte auf, die sich später vor allem in seinen *Titanic*-Kolumnen sowie in den Einspielern als Experte in der NDR-Sendung *extra 3* wiederfinden. Er nennt diese humoristische Beschäftigung mit Grundfragen des Lebens später die „Idee der großen Themen" (Strunk 2014, 233–234). Erstmals erprobt Strunk damit auch serielle Formate, die er später in den Audioserien (siehe Kap. 9) zur großen Form bringt.

Während die Radiosendungen wöchentlich laufen, beginnt *Fleischmann TV* als tägliche Show. Der Musiksender VIVA stellt sich zu dieser Zeit mit Formaten wie *South Park* und Jimmy Kimmels Telefonstreichshow *Crank Yankers* neu auf. Mit *Fleischmann TV* verspricht der Kanal eine hausgemachte Neuentwicklung, die „erste Cartoon-Call-in-Show der Welt" (zit. nach Richter 2013). Strunk spricht mit verfremdeter Stimme, während die rudimentär computeranimierte, im Unterhemd auf dem Sofa sitzende Trickfigur Fleischmann vulgäre Gesten macht. In jeder Sendung telefoniert er mit einigen Teenagern, wie sie auch bei anderen Call-in-Formaten des Senders anrufen. Es gibt jeweils ein Thema, zumeist geht es um Sorgen der Adoleszenz: das erste Rendezvous, Cliquen und Außenseiter, Mobbing, Coolsein, Schule, Taschengeld. Wiederkehrende Elemente sind fiktionale Dialoge, die Fleischmann im Selbstgespräch führt, wobei ihm für eine der beiden Rollen eine Frauenperücke aufgesetzt wird, Hilferufe angeblicher Jugendlicher, denen Strunk Namen aus der Hamburger Szene gibt, außerdem fiktive Popstar-Interviews und Tagebücher. Dazu kommen Strunks Musik und Werbespots. Im Gegensatz zur Radiosendung spricht Strunk im Fernsehen nie mit seiner natürlichen Stimme, sondern stets mit dem Fleischmann-Preset, also tiefergepitcht und mit einem Bitcrusher verzerrt.[35] Eine typische Geste ist das Leeren einer Bierdose in den weit geöffneten Mund. Die Figur Fleischmann wird als alkoholisierter Therapeut stilisiert, als Außenseiter und Lebensberater – eine aus den Hörspielen bekannte Rolle.

35 Fleischmann gibt sogar Auskunft über die technischen Details: Er habe seine Stimme mit Logic auf etwa 10 Bit „runtergecrusht" (Folge 64, 16. November, 33:00).

In gewisser Weise könnte man in ihm den ungepflegten Wiedergänger der „Radiotrinkerin" aus Max Goldts gleichnamigem Dramolett und Hörspiel erkennen.[36]

Ein großer Reiz der Sendung entsteht aus dem Kontrast zwischen der Welt der Teenies – die Jungen sind oft noch vor dem Stimmbruch – und Strunks Sprache. Fleischmann kündigt die Jugendlichen mit fiktiven Erwachsenenbiographien an, etwa: „Sie hat ihr Vermögen mit Kettenbriefen und Wurfsendungen gemacht und wünscht sich größere Transparenz in der Landespolitik." (Folge 65, 23. November, 15:00) Nach einer kurzen Erkundigung zu ihren Erfahrungen mit dem aktuellen Thema und einer durchaus mitfühlenden, freundlichen Reaktion beginnt er, die Jugendlichen mit unpraktischen Ratschlägen, abstrusen Quizfragen und „Psychotests" zu verwirren. Dabei kommt es oft zu Missverständnissen: Entweder versteht Strunk die jungen Anrufer nicht, die in allen möglichen Dialekten sprechen, oder sie verstehen ihn nicht, was nicht nur an der komplexen Sprache, sondern auch an der undeutlichen Aussprache liegt. Da die ungelenken Mundbewegungen der Cartoonfigur das Hörverständnis visuell nicht unterstützen, ist das Publikum hier auf den auditiven Kanal angewiesen.

Einem Zufall ist es zu verdanken, dass eine gründlich dokumentierte Quelle zur Rezeption von *Fleischmann TV* vorliegt: Ab April 2003, als die Sendung startet, interviewt die Medienwissenschaftlerin Martina Schuegraf junge Musik-TV-Konsumenten für ihre Doktorarbeit. Die älteste der Befragten, die 21-jährige Susa, Studentin der Medienkommunikation und VIVA-Stammzuschauerin, gibt ausführlich zu Protokoll, welche Mischung aus Faszination und Abstoßung die Sendung auf sie ausübt (Schuegraf 2008b, 226; 235–236). Im Interview liest Susa den Inhalt der Website von *viva.tv* vor und kommentiert ihre Seherfahrungen:

> ‚Er ist fett, laut und hässlich und sitzt im speckigen Feinripp vor laufenden Kameras. Er hört dir zu. Man kann ihn live anrufen. Er ist Fleischmann, er ist das Sprachrohr der Dunkelheit, der Therapeut der Nacht. Mit Fleischmann kann man sprechen oder ihm einfach nur zuhören, wenn er seine kuriose Welt erklärt. Denn Fleischmann hat ein großes Herz und Verdauungsprobleme.' Großes Herz, das ist ein bissl ironisch gemeint. ‚Und wenn Fleischmann nicht telefoniert, dann kommentiert er die Musikvideos, die gerade in seiner Sendung laufen und die er meistens nicht besonders mag.' Also der, der labert nur, ich weiß nicht, na ja. ‚Ruf' Fleischmann in seiner Sendung an.' […] Also der der beschimpft da die Leute, die da anrufen und dann, weiß nicht, wie man da anrufen kann, wenn man genau weiß, dass er einen bloß beschimpft […]. Die machen dann aber auch mit, wenn da irgendwelche Jugendliche anrufen, die fangen dann aber auch an, ihn zu beschimpfen oder so. Das macht denen wahrscheinlich

36 Im 1989 produzierten Hörspiel *Die Radiotrinkerin*, das Goldt in verteilten Rollen als Interviewer und Radiotrinkerin spricht, setzt er ebenfalls einen Pitch-Effekt ein, jedoch subtiler als Strunk, da die weibliche Stimme nur leicht höher und nicht unnatürlich klingt.

> Spaß. Aber ich weiß nicht, warum, wem so was gefällt, also. Ich versteh' nicht, was das soll. Echt nicht. (Schuegraf 2008a, 26–27)

Ähnlich, wenn auch eloquenter, beschreibt Fernsehkritiker Hans Hoff die Sendung in seinem Verriss in der *Süddeutschen Zeitung*. Er nennt sie eine „postpubertäre Omnipotenzphantasie" und spricht vom „BSE-verseuchten *Fleischmann TV*" als Symbol für den ganzen Sender, der daran scheitere, erwachsen zu werden (Hoff 2003, 19). Man kann *Fleischmann TV* anders schauen, wenn man Strunks späteres Schaffen kennt, also nicht nur die Adoleszenzromane *Fleisch ist mein Gemüse*, *Fleckenteufel* und *Junge rettet Freund aus Teich*, sondern auch das humoristische Werk in der *Titanic*, bei *extra 3* und in den Audioserien. Die Sendung verhandelt Probleme, die später zentrale literarische Schauplätze werden, am lebenden Objekt. Als einmal ein Junge aus der Psychiatrie anruft und fragt, ob er wisse, was eine Psychose sei, antwortet Fleischmann trocken: „Ich weiß, was das ist." (Folge 63, 9. November, 21:00) Hier, so darf man annehmen, spricht Halfpape selbst: Er hat mit 18 Jahren nach Haschkonsum eine schwere Psychose durchlitten, was Strunk in *Fleisch ist mein Gemüse* fiktional verarbeitet.

Im realen Gespräch mit den Jugendlichen gelingt es Strunk, eine aus den Kurzhörspielen bekannte Rolle außerhalb der Fiktion zu realisieren: die der Jaegerschen „Lebensberatungspraxis" (siehe Kap. 2). Wie beim großen Vorbild sind die Tipps allerdings nicht umsetzbar. In einer Folge mit dem Thema „Umverteilung" rät Fleischmann einem Jungen, kluge Dinge zu Oma und Opa zu sagen, um so Geld von ihnen zu bekommen. Sie würden sich nämlich nicht trauen zuzugeben, dass sie das Gesagte nicht verstehen, und ihn im Glauben, er gehöre zur Elite, finanziell fördern. Als Beispiel schlägt Fleischmann folgenden Satz vor: „In meiner Wahrnehmung löst sich die fließende Umgebung auf in lauter Festbilder. Übrig bleibt schließlich nur noch der Impact eines isolierten Details, eines winzigen Gehabefragments." (Folge 27, 26. Mai, 5:16–5:28) Dabei handelt es sich um ein abgewandeltes Zitat aus Botho Strauß' Prosaband *Das Partikular* (2000).[37] „Klasse", antwortet der Jugendliche.

Fleischmann TV ist eine einmal und nachher nie wieder realisierte multimediale Mischform: Hörspiel plus Cartoon; Musikfernsehen plus Botho Strauß;

37 „Es war, als ob sich ihm die fließende Umgebung in lauter *stills*, lauter einzelne Festbilder auftrennte. [...] Was zu ihm sprach, war allein der impact eines isolierten Details, ein winziges Gehabefragment." (Strauß 2000, 192–193). In abgewandelter Form findet sich das Zitat auch im Waschzettel zu *Trittschall im Kriechkeller* (Strunk 2005). Andernorts wirbt Fleischmann für Strauß' Neuerscheinung *Die Nacht mit Alice, als Julia ums Haus schlich* (Folge 63, 9. November, 14:00).

Telefonperformance minus Telefonscherz. Die Einschaltquoten sind schwach,[38] die Ausstrahlfrequenz wird ab September von fünf auf eine Sendung pro Woche reduziert, der Sendeplatz von 22:30 Uhr auf den Sonntagnachmittag gelegt. Von der Einstellung im Dezember erfährt Strunk, so schreibt er später, aus der Programmzeitschrift *TV Spielfilm* (Strunk 2014, 234). Anders als bei Studio Braun, kommerziell ähnlich erfolglos, ist ihm hier noch nicht einmal die Presse wohlgesonnen – erst nach seinem Durchbruch wird die Show vereinzelt gewürdigt. In der Blogserie *Fernsehfriedhof* nennt Christian Richter *Fleischmann TV* eine „revolutionäre Sendung, die schlicht zu subtil für VIVA war", also beim falschen Sender beheimatet gewesen sei (Richter 2013). Bei einem anderen Sender wäre das Format allerdings gar nicht möglich gewesen. Mit seinen jugendlichen Anrufern und der schlechten Musik bietet VIVA Strunk eine einzigartige Bühne. Diese Bühne kann er als Fleischmann buchstäblich bespielen: Häufig wird während der Musikvideos sein Kopf eingeblendet, während er die Künstler mit hocheloquenten Invektiven überzieht.[39] Zudem benutzt er die Musikvideos als Soundtracks für eigene Improvisationen: Zu einem Remix von *Oooops Up* von Snap! spielt er ein Flötensolo im Stil seines früheren Idols Ian Anderson (*Fleischmann TV*, Folge 64, 16. November, 26:00).

Wie bei Studio Braun agiert Strunk im Fernsehen unter ungelüftetem Alternativpseudonym. Erst in der letzten Folge stellt Fleischmann den Bezug zum Namen Heinz Strunk her. Sein Album *Einz* (2003) legt er zum Abschied jedem Anrufer als Weihnachtsgeschenk ans Herz. Fleischmann inszeniert seine Absetzung als Tod und Wiederauferstehung in einem anderen Medium:

> Ich möchte außerdem darauf hinweisen, dass ich, wenn sie mir nachher die Luft rauslassen und [mich] wie einen leeren Beutel Altplastik in die große Tonne kehren, wiederauferstehen werde. Und zwar unter einem anderen Namen. Der Name wird sein: Heinz Strunk. Ihr werdet dann auf der Homepage *heinzstrunk.de* weiter betreut, denn ich habe euch ja Rundumbetreuung für das ganze Leben versprochen. (Folge 68, 14. Dezember, 4:10–4:35)

---

38 Strunk nennt eine Zahl von 8.000 Zuschauern, *Fast Forward* mit Charlotte Roche und seine Show hätten die geringsten Einschaltquoten gehabt (vgl. Interview in diesem Band). Im Gegensatz zu Roche hat Strunks Sendung bisher praktisch keine Spuren in der Selbsthistorisierung des Senders hinterlassen, etwa in Fernsehdokumentationen oder dem 2023 von Moderator Markus Kavka mitverfassten Buch *MTViva liebt dich!*.

39 Aus einer solchen Beschimpfung geht später eine Zusammenarbeit mit Stephan Remmler hervor: Nachdem Fleischmann eine 2003 veröffentlichte Single seiner Söhne (*Everybody Cha Cha*) kommentiert, wendet sich Remmler an Strunk. 2006 nehmen die beiden das Stück *Frauen sind böse* auf, auf dem Ausschnitte aus einigen Hörspielen zu hören sind.

Strunk hält Wort, die Seite ist bis heute online und versorgt Fans mit Neuigkeiten, Tagebuchauszügen und Tourterminen, außerdem gibt es ein Gästebuch.[40] Nach dem Ende von *Fleischmann TV* vergeht ein knappes Jahr bis zum Durchbruch mit *Fleisch ist mein Gemüse*. Schenkt man Strunks Darstellung Glauben, hat ausgerechnet eines seiner erfolglosesten Projekte maßgeblichen Anteil an seinem ersten Bestseller: Der Debütroman, der Anfang Oktober 2004 erscheint, landet bei Amazon erst auf Platz eins, nachdem Strunk – nach Vermittlung durch seine VIVA-Kontakte über die Firma Brainpool – im November einen Auszug daraus in Stefan Raabs Sendung *TV Total* gelesen hat (Strunk/Krömer 2023). Denkt man zurück an Strunks ersten öffentlichen Auftritt 1994 im „Goldenen Stern“ am Pferdemarkt, der laut übereinstimmenden Schilderungen von Gereon Klug und Rocko Schamoni unter seinen Möglichkeiten bleibt,[41] hat sich der einstige „Anti-Performer[...]“ (Klug 2016, 11) gewaltig verbessert. Lesereisen mit Rezitation und Musik werden zu einem wichtigen Teil seiner Arbeit.[42]

7 Hörbücher (seit 2005)

Die in Strunks Werkbiographie jüngste und erfolgreichste Form der Audioliteratur ist das Hörbuch. Ihr Beginn fällt nicht nur in das Jahr von Strunks Durchbruch, sondern auch mitten in den allgemeinen Hörbuchboom. Seit dem Debütroman *Fleisch ist mein Gemüse* liest Strunk alle Prosawerke ein, sie erscheinen bei seinem Label Roof Music, meistens als ungekürzte Autorenlesung. Im Gegensatz zu den Hörspielen sind die Hörbücher regelmäßig von der Kritik gewürdigt worden (siehe

---

40 Schuegraf zeigt in einem Diagramm Susas Surfweg über die VIVA-Homepage zur Fleischmann-Seite (Schuegraf 2008b, 238), die später noch unter *fleischmann.tv* abrufbar ist. In ihrer Studie beschreibt Schuegraf am Beispiel des Musikfernsehens das Phänomen der Medienkonvergenz zwischen TV und Internet. Dass dieses Zusammenspiel bei *Fleischmann TV* misslingt, lässt sich daran erkennen, dass die Autorin den Namen Heinz Strunk in ihrer Arbeit nicht erwähnt, den Schriftsteller hinter der Figur also wie viele andere nicht kennt – was sie mir in einer E-Mail bestätigt hat. Ich danke ihr für die Bereitstellung des Interviewtranskripts mit Susa.

41 Schamoni erinnert sich: „Heinz' Performance hat noch keine endgültige Form gefunden, der Vortrag scheint etwas unsicher, auf tönernen Füßen, zwar blitzen funkelnde Momente des Sprachhumors auf, nur versinken sie immer wieder in den Selbstzweifeln des Vortragenden. Der Applaus ist respektvoll, aber nicht vollends begeistert, was Heinz wiederum frustriert.“ (Schamoni 2024, 297).

42 Strunks Live-Performances wären – womöglich im Vergleich zu seinen Arbeiten als Schauspieler und Regisseur mit Studio Braun – Gegenstand einer eigenen Untersuchung, der hier keinen Platz findet, weil sie bisher nicht auf Medien vorliegen.

Einleitung). Einige seiner Werke werden von den Feuilletons nicht als Buch, sondern als Hörbuch rezensiert, etwa die Strauß-Textsammlung in der *FAZ* (Schneider 2014). Den Kritiker Magnus Klaue bringt Strunks Rezitation zehn Jahre später sogar zur Revision eines früheren, abschätzigen Urteils über den Autor Strauß (Klaue 2024). Das Hören, so weiß man auch aus zahlreichen Blogs und Online-Rezensionen, ziehen viele Strunk-Fans dem Lesen vor.[43] Produktionstechnisch grenzt Strunk die Hörbücher klar von den Hörspielen ab: Zu hören ist nur seine Stimme vor dem Mikrofon – Audioeffekte, Musik-Zuspiel oder Mehrspurverfahren gibt es nicht.[44] Was die beiden Werkbereiche eint, ist die Dramatisierung durch Stimmenverstellen. So treten bereits bekannte Stimmtypen auch in den Hörbüchern auf, die dort verschiedensten Figuren zugeordnet werden können.

Eine neue Ebene ergibt sich im Verhältnis zwischen Schrift und Stimme: Während es von den Hörspielen keine Transkripte gibt, liegen den Hörbüchern Texte zugrunde, die bereits Formen der Notation enthalten: Versalien und Kursivschrift (oft zur Markierung von Zitaten oder Sprüchen), außerdem gehäufte Satzzeichen zur Markierung von Expressivität. Hinzu kommen Registerwechsel in umgangssprachliche, dialektale oder unverständlich gesprochene Passagen. Sie machen den Einsatz von Stimmtechniken ähnlich notwendig wie Lautmalereien und Songtexte, die Strunk betont amateurhaft singt. Dass die Oralität seiner Texte eine literarisierte ist, kann man vor allem dann hören, wenn Strunk an der Rückübersetzung ins Mündliche scheitert und dies ausstellt: Das in *Junge rettet Freund aus Teich* zitierte plattdeutsche Lied *Lütt Matten de Has'* hat er für die Lesung offensichtlich nicht einstudiert. Nach einem kläglichen Versuch kommentiert er lachend: „Das war Plattdeutsch vom Allerfeinsten." (*Junge rettet Freund aus Teich*, Track 53, 1:37–1:54).

Die Veränderungen, die sich in zwei Jahrzehnten Hörbucharbeit beobachten lassen, reflektieren tendenziell auf auditiver Ebene das, was sich im Laufe der Zeit in Strunks Werk insgesamt verändert. Gemeint ist die Entwicklung vom Humoristen zum Romancier, und hier im Besonderen die Wende vom Autobiografischen

---

43 Heinz Strunk ist der einzige Autor, dessen Werk ich kenne, ohne seine Bücher gelesen zu haben (mit Ausnahme seines Erstlings *Fleisch ist mein Gemüse*). Als möglicherweise ähnliches Beispiel sei der Entertainer Kurt Krömer zitiert, der im Podcast-Gespräch mit Strunk bekennt, die Bücher nicht zu lesen, sondern ausschließlich zu hören. Ihm gefalle seine „fleischige" Stimme, sagt er (Krömer/Strunk 2023, 26:00–27:00).

44 Die Hörspieladaption von *Fleisch ist mein Gemüse* (Annette Berger, WDR/NDR, 2005) ist insofern aufschlussreich als Beispiel für das, was Strunk *nicht* macht. Denn sie vermischt die Werkebenen Hörspiel und Hörbuch: Strunks Stimme ist dem Hörbuch entnommen und wird mit Effekten belegt, Schauspieler sprechen die anderen Rollen. Eine differenzierte Räumlichkeit der Klangbühne, wie sie für Radiohörspiele typisch ist, gibt es in Strunks selbstproduzierten Arbeiten praktisch nicht.

(*Fleisch ist mein Gemüse*, 2004) zur Fiktion (*Der Goldene Handschuh*, 2016). Im Hörbuch zum Debütroman, das Strunk noch selbst aufnimmt und produziert, finden sich einige dramaturgische Elemente aus der Zeit des Hörspiel-Selbstverlags, die später verschwinden. So entfernt sich Strunk vom Mikrofon, um laut zu brüllen. Er stimmt die zitierten Schlagertexte in einem ähnlichen Schmalzton an, mit dem er die eigenen Stücke auf der ersten CD singt. Oder er benutzt seine Querflöte, um einen langen Ton zu spielen und damit die Mühen des Übens zu demonstrieren. Am Beispiel des Jürgen-Dose-Kosmos wurde bereits gezeigt, wie eine Welt aus dem Hörspiel (*Trittschall im Kriechkeller*) in die eines Roman-Hörbuchs (*Jürgen*) wandern kann.

Eine weitere Veränderung, die das Verhältnis von Körper und Text betrifft, lässt sich am Beispiel des Romans *Fleckenteufel* erkennen. Dieses Werk liegt nicht nur in zwei Text-, sondern auch in zwei Hörbuchfassungen vor (2009 und 2018). Strunk hat das Buch über die evangelische Jugendfreizeit eines jugendlichen Alter Egos 2009 auf dem Höhepunkt des Erfolgs von Charlotte Roche mit *Feuchtgebiete* (2008) veröffentlicht. Der Bucheinband ist ähnlich gestaltet, und die deftigen Schilderungen aus dem Fäkalbereich lassen darauf schließen, dass man hier die männliche Version von *Feuchtgebiete* lancieren wollte. Dies kann Strunk später nicht so stehenlassen. In der überarbeiteten Neuausgabe 2018 sieht nicht allein das Cover anders aus, sondern auch die Textgestalt: Nicht nur fehlen viele explizite Passagen aus dem Verdauungsbereich, auch sind zahlreiche onomatopoetische Stellen verschwunden, wenngleich sie Strunk nicht vollständig eliminiert hat (z.B. „Pppppffffiiiigggllll", Strunk 2009, 6; Strunk 2018, 6–7). In der Deklamation dieser Körpergeräusche im ersten Hörbuch lassen sich Versuche erkennen, die Ästhetik der Hörspiele zumindest ansatzweise zu übersetzen. Auch einige Werbespots finden sich im Text. Die Textänderungen in der zweiten Fassung sind in ihrer Signifikanz nicht zu überschätzen, denn sie entsprechen einem allgemeinen Prozess der Trennung von literarischem und humoristischem Werk. An der neuen Lesung fällt aber vor allem die Virtuosität auf, mit der Strunk denselben Figuren nun andere Stimmen zuweist.[45] Beim vergleichenden Hören wird der umfassende Fundus an Stimmtypen deutlich, der es Strunk erlaubt, charakterliche Eigenschaften subtil voneinander abzugrenzen. Bemerkenswert ist am zweiten *Fleckenteufel*-Hörbuch auch der distanzierende Paratext der einleitenden Worte, die Strunk stockend liest, als würde er ein offizielles Dokument entziffern: „Vom Autor komplett überarbeitete Fassung, auch neu eingelesen, im Februar 2018" (Hörbuch zu *Fleckenteufel* 2018, Track 1, 0:00–0:13).

45 Im Gespräch 2024 gibt Strunk an, diese Änderung nicht bewusst vorgenommen zu haben. Er höre seine eigenen Hörbücher nicht selbst. (Siehe Interview in diesem Band.)

Zwischen den beiden Versionen von *Fleckenteufel* liegt ein Roman, dem man eine weitere Novität anhören kann: *Junge rettet Freund aus Teich* (2014), das Strunk als sein Lieblingsbuch bezeichnet und dessen geringe Verkaufszahlen ihn enttäuschen. In der Lesung des Romans, der aus drei Teilen mit verschiedenen Phasen des Aufwachsens des Ich-Erzählers Mathias (sechs, zehn und vierzehn Jahre) besteht, versucht der zudem 52-jährige Strunk das Heranwachsen durch Änderungen im Tonfall wiederzugeben. Es ist sicher auch dem späten Romandebüt mit 42 Jahren zu verdanken, dass Strunks natürliche Sprechstimme in zwanzig Jahren Hörbucharbeit kaum gealtert zu sein scheint, also das, was man bei einem Schauspieler das Sprechalter nennen würde. In den Hörspielen hat er zur Simulation verschiedener Altersstufen häufig Pitch-Effekte verwendet. Nun hat sich Strunk von der humoristischen Hörspielästhetik fast vollständig verabschiedet. Sein natürliches Stimmtimbre gibt im Hörbuch der Entwicklung vom neugierigen Kind bis zum unsicheren Teenager Ausdruck. Dieser Prozess drückt sich später noch in einer anderen Neuerung aus: Seit den 2020er Jahren verleiht Strunk den weiblichen Romanfiguren kaum mehr unangenehme Stimmen, man denke da an das krächzend hohe Organ der Mutter in *Fleisch in mein Gemüse*, das der Großmutter in *Junge rettet Freund aus Teich* oder den herrischen Ton der Freundin in *Die Zunge Europas* (2008). In *Es ist immer so schön mit dir* (2021) liest er die Freundin des Protagonisten einfühlsam sanft.

Es dauert recht lange, bis Strunk seine Hörbucharbeit selbst fiktionalisiert. Die männliche Hauptfigur von *Es ist immer so schön mit dir* ist ein Produzent von Hörspielen und Hörbüchern. Im Gegensatz zu Strunk spricht der Protagonist allerdings nicht selbst, sondern schneidet Aufnahmen anderer Sprecher. Die Beschreibung dieser Arbeit erinnert an vieles, was Strunk über sich selbst als Hörbuchsprecher sagt:

> Der Sprecher hatte eine Erkältung, das hört man auch: durchgehend Magengeräusche, Räusperer, unterdrücktes Husten, von Rechts wegen müsste der noch mal kommen, um wenigstens die allerverschleimtesten Passagen auszubessern. Aber der ganze Stress und Streit, und dann verlangt der noch Nachschlag, Gott bewahre, da kämpft er sich lieber durch dieses Inferno aus Nebengeräuschen. Spuck, Sabber, Sprötzel. (Strunk 2021, 32–33)

Was er nun mühsam vornehmen wird, bezeichnet er in seinem Tontechnikerjargon als „Cleaning" (Strunk 2021, 31). Es gehörte zu den Markenzeichen von Strunks bisherigen Hörbüchern, in diesem Sinne nicht hundertprozentig *clean* zu sein. Er lässt Versprecher und Verhaspler stehen („Egal, weiter!"), er gibt einige Passagen in überbetontem Nuscheln oder Lallen wieder. Deutlich kann man die Entwicklung anhand der beiden Hörbücher erkennen, die aus *Titanic*-Kolumnen hervorgegangen sind. Im gekürzten Hörbuch zu *Das Strunk-Prinzip* (2014), das am Ende nach einem Piepton Outtakes enthält, spricht Strunk absichtlich dilettantisch. In der zwischen 2012 und 2014 veröffentlichten Kolumne *Das Strunk-Prinzip*, das zunächst als Parodie von Ratgeberliteratur beginnt und sich später parodistisch zum Erklärungsanspruch der „großen Themen“ (s.o.) wie Literatur, Kunst und Tod aufschwingt, spricht gar kein Ich, sondern es rät „das Strunk-Prinzip“ in der dritten Person. Entsprechend unaufrichtig klingt auch die Lesung des Buchs, die zwischen dem hölzernen Vorlesen eines Ratgebers und der Apodiktik des Predigens changiert. Ähnlich klingt Strunk als in die Kamera sprechender Experte in der Satiresendung *extra 3*. In *Nach Notat zu Bett* (2019) dagegen kann man hören, wie Strunk einen neuen Sound als Humorist findet: Der Autor liest mit der Stimme des Roman-Erzählers, auch wenn sein Pseudo-Tagebuchtext nur selten erzählt.

Bemerkenswert am Hörbuch zu seinem zweiten großen Erfolg *Der goldene Handschuh* ist, dass Strunk mit dem Serienmörder Fritz Honka eine historische Figur spricht – solche Figuren kommen in seinen anderen Werken nie prominent vor. Honkas durch Quellen verbürgte eigenartige Sprechweise, die nicht nur auf seine sächsische Herkunft, sondern auch auf schwere Gesichtsverletzungen zurückzuführen ist, wird im Roman zwar beschrieben, aber im Hörbuch stimmlich nicht realisiert. Nur an einer Stelle versucht Strunk sein Sächseln gleichsam symbolisch zu imitieren. Anders löst dies der Darsteller Jonas Dassler in Fatih Akins Verfilmung. Hätte Strunk Ähnliches versucht, wäre es zu unfreiwilliger Komik gekommen – eine humoristische Sächsisch-Kostprobe gibt es in der Ost-Folge von *Heinz Strunks Familienaufstellung* (siehe Kap. 9).

Zu Strunks Hörbüchern wäre noch viel mehr zu sagen. Da dieser Teil seines audioliteralen Werks aber jener ist, der sich absehbar noch weiterentwickeln wird, soll der kurze Überblick an dieser Stelle genügen.

8 Musikalben (seit 2015)

Das Musikalbum ist die älteste Form in Strunks künstlerischer Biographie, und es ist zugleich die für ihn schwierigste. Denn als Musiker hat er nie den kommerziellen Erfolg, der ihm als Schriftsteller zuteilwird. Im Gegensatz bspw. zu Helge Schneider schafft er es nie in die Charts. In den 1980er Jahren wollte Mathias Halfpape mit massentauglicher Popmusik berühmt werden. Nachdem sich seine erste Band *Täglich Morde* mit dem Abebben der Neuen Deutschen Welle auflöst, arbeitet er an Songs, die er schließlich 1989 mit Anja Krenz als Synthiepop-Duo *Dis Noir* auf der CD *Paradise is Far Away* veröffentlicht. Nach deren Misserfolg braucht er lange, um als Heinz Strunk zur Form des Musikalbums zurückzufinden. 2014 macht er noch einmal einen Versuch, das alte Material wiederzubeleben: Mit der Sängerin

Yasmin K. nimmt er einige zwischen 1982 und 1989 geschriebene Stücke neu auf und veröffentlicht sie als *Retro EP* unter dem Namen Polka Team. Das Video zur Single *Smartest Girl Alive* zeigt Strunk in zwei Rollen: als Saxophonisten auf der Bühne einer „80s Kultparty“ und als Jürgen Dose mit Bernd Würmer (wie im späteren Film: Charly Hübner) im Publikum. Auch wenn es ein Remix auf einige House-Sampler schafft, verschwindet das Projekt in der Versenkung.

Mit größerem Eifer, aber ähnlich mäßigem Verkaufserfolg entwickelt Strunk seine eigene elektronische Spoken-Word-Musik weiter. Zwar hat er einstweilen mit der Produktion von Hörspielen aufgehört, nicht jedoch mit der von Songtexten und Musikstücken. 2015 veröffentlicht er mit *Sie nannten ihn Dreirad* das erste Musikalbum unter dem Namen Heinz Strunk. Er produziert nun in einem separaten Studio und überlässt Mixing und Mastering anderen. Hörbar haben die beiden Fraktus-Alben, auf denen Strunk einige Titel platziert, ihren stilistischen Abdruck hinterlassen. Für Fraktus besinnt sich Strunk auf seine Anfänge als NDW-Musiker, ein Text seiner ersten Band dient dort als Grundlage für den Titel *Kleidersammlung*. Denkt man an *Spaß mit Heinz* zurück, ist Strunk einen weiten Weg vom Parodisten zum Musiker mit eigenem Stil gegangen. Auf der ersten CD singt er mit seiner natürlichen Stimme, beschränkt sich aber auf Stilappropriationen ‚schlechter‘ Musik: Schlager, volkstümliche Musik, Country, Kinderlied oder Seemannslied dominieren seine Musik zu dieser Zeit, ab *Der Mettwurstpapst* gibt es Spoken Word, ab *Trittschall* 1997 Hip-Hop-Beats und ab dem gleichnamigen Album 2005 Elektro-Jazz-Stücke, die auf *Die gläserne Milf* 2017 noch einmal herauskommen. In den Alben ab 2015 treten die komplexen Harmonien zugunsten von Beats in den Hintergrund. Die wenigsten von Strunks neueren Musikstücken sind Songs konventioneller Machart, also gesungene Texte mit Strophe und Refrain.

Auch wenn es bei Strunks Sprechgesang kaum Überschneidungen mit dem des Hip-Hop gibt, findet sich eine von dort bekannte Textgattung sehr häufig: der Disstrack bzw. die Invektive. Dazu gehören einerseits ältere Stücke wie *Neunmalkluger Naseweis* oder *Scheißhausalien* (hier noch mit Rap-Elementen), *Jung und Dick-Song* (mit Kinderstimme), später dann *Geht ja gar nicht*, *Opa lamour*, *Fernsehkoch*, *Langsame Esser*, *Schwarzes Loch*, *Aufstand der dünnen Hipsterärmchen* und *Alter Vater*. Meistens geht schon aus den Titeln hervor, wogegen sich der Zorn richtet: Gruppen, Typen oder Verhaltensweisen, die üblicherweise nicht Gegenstand gesellschaftlicher Ächtung sind. Die Komik dieser Texte entsteht aus dem Kontrast zwischen der Banalität der angeblichen Verstöße – Kochen im TV, langsames Essen, späte Fortpflanzung – und der Drastik der Anfeindung. Meistens sind die Texte in der zweiten Person, manchmal auch in der dritten verfasst. Allen gemeinsam ist ein Sprecher, der manchmal, aber nicht immer als Ich auftritt. Aber wer ist dieser lyrische Sprecher? Mit dem Aussagesubjekt scheint es in Strunks Lyrik ganz anders auszusehen als in der autobiographischen bzw. autofiktionalen Prosa, die er in seinen Hörbüchern liest. Emblematisch dafür sind die Kinderstimmen, die Strunk vors Mikrofon holt und damit das Rohe, Grobe, Rustikale dieser Sprache abmildert (siehe Kap. 2).

Man kann die Bedeutung, die Strunk einem lyrischen Text und seinem Vortrag beimisst, an der Häufigkeit ablesen, in der er auf seinen Tonträgern zu finden ist. An vorderster Stelle steht hier der Text *Saugetücher*, bereits 1992 auf *Spaß mit Heinz* enthalten, später auf *Mutter ist ein Sexmaschien* wieder veröffentlicht. Hier ist das reimlose Gedicht in ein Hörspiel eingebettet: Eine Frau besucht den Großvater im Altenheim zum 90. Geburtstag und liest ihm das Gedicht vor, das seine abwesende Urenkelin für ihn geschrieben hat. Bevor sie beginnt, macht sie einige Anmerkungen zur Form: „Ein selbstgemachtes Gedicht [...] Ich seh' grad, da reimt sich ja gar nichts, [...] aber das ist heute so". Um die naive, eigentümlich infantile Sprache zu verdeutlichen, die sich auch in anderen Texten findet, ist der Text hier in voller Länge transkribiert:

> Ich war neulich weg, hab gekauft die Tücher
> Die alles saugen auf, wenn man wo geschweint hat
> Meine Freunde waren begeistert, haben gleich gepisst auf Boden
> Um zu sehen, wie die Tücher alles saugen auf
>
> Wenn ich um die Eck komm, hab ich schöns Gefühl
> Die Leute schauen und flüstern: „Das Mensch mit Saugetücher"
> Das Zeitung und die Ferseh machen groß Bericht in Farb,
> Wie ich sauge auf vieles Nasses
>
> Auch der Präsident holt sich Tipps von mir,
> Ob die Tücher sind verwendbar, wenn ihm auf der großen Konferenz einer abgeht (*Spaß mit Heinz*, Track 10)

Auf dem Fraktus-Album *Welcome to the Internet* taucht das Gedicht wieder auf, diesmal als Songtext, von Strunk mit natürlicher Stimme gesprochen, während eine hochgepitchte Stimme gespenstergleich leise mitläuft. Neu ist hier eine Art Refrain, der wie manisch vorgetragen und oft wiederholt wird: „Saug auf, vieles Nasses!" Dabei dürfte es sich um eine der wenigen eingängigen, mitsprechbaren Stellen in Strunks reifem musikalischem Werk handeln. Noch einmal ist das Stück leicht verändert 2019 auf seinem Album *Aufstand der dünnen Hipsterärmchen* zu hören. Auf dieser LP lässt sich aber auch eine gegenläufige Tendenz erkennen: Auf einmal singt Strunk wieder selbst mit natürlicher Stimme, etwa in Anlehnung an volkstümliche Musik (*Concordia* über die Melodie von *Patrona Bavariae* des Original Naabtal Duos) und Rock'n'Roll (*Mein kleins Wohnung*, ähnlich früher: *Pykniker-Song*). Und er spricht sogar ein Gedicht zu einem pathetischen Filmmusik-Track, mit einem leichten Halleffekt, aber mit natürlicher Stimme: *Deutsches Laub* (abgedruckt in Strunk 2019, 202–204).

Noch weiter zurück zu den Wurzeln der Stilappropriation geht Strunk mit dem Soundtrack zur Miniserie *Last Exit Schinkenstraße* (2023, Amazon Prime). Darin wagt er sich an den bereits in der *Titanic* angekündigten Plan, als Partyschlagersänger Pierre Panade in Erscheinung zu treten.[46] Hier gibt es konventionelle Liedformen, wie sie noch auf Strunks ersten CDs vorkommen, später aber praktisch verschwinden. Doch von einer Parodie, die allein auf bestimmten Genrekonventionen basiert, kann hier kaum die Rede sein – zu dominant ist Strunks Spoken-Word-Ästhetik. Das mag auch daran liegen, dass er nach dem Ende seiner Laufbahn als Top-40-Musiker bei Tiffany's nie selbst Ballermann-Musik gemacht hat, eine Stilrichtung, die erst nach seinem Ausstieg populär wurde. Vergleichbares gilt im Übrigen auch für den Jazz: Im Gegensatz zu Helge Schneider, der das Idiom von Blues und Jazz so sehr beherrscht, dass kaum Platz für formale Originalität bleibt, komponiert Strunk an der Tradition vorbei. Harmonische Klischees sucht man in den ambitionierten Kompositionen auf *Trittschall* 2005 vergeblich. Oft sind es hier geloopte Akkordfolgen, die keine größeren Spannungsbögen verfolgen – und sich auch nicht an Gesangs- oder Instrumentalmelodien orientieren, sondern nur Flächen für Sprechgesang bieten. Am deutlichsten lässt sich Strunks Unwille zur harmonischen Spannung, die strukturelle ‚Schlaffheit' an einer früheren Schlageradaption verfolgen: Der Song *Jochen Schmidt* (zuerst auf *Ein Kessel Braunes*) über einen unglücklich zu Tode gekommenen Bühnentechniker ist eine Variation der Karel-Gott-Nummer *Babička*, ein Verweis auf seine Zeit als Tanzmusiker. Die auf dem Refrain basierende Komposition besteht im Gegensatz zum Original nur aus einer einzigen, von einer Art Heimorgel gespielten Kadenz (C–G–F), zu der mit einer rudimentären Melodie gesungen wird, bis der trauernde Sänger in Schluchzen ausbricht.

---

46 Strunk beschreibt die Idee 2020 in seiner Kolumne. Das Alter Ego als Schlagersänger hat einen Vorläufer. Seit den 2000er Jahren tritt Strunk bei Lesungen als „singender Zeitsoldat Bernhard Voss" mit Akkordeon auf, im Booklet zu *Mutter ist ein Sexmaschien* kündigt er ein Album an. Der Name Bernhard Voss geht später auf die Figur des Familienvaters in der Audioserie *Familienaufstellung* über. Schon im Film *Fraktus* produziert Strunk als Torsten Bage das vom Ballermann-Sänger Willi Herren gesungene Stück *Geilianer*. Die Verfremdung besteht hier darin, dass Bage nicht auf Mallorca, sondern auf Ibiza arbeitet, wo diese Stilrichtung nicht zuhause ist.

9 Audioserien (2018–2021)

Die Arbeit an Hörspielen stellt Strunk mit Veröffentlichung der Roof-Anthologie ein, da die CDs erfolglos geblieben sind. Das Medium Podcast, das seit Mitte der 2010er Jahre boomt, eröffnet neue Möglichkeiten. Für den Streamingdienst Spotify produziert Strunk 2018 zehn Folgen einer Audioserie namens *Heinz Strunks Familienaufstellung*. An ausgewählten Feiertagen wird sie als Podcast ausgespielt. Was als „erster fiktionaler Podcast" von Spotify Deutschland angekündigt wird, entpuppt sich als eine Familienserie, bei der Strunk altes Hörspielmaterial mit neuem verbindet. Die mühselige Produktion wird ihm finanziell versüßt, da, wie er später sagt, zu dieser Zeit eine Art „Goldgräberstimmung" in der Branche herrscht (Strunk/N.N. 2023). Strunk nimmt die Serie in seinem Musikstudio auf, herausgebracht wird sie von seinem Hörbuchlabel Roof Music. Auch wenn das Coverbild mit dem bekannten Tapetenmuster visuell an die CDs (2006–2010) anknüpft, wählt Strunk hier nicht das Prinzip der Anthologie. Ähnlich wie in seinen Live-Sendungen verwebt er alte Kurzhörspiele, Werbespots und Musik zu einer größeren seriellen Form. Zusammengehalten werden sie von einer fiktionalen Rahmenerzählung über die Hamburger Familie Voss, die den Jahreslauf anhand von Feiertagen und Familienritualen durchlebt. Hörer des NDR erinnert das Format an Andreas Altenburgs erfolgreiche Radiositcom *Wir sind die Freeses* (2014–2022), die mit ähnlichen Pitch-Effekten arbeitet.

Zum ersten Mal nach *Trittschall* 2005 hat Strunk damit seine Kurzformen wieder in einen fiktionalen Konstruktionsrahmen eingepasst. Musikstücke aus verschiedenen Schaffensphasen laufen als diegetische Musik im Hintergrund, alte Werbespots und eine Nachrichtensendung werden nichtdiegetisch eingeblendet. Mit dem nuschelnden Nachrichtensprecher Lutz Schildkröt kehrt Strunk zum Handlungselement des Rundfunks aus *Trittschall* 1997 („Äther-Radio") zurück, der seine Musik spielt. Das Vorlesen aus der Fernsehzeitschrift erlaubt es, die zahlreichen fiktiven Showideen zu integrieren. Und auch die Rolle des realen Fernsehens als Materialspender ist nicht zu unterschätzen: Strunks Notate seiner Lieblingsfigur Silvia Wollny aus der Reality-Show *Die Wollnys* lassen sich vor allem in den Aussagen der Mutter Sonja Voss wiedererkennen.

Einmal mehr lässt Strunk flüchtige Blicke in die Tiefen seines Soundarchivs zu: Manche Stücke sind hörbar älter, aber in Gänze unveröffentlicht, manche sind neu, aber nur in Fragmenten hörbar, etwa ein Schlager, in dem er sächselnd „Sommer,

Sonne, Cabrio“ singt, eine Art Ostalgie-Sommerhit (Folge 8, 1:03–1:44).[47] Die älteren Hörspielszenarien werden teilweise unverändert in den Handlungsverlauf eingebaut (z.B. *Krankenhausbesuch* von *Der Schlagoberst kommt*), teilweise adaptiert: In *Die Beobachtung* (*Trittschall* 2005) wird Bernd Würmer von seinem Nachbarn bei der Selbstbefriedigung beobachtet und erhält daraufhin einen peinlichen Anruf von ihm. Dies wird in der letzten Episode der Serie zu einer Szene zwischen Sohn und Vater, der den Sohn erwischt und verständnislos reagiert (Folge 10, 12:45–13:55). Diese Rollenverteilung scheint insofern konsequent, als der Sohn Lars Voss mit einer hochgepitchten Würmer-Stimme spricht. Mit den Figuren des Jürgen-Dose-Kosmos teilt die kleinbürgerliche Familie Voss die Eigenschaft, Schwundstufen von Strunks Ich darzustellen. „Voss“ ist im Gegensatz zu „Dose“ kein sprechender, sondern ein klingender Name: urdeutsch, grob, mit dunklem Vokal und hartem, lispelbarem S.

Während die ersten neun Folgen passend zu den Daten der Ausstrahlung um Festivitäten kreisen (Neujahr, Karneval, Ostern, Muttertag, Fußball-WM, Sommerferien, Opas Geburtstag, Tag der Deutschen Einheit, Halloween), endet die finale Weihnachtsfolge in der titelgebenden „Auslöschung“ (diesen Bernhardschen Titel trägt bereits das letzte Kapitel der CD *Trittschall* 2005). Der Opa kommt ins „Siechheim“, die Katze wird eingeschläfert, der Sohn wird straffällig,[48] die Tochter erkrankt, die Eltern trennen sich und das Haus brennt ab. Statt also die titelgebende Therapiemethode der „Familienaufstellung“ in Anspruch zu nehmen, löst sich die Familie in einer splatterhaften Kulmination einfach auf. Die völlig unmotivierte Eskalation inszeniert Strunk akustisch bemerkenswert: Mutter und Tochter bahnen sich durch Wind und Wetter den Weg ins Lungensanatorium von Davos, Vater und Sohn fahren auf dem Weg in eine Besserungsanstalt mit einem Aufzug tief in die Erde. Der Vater wirft unter Sirenengeheul einen letzten Blick auf das brennende Familienheim, bevor er sich in seine Stammkneipe begibt und dort in einen deprimierten Monolog über den einsamen Heiligabend verfällt, begleitet von Körper-

---

47 Die abschätzige Sicht auf den Osten bzw. die Ostdeutschen wird in *Fleisch ist mein Gemüse* zum historischen Erklärungsmuster für das biographische Ende der Tanzmusik, denn der Ich-Erzähler wird am Ende durch den Saxophonisten Marek ersetzt. Das „dunkle Gespenst der Ostmucker, die uns von den Futtertrögen vertreiben würden“ (Strunk 2004, 141), ist Wirklichkeit geworden. In der *Titanic* wird Strunk auf eine Weise gegen ‚Zonis‘ ausfällig, die von echtem Ressentiment schwer zu unterscheiden ist. In *Heinz Strunks Familienaufstellung* erhält die Thematik eine ganze Folge Raum: In *Drüben bleiben, Briefe schreiben*, ausgestrahlt zum Tag der Deutschen Einheit (genannt „Tag des Zusammenbruchs“, siehe auch Strunk 2019, 193), besucht die Familie ihre Verwandtschaft im sächsischen Grimma und macht dort schauderhafte Erfahrungen.

48 Der missglückte Überfall auf ein Waffengeschäft wird im Roman *Junge rettet Freund aus Teich* als Erlebnis des kindlichen Alter Egos geschildert.

geräuschen und dem Gepöbel des bekannten Field Recordings aus der Lübecker Kneipe. Wird Strunk von der Kritik hin und wieder der ‚Verrat' an den eigenen Figuren vorgeworfen (vgl. z.B. Metz 2023 zu *Der gelbe Elefant*), dann geschieht das hier in grotesk überspitzter Weise, in der Auslöschung der gesamten Familie.

Neu ist in der Audioserie nicht nur der Erzählrahmen der Familien-Sitcom, sondern auch der metafiktionale Charakter der Figuren. Sie fallen aus der Rolle und beginnen monologisch, Strunks Texte zu rezitieren. In der letzten Folge werden sie auch zu unzuverlässigen Referenten seiner literarischen Lektüren: Das Lungensanatorium ihrer Tochter, den „Zauberberg", hält die Mutter für eine Schöpfung eines gewissen „Manfred Mann" (Folge 10, 12:10). Der Großvater zitiert eine Passage aus Kafkas Tagebüchern so, als würde der Schriftsteller eine Empfehlung fürs Katzentöten geben (Folge 10, 4:00) – dabei referiert dieser nur eine Erzählung eines Bürokollegen (Kafka 1951, 290). Ähnlich schrullige Stellen der Tagebücher zitiert Strunk in der Kolumne *Intimschatulle* immer wieder. Während Strunks Lebensfigur Jürgen Dose auf *Trittschall* 1997 ein Strunk-Stück im Radio hört, von seinem Schöpfer aber nichts weiß, erwähnt die Familie Voss den Namen des Autors Strunk, als Vater und Mutter seinen Song *Alarmstufe Rahmstufe* im Radio hören.[49] „Heinz Strunk ist der Geilste", sagt der Vater (Folge 10, 14:55–15:22).

Das Online-Recycling der alten Hörspiele für die Audioserien geht mit einer Reduktion des Paratexts einher. Nicht nur sind die einzelnen, auf früheren CDs veröffentlichten Kurzhörspiele nicht mehr anhand ihrer Titel zu identifizieren,[50] auch fehlt bei Spotify das für Strunk so ergiebige Format des Booklets. Doch zumindest diesen Mangel weiß der Autor in gewisser Hinsicht zu kompensieren: Als Bonustrack liefert der Podcast ein Interview, das Strunk mit Olli Schulz im Backstagebereich des Hamburger Schauspielhauses vor einer Lesung geführt hat (Folge 11: *Olli Schulz & Heinz Strunk: Making Of „Familienaufstellung"*). Im Werkstattgespräch gibt Strunk einen tiefen Einblick in seine Arbeitsweise: Eine Folge der Serie kostet ihn acht bis zehn Tage à fünf Stunden Arbeit. Bei der Produktion geht er jeweils in fünf Schritten vor:

---

49 Dieser Song, den der Vater für Strunks neue Veröffentlichung hält, ist schon sehr alt – ein weiteres Indiz dafür, dass den Figuren nur begrenztes Wissen über ihren Schöpfer zur Verfügung steht.

50 Dass bestimmte alte Titel aus diesem Grund nicht verschlagwortet sind, ist besonders bedauerlich im Fall der zahlreichen Musikstücke und Werbespots, die hier erstmals zu hören sind und noch auf eine Tonträgerveröffentlichung warten.

1. Er schreibt ein etwa fünfzehnseitiges Skript mit dem Programm Final Draft.
2. Er nimmt alle Stimmen in einem Durchgang auf.
3. Er vertont die Folge mit Atmosphären und Musik.
4. Er schneidet die Stimmen zusammen und nimmt neue Stimmen auf, die z.B. den vorhandenen ins Wort fallen, um die Kommunikation lebendig zu gestalten.
5. Zum Abschluss macht er sich an den Feinschliff.

Im Interview führt Strunk außerdem vor, wie er Geräusche („Files") zu Sequenzen („Gesamtfiles") zusammenfügt. Er demonstriert dies an einer Szene, in der jemand eine Wohnung betritt. Im bereits erwähnten Audioliteraturroman *Es ist immer so schön mit dir* wird eine ähnliche Sequenz beschrieben: „Klinke drücken – Tür öffnen – erneutes Klinkengeräusch – zwei Schritte in den Raum hineingehen – Tür schließen – Schritte – Reißverschluss öffnen – Jacke ausziehen – Schritte – Schlüsselbund auf Ablagefläche legen – Schritte – Stuhlrücken – hinsetzen." (Strunk 2021, 32). Neben diesen erzählenden Geräuschen hat Strunk aber auch Loops oder Soundflächen, die vor allem bei den Körpergeräuschen zum Einsatz kommen. Der Roman nennt sie in Neudeutsch-Parodie *Human Standards* (Strunk 2021, 32). Die Dateinamen, die Schulz im Gespräch von Strunks Computer ablesen kann, sind vielsagend: „Der große Pups" oder „Rülpsparade 2". Im Roman finden sich noch detailliertere Dateinamen, die nicht nur auf den Klangcharakter, sondern auch den Ort der Aufnahme (*„Eilbekpups kurz"*, Strunk 2021, 32) verweisen. Bei den Körpergeräuschen und ihren digitalen Entsprechungen in der Soundbibliothek ergibt sich eine besondere Indexikalität zwischen Autor und Körper. Den Hörspielen geht, um den Studio-Braun-Fäkalgag zur „Körperarbeit nach Schamane Heinz Strunk" noch einmal zu zitieren, immer auch Arbeit mit dem Körper voraus. Strunks Audiofiktionen sind Autofiktionen des Selbstgehörten und – mitunter am eigenen Leib – selbst Aufgenommenen.

Ohne all diese Arbeit, so gibt Strunk gleich zu Beginn des Interviews zu verstehen, geht es nicht. Das, was er die „Vertonung" nennt, begreift er als essentiellen Teil des künstlerischen Prozesses, der sich nicht auslagern lässt. Eine Hörspielproduktion mit verteilten Rollen, bei der er nur Autor und Sprecher, nicht aber Produzent und Musiker wäre, kann er sich für die *Familienaufstellung* nicht vorstellen.[51]

51 Wie das klänge, kann man am bereits erwähnten Hörspiel zu *Fleisch ist mein Gemüse* nachvollziehen, das mit Strunks Ästhetik wenig zu tun hat. Die Jury der Akademie der Darstellenden Künste hat es zum Hörspiel des Monats Oktober 2005 gewählt und dies mit der gelungenen Verbindung von Musik und Erzählung begründet (vgl. Rinke 2018, 135). Bei der Darbietung besteht allerdings ein unaufgelöster Widerspruch: Die Tanzkapelle wird im Roman als „drittklassige Rumpelband"

Den Sound öffentlich-rechtlicher Hörspiele bezeichnet er als „lieblos" (Folge 11, 4:00–4:26). Auch in seiner filmisch-schauspielerischen Arbeit wird er sich mit Amazon Prime einem Streamingdienst zuwenden (*Last Exit Schinkenstraße*, 2023) und dies mit einer Kritik an der Produktionspraxis öffentlich-rechtlicher Anstalten begründen (Strunk/Benedict 2023).

Was die Reichweite betrifft, bleibt *Heinz Strunks Familienaufstellung* ähnlich erfolglos wie die Rundfunksendungen der frühen Nullerjahre – und ähnlich unbeachtet von Kritik und Preisjurys. Dennoch wagt Spotify 2021 einen zweiten Audioserienversuch, diesmal mit reduzierter Fiktionalität: In *Fenster auf Kipp* (Mai bis Oktober) inszeniert Strunk ein Zwiegespräch mit sich selbst.[52] Als Titelmelodie dient das Playback zu *AA-Fingers*. Eine Stimme namens „Heinz Strunk" ist heruntergepitcht, die andere namens „Heinzer" klingt höher. Sie lesen einander Schlagzeilen und Ankündigungen der Fernsehzeitschrift vor, sie stellen einander Entscheidungsfragen, diskutieren Speisepläne, Ideen zur Lebensgestaltung oder Erfindungen. Wer Strunks kurz zuvor, im März 2021, eingestellte *Titanic*-Kolumne *Intimschatulle* kennt, findet hier Bekanntes wieder. Wie bereits bei *Fleischmann TV* kehrt Strunk zu einem täglichen Format zurück: An sechs Wochentagen werden kurze Folgen von kaum mehr als zwei Minuten Länge ausgespielt, freitags werden sie noch einmal in einer längeren Folge zusammengefasst veröffentlicht (bis 11. Juni nur wöchentliche Folgen). *Fenster auf Kipp* wird im Umfeld einer florierenden Landschaft sogenannter Laber-Podcasts ausgestrahlt, die das Zeitgeschehen kommentieren. Auch wenn Strunks Figuren dies ebenfalls tun, wird hier nicht ein Gespräch zwischen zwei Menschen möglichst naturgetreu wiedergegeben, sondern ein Selbstgespräch mit Audioeffekten gestaltet. Eine ähnliche Technik hat Strunk bereits bei *Fleischmann TV* verwendet – mitsamt dem ästhetischen Widerstand gegen das sonst laufende Programm.

Die von einer Sprecherin gelesenen Datierungen, die bereits in der tagebuchartigen *Intimschatulle*-Kolumne fiktiv sind, werden hier zu rein rhythmischen, von der Gegenwart abgekoppelten Markern. Im Hintergrund tickt die altbekannte Wanduhr. Am Wandel der Datierungen in Strunks Werk lässt sich eine zunehmende Entkopplung von der (Zeit-)Geschichte erkennen. Sind die Kapitel in *Fleisch ist mein Gemüse* noch mit Jahreszahlen überschrieben und die privaten mit öffentlichen Ereignissen verknüpft, fällt dies in den späteren Romanen weg. Auch wenn

beschrieben (Strunk 2004, 89), während die Musiker der Hörspielproduktion professionell spielen. Am Saxophon ist nicht Strunk selbst, sondern Lieven Brunckhorst zu hören, der auch für die elaborierten Bläsersätze bei Rocko Schamoni verantwortlich zeichnet.

52 Diesmal nicht mehr von Roof Music, sondern von der Podcast-Produktionsfirma Studio Bummens produziert.

es in den Audioserien Nachrichten mit Politikernamen gibt, sind die historischen Bezüge spärlich. Im Gespräch mit Schulz gibt Strunk an, seine Hörspiele möglichst zeitlos gestalten zu wollen (Folge 11). Im Medienvergleich lässt sich dies an Jürgen Dose studieren: Ist er in den Hörspielen eine Figur, die überall und nirgends leben kann, bekommt er im Film *Jürgen* Strunks Gesicht, seine natürliche Stimme, sein biographisches Alter und einen konkreten Ort, der viele Ambivalenzen auflöst.

Fenster auf Kipp wird im Juli von einem Hörspiel unterbrochen, das Strunk nicht selbst produziert hat: *Heinz Strunk und der Blauwal* (19. –26. Juli) handelt vom Autor Heinz Strunk, der in seiner Mansardenwohnung unter Hochdruck an seinem neuen Roman arbeitet. „Blauwal", so lernt man in der *Intimschatulle*, ist ein Wort aus Uwe Tellkamps *Der Turm* für ein Opus Magnum, das Rainald Goetz in seinem Buch *Klage* (beide 2008) aufgreift. Laut Strunk hat so ein Werk „ab plus minus 1000 Seiten" (Strunk 2019, 16), ein Format, das er kategorisch ablehnt. Seine Bücher bewegen sich im Bereich von etwa 250 Seiten. Melika Foroutan spricht die Erzählung, Strunk spricht sich selbst, Schauspieler sprechen die Verlegerin (Lina Beckmann) oder die aus der *Intimschatulle* bekannten fiktiven Freunde Wingolf Mahselschlag (Olli Schulz) und Bertram Leyendiecker (Charly Hübner). Im Anschluss an das Hörspiel wird der Beginn des Romans *Es ist immer so schön mit dir* in der Hörbuchlesung ausgespielt, dann fährt *Fenster auf Kipp* als Podcast fort wie gehabt. Wieder einmal weiß Strunk die Medien in einer Weise zu kombinieren, die das Publikum mithilfe der erfolgreichen Prosa in die unbekannteren, erfolglosen Ecken seines Werks lockt.

Dass der neue Roman nicht nur von einer unglücklichen Liebe, sondern auch von einem als Musiker gescheiterten Hörbuch- und Hörspielproduzenten handelt, gibt der Sache eine selbstreflexive Wendung. Dieser Protagonist hat die Vergänglichkeit des eigenen Handwerks am eigenen Leib erfahren. Im Rückblick auf seine Karriere wird ihm klar, dass Popmusik etwas von jungen Leuten für junge Leute sei. Und im Hinblick auf sein künftiges Auskommen stellt er fest, dass die Technik so rasante Fortschritte macht, dass der Tag nicht mehr fern sei, an dem überhaupt keine Sprecher mehr benötigt würden (Strunk 2021, 32). Strunk selbst muss allerdings keine Angst haben, von einer Künstlichen Intelligenz ersetzt zu werden. Seine Deklamationskunst, die nicht nur eine Vielzahl an Stimmtypen, sondern auch eine idiosynkratische Aussprache aufweist, dürfte zu den schwierigsten Aufgaben für die digitale Stimmsynthese gehören. Bereits die automatische Transkription scheitert kläglich: Die Untertitel, die Spotifys Spracherkennungsfunktion *Read along* zu den Audioserien produziert, sind reinstes Kauderwelsch.

10 Schlussbemerkung

Wenn Strunk eingangs als Audioproduzent bezeichnet worden ist, dann waren die einzelnen Kapitel dieses Beitrags vor allem den poetologisch-medialen Seiten des Produzierens von Audioliteratur gewidmet. Es gibt aber auch einen ökonomischen Aspekt, der nicht zu vernachlässigen ist. Er betrifft Strunk als Autor, der mit Buchverkäufen, Lesungen und Filmrechten viel Geld verdient hat, also als einen Urheber von Produkten auf dem Markt. Aus dieser Sicht ist das Hörwerk eine prekäre Angelegenheit. Hörspiele und Musik haben Strunk nie den gewünschten Erfolg gebracht, weder im Feuilleton noch mit CD-Verkäufen. Die Art, wie der Autor über seine Audioarbeiten spricht, erinnert an die von ihm gespielte *Fraktus*-Filmfigur Torsten Bage. Wenn er von der Band erzählt, würdigt er zwar deren Pionierleistungen, doch mit seinem neuen Leben als Partymusik-Produzent ist er zufriedener. Statt die Zeit als Szenegröße zu glorifizieren, betont Strunk vor allem den Mangel an breiter Resonanz. Die Phase der Experimente vor dem literarischen Durchbruch, die hier hauptsächlich behandelt wurde, war also für ihn kein goldenes Zeitalter, sondern eine Art Irrweg. Strunk hat mit seiner Kunstform schlichtweg nicht das passende Marktsegment gefunden.[53] Dazu bietet sich eine etwas schematische These an: Um sich literarisch voll realisieren zu können, hat er die Produktion von Audioliteratur hinter sich gelassen. Heute ist sie nur noch strukturell im Text (siehe Einleitung), kaum mehr medial präsent. Zwar wäre es zu einfach, Strunk damit zum Avantgardisten wider Willen zu stilisieren. Doch ist es sicher reizvoll, das Frühwerk vor diesem Hintergrund zu sehen.

Ein gutes Jahrzehnt hat es gedauert, bis Heinz Strunk vom erfolglosen Hörspiel- zum erfolgreichen Literaturproduzenten geworden ist. Dieses Thema beschäftigt den Autor, denn es findet sich kaum ein Interview, in dem er nicht auf seine Verkaufszahlen zu sprechen kommt. Im ausgestellten Ehrgeiz nach in Absätzen messbarem Erfolg – und im Klagen über ihr Ausbleiben – unterscheidet er sich von vielen anderen Teilnehmern des Betriebs. In besonderem Maße gilt das für den Kanon der Popliteratur. Till Huber hat Strunk treffend „am Rande“ der Popkultur verortet. Nicht nur werde er vom Popliteraturdiskurs allenfalls marginal wahrgenommen, auch finde die eigene Auseinandersetzung mit Popkultur nur an den Rändern, also vor allem in *Fleisch ist mein Gemüse* durch die Tanzmusik als Paralleluniversum statt (Huber 2019, 584).[54] Musik kommt in seinen Werken weniger als Ausdrucks-

---

53 Grundlagen dieser Beobachtung sind vor allem die zahlreichen Podcast-Interviews, die eingangs erwähnt wurden. Sie an dieser Stelle konkret zu zitieren, würde den Rahmen sprengen.

54 Dies gilt auch für das sogenannte Pophörspiel. In der Studie von Günter Rinke wird Strunk zwar erwähnt, aber lediglich als Autor der Hörspieladaption von *Fleisch ist mein Gemüse*. Dies ist dem

form denn als ökonomisches Produkt vor. Biographisch ließe sich das einfach erklären: Er hat seine musikalischen Wurzeln nicht wie viele andere aus der Hamburger Szene in Subkulturen, sondern in den Bereichen Hard Rock (Kindheit), Jazz (Jugend) und später Schlager und Pop (Zeit als Berufsmusiker). Zwar ist Strunk durch seine Bekanntschaft mit Blumfeld-Frontmann Jochen Distelmeyer persönlich nah an der Hamburger Schule.[55] Im Gegensatz zu Schamoni, der in *Risiko des Ruhms* (2002) eine kontrafaktische Geschichte der Musikbewegung schreibt (vgl. Huber 2016, 82–86), hat er diese Verbindung aber bisher literarisch nicht thematisiert.

Wenn ein Popliteraturklischee auf Strunk nicht zutrifft, dann ist es das der Oberflächenästhetik, insbesondere die notorische Nennung von Band- und Markennamen zum Distinktionsgewinn. Strunk hat einen anderen Zugang zur Warenwelt, eine für den Literaturbetrieb ziemlich ungewöhnliche Form ästhetisch-ökonomischer Distinktion: Er wird selbst zum Markengesicht. Bereits 1997 erhält er eine sagenhafte Chance: Für zwei Werbespots bezahlt ihm der Eistee-Hersteller Lipton 35.000 Mark. Er wähnt sich bereits in der Nachfolge des Melitta-Manns, doch die Kampagne wird nach einem Vierteljahr eingestellt (Strunk/Merget 2023, 6:37–7:40, vgl. Klug/Studio Braun 2016, 379). 2022 wird er erneut zum Werbeträger, als Testimonial der Kampagne „Wie klingst du?" des Lautsprecherherstellers Teufel. Auf einem Foto (Abb. 1) steht er mit Sonnenbrille, Luxusbademantel und Sandalen neben einem Hifi-Lautsprecher im Stil eines Gitarrenverstärkerturms auf einer Berliner Terrasse.[56] Diese Werbefiktion von *home audio* setzt auf einen Verfremdungseffekt, der mit Strunks Künstlerpersona spielt. Denn der Autor steht nicht auf der bekannten Terrasse seiner Dachgeschosswohnung in Altona, sondern irgend-

---

Umstand geschuldet, dass das Hörspiel hier als radiophone Kunst verstanden wird und Rundfunkdatenbanken als Materialgrundlage dienen (Rinke 2018, 9–10). Sowohl Strunks früher Selbstverlag als auch seine späteren Streaming-Arbeiten werfen die Frage auf, ob es auch ein Pophörspiel jenseits des Radios gibt.

55 Distelmeyer ist einer der ersten Leser des Manuskripts von *Fleisch ist mein Gemüse*. Strunk tritt mit Blumfeld nicht nur als Saxophonist und als Humorist im Vorprogramm auf, sondern ist 2003 auch auf der Maxisingle *Neuer Morgen* vertreten, die als letztes Stück *Befreien (Unsere Mission)* enthält. Diese zu Midi-Orgel und Rhythmusgerät-Beat mit hochgepitchter Stimme gerührt bis schluchzend vorgetragene Spoken-Word-Phantasie über die Befreiung von Senioren aus Altenheimen steht in einem interessanten Verhältnis zum Freiheitspathos der beiden Blumfeld-Stücke *Neuer Morgen* und *Wir sind frei*.

56 Dieser Aspekt des häufig untersuchten Zusammenhangs zwischen Literatur und Warenästhetik scheint bisher nicht berücksichtigt worden zu sein. Welche anderen Autoren machen für Dinge Werbung, die nichts mit ihrer literarischen Tätigkeit zu tun haben? Nach einer oberflächlichen Recherche fällt hier als einziges prominentes Beispiel Frank Schätzing ins Auge, der 2009 für die Unterwäschefirma Mey posiert.

wo vor der Berliner Oberbaumbrücke, im Zentrum der Musikindustrie des DACH-Raums. Auch das von Strunk beworbene Produkt ist sinnfällig: Angeboten wird es nicht nur als Hifi-Lautsprecher, sondern auch als DJ-Anlage und Verstärker für Musikperformances.[57]

Abb. 1: Kampagnenfoto mit Strunk als Testimonial für Lautsprecher Teufel (2022)

Das Verhältnis zwischen privatem und (halb-)öffentlichem Raum, das Strunk vor allem in den Arbeiten zu Jürgen Dose beschäftigt, taucht hier wieder auf. Was verspricht Strunk als Werbegesicht? Er ist nicht nur Fraktus-Mitglied mit Kultstatus, er ist auch ein Schriftsteller und Musiker, dessen Werk man auf einem solchen Lautsprecher hören kann. Er ist aber nicht mehr der Heimstudiofrickler, der Hörspiele produziert, sondern der arrivierte Romancier, der seinen Sound gefunden hat und auf die auditiven Medien nicht mehr angewiesen ist. Der Lautsprecher auf dem Foto ist nicht eingestöpselt.

Es steht zu befürchten, dass Strunk mit dem Hörspiel endgültig abgeschlossen hat. Das kann man sogar an seiner Literatur ablesen: Verschiedene von Strunks Romanen lassen sich als Verarbeitung früherer, mit mehr oder weniger Erfolg beendeter Tätigkeiten lesen: *Fleisch ist mein Gemüse* handelt vom Muckertum, *Die*

57 https://teufel.de/power-hifi-105890000?srsltid=AfmBOop3hj1_dt2NSc1_G32ibYmzet8NMqld-LNmMI-aYtFFch_NT5WCI (24.10.2025).

Zunge Europas von der Comedybranche und *Es ist immer so schön mit dir* von der Hörspielproduktion.[58] Umso wichtiger wäre es, die frühen Hörspielarbeiten zugänglich zu machen. Betrachtet man Strunks Hörwerk als editorisches Objekt, tun sich spannende Fragen auf. Bis zu welcher tektonischen Ebene des Soundarchivs müsste man gehen? Sicherlich wären nicht nur die bisher regulär unveröffentlichten CDs, sondern auch die in den Audioserien teilweise fragmentarisch wiedergegebenen, nie auf Tonträgern veröffentlichten Produktionen einzubeziehen. Von großem Wert wären auch die Skripte. Schwieriger ist die Frage, welche Teile der digitalen Geräuschbibliothek relevant wären. Sie bildet schließlich nicht nur die Grundlage der Hörspiele, sondern ist auch in den Texten präsent. Dass der in *Ein Sommer in Niendorf* transkribierte Kneipenmitschnitt für künftige Lektüren des Romans interessant sein dürfte, steht wohl außer Frage.[59] Aber werden es auch die in *Es ist immer so schön mit dir* erwähnten Körpergeräuschdateien sein?

Da dieser Beitrag mit einem Appell begonnen hat, soll er auch mit einem enden: Strunks „Sound" ist ein vielschichtiges Gebilde, in dem die Lesestimme der Hörbücher nur die oberste Schicht ist. Möchte man in seine Tiefen vordringen, ist ein umfassender Audio-Vor- bzw. -Nachlass unbedingt notwendig.[60] Kurz gesagt: Auch Soundfiles wie „Der große Pups" müssen nach Marbach.

---

58 Optimistisch könnte dagegen stimmen, dass Strunk schon Mitte der 2000er Jahre angekündigt hat, mit Hörspielen aufzuhören, und später wieder zu dieser Kunstform zurückgekehrt ist.

59 Im Roman findet sich die mit Auslassungen transkribierte Stelle auf drei Seiten (Strunk 2022, 181–184). Am Ende der Szene, die Strunk im Hörbuch mit verteilten Rollen liest, wird die Hauptfigur Roth Teil von ihr, als sich ein pöbelnder Gast zu ihm setzt (Strunk 2022, 184). Zuerst ist das betreffende Soundfile mit Stimmungsmusik unterlegt in *Millowitsch* auf *Der Schlagoberst kommt* zu hören, kleinere Stücke daraus sind in *Geschwindigkeitsbegrenzung* enthalten; in *Heinz Strunks Familienaufstellung* ist ein einminütiger Ausschnitt zu hören (Folge 10, 20:52–21:52, ähnlich in Strunk 2022, 181). In *Ein Sommer in Niendorf* dient die Audiotranskriptstelle auch als poetologisches Gegengewicht zum scheiternden Versuch von Roth, ein Buch auf Basis von Tonbandaufnahmen seines verstorbenen Vaters zu schreiben.

60 Zur nicht ganz befriedigenden Situation im Fall Brinkmann (siehe Einleitung), dessen Audio-Nachlass 2005 auf der CD-Box *Wörter Sex Schnitt* als Auswahl von ca. sechs Stunden CD-Material aus ca. elf Stunden Tonbandmaterial erschienen ist, vgl. Epping-Jäger 2014, 39–40; Schumacher 2020, 507.

Primärquellen

Bücher

Jaeger, Heino: Gemälde. Zeichnungen. Radierungen. Hg. v. Ralf Busch. Hamburg: Christians 1988.
Kafka, Franz: Tagebücher 1910–1923. Hg. v. Max Brod. Frankfurt a.M.: Fischer 1951.
Schamoni, Rocko: Pudels Kern. Roman. München/Wien: Hanser 2024.
Sowa, Michael: Körperarbeit in der Toscana. In: Titanic 9 (1989), S. 36–37.
Strauß, Botho: Das Partikular. München/Wien: Hanser 2000.
Strauß, Botho: Paare, Passanten. München: dtv 1994.
Strunk, Heinz: Fleisch ist mein Gemüse. Reinbek bei Hamburg: Rowohlt 2004.
Strunk, Heinz: Die Zunge Europas. Reinbek bei Hamburg: Rowohlt 2008.
Strunk, Heinz: Das Strunk-Prinzip. Reinbek bei Hamburg: Rowohlt 2014.
Strunk, Heinz: Jürgen. Reinbek bei Hamburg: Rowohlt 2017.
Strunk, Heinz: Fleckenteufel. Überarb. Neuausg. Reinbek bei Hamburg: Rowohlt 2018a (2009).
Strunk, Heinz: Das Teemännchen. Reinbek bei Hamburg: Rowohlt 2018b.
Strunk, Heinz: Nach Notat zu Bett. Reinbek bei Hamburg: Rowohlt 2019.
Strunk, Heinz: Es ist immer so schön mit dir. Reinbek bei Hamburg: Rowohlt 2021.
Strunk, Heinz: Ein Sommer in Niendorf. Reinbek bei Hamburg: Rowohlt 2022.
Strunk, Heinz: Der gelbe Elefant. Reinbek bei Hamburg: Rowohlt 2023.
Strunk, Heinz: Zauberberg 2. Reinbek bei Hamburg: Rowohlt 2024.

Hörbücher

Berger, Annette: Fleisch ist mein Gemüse. Hörspiel mit Auszügen aus dem Hörbuch. WDR/NDR 2005.
Strunk, Heinz: Fleisch ist mein Gemüse. Roof Music 2005.
Strunk, Heinz: Die Zunge Europas. Roof Music 2008.
Strunk, Heinz: Fleckenteufel. Roof Music 2009.
Strunk, Heinz: Junge rettet Freund aus Teich. Roof Music 2013.
Strunk, Heinz: Das Strunk-Prinzip. Roof Music 2014.
Strunk, Heinz: Der goldene Handschuh. Roof Music 2016.
Strunk, Heinz: Jürgen. Roof Music 2017.
Strunk, Heinz: Fleckenteufel. Überarb. Neuausg. Roof Music 2018.
Strunk, Heinz: Nach Notat zu Bett. Roof Music 2019.
Strunk, Heinz: Es ist immer so schön mit dir. Roof Music 2021.

CDs

Strunk, Heinz: Paradise is Far Away (mit Dis Noir). Pilz 1989.
Strunk, Heinz: Spaß mit Heinz. Rintintin Musik 1992.
Strunk, Heinz: Der Mettwurstpapst. Gringo Records 1995.
Strunk, Heinz: Trittschall im Kriechkeller. Heinz Strunk Enerprises 1997.

Strunk, Heinz: Der Schlagoberst kommt. Intercord 1999.
Strunk, Heinz: Einz. Nobistor 2003.
Strunk, Heinz: Trittschall im Kriechkeller. Aus dem Leben des Jürgen Dose. Trikont 2005.
Strunk, Heinz: Mit Hass gekocht. Kurzhörspiele. Roof Music 2006.
Strunk, Heinz: Der Schorfopa. Kurzhörspiele 1995–2007, Vol. 2. Roof Music 2007.
Strunk, Heinz: Mutter ist ein Sexmaschien. Kurzhörspiele Vol. 3. Roof Music 2010.
Strunk, Heinz: Retro EP (mit Polka Team). Kontor Records 2014.
Strunk, Heinz: Sie nannten ihn Dreirad. Audiolith 2015.
Strunk, Heinz: Die gläserne MILF. Soundtrack zum Roman „Jürgen". Sony Music 2017.
Strunk, Heinz: Aufstand der dünnen Hipsterärmchen. Audiolith 2019.

Werke mit Studio Braun/Fraktus

Studio Braun: Gespräche I. CD, Mercury 1998.
Studio Braun: Gespräche II. CD, Ariola 2000.
Studio Braun: Jeans Gags. CD, Ariola 2000.
Studio Braun: 1:1:0 am Millerntor. CD, Freizeit 2001.
Studio Braun: Fear of a Gag Planet. CD, Ariola 2001.
Studio Braun: Ein Kessel Braunes. CD, Trikont 2004.
Studio Braun: 20.000 Jahre Studio Braun. Ein Jubiläum feiert Geburtstag. DVD, Edel 2007.
Fraktus: Welcome to the Internet. CD, Staatsakt 2015.
Klug, Gereon/Studio Braun (Hg.): Drei Farben Braun: Rocko Schamoni, Jacques Palminger, Heinz Strunk. Das Studio Braun Buch. Berlin: Schwarzkopf & Schwarzkopf 2016.

Rundfunksendungen

Strunk, Heinz: Jürgen Dose Schau. Radio Fritz, 2000–2001.
Strunk, Heinz: Fleischmann TV. Viva, 2003.

Audioserien

Strunk, Heinz: Heinz Strunks Familienaufstellung. Spotify 2018.
Strunk, Heinz: Heinz Strunk und der Blauwal. Spotify 2021.
Strunk, Heinz: Fenster auf Kipp. Spotify 2021.

Sekundärquellen

Assmann, David-Christopher/Nicola Menzel (Hg.): Textgerede. Interferenzen von Mündlichkeit und Schriftlichkeit in der Gegenwartsliteratur. Paderborn: Fink 2018.

Binczek, Natalie: Audioliteratur: Hörspiel – Hörbuch. In: Dies./Uwe Wirth (Hg.): Handbuch Literatur & Audiokultur. Berlin/Boston: De Gruyter 2020, S. 142–154.

Boenisch, Peter M.: Im Wahlkampf. In: SZ v. 02.11.2000, S. 20.

Cousins, Rick: Spike Milligan's Accordion. The Distortion of Time and Space in *The Goon Show*. Leiden/Boston: Brill Rodopi 2016.

Dachselt, Rainer: Komische Formen im Rundfunk. In: Uwe Wirth (Hg.): Komik. Ein interdisziplinäres Handbuch. Stuttgart: Metzler 2017, S. 383–392.

Dose, Jürgen/N.N.: „Meister der Telefon-Comedy". Tiroler Tageszeitung v. 28.02.2002, S. 22.

Eilert, Bernd: Laudatio auf Max Goldt. In: Helmut Glück (Hg.): Kulturpreis Deutsche Sprache 2022. Ansprachen und Reden. Baden-Baden: Eberhard-Schöck-Stiftung 2022, S. 30–36.

Epping-Jäger, Cornelia: „Die verfluchte Gegenwart – und dann das Erstaunen, dass ich das sage" – Rolf Dieter Brinkmann und das Tonband als produktionsästhetische Maschine. In: Dies./Natalie Binczek (Hg.): Das Hörbuch. Praktiken audioliteralen Schreibens und Verstehens. München: Fink 2014, S. 137–156.

Felsch, Philipp/Frank Witzel: BRD Noir. Berlin: Matthes & Seitz Berlin 2016.

„Fraktus" (Artikel). In: Wikipedia. Version vom 22.10.2012, 02:00 Uhr, Bearbeitungskommentar von IP 217.186.64.111 (https://de.wikipedia.org/w/index.php?title=Fraktus_(Film)&diff=prev&oldid=109594030) (30.10.2025).

Geer, Nadja: König der Loser. In: Jungle World 25 (2005) (https://jungle.world/artikel/2005/25/koenig-der-loser) (30.10.2025).

Goffman, Erving: The Presentation of Self in Everyday Life. New York: Anchor Books 1959.

Hoff, Hans: Die brabbelnde Tubenwurst. In: SZ v. 30.06.2003, S. 19.

Hopper, Robert: Telephone Conversation. Bloomington: Indiana University Press 1992.

Huber, Till: Heinz Strunk: Fleisch ist mein Gemüse (2004). In: Moritz Baßler/Eckhard Schumacher (Hg.): Handbuch Literatur & Pop. Berlin/Boston: De Gruyter 2019, S. 576–590.

Huber, Till: Blumfeld und die Hamburger Schule. Sekundarität – Intertextualität – Diskurspop. Göttingen: V&R unipress 2016.

Jensen, Lars/Studio Braun: Wir haben einen gutmütigen Ansatz. In: SZ-Jetzt v. 14.02.2000, S. 1.

Kamerun, Schorsch: 30 frische Telefonstreiche. In: Die Zeit v. 24.02.2000 (https://www.zeit.de/2000/09/200009.wie_find___studi.xml) (30.10.2025).

Klaue, Magnus: Trilogie des Wiederlesens. In: Die Welt v. 02.12.2024, S. 15.

Klink, William R.: „I've Got a Bump on my Rump": Aristophanes, Total Quality Management, Marxism-Leninism, and Comedy Central's Crank Yankers. In: Studies in Popular Culture 27.1 (2004), S. 31–44.

Klug, Gereon: Die Geschichte Braun. In: Gereon Krug/Studio Braun (Hg.): Drei Farben Braun: Rocko Schamoni, Jacques Palminger, Heinz Strunk. Das Studio Braun Buch. Berlin: Schwarzkopf & Schwarzkopf 2016, S. 11–17.

Kotthoff, Helga: Spaß verstehen. Zur Pragmatik von konversationellem Humor. Tübingen: Max Niemeyer 1998.

Lehmkuhl, Tobias: Aufhören! Das wurde aber auch Zeit: Kurzhörspiele von Heinz Strunk. In: SZ v. 29./30.04/01.05 2006, S. 16.

Mahne, Nicole: Transmediale Erzähltheorie. Eine Einführung. Göttingen: Vandenhoeck & Ruprecht 2007.

Mentrup, Mario: Einsam am Weihnachtsfeiertag. In: Jungle World 40 (1997) (https://jungle.world/artikel/1997/40/ensam-am-weihnachtsfeiertag) (30.10.2025).

Niehaus, Judith: Soll das ein Soundtrack für das Buch sein? Die Playlist zum Roman als Paratext. In: Pop-Zeitschrift v. 01.11.2022 (https://pop-zeitschrift.de/2022/11/01/soll-das-ein-soundtrack-fuer-das-buch-sein-autorvon-judith-niehaus-autordatum01-11-2022/) (30.10.2025).

Richter, Christian: Der Fernsehfriedhof: ‚Er ist fett. Er ist laut. Er ist hässlich'. In: Quotenmeter.de v. 06.06.2013 (https://www.quotenmeter.de/n/64175/der-fernsehfriedhof-er-ist-fett-er-ist-laut-er-ist-haesslich) (30.10.2025).

Richter, Peter: Heinz Strunk muss man hören. In: FAS v. 29.11.2009, S. B3.

Rinke, Günther: Das Pophörspiel. Definition – Funktion – Typologie. Bielefeld: Transcript 2018.

Schneider, Wolfgang: Du, Haus! Treib mich nicht zum Äußersten. In: FAZ v. 14.04.2014, S. 10.

Schuegraf, Martina: Interview mit S. am 20.05.2003 ca. 11.15 Uhr. Unveröffentlichtes PDF-Dokument 2008.

Schuegraf, Martina: Medienkonvergenz und Subjektbildung. Mediale Interaktionen am Beispiel von Musikfernsehen und Internet. Wiesbaden: GWV Fachverlage 2008.

Schumacher, Eckhard: Rolf Dieter Brinkmanns Arbeit mit Originaltonaufnahmen. In: Natalie Binczek/Uwe Wirth (Hg.): Handbuch Literatur & Audiokultur. Berlin/Boston: De Gruyter 2020, S. 503–516.

Smith, Jacob: Vocal Tracks. Performance and Sound Media. Berkeley/Los Angeles/London: California University Press 2008.

Sprenger, Veit: Despoten auf der Bühne. Die Inszenierung von Macht und ihre Abstürze. Bielefeld: Transcript 2015.

Strunk, Heinz/N.N.: Kultur-Tausendsassa Heinz Strunk über seine Nischen-Geschichten. In: Buddymag 2023 (https://www.buddymag.de/post/interview-kultur-tausendsassa-heinz-strunk-über-seine-nischen-geschichte) (30.10.2025).

Strunk, Heinz: Schrei ohne Fröhlichkeit. Der deutsche Humor ist in einem schrecklichen Zustand. In: FAZ v. 04.05.2020, S. 13.

Strunk, Heinz/Daniel Benedict: „Liebesdöner": Heinz Strunk über seine neue Berufung als Ballermann-Sänger. In: Neue Osnabrücker Zeitung v. 15.09.2003 (https://www.noz.de/deutschland-welt/kultur/artikel/heinz-strunk-das-diverse-nimmt-bei-ardzdf-religioese-ausmasse-an-45487950) (30.10.2025)

Strunk, Heinz/Michael Cyris: Transkription des persönlich geführten Interviews vom 07.03.2012. In: Michael Cyris: Zwischen Sinnfreiheit und musikalischem Konstrukt. Heinz Strunks Kurzhörspiele als würdiges Erbe der legendären Miniaturdramen Helge Schneiders? Eine musikwissenschaftliche Untersuchung. Hamburg: Diplomica 2013, S. 85–92.

Strunk, Heinz/Kurt Krömer: Heinz Strunk: Meine Haare sind sein Kapital. In: Kurt Krömer: Feelings. Podcast v. 26.7.2023 (https://open.spotify.com/episode/3rMn9NS5ZOs6g6oCEfCzo7?si=5135d03b8c2a4dad) (30.10.2025).

Strunk, Heinz/Sebastian E. Merget: „Unterwegs mit …" Heinz Strunk. In: DB Mobil-Podcast „Unterwegs mit …" v. 16.06.2023 (https://open.spotify.com/episode/0WNQKxI2lR6Mxgme7rVARF?si=b3db6a0a14074732) (30.10.2025).

Strunk, Heinz/Beate Tröger: Da scheine ich wohl einen Ton getroffen zu haben. In: üben & musizieren 5 (2009), S. 44.

Strunk, Heinz: Trittschall im Kriechkeller. In: Waschzettel 2005 (https://www.amazon.de/-/de/Heinz-Strunk/dp/B0009PZPEC?language=de_DE) (25.10.2025).

„Studio Braun“ (Artikel). In: Wikipedia. Version vom 17.10.2004, 21:21 Uhr, Benutzer TillF (https://de.wikipedia.org/w/index.php?title=Studio_Braun&diff=prev&oldid=2928066) (30.10.2025).
Tophoven, Jonas: Le Kurzhörspiel. Travail littéraire et contraintes médiatiques à l'exemple d'un type d'oeuvres radiodramatiques allemandes (1933–1990). Dissertation. Université de Paris XII Val-de-Marne 1994.
Wagner, Karin: From ASCII Art to Comic Sans. Typography and Popular Culture in the Digital Age. Cambridge/London: MIT Press 2023.
Weigend, David/Studio Braun: Hundert mal telefoniert. In: SZ v. 22.02.2002, S. 44n.

Tobias Haupts

Ein Wechsel der Perspektive: Heinz Strunk und der Film

1 Übersicht: (Kon-)Text & Wiederholung

Innerhalb des ersten deutschsprachigen Sammelbands zu den Arbeiten des Schriftstellers Heinz Strunk auf das Medium Film zu blicken, ist nicht der angeblichen Krise der Germanistik geschuldet, es würden ihr die Gegenstände, sprich: die Texte, ausgehen. Ein kurzer, wiederholender Blick in das Inhaltsverzeichnis zeugt davon, dass die Werke Strunks stets intertextuell und, weitaus wichtiger, intermedial gedacht, ja von ihm selbst bereits so angelegt werden.[1] Will dieser Text nun in einer essayistischen Form das Kompositum *Heinz Strunk und der Film* in den Mittelpunkt der Betrachtung rücken, so ist die Konjunktion *und* von entscheidender Bedeutung. Der Autor Strunk soll hierbei nicht die erkenntnisbietende Instanz darstellen, weder in seiner Funktion als Filmautor (hier eben der Verfasser oder Mitarbeiter eines Drehbuches) noch als Verfasser der Vorlage, also als Schöpfer eines meist mit aufwertender Absicht so bezeichneten Originals. Gerade Letzteres abzulehnen, führt zu der nahezu ketzerischen Idee, die Forschungsergebnisse der anderen Beiträgerinnen und Beiträger dieses Bandes dort, wo sie sich auf den Text beziehen, zu ignorieren, geht es ja gerade nicht um einen wie auch immer gearteten Vergleich der Vorlage (hier des Buches) mit dessen kinematografischer Umsetzung, salopp: seiner Verfilmung. Derartige komparatistische Arbeiten, die nur allzu gern die genuinen Spezifika und medialen Eigenheiten von Buch und Film außen vor lassen, bleiben eben genau das: außen vor. Auch die Sicht auf den (Drehbuch-)Autor Strunk und seine eigenen Gedanken zum und über das Medium Film sollen, so diese überhaupt außerhalb von Interviews oder vorsichtig abgeleitet aus den Werken selbst zugänglich sind, nicht berücksichtigt werden. Vielmehr möchte der Text einen anderen Weg einschlagen, um das äußerst heterogene Feld jener Filme (und einer Serie)[2], an denen Heinz Strunk beteiligt war, miteinander in Dialog setzen zu können; eine Beteiligung die sich fast immer (natürlich nicht ausschließlich) auf den Schauspieler bezieht und sei es auch nur innerhalb des berühmten Gastauftritts (dem Cameo). Der Frage, inwiefern der Autor Strunk von der Kunstfigur

1 Vgl. dazu exemplarisch die Texte von Stefan Willer und Philipp Kohl in diesem Band.

2 *Last Exit Schinkenstraße* (D 2023, 1–6, R: Jonas Grosch).

https://doi.org/10.1515/9783111408798-012

Strunk und ihrem Auftreten in dem, was man einst Funk und Fernsehen nannte (und heute wohl auch Internet, Podcast und Streaming umfasst), zu trennen ist, mag berechtigt sein. Dennoch ist das Erscheinen Strunks, das Auftauchen dieses einen spezifischen Körpers in seiner Leiblichkeit und seinem Sosein, über die Narben im Gesicht, dem oft selben Haarschnitt bis hin zu den (im Laufe der Zeit hinzugekommenen) Tätowierungen mehr als die bloße Inszenierung des Schriftstellers oder der Kunstfigur (vgl. Abb. 1).

Abb. 1: *Drei Eier im Glas:* Der Körper des Autors. (TC 01:11:41h)

Ein Körper, der nebenbei selbst schon zur Chiffre wird, zum Verweis, weniger auf den Autor Strunk, sondern vielmehr auf seine Herkunft, auf das sprichwörtliche Eingeschrieben-Sein in die Geschichte der Stadt Hamburg; wie sein Auftauchen in *Der Goldene Handschuh* (D 2019), Christian Alvarts *Banklady* (D 2014) oder dem Film über das anfängliche Satireprojekt *Die PARTEI* (D 2009).

Wenn es nun aber Ziel sein soll, die Filme für *sich* stehen zu lassen, nach ihrer eigenen genuinen (historischen) Poetik zu fragen, dann ist es zuweilen, trotz der Vorrede, nicht immer möglich, diese von den anderen multimedialen Arbeiten Strunks loszukoppeln, ziehen sich doch Genealogien durch ihre Entstehungsgeschichten, die die Filme mit anderen Medien im Schaffen des Autors verbinden: So zum Beispiel der Kurzfilm *Mariacron* (D 1998) oder die Mockumentary *Fraktus – Das letzte Kapitel der Musikgeschichte* (D 2012), die beide aus dem Kontext und den Arbeiten des Studio Braun entstanden sind; oder die Genese des Programms *Trittschall im Kriechkeller* (2005) und der Entwicklung der Figur Jürgen Dose, der erst ein Kurzfilm (D 2011)[3], dann ein Roman (*Jürgen* 2017) und schließlich eine gleichnamige Verfilmung folgte.[4] Wie man das (Film-)Genre als eine Abfolge von Differenz und Wiederholung betrachten kann (seinen spezifischen Ort in der Geschichte hierbei nie ablegend), so scheinen auch die Filme im Kontext *Heinz Strunk* zu funktionieren. Das stetige dialogische Spiel mit den Fragen vermeintlich brennender (Lebens-)Entscheidungen, ob man für viel Geld dieses tun oder jenes unterlassen würde, ist somit nicht nur die Übernahme eines spezifischen Moments vom Buch zum Drehbuch und damit zu Film und Dialog, sondern transformiert sich zu einem in verschiedenen Situationen wiederholenden Momentum, das an Strunk selbst zurückerinnert, der innerhalb *seiner* Medien gerne eben diese zur Entscheidung drängenden Fragen stellt; ein Wiedererkennungszeichen, etwas, was erwartet, worauf gewartet wird. Jene Filme nun (oder aber den Autor selbst) als eigenes Genre verstehen zu wollen, würde zu weit führen, und wäre nur eine alternative Lesart eines filmwissenschaftlich verqueren Autorbegriffs, der bereit wäre, sich widersprechende Befunde einer alles erklärenden Instanz unterzuordnen.[5] Denn wie jeder Film beziehen sich auch die Filme, von denen dieser Text handelt, auf andere Filme, nehmen Rekurs auf die Geschichte eines Genres, hier meist der Komödie oder Tragikomödie, wie auch der nationalen (in Bezug auf Strunk tatsächlich weniger der internationalen) Film- und Mediengeschichte. Richtig ist: Das Korpus an Filmen bleibt disparat, spannt sich von kleineren Kino- zu Fernsehfilmen, von Berlinale-Premieren zu Produktionen der öffentlich-rechtlichen Sender bis hin zu einer eigens von der Streamingplattform *Amazon Prime* produzierten Serie. Die Filme unterscheiden sich damit nicht sonderlich von den Verfilmungen anderer deutschsprachiger Autoren, die nicht dem ‚ernsten Fach' angehören, und sind vielleicht am ehesten vergleichbar mit den Verfilmungen des Ruhrgebietschronisten Frank Goosen.[6] Filmhistorisch umfasst dies eine Spanne von mehr als 25 Jahren – Strunks öffentliches Wirken fing freilich bereits früher an. Diese Filme so miteinander zu verbinden, dass am Ende ein stimmiges und somit überzeugendes Resümee entsteht, würde den Gegenständen mehr als nur leichte „diskursive Gewalt" (Sven Grampp) antun. Und doch eint die Filme etwas, das in den einzelnen Absätzen des Textes

3 *Trittschall im Kriechkeller – Die neue Schwester* (D 2011, R: Lars Jessen).

4 *Jürgen – Heute wird gelebt* (D 2017, R: Lars Jessen). Die Figur selbst reicht zurück bis zu einem Programm Strunks aus dem Jahr 1995 mit dem Titel *Der Mettwurstpapst*.

5 Wollte man diesen Weg gehen, so käme im Falle der Filme Strunks ohnehin nur Lars Jessen in Betracht, der eine Vielzahl der im Fokus stehenden Filme realisiert hat.

6 Die Verfilmung (D 2003) von Goosens Roman *liegen lernen* (2000) gehörte mit zu einer Reihe filmischer Umsetzung von Geschichten, die in den 1980er Jahren spielten, wie der Verfilmung des Sven-Regener-Romans *Herr Lehmann* (2001) durch Leander Haußmann (D 2003) oder Lars Jessens Verfilmung (D 2009) des Rocko-Schamoni-Romans *Dorfpunks* (2004).

näher betrachtet und somit als dominantes inszenatorisches Motiv analysiert werden soll. Die Rede ist vom Blick und damit auch von der Perspektive, die die Kamera und damit letztlich der Rezipient (erzwungenermaßen) einnimmt. Es sind Blickkonstruktionen, die ein Oben und Unten bestimmen, die die Sicht auf etwas herab und die Sicht zu etwas hinauf miteinander konkurrieren lassen. Während von dieser Dichotomie von Auf- und Untersicht in der Filmanalyse oftmals auf ein Machtgefälle geschlossen wird, da etwas, das unter etwas anderem steht, zu diesem aufschauen muss, wird dieses Verhältnis in den Filmen Strunks[7] oftmals invertiert. Das Herabschauen von der Bühne ins Publikum, wie später gezeigt wird, handelt nicht mehr von der Souveränität des Musikers. Der, der hinabblickt, verfügt weder über die Souveränität, manchmal nicht einmal über das Können, welches es legitimieren würde, den oberen Platz einzunehmen. Exemplarisch ist für diesen Zusammenhang der Ort des Musikers schlechthin, die Bühne, die per se schon durch ihre Architektur der Auf- und Untersicht wortwörtlichen Raum bietet: dort oben das Idol, der Einzelne, dort unten die Masse, in der das Individuum aufgeht und sein Alleinstellungsmerkmal verliert. In den Filmen Strunks dreht die gewählte Inszenierung diesen Mechanismus um, wirkt das Publikum als (der) Souverän, nicht derjenige, der auf der Bühne die Menge bewegen sollte. So ‚klassisch' der Wechsel von Unter- zu Aufsicht im Gegenüber von Künstler und Publikum in der audiovisuellen Inszenierung ist, kommen noch zwei andere, wenig überraschende Inszenierungsstrategien hinzu: Dies meint zum einen das Schuss-Gegenschuss-Verfahren, also der Wechsel im Fokus auf die gegenseitige Aktion und Reaktion, wie auch, zum anderen, den Fokus auf das Gesicht (und das nicht nur aufseiten der Bühne). Das Gesicht, und damit verbunden die Großaufnahme, die seit den 1920er Jahren zum festen Inventar der Filmkunst wie -theorie gehört, spielt auch in diesen Filmen eine spezifische Rolle, eben durch die Besonderheit der Gesichter als solche, die in ihrer Darstellung durch die Schauspieler, die Maske und Filmtechnik zumeist schlicht als hässlich wahrgenommen werden (wollen). Dass es sich hierbei nicht um ein Geschmacksurteil handelt, sondern eine bewusste Inszenierung, die genau diesen Effekt – und damit verknüpft das Affektrepertoire von Abscheu und Ekel – evozieren soll, muss aufgezeigt werden, vornehmlich an den Buchverfilmungen *Fleisch ist mein Gemüse* (D 2008) und im Besonderen am Film *Der Goldene Handschuh*, in dem diese Form der ästhetischen Befremdung eben nicht auf der Seite des moralisch Bösen, dem Serientäter Fritz Honka, allein zu beobachten ist, sondern die (filmische) Welt als solche erfasst; und zwar derart, dass das Normale oder gar das

7 Im Folgenden steht das Kompositum für das hier betrachtete Korpus an Filmen, unabhängig davon, ob Strunk als Autor der Vorlage, durch Mitarbeit am Drehbuch oder lediglich als Schauspieler in Erscheinung tritt.

Schöne zur exzeptionellen Ausnahme transformiert wird. Diese drei Linien, der (film-)historische Kontext der Filme, das Mit- und Gegeneinander von Oben und Unten wie auch der Blick in das (hässliche) Gesicht findet sich in nahezu allen hier herangezogenen Filmen. Im Folgenden soll jedoch, ohne die vorher gemachten Anmerkungen völlig außer Acht zu lassen, jeweils ein einzelner Fokus auf die Filme Strunks gelegt werden, beginnend mit dem der Aussicht. Dies meint hier nur am Rande den Blick auf das Außen innerhalb der diegetischen Welt, sondern vielmehr den Blick auf das Land (Deutschland), seine Geschichte (auch die der Medien) und seine Menschen.

2 Aussicht I: Deutschlandbilder

Der circa fünfminütige Kurzfilm *Zeit* (2007) evoziert schon in seinen ersten Bildern, die eigentlich gar keine sind, den Gedanken, dass es primär um Sinn und Sinnsuche gehen könnte: Ein Schwarzbild, rechts unten in weißen Buchstaben das Wort „Zeit". *Deutschlandbilder*, dies hat bereits Anton Kaes in seiner gleichnamigen Studie (1987) klar gemacht, beziehen sich stets erst in zweiter Instanz auf die Landschaft, den sprichwörtlichen Ausblick in die Welt, die die in ihr handelnden Personen umgibt. Vielmehr meint es den Blick auf das Gegenüber, das Verwobensein der filmischen Figuren in eine genuine Geschichte und de(re)n Umgang mit dieser. Dort, wo es Kaes um die filmische Auseinandersetzung des Neuen deutschen Films mit den Erlebnissen des Nationalsozialismus geht, schaut die Komik in Strunks Filmen auf das Gegenwärtige und das Zeitgenössische im Land, auf das Gegenüber, in seinem bloßen Sein, seinen Marotten und Eigenheiten. Das bundesdeutsche Vorbild des Kurzfilms *Zeit* scheint unabhängig jedweder Intention deutlich hervorzutreten. Im Rahmen der Fernsehsendung *Total normal* (BRD 1989–1991) trugen Hape Kerkeling und Achim Hagemann im Sommer 1991 in der niedersächsischen Gemeinde Stuhr als Tenor Mirosław Lem und Pianist Piotr Stianek dem Publikum ein Stück des fiktiven polnischen Komponisten Sewald Brewske vor.[8] Das mit dem herausgeschrienen Neologismus „Hurz" endende Lied, welches weder Sinn ergab noch ernstlich Teil einer bürgerlichen Kultur sein konnte, wurde zum Test zwischen Bühne und Publikum, wie weit man sich der dem Lied folgenden Diskussion öffnen würde. Ging es Kerkeling und Hagemann noch um das Zusammentreffen von Spiel und Wirklichkeit, die in der Performance selbst Teil des Spiels werden sollte, so bleibt Strunks Film fiktiv. Dennoch geht es auch ihm um das Zusammentreffen von

8 Vgl. den Artikel Hurz! In: https://de.wikipedia.org/wiki/Hurz! (30.10.2025).

Nonsens und der aus der Vorstellung erwachsenden Reaktion des Publikums. Ähnlich wie das Vorbild spielt auch *Zeit* in Räumlichkeiten, die man am ehesten mit dem Festsaal eines Gemeindehauses in Verbindung bringen könnte, hier jedoch, anders als 1991 bei Kerkeling, wo Publikum und Bühne auf einer Ebene arrangiert waren, jenes Gegenüber von Oben und Unten aufgreifend, welches auch andere Filme Strunks bedienen sollen. Der in Szene gesetzte *diskrete Charme der Bourgeoisie* wird, wie schon bei Luis Buñuel, zuvorderst mit der Inszenierung des Essens in Verbindung gebracht.[9] Die Totale nach dem Schwarzbild und Titel eröffnet einen bestuhlten und noch recht leeren Raum, eine Bühne mitsamt geschlossenem blauen Vorhang und einer Konzentration der Bewegung im Bild nicht auf die Mitte des Bildausschnitts und einem Platz suchenden Menschen, sondern am linken Rand, beim kalten Buffet, an das die Kamera leicht heranfährt, während im Hintergrund bereits die Figur Strunks die kleine Treppe zur Bühne hinaufgeht. Strunk wird später als „de[r] uns hier allen bekannt[e]"[10] Anthroposoph und Humanmediziner Professor Pfläumlein vorgestellt, der den akademischen Titel wohl nur um der Alliteration willen zugestanden bekommt. Eine Bekanntheit, die im dort versammelten Bildungsbürgertum schlicht vorausgesetzt wird. Alleine seine ihm zugeschriebene letzte Veröffentlichung, aus der das Stück *Zeit* entnommen wurde, mit den Namen „Symmetrie der Schöpfung. Ausgewählte Texte der Jahre 1979 bis 2001" lässt offen, wie alt Strunks Figur eigentlich sein soll. Diese zuweilen nicht auflösbaren Gegensätze werden in *Zeit* jedoch erweitert. Es sind nicht nur die noch platzsuchenden und beim Buffet stehenden Zuschauer, sondern auch der Moderator der Veranstaltung selbst, die hier als Instanzen miteinander in Widerspruch geraten. Der dominante Kern ist jedoch die Tonspur, die jedwedes Geräusch medial überhöht und es lauter erscheinen lässt, als dies außerdiegetisch der Fall wäre. Alles im Raum ist laut, zu laut, vom Schmatzen der Zuschauer über das flüsternde Tuscheln im Publikum bis hin zu den Schritten des Gastgebers (im Abspann als Kurator bezeichnet) hinab von der Bühne.[11] Zu den üblichen Geräuschen von Kulturveranstaltungen, zumindest in ihren Parodien deutlich hörbar, gehört nicht nur das stetige Husten und Räuspern,[12] so als wolle das Publikum selbst die Stimme frei machen, um zu sprechen, sondern weiterhin das Essen, das sich dominant in den Vordergrund der Inszenierung schiebt, wenn, schon sitzend, eine Zuschauerin in

9 Vgl. *Le charme discret de la bourgeoisie* (dt. *Der diskrete Charme der Bourgeoisie*) (F u.a. 1972, R: Luis Buñuel).

10 *Zeit* (D 2008, R: Frank Schneider), TC 00:00:54h.

11 Der Ton des Kurzfilms ist so laut, dass selbst der in der Tasche des Kurators klirrende Schlüssel auf der Tonspur zu hören ist.

12 Im deutschen Kino setzt vor allem Loriot diese Form der Interaktion von Vortrag und Publikum in Szene. Vgl. *Pappa ante Portas* (D 1991, R: Loriot [Vicco von Bülow]).

der Halbnahen beim Verspeisen eines Häppchens gezeigt wird. Das Kauen wird zum Schmatzen, fast zum Schlürfen, die Lautstärke des Essens auf der Tonspur, ähnlich dem Reinigen der Stimmbänder, ungewöhnlich laut. Nicht minder laut erscheint der Moderator, wenn er Pfläumlein nunmehr ankündigt und daraufhin polternd mit seiner massiven Gestalt die Treppe von der Bühne hinuntersteigt. Die Kamera wechselt in eine Untersicht, die die wortwörtliche Gravitas der Figur noch einmal betont – fast schon eine Ausnahme im ‚klassischen Einsatz' der Untersicht.[13] Der Vortrag des Professors, die Präsentation seines Gedichtes, wird von „Frau Ulrike Korsen am virtuell-analogen Synthesizer"[14] musikalisch unterstützt (vgl. Abb. 2).

Abb. 2: *Zeit:* Performancekunst. (TC 00:03:41h)

Der Raum wird nunmehr erweitert durch die Bühne selbst. Hatte Pfläumlein noch vor dem Vorhang gestanden, ein Stehen, das eher einem Im-Weg-Stehen gleicht, so öffnet sich dieser nun (als würde er den eigentlichen Star freigeben) und ertappt

13 Vgl. dazu den klassischen Text: Lorenz Engell: Untersicht. Rezeptionsanalyse und Filmwissenschaft – ein Beispiel. In: Möhrmann, Renate (Hg.): Theaterwissenschaft heute. Eine Einführung. Unter wissenschaftlicher Mitarbeit von Matthias Müller. Berlin: Dietrich Reimer 1990, S. 261–295.

14 *Zeit*, TC 00:01:38h.

Korsen hinter ihrem Instrument (oder eher ihrer Technik) sitzend[15] beim tiefen Schluck aus einer Wasserflasche. Pfläumlein gerät so geradezu zwischen die einzelnen Ebenen, die ihm, so zeigt es sich, beide nicht sonderlich zugewandt sind, soll ja Korsen auch auf dem Instrument ihre eigene Interpretation von *Zeit* als Untermalung des Vortrages einbringen. Wo bereits die Ebenen des Raumes miteinander in Konflikt zu stehen scheinen, sind es auch der Ton, die Sprache und die Musik, die sich widersprüchlich zueinander verhalten. Wurde vorher jedes Geräusch übernatürlich laut wiedergegeben, so dass dem Raum die Räumlichkeit entzogen wurde, bleibt die eigentliche Performance zum Teil unverständlich. Zunächst meint es den Vortrag des Gedichtes selbst, welches ähnlichen Nonsens beinhaltet wie das 1991 vorgetragene *Hurz!*. Mehr noch, Pfläumleins Stimme zittert, ist leise, lispelt leicht, rattert die Sätze in stark zerdehnter Intonation hinunter, steigert sich dabei in eine leichte Wut (wohl gegen den Feind, die Zeit), die nur von ihm selbst durch die Erklärung unterbrochen wird, dass er sich trotz seines Widerwillens gegen Anglizismen der sprachlichen Wucht des Wortes „time tunnel“[16] nicht entziehen konnte. Doch anders als bei Kerkeling und Hagemann widersetzt sich das Publikum dem Text, ein Ehepaar schaut sich kurz wertend, nicht fragend, an, ein Mehr an Reaktion ist nicht zu erwarten. Nur der Applaus am Ende ist, wie alles andere auch, viel zu laut und scheint nicht zu den verstreuten Zuschauern zu passen, die der Vorstellung beigewohnt haben. Während im Hintergrund Pfläumlein und Korsen die Bühne verlassen, ist im Vordergrund des Bildes der klägliche Rest des leergegessenen Buffets zu sehen.

Spannend ist, dass Strunk mit diesem Kurzfilm auf das Bildungsbürgertum zielend in nahezu spielerischer Form die Klassenfrage berührt. Denn gerade das Bildungsbürgertum bleibt in seinen Filmen außen vor und wird am ehesten wohl noch in den österreichischen Produktionen *Immer nie am Meer* (A 2007) und *Drei Eier im Glas* (A 2015) mitverhandelt. Die untere Mittelschicht[17] aber, und das ist fast schon eine Ausnahme im deutschen Film, sofern es nicht ohnehin das Ziel ist, das Label des alten bundesdeutschen Problemfilms zu bedienen, findet relativ selten den Weg auf Leinwand und Bildschirm. Strunk nahm sich mit der Figur *Jürgen Dose* und ihrer kinematografischen Ausgestaltung in *Trittschall im Kriechkeller* und *Jürgen – Heute wird gelebt* besonders viel Zeit, dieses Leben zu entfalten. Abgesehen

15 Dadurch, dass Korsen sitzt, gehört sie eher zum Publikum als zur Bühne, ist ihre Aufgabe ja auch das Rezipieren des Vortrages, um auf diesen mit ihrem Instrument reagieren zu können. Spätestens als Korsen in Pfläumleins Pause einem Herrn im Publikum zuzwinkert, ist die Allianz zwischen ihr und dem Publikum deutlich.

16 *Zeit*, TC 00:03:08h ff.

17 Die Ausnahme bildet an dieser Stelle, wie in vielen Dingen, die Verfilmung *Der Goldene Handschuh*, der die Darstellung einer historisch gewordenen Unterschicht inszeniert.

von den Verweisen auf das eigene Werk, finden sich zahlreiche Querverbindungen zu anderen Comedyprojekten der 2000er und 2010er Jahren. Die Verbindung zweier Freunde, von denen einer, wie begründet auch immer, im Rollstuhl sitzt, ist Teil der britischen Serie *Little Britain* (UK 2003–2006), die nie in Erscheinung tretende Mutter, die nur als akusmatische Stimme das Leben Doses bestimmt, ein möglicher Verweis auf *The Big Bang Theory* (USA 2007–2019). Dass Strunk zwischen Kurz- und Langfilm die Handlung aus dem Ruhrgebiet nach Hamburg zurückverlegt, ändert nichts an der Darstellung dieses traurigen Lebens. Wenngleich die anderen hier in den folgenden Kapiteln ins Zentrum gerückten Parameter auch zu finden sind (der Wechsel von Unter- und Aufsicht, die Rolle des Gesichtes), so sind es die sprichwörtlichen Deutschlandbilder, die eine Be- und Umdeutung erfahren. Das Deutschland in Strunks Filmen ist zumeist grau, wolkenverhangen, lichtlos (vgl. Abb. 3).

Abb. 3: *Jürgen – Heute wird gelebt:* Graue, deutsche Weite. (TC 00:19:35h)

In der Inszenierung von Lars Jessens *Jürgen – Heute wird gelebt* wird aber genau dies zu einem Gradmesser der inneren Entwicklung der Hauptfigur, die in ihrem Fortkommen nicht an ihren besten Freund Bernd Würmer (Charly Hübner) gebunden ist. Die Tristesse des Landes macht aber auch vor den Innenräumen keinen Halt: Wo Dose in *Trittschall im Kriechkeller* noch mit seinen Insekten Leben in die Wohnung holte, sind diese im Langfilm verschwunden. Das Leben ist umgegeben vom Tod: Durch eine sich nicht verändernde Wohnung, durch die Krankheit der

Mutter, die nie offengelegt wird, bis in die Wünsche und Freizeitgestaltungen Doses hinein. Die einzige Soteriologie, die ein Leben nach dem Tod für ihn bereithält, ist ein möglichst langes Dasein als unentdeckte, mumifizierte Leiche, die ihm nach 15 Jahren einen Eintrag ins Guinnessbuch der Rekorde bescheren soll; die Quartette, die er und Bernd spielen, beschäftigen sich mit dem Vergleich von Kriegsgerät oder tödlichen Infektionskrankheiten.

Mag diese implizierte wie auch offen ausgesprochene Form der Todessehnsucht primär keinen Klassenunterschied markieren, so ist es neben dem Raum vor allem die Sprache, die Diktion und das Sprechen an sich, die die *feinen Unterschiede* ausmachen. Strunk wiederholt dies später anhand der Familie seines besten Freundes Torben in der Serie *Last Exit Schinkenstraße*, wenn das Interieur der eigenen Vierwände nicht mehr auf Stillstand verweist, der nichts anderes meint als den Tod, sondern die perfekte Imitation einer über RTL II bekannten sozialen Schicht entfaltet, die permanent zwischen vermeintlicher Wirklichkeit und televisueller Inszenierung oszilliert. Ist es dort die Nutzung der falschen Grammatik, die sich durch stetiges Wiederholen in einem Prozess der Normalisierung befindet, so ist es in *Jürgen* das erreichte Ziel einer in *Immer nie am Meer* gemachten Wette. Dort spricht der Musiker Strunk (in seiner Rolle des Bernie Schwanenmeister) davon, als „sportliche Übung in Sprache“[18], Gespräche nur mit Versatzstücken zu führen. Der Drehbuchschreiber Strunk vollendet diese Idee in den Dialogen der Filme und lässt sie auch da einfließen, wo er sich nicht für das Drehbuch verantwortlich zeigt. Damit sind nicht nur die stetigen Wiederholungen und Wiedererkennungsmerkmale des Strunk'schen Universums[19] gemeint, sondern das Aufzeigen von Floskeln und Allgemeinplätzen, die weder einen Einblick in das Innere der Figuren ermöglichen noch darauf rückschließen lassen, dass in diesen Welten einander wirklich zugehört wird. Der permanente Redefluss der unsichtbaren Mutter, ihre akkurate Überbetonung des Namens „Jür-Gen“, ihr Klagen und Rufen nach dem Sohn sind dabei nur der äußere Rahmen dieser sich stetig wiederholenden Spracheruptionen und – kaskaden – eine Sprache, die gerade bei Dose den Anschein erweckt, er würde zu spät kommen und wäre daher um schnelles Reden bemüht. Wenngleich der Einsatz von Unter- und Aufsicht vor allem in der im Rollstuhl sitzenden Figur Bernd Würmer kulminiert, der sich durch das Verbleiben im fahrbaren Hilfsmittel, trotz seiner Rekonvaleszenz, seine Untersicht (und damit seinen sozialen Platz in der Gesellschaft) selbst gewählt hat, durchzieht den Film dennoch eine Aneinander-

---

18 *Immer nie am Meer* (A 2007, R: Antonin Svoboda), TC 00:09:26h.

19 Zu diesem Universum gehören nicht nur eine Wiederholung von Motiven und Redewendungen, sondern auch sich oftmals wiederholende Schauspieler wie u.a. Charly Hübner, Marc Hosemann oder Rocko Schamoni.

reihung von Blickstrukturen, die das Grau dieser Welt und das Verlorensein in ihr noch einmal steigert. Dose sagt selbst über sich zu Beginn des Films in einer Runde des Speed Datings, dass er ein „Grower“[20] wäre, jemand, dessen Gesicht immer schöner werde, je länger man es ansieht – was für den Zuschauer nichts anderes bedeutet als die Laufzeit eines Filmes.[21] Tatsächlich aber finden sich in den Gesichtern der Filmfiguren nur zwei Ausdrucksbewegungen: die des Unverständnisses (vor allem bei Schwester Renate respektive Schwester Petra) oder die des Ekels (exemplarisch bei Herrn Schindelmeister, dem Unternehmer der Partnervermittlung für osteuropäische Frauen *Europ Love*). Selbst untereinander, als die Gruppe alleinstehender Männer in der Enge des Kleinbusses[22] Richtung Polen aufbricht, finden sich nur selten Momente echter Solidarität, sondern lediglich Blicke der Verachtung. Dem Moment des Sich-Spiegelns im Elend des anderen wird so nur mit Aggression begegnet. Den liebevollen, gar den liebenden Blick, wie den der Mutter, gibt es im Film zunächst nicht, er wird erst am Ende durch den Blick der Dolmetscherin Anja eingeführt, die wie Dose früher als geplant aus Polen nach Hause fährt. Warum Dose die lediglich von hinten zu sehende Gestalt Anjas bei seiner Ankunft am Bahnhof in Polen mit seiner Mutter verwechselt, wird indes nicht klar. Der Film spart hier jede visuelle wie narrative Möglichkeit, etwa in Form einer Überblendung oder eines weiteren für Dose nicht unüblichen Tagtraums, aus. Die Verbindung zur Mutter wird erst deutlich, als beide in ihrem Schlafwagenabteil ihre Betten beziehen, er unten, sie oben, und er ihr, nach einer Aufforderung, eine weitere (letzte) Geschichte erzählt. Sind die beiden bereits durch das Oben und Unten der Betten und damit die Architektur des Raumes getrennt, so laufen auch die folgenden Schuss-Gegenschuss-Einblendungen ins Leere, da beide sich nicht mehr anschauen und durch die Kamera zwei völlig unterschiedliche Bereiche einnehmen. Bis Anja ihre Hand nach Dose ausstreckt, nach unten greift, die Trennung aufhebt und so die beiden Bildräume miteinander verbindet (vgl. Abb. 4).

---

20 *Jürgen – Heute wird gelebt*, TC 00:08:16h.

21 Was diese Theorie, so man ihr zustimmen mag, für das Gesicht Fritz Honkas in *Der Goldene Handschuh* bedeutet, muss hier außen vorbleiben.

22 Die Enge des Kleinbusses erinnert an die drei eingesperrten Männer im Wald, die nicht mehr aus dem Auto des ehemaligen österreichischen Bundespräsidenten Kurt Waldheim in *Immer nie am Meer* hinauskommen.

Abb. 4: *Jürgen – Heute wird gelebt:* Ein kurzer Moment menschlicher Nähe. (TC 01:17:56h)

Dass sich seine nach der Ankunft in Hamburg anschließende Emanzipation, die augenscheinlich nun begonnene Zukunft, der Anja und er Hand in Hand entgegengehen, als Tagtraum erweist, wird bereits durch den Einsatz des Lichtes deutlich. Sonnenlicht, das mit dem grauen Allerlei der inszenierten Alltäglichkeit bricht, findet sich immer dann im Bild, wenn es einen Moment der Hoffnung und damit auch der Entwicklung der Figur zu geben scheint. So bei der Ankunft in Polen, der sich rasch die allgemeine Enttäuschung (und damit eine Rückkehr ins Grau) anschließt, wie auch in Doses Tagträumen (in denen zumeist wiederholt halbbekleidete Damen zu dem Lied *We like to Party* (1998) der niederländischen Eurodance-Gruppe *Vengaboys* auftreten). In Doses Traum mit Anja täuschte das Licht ihn und den Zuschauer. Und dennoch endet der Film mit einer doppelten Raumveränderung. Dose (und damit auch der Zuschauer) übertritt nach seiner Heimkehr in die nunmehr leere Wohnung die Grenze zum Zimmer seiner Mutter, in dem er neben einem verlassenen Bett einen Zettel findet, der besagt, dass seine Mutter mit Verdacht auf Schlaganfall ins Krankenhaus gebracht wurde. Als diese aber wenige Sekunden später mit Schwester Petra zu Tür hineinkommt, sind die alten Verhältnisse wieder geordnet, die akusmatische Stimme ruft weiterhin aus dem Off, nun dem des Wohnzimmers, nach ihrem Sohn.

Die zweite Transformation des Raumes reicht zurück zum Anfang des Films: Die erste Bewegung der Handlung, die direkt vom Voice-Over Doses überlagert wurde, fuhr an seinen Arbeitsplatz heran, das Wachhäuschen eines Parkhauses, vom Beton der Architektur nahezu eingeklemmt zwischen den Ebenen der

Parkdecks, allein und isoliert in seiner Funktionalität. Dieses Unten tauscht der Film am Ende gegen das Oben der Wohnung Doses aus, den Balkon und das sich bietende Panorama auf Hamburg. Die dort stattfindende Versöhnung mit Bernd und das Aufscheinen der Sonne signalisiert, dass möglicherweise doch eine Entwicklung innerhalb der Parameter begrenzter Möglichkeiten stattgefundenen hat – ein kleiner Ausbruch aus einer bereits vor dem Tod mumifizierten Zeit.

3 Aufsicht: Die Welt als Bühne

Ein kafkaesker Albtraum. Der Musiker Bernie Schwanenmeister (Strunk) wird zur Bühne gerufen, sein Auftritt soll in wenigen Minuten beginnen. Doch der Weg aus der Garderobe, wo Schwanenmeister gerade noch die obligatorische Flasche Rotwein geleert hat (um das „Gleichgewicht des Schreckens“[23] aufrechtzuerhalten, wie er später beichten wird), führt ihn nicht zur Bühne, sondern nur zu immer weiteren Gängen, zu immer neuen Türen, hinter denen wieder nur weitere Gänge zu finden sind. Dem typischen Albtraum eines Versagens auf der Bühne wird hier eine neue Dimension hinzugefügt, nämlich der Albdruck, die Bühne nicht einmal zu erreichen.[24] Antonin Svobodas Film *Immer nie am Meer* verwehrt den Zuschauern eine Erlösung aus diesem unterirdischen Irrgarten, ein harscher Schnitt wendet sich den anderen Figuren zu, die wenig später Schwanenmeister kennenlernen werden und mit ihm tagelang in einem verunglückten Auto im österreichischen Wald eingesperrt sind. Sobald der Film wieder bei Schwanenmeister ist, hat dieser die Bühne erreicht, nur ankommen wird er weiterhin nicht; zu stark ist die Humordifferenz zwischen Österreich und Deutschland, die seine Performance unfreiwillig zu einem Ende führt. Wie bereits beschrieben, sind die Szenen von Musikern (die nicht nur Strunk als Musiker meinen) programmatisch für die Filme Strunks. Die Bühnensituation, das Oben und Unten von Publikum und Band (oder Performer), wird zu einer Standardszene der Filme. Zwar spielt Strunk zuweilen auch den erfolgreichen Musiker, häufiger aber ist es ein karges Auskommen mit dem Ertrag, den einem die Musik zuteil werden lässt. Aus seiner eigenen Vita bekannt, wie auch in *Fleisch ist mein Gemüse*, ist es immer wieder das Saxophon, das als Instrument zum kinematografischen Objekt wird, mal als Teil einer Band, mal als Mittel zum musikalischen Solo. Doch selbst allein soll das Instrument Verbindung schaffen. So

---

23 *Immer nie am Meer*, TC 00:26:54h.

24 Auch in *Fraktus* irrt die wiedervereinigte Band für kurze Zeit durch die Gänge des Parkhauses, indem ihr Reunion-Konzert stattfinden soll.

bietet Strunk als Berufsmusiklehrer Michael Kiesel in Svobodas zweiten Film zusammen mit den beiden Komikern Dirk Stermann und Christoph Grissemann, *Drei Eier im Glas* (A 2015), einen Saxophonkurs für Singles unter dem Motto „Sax up your life“ an; das Instrument wird zum Fetisch, der die eigene kaum noch vorhandene Sexualität ersetzen soll. Strunks Rolle hier ist der Musiker *nach der Musik*, zwar noch virtuos in der Lage, mit dem Saxophon in die Vorlage zu gehen, wenn er nicht betrunken ist, aber eher dem Motto treubleibend, dass wer von der Sache nichts versteht, Theorie macht und damit eben Lehrer wird. Die restliche Lebenslust, die ein Jürgen Dose trotz der Widrigkeiten des (männlichen) Alltags immer wieder aufrechtzuerhalten sucht, ist Kiesel völlig abhandengekommen. In der Musikalienhandlung seines Schwiegervaters,[25] hier zum ersten Mal eine Vaterfigur in den Filmen Strunks, die doch keine ist,[26] wird das eigene Können unterdrückt; die Plakate von einst, die von seinen früheren Auftritten zeugen, sind im Hintergrund abgehangen und an die Wände der kargen Übungsräume gerückt worden. Kiesels Schicksal ist nur ein Endpunkt einer Musikerlaufbahn, die letztlich die Dichotomie von Bühne und Publikum nicht mehr umsetzt, weil die Bühne schlicht nicht mehr betreten wird.

Anders stellt es sich in *Fraktus – Das letzte Kapitel der Musikgeschichte* dar, in dem Strunks Torsten Bage das einzige Bandmitglied ist, welches nach dem Ende des Trios Erfolg im Geschäft hat. In Vorwegnahme der 2023 erschienenen Serie *Last Exit Schinkenstraße* wurde Bage Musikproduzent auf einer Baleareninsel, hier Ibiza statt Mallorca. Bage, der in einer riesigen weißen Villa (der Finca Bage) mit Blick auf Meer und einen (ihm unbekannten) Berg residiert, produziert jene Gassenhauer der Großraumdiskos, die auch Strunks Serie in den Mittelpunkt rücken soll. Mit weißer Strickmütze, unter der langsam ausbleichende, blonde Haare hervorschauen und an den Musiker DJ Ötzi erinnern, präsentiert sich Strunk als cholerischer Macher, der neben goldener Uhr, Ketten und Kreuz auch seine Tätowierung oberhalb des Steißbeins präsentiert (das sogenannte *Arschgeweih* der 1990er Jahre). Der Verweis auf die innerdiegetischen Lieder Bages, wie ein von einem kleinen Mädchen intonierten Flatulenzlied, wie auch ein von Willi Herren vorgetragener Song (*Geilianer*) verweisen aber nicht nur prospektiv auf die 2023 produzierte Serie, sondern auch noch einmal auf die von Strunks Bernie Schwanenmeisters in *Immer nie am Meer* getätigte Aussage, Unterhaltungen nur als Versatzstück führen

25 Ausdrücklich sagt der Film dies nicht. Der Vater trägt jedoch den Nachnamen Gnom, nach dem auch das Musikhaus benannt ist, in dem Kiesel arbeitet.

26 Dieses offensichtliche Fehlen von Vaterfiguren und damit Vorbildern, an denen sich Männlichkeit orientieren respektive abarbeiten kann, wäre eine lohnende filmanalytische Vertiefung, die hier außen vorgelassen werden muss.

zu wollen. Die Lieder, unabhängig ob sie auf Ibiza oder Mallorca in den Filmen Strunks gesungen werden, sind vielleicht der Endpunkt dieser Entwicklung, wenn der Nonsens tatsächlich wieder einer Funktion und Kommunikation zugeführt wird, als „hohe Kunst des Vexierreims" (Müller 2023), als gemeinschaftsstiftendes Moment der wogenden (und in diesem Zusammenhang auch schwankenden) Masse, die die Worte trotz kognitiver Beeinträchtigung noch erfassen, aufnehmen und wiederholen kann. Daher parodiert *Last Exit Schinkenstraße*, die sich im Titel auf die Schinkenstraße genannte Partymeile auf Mallorca bezieht, das Entstehen dieser Lieder aus Alltagssituationen nicht, sondern zeigt auf, inwiefern eben diese Alltäglichkeit auf der Insel, das eigene Leben (fiktiv oder nicht) und jedes gesprochene Wort zum nächsten Refrain moduliert werden können.

Last Exit Schinkenstraße steht jedoch nicht nur mit *Fraktus* im Dialog, sondern wesentlich stärker mit *Fleisch ist mein Gemüse.*[27] Selbst der Beginn der ersten Episode mutet wie eine Fortsetzung einer in den 1980er Jahren begonnenen Mitgliedschaft in einer Band an, die mehr als dreißig Jahre danach immer noch über Auftritte auf Hochzeiten, Schützenfesten und Karnevalssitzungen nicht hinausgekommen ist. Aus *Tiffany's* wird *Boarding Time*, aus Gurki (Andreas Schmidt in *Fleisch ist mein Gemüse*) wird Manni (Charly Hübner in *Last Exit Schinkenstraße*), der, um mit der Zeit zu gehen, nicht seine Sprüche ändert, sondern die Bläser (Strunk und Marc Hosemann) gegen eine Soulsängerin austauscht. Dass *Schinkenstraße* am Ende aber eine andere Form von Musik präsentiert als *Tiffany's* respektive *Boarding Time*, darf nicht darüber hinwegtäuschen, dass neben der Musik als solche ein anderes Element die Filme Strunks miteinander verbindet: der Schlager. An diesem Punkt wird ein Zusammenhang deutlich, der abseits des Schlagers den *Goldene[n] Handschuh* wesentlich näher an *Fleisch ist mein Gemüse* heranrückt, als es den Anschein haben mag. Beiden Filmen sieht man die Maske der Schauspieler an, in beiden Filmen häufen sich die Typen. Dies ist in *Fleisch ist mein Gemüse* wesentlich schärfer zu beobachten: So sind die Haare von Nachbarin Rosi unschwer als Perücke zu erkennen, Gurkis Minipli als Resultat der Maske. Doch gerade die Nachbarin zeigt auf, wie sehr der Schlager (jener Jahre) Sehnsuchtsort (vielleicht gar als ideeller Erinnerungsort bundesdeutscher Kultur) und Hoffnungsträger zugleich ist. Diese Ambivalenz verdeutlicht sich, als Rosi durch ihre Einsamkeit in den Selbstmord getrieben wird. Der Film trennt (den jungen) Strunk in dieser Szene von seiner Nachbarin; sie hinter dem Fenster ihres Einfamilienhauses (mehr ein Einpersonenhaus), er im leichten Schneefall auf der Straße davor, sind nicht nur durch die Architektur getrennt, sondern auch durch den schlichten Umstand des Nicht-mehr- und des Noch-am-Leben-Seins. Von drinnen drängt die Musik des Chris-

27 So heißt die fünfte Folge der Serie *Fleisch ist mein Gemüse.*

Roberts-Liedes „Ich mach ein glückliches Mädchen aus dir" hinaus, als der Schnitt den Zuschauer in den Raum des Hauses versetzt und er nur im Vordergrund des Bildes den Arm der leblosen Rosi aus dem Bett heraushängen sieht (vgl. Abb. 5). Der Fernseher im Raum hat Sendeschluss, im Raum selbst findet keine Bewegung mehr statt. Die zu hörende Textzeile „Was du dir wünschst, das bekommst du von mir" zeugt von der Doppelbödigkeit des Schlagers, der für kurze Momente das so dringend gewünschte Gefühl bedient, um es am Ende des Liedes wieder zu nehmen (und nichts als Stille zurücklässt). Hier überdauert das Lied die innerdiegetische Lebensdauer der filmischen Figur.

Abb. 5: *Fleisch ist mein Gemüse:* Einsamkeit und Tod und Mitleid. (TC 01:10:29h)

War Strunk in dieser Konstellation der Zuschauer, der durch Wand und Glas von jenem Ort getrennt war, an dem hörbar die Musik spielte, sind es wie bereits angedeutet, die Inszenierungen von Oben und Unten, Bühne und Zuschauerraum, die *Fleisch ist mein Gemüse* wie auch viele andere Filme Strunks bestimmen. Christian Görlitz inszeniert diese Standardszenen tatsächlich entlang der oben bereits benannten Kette von Events: der Hochzeit, dem Schützenfest und der Karnevalsfeier. Während des Schützenfestes und einer Pause der Band, versucht Gurki einen Flirt mit einer jungen Frau. Filmisch wird hierbei die Trennung der Räume, von Bühne und Zuschauerraum, aufgehoben, wie auch die Inszenierungsstrategien der Auf- und Untersicht (die, daran sei erinnert, nur oberflächlich ein Machtverhältnis von oben nach unten beschreiben). Dabei zeigt sich, was passiert, wenn die Regeln der Bühne in den Zuschauerraum[28] verlagert werden, der ganz eigene Ordnungen der (Re-)Aktion kennt. Gurkis Sprüche verfangen nicht, es kommt keine Kommunikation zustande, da die Frau zwar ahnt, was er will, aber nicht auf die Sprüche, die meist nicht einmal eine Erwiderung brauchen (höchstens ein Lachen erwarten), reagieren kann. Das Schuss-Gegenschuss-Verfahren wird ad absurdum geführt, da es ja bedeuten würde, dass der Fluss des Miteinanderredens fortgeführt wird; der Flow des Schnitts wird durch die harschen Brüche der im Dazwischen verbleibenden beiderseits geführten Monologe (da von einem Dialog keine Rede sein kann) konterkariert.

Das Verhältnis von Bühne und Zuschauerraum und damit von Musiker und Publikum wird weiterhin besonders in zwei miteinander in Dialog stehenden Szenen deutlich. Der begehrende Blick funktioniert in beide Richtungen: von oben herab wie auch nach oben hinauf. Bei einer nicht näher beschriebenen Veranstaltung geht die Inszenierung des Films eine eigenwillige Melange ein, die zwischen ‚realem' Geschehen und Strunk'schem Tagtraum oszilliert. Der vom Publikum gewünschte Song des britischen Pop-Duos *Bruce & Bongo* mit dem (deutschen) Titel „Geil"[29] dient nicht nur expressiv der inneren Stimmung Strunks, der in der Szene vorher noch im Voice Over daran erinnert, dass damals ganz Harburg von „minderjährigen Sexbomben verseucht"[30] war, sondern auch der weiteren Inszenierung einer Irrealität, deren Anfang in der filmischen Handlung nicht sicher determiniert werden kann. Das Publikum bestimmt nicht nur durch lautes Rufen, auf das Gurki reagiert, den nächsten Song, sondern gibt (der Figur) Strunk das, was er sich bereits erhofft hatte. Der vorher immer wieder an attraktiven jungen Frauen im Publikum hängengebliebene Blick bekommt nun die erhoffte Nacktheit, als sich das Publikum, animiert durch den Song, beginnt auszuziehen. Es ist erwähnenswert, und dies eint die filmische Umsetzung von *Fleisch ist mein Gemüse* mit *Jürgen*, dass diese Tagträume durch die Figur(en) nicht bewertet werden. Sind sie wirklich, wie oben vermutet, (pubertäre) männliche Wunscherfüllung? Sind sie Inszenierungen eines so gewünschten Lebens? Die Filme respektive die Figuren verhalten sich selten zu ihnen, sie sind einfach da und werden durch den Schnitt und den Fortgang der Handlung außerhalb dieser Wunschbilder beendet. Dass sich der Anblick des nackt

---

28 Als das Publikum selbst das Lied *An der Nordseeküste* (1984) von *Klaus und Klaus* (mit einem Cameo von Klaus Baumgart) anstimmt, wird die Band überflüssig. *Fleisch ist mein Gemüse* (D 2008, R: Christian Görlitz), TC 00:34:58h ff.

29 Es liegt auf der Hand, dass eine Genealogie von *Geil* (1986) zu Torsten Bages *Geilianer* in *Fraktus* führt.

30 *Fleisch ist mein Gemüse*, TC 00:46:09h.

tanzenden Publikums vollends in die Inszenierung eines Albtraums wandelt, bezeugt das Ende der Szene: das Bild des diabolisch in die Kamera hinabblickenden Gurki, der den Leitspruch der Band wiederholend „Swing time is good time, good time is better time“ ergänzt, dass es nicht für „dich, Heinz Strunk“[31] gilt. Dass an dieser Stelle nicht der Bandleader zur Arbeit mahnt, sondern die Kluft zwischen Traum und Wirklichkeit, die Strunk nicht zu überbrücken vermag, Figur geworden ist, liegt nah. Zu dieser Wunscherfüllung kommt es erst später im Film, als bei einer Karnevalsparty tatsächlich der begehrende Blick aus dem Publikum nicht nur erwidert wird, sondern überhaupt erst dort entsteht (vgl. Abb. 6–7). Dass es am Ende eigentlich das Instrument war, das Saxophon, das die Begierde weckte, weder die körperliche Figur, noch das Gesicht des Musikers, nimmt Strunk in Kauf, „Sax up your life!“ *avant la lettre*. Als das Instrument dann im heimischen Wohnzimmer wegfällt, der Fetisch verschwunden ist, versagt das sich gerade gefunden habende Paar auch beim Geschlechtsverkehr. Erneut, wie schon bei Gurki, kommen Bühne und Zuschauerraum nicht zusammen.

Abb. 6: *Fleisch ist mein Gemüse:* Begehren… (TC 00:59:07h)

31 *Fleisch ist mein Gemüse*, TC 00:50:10h ff.

Abb. 7: *Fleisch ist mein Gemüse*: ...beidseitig. (TC 00:59:16h)

4 Untersicht: Sieh mich (nicht) an

So unwahrscheinlich es auch erscheinen mag, stehen die Filme *Fleisch ist mein Gemüse* und *Der Goldene Handschuh* bereits durch den spezifischen Anfang der filmischen Handlung in enger Beziehung zueinander. In beiden geht es zu Beginn um das ‚hässliche Gesicht', um dessen ‚Verschleierung' und anschließende Offenlegung, auch wenn es in dem einen Film um eine Jugend in den 1980ern, in dem anderen um einen historischen Serienmörder der 1970er Jahre geht. Bereits Strunks Buchvorlage zu Ersterem beginnt mit der Beschreibung der Entstellung (s)eines Gesichtes und Körpers durch das bleibende Pubertätsschicksal der Akne conglobata (vgl. Strunk 2004, 7). Die Verfilmung vermischt diese Ebenen, legt das Voice Over (des alten) Strunks über Bilder eines Traumes, der zu Beginn des Films zwischen Groteske und libidinöser Wunscherfüllung wechselt. Hinter Bandagen versteckt, wird die Akne Strunks in einem sterilen, kalten Raum von gesichtslosen Ärzten untersucht, während vor dem Fenster des Raumes erotisierende Darstellungen von Krankenschwestern versuchen, einen Blick auf den Patienten zu erhaschen. Strunk ist somit durch die Bandage, durch das Fenster und schließlich auch die Akne vom Rest der Welt getrennt. Klingen hier bereits Motive des Horrorfilms an, schließlich ließen sich die Bandagen auch mit gänzlich anderen Formen von Verletzung assoziieren, so wechselt der Film kurz darauf tatsächlich kurz in den Modus des Horrors (vornehmlich durch Bezugnahme auf das Affektpotenzial des Genres in Form von Ekel und Erschrecken). Im Bus, das Gesicht unter einer Kapuze versteckt, erzählt das Voice Over davon, dass die Akne so schrecklich ausgesehen hat, dass sie für den Film verändert werden musste. Ein Gesicht wird somit zumutbar gemacht – für die Geschmacksgemeinschaft des Publikums, für die innere Logik der Handlung oder das Umschreiben der eigenen Geschichte? Daher wird ein kurzer Moment inszeniert, der das unter einer Kapuze versteckte Gesicht Strunks in dem Bus zeigt, welches bereits ein neugieriges Kind anlockt, das wie alle Kinder an jedweder Form möglichen Gruselns noch Interesse zeigt. Doch das entstellte Gesicht erschreckt nicht nur das Kind mit einem lauten „Buh" aus der Kapuze heraus, sondern auch durch das Zeigen eines Gesichtes, das in der Jugend des Autors ‚wirklich' so ausgesehen haben soll (vgl. Abb. 8). Das sich anschließende Lächeln auf den Lippen des jungen Strunks ist innerdiegetisch nur dadurch zu erklären, dass der Film in den nächsten Szenen dieses Gesicht hinter sich lassen wird. Dass am Ende des Films der alte Strunk in einer Revueszene sein junges Ich darauf hinweist, dass das alles gar nicht so gewesen sei, wie der Film es darstellt, könnte vielleicht doch noch den Anfang des Filmes berühren und damit die Frage, wie das Gesicht tatsächlich ausgesehen haben mag.

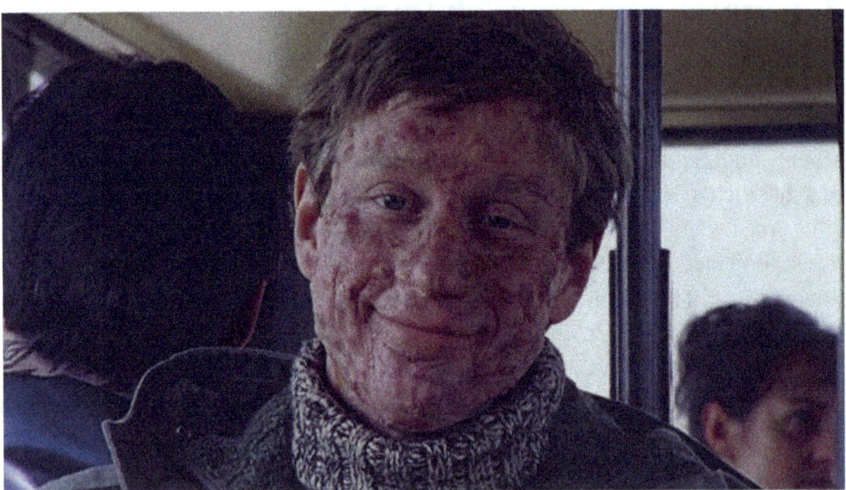

Abb. 8: *Fleisch ist mein Gemüse:* Das nicht-zumutbare Gesicht. (TC 00:01:24h)

Die Groß- und Nahaufnahme eines Gesichtes offenbart sich im Film stets in einer Form der Ambivalenz. Sie erlaubt es seit ihrer Entstehung in der Frühzeit des Mediums ein Gesicht ganz genau von nahem zu studieren, wie es sonst nur unter der Voraussetzung von Grenzüberschreitung oder Intimität möglich wäre (vgl. Balázs

2001, 16ff.). Aber, und dies ist die andere Seite der Großaufnahme, wo diese das Genre des Horrors berührt, zwingt sie den Zuschauer auch hinzusehen, da auf der Leinwand oder Bildschirm schlicht nichts anderes mehr zu sehen ist. Ein Gesicht, ein versehrter Körper, vielleicht gar ein Monster, dem man eigentlich nie so nah kommen wollte (wenn nicht genau das den Reiz des Horrors ausmacht).

Fatih Akins Film, der nach der Vorlage Strunks entstanden ist, nimmt nun eine besondere Stellung innerhalb des hier untersuchten Korpus ein. Nicht nur durch seine Produktion durch den deutsch-türkischen Autorenfilmer und eine Veröffentlichungsgeschichte auf der Berlinale 2019, sondern durch seine Zugehörigkeit zum Genre des Horrorfilms. Dass dies nicht nur für Strunks Arbeiten etwas Besonderes ist, abseits des Horrors einer immer wiederholenden Alltagsroutine (wie es unter anderen die Filme Michael Hanekes oder Ulrich Seidls dem Zuschauer körperlich möglich machen), sondern auch für den deutschen Film an sich, ist hier erwähnenswert. Die reiche Palette der Fantastik des Kinos der 1920er Jahre, die in ihrer Entwicklung durch die nationalsozialistische Kulturpolitik nicht weitergeführt, ja sogar offen verhindert wurde, kehrte auch nach dem Zusammenbruch des Nazi-Regimes nach 1945 nicht wieder in das (seit 1949 nunmehr bundes-)deutsche Kino zurück. Dennoch hat das westdeutsche Kino eine besondere Verbindung zum sogenannten Kriminalfilm und, dies mag überraschen, zum Serienmörderfilm, dessen Sujet bereits Anfang der 1930er Jahre mit Fritz Langs *M* (D 1930) eindrücklich verfilmt wurde. Dass es sich dabei nicht immer um historische Fälle handeln musste, wie in der Verarbeitung durch Strunk (und Lang/Harbou), liegt auf der Hand.

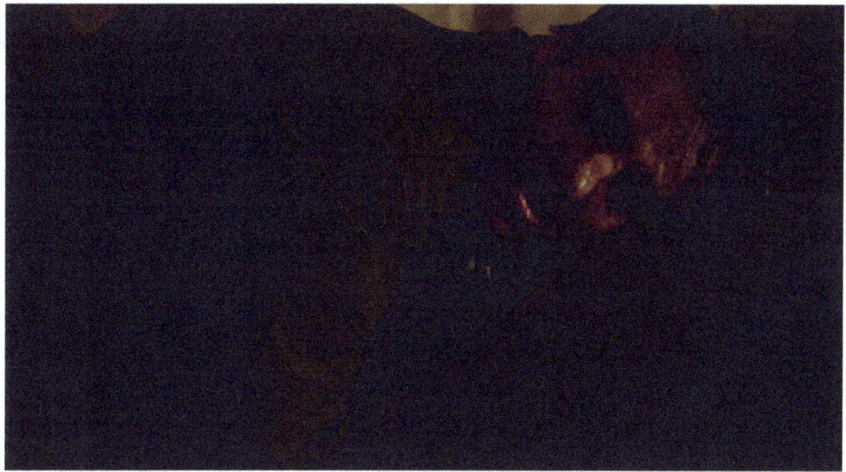

Abb. 9: *Der Goldene Handschuh*: Monströse Asymmetrie. (TC 00:03:21h)

Akins Films beginnt direkt mit dem Grauen. In einer heruntergekommenen Dachgeschosswohnung, deren Wände, wie später gezeigt wird, über und über mit billiger Pornografie bedeckt sind, liegt eine halbnackte Frau regungslos auf einem Bett. Ein Mann kommt hinzu, der versucht, den leblosen Körper in einen schwarzen Plastiksack zu stecken. Mühsam kommt er voran, gelangt in gebückter Haltung in ein anderes Zimmer der Wohnung und verfrachtet schließlich den nunmehr geschlossenen Sack ins stockfinstere Treppenhaus. Mitten in seinen Bewegungen geht das Licht an und der Mann dreht sich zur Kamera. Akin enthüllt hier sein Monster, den Serienmörder Fritz Honka (Jonas Dassler), der dem Zuschauer direkt ins Gesicht schaut – und der Zuschauer ihm (vgl. Abb. 9). Der schrecklichen Tat, dem Verschwindenlassen einer Leiche, der er gezwungen ist beizuwohnen, wird das Gesicht des Täters hinzugefügt, welches in seiner abrupten Bewegung zur Kamera hin den Zuschauer nur erschrecken kann. Der halb offene, vor Anstrengung leicht sabbernde Mund zeigt eine Reihe fauler Zähne, die Nase ist viel zu groß und scheint vor langer Zeit einmal gebrochen worden zu sein, die braunen Augen starren in unterschiedliche Richtungen, das Haar klebt wirr und fettig an der schwitzenden Stirn. Anders als Strunk in der Vorlage interessiert Akin nicht, wie dieses Gesicht zu dem wurde, was uns nun präsentiert wird – die Vorgeschichte Honkas, in der die Ratlosigkeit ob der grausamen Taten nach dem Ansatz einer Erklärung sucht, spart er aus. Dieser Nähe zum Gesicht eines Kriminellen setzt der Film eine seltsame Distanz entgegen. Schändet, vergewaltigt, tötet Honka so bleibt die Kamera – und damit auch der Blick und die Position des Zuschauers – oftmals in einem anderen Raum, wagt nicht die Grenze zu übertreten, nicht zu nah an das Geschehen heranzugehen. Der Blick bleibt daher statisch, fast schon klinisch und damit seltsam teilnahmslos. Im Zusammenhang mit der filmischen Umsetzung eines historischen Vorfalls, der sich nicht nur auf den einmal gelebten Täter bezieht, sondern auch auf die von ihm einst getöteten Opfer, spielt das Gesicht eine weitere Rolle. Kann man den Opfern überhaupt ein Gesicht geben und wenn ja, darf es so geschehen wie im Film (vgl. dazu Kuschel 2022)?

Dies wird vor allem am letzten Mord deutlich, der Strangulation von Frieda (Martina Eitner-Acheampong).[32] Hier zeigt der Film erneut in seinen statischen Einstellungen die ganze Grausamkeit des Sterbens, im Röcheln, Kämpfen, Flehen und sich anschließendem Einkoten der Frau. Als Honka merkt, dass sie immer noch lebt, kommt er nah an die Kamera heran und zerschmettert eine leere Glasflasche nach der anderen auf dem unter ihm befindlichen Körper. Der Zuschauer starrt in das wutverzerrte, verformte Gesicht des Täters, während immer wieder blutige Glassplitter nach oben stieben (vgl. Abb. 10).

32 Vgl. *Der Goldene Handschuh* (D 2019, R: Fatih Akin), TC 01:29:40h ff.

Abb. 10: *Der Goldene Handschuh*: Das Gesicht – zu nah. (TC 01:33:14h)

Das Leid und die Qual, die die Menschen in diesem Teil der Stadt Hamburg durchlebt haben, wird in der Umsetzung des Films Aufgabe der Maske und des Schauspiels. Dem Alkohol verfallen ist nicht nur Honka, sondern auch jedes seiner Opfer. Sie sind Teil einer Welt, die der Zuschauer nur als Besucher betritt. Diese Instanz verkörpert der Film durch zwei Schüler,[33] ein Mädchen und ein Junge, die im zarten Anbandeln einer Beziehung (so hofft es zumindest der Junge) auch diesen Teil Hamburgs besuchen und sich anschließend gar in den *Goldenen Handschuh* selbst trauen; jene titelgebende Kneipe, die als Anlaufpunkt für die verlorenen Gestalten am Rande der Gesellschaft dient. Im *Handschuh* selbst ist es nicht nur die Affektpoetik des Horrorfilms, die der Film bedient, sondern, und erneut kommt hier dem Gesicht, dem Körper, der Erscheinung der Figuren eine besondere Bedeutung zu, auch dem der Fantasy. Der Fantasyfilm in seiner Ausprägung ab den späten 1970er Jahre entlehnt seine visuelle Ästhetik einem Moment, das schon J.R.R. Tolkien im Zuge seiner Arbeit beschrieben hat und das von Daniel Illger in seiner Poetik der Fantasy ausgebaut wurde (vgl. dazu Haupts 2022, 64ff.). Es geht um das Auffächern einer Welt, die den Zuschauer durch immer weiteres Wissen neugierig macht, ihn in einen Sog der Geschichten zieht, die nicht zwingend etwas mit der Handlung zu tun haben und somit ein Mehr an Welt produzieren. Die filmische Fantasy kennt

33 Der Film zeigt später noch zwei weitere Besucher, wahrscheinlich Touristen, für die nicht nur die Kneipe, sondern diese Welt an sich, der *Handschuh*, die Menschen und die Getränke, Urlaub vom Alltag bedeuten. Vgl. *Der Goldene Handschuh*, TC 00:57:03h ff.

diesen visuellen Exzess, den visuellen Überschuss vor allem in der Vermischung von Fantasy und Space Opera im Zuge des Blockbusterfilms der späten 1970er Jahre. Es sind jene sogenannten „Hofstaatszenen"[34], bei denen Maskenbilder und Set-Designer im Vordergrund stehen und nicht die eigentliche Handlung des Films, wenn die Bilder gefüllt sind mit Wesen, Kreaturen und Tieren, die nur gezeigt, nicht erklärt, höchstens benannt werden. Ein solcher Ort in Akins Film ist der *Goldene Handschuh*, der Ort einer pervertierten Form der Gemeinschaft, der Honka in ihrer normalen Variation ansonsten abschwört.[35] Hier sind es gleichfalls die Maskenbildner und Make-Up-Spezialisten, die Menschen schaffen, die dem Zuschauer nur kurz gezeigt werden und deren Geschichte, Herkunft und Gegenwart, wie bei Honka selbst, kaum bis gar keine Rolle spielen (vgl. Abb. 11–12).

Abb. 11: *Der Goldene Handschuh*: Gesichter, die an Theken sitzen. (TC 00:15:24h)

34 In ihrer bekanntesten Form wohl zu entdecken in *Star Wars*, hier der sogenannten Cantina-Szene im ersten Film 1977, oder in Jabbas Palast in *Return of the Jedi* (1983).

35 Honka wird durch seinen starken sächsischen Dialekt bereits auf der Ebene des Dialogs als fremd markiert.

Abb. 12: *Der Goldene Handschuh*: Gesichter, die an Theken sitzen. (TC 00:15:47h)

Die Situation der Theke, das Sich-Gegenüber-Sitzen mit dem Wirt, etabliert hierbei eine Form des Zurschaustellens *par excellence*.[36] Der Zuschauer will wissen, wer Nasen-Ernie ist, wo Soldaten-Norbert sein Auge verloren hat und warum die Gäste weinen, als Heintje aus der Jukebox davon singt, eben dies nicht zu tun (*Du sollst nicht weinen*, 1968).[37] Der Schlager wiederholt seine Funktion als ideeller Erinnerungsort, der alle, die zuhören, vereint und doch trennt, wenn jeder an etwas anderes denkt, während die Musik in Dauerschleife spielt. Diese Lieder ertönen auch in Honkas Wohnung, abgespielt durch einen kleinen Plattenspieler. Wenn er zum Zersägen einer Leiche, das maßgeblich über die Ebene des Tons inszeniert wird, zuvor Salvatore Adamos *Es geht eine Träne auf Reisen* (1968) auflegt, weiß der Zuschauer nicht, ob die Figur sich damit Mut machen will, oder das Lied eine Form eines musikalischen Anästhetikums annimmt. Im Laufe des Films bleibt die tonale Ebene des Schlagers aber nie allein, sie wird überlagert von und vermischt mit Schlägen und Schreien und wird damit zu einer Kakophonie transformiert, die innerdiegetisch nicht aus den Räumen Honkas hinausgelangt.

Im Universum von Strunks Filmen eröffnet sich gerade in Bezug auf die Gemeinschaft in Honkas Haus ein interessanter Nebenaspekt. In vielen seiner Filme (*Fleisch ist mein Gemüse*, *Fraktus*, *Jürgen*, *Last Exit Schinkenstraße*) wird

---

36 Der Film erlaubt dieses genaue Beobachten durch seine Mittel, fokussiert meist nur den gerade Angesprochenen und lässt den Rest des Raumes wie auch die anderen Menschen unscharf werden.
37 Vgl. *Der Goldene Handschuh*, TC 00:16:55h ff.

Verbundenheit durch gemeinschaftliches Essen beim Griechen ausgedrückt, der immer wieder aufgesucht wird. Hier nun aber sind die Griechen nicht die Betreiber eines Restaurants, das zueinander führt, sondern Nachbarn, deren „Gestank" beim Kochen (so Honka) für die Verwesungsgerüche in seiner Wohnung verantwortlich gemacht wird. Bezeichnenderweise ist es ihr Zubereiten der Speisen und der vergessene, angeschaltete Herd, der jenes Feuer auslöst, das den Serientäter Honka am Ende überführen wird. In dieser Überführung nutzt Akin noch ein letztes Mal die Ästhetik des Fantastischen und eine kleine Reminiszenz an den Serienmörderfilm. In einem totalen Schwenk weg von der brennenden Wohnung Honkas bildet sich vor dem dunklen Nachthimmel der Rauch des Feuers ganz kurz zu einem Totenkopf, ehe sich auch dieser durch die Luft verflüchtigt, als wäre das sprichwörtliche Böse in dieser Wohnung freigelassen und zerstört worden. Als Honka nun von der Polizei festgehalten wird, sieht der Zuschauer ihm ein letztes Mal ins Gesicht, welches sich, so deutet es sich an, anstellt, in die Kamera zu schauen. Lediglich Honkas Auge verhindert die eindeutige Anlehnung an den letzten Blick in das Gesicht von Norman Bates am Ende von Alfred Hitchcocks *Psycho* (USA 1960). Ob darin ein Moment der Anschuldigung an den Zuschauer liegt, durch sein Zusehen zum Komplizen geworden zu sein, immerhin hat er sich dieses Gesicht fast zwei Stunden lang angesehen, obliegt letzten Endes dem eigenen Urteil.[38]

5 Aussicht II: Ende der Wiederholung

Die Filme Strunks in diesem Text miteinander in Dialog zu setzen, hatte zum Ziel, dominante Strukturen und wiederkehrende Motive aufzuzeigen, die sich nicht nur zur Filmgeschichte in Beziehung bringen lassen, sondern auch an die Befunde der Textanalyse der anderen Beiträge dieses Bandes zu koppeln wären. Während Strunks literarische Arbeit vielleicht schon mit *Junge rettet Freund aus Teich* (2013) eine andere Poetik anstrebt als seine vorherigen Werke, wäre es in Bezug auf die Verfilmungen und Filme irrig, diesen Wechsel bei Akins *Der Goldene Handschuh* anzusetzen. Vielmehr ist, nicht nur vom Titel her gedacht, die Serie *Last Exit Schinkenstraße* als Kulminationspunkt Strunk'scher Poetik zu betrachten, in der die immer schon bekannten Bilder gleich, nur eben älter wirken und am Anfang der Serie dann doch hinter sich gelassen werden. Was dieser mögliche anstehende Wechsel

38 Tatsächlich ist es nicht das letzte Mal, dass der Zuschauer Honka ins Gesicht sieht, blendet doch der Abspann direkt ein Bild des echten Fritz Honkas ein, überlagert vom Schlager *Wir sind jung, wir sind frei* (1974) des norwegischen Sängers Stein Ingersen. Die Textzeile „Die Märchen wollen nicht mehr Märchen sein" klingt in Bezug auf den Film wie eine schreckliche Drohung.

nach der Streamingserie für die Aspekte des Deutschlandbildes, der Inszenierung des Musikers und den Einsatz des menschlichen Gesichtes bedeutet, muss erst einmal offenbleiben, bis es zu weiteren Verfilmungen der Bücher oder anderen filmischen Projekten des Autors kommen wird.

Primärliteratur

Goosen, Frank: liegen lernen. München: Heyne 2002.
Regener, Sven: Herr Lehmann. München: Goldmann 2003.
Schamoni, Rocko: Dorfpunks. Reinbek bei Hamburg: Rowohlt 2004.
Strunk, Heinz: Fleisch ist mein Gemüse. Eine Landjugend mit Musik. Reinbek bei Hamburg: Rowohlt 2004.
Strunk, Heinz: Junge rettet Freund aus Teich. Reinbek bei Hamburg: Rowohlt 2013.
Strunk, Heinz: Jürgen. Reinbek bei Hamburg: Rowohlt 2017.

Primärmedien

Banklady (D 2014, R: Christian Alvart)
Der Goldene Handschuh (D 2019, R: Fatih Akin)
Die PARTEI (D 2009, R: SMAC [Susanne Müller & Andreas Coerper])
Dorfpunks (D 2009, R: Lars Jessen)
Drei Eier im Glas (A 2015, R: Antonin Svoboda)
Fleisch ist mein Gemüse (D 2008, R: Christian Görlitz)
Fraktus – Das letzte Kapitel der Musikgeschichte (D 2012, R: Lars Jessen)
Herr Lehmann (D 2003, R: Leander Haußmann)
Immer nie am Meer (A 2007, R: Antonin Svoboda)
Jürgen – Heute wird gelebt (D 2017, R: Lars Jessen)
Le charme discret de la bourgeoisie (dt. Der diskrete Charme der Bourgeoisie) (F u.a. 1972, R: Luis Buñuel)
liegen lernen (D 2003, R: Hendrik Handloegten)
M – Eine Stadt sucht einen Mörder (D 1931, R: Fritz Lang)
Mariacron (D 1998, R: Jacques Palminger, Rocko Schamoni, Heinz Strunk)
Pappa ante Portas (D 1991, R: Loriot [Vicco von Bülow])
Psycho (USA 1960, R: Alfred Hitchcock)
Trittschall im Kriechkeller – Die neue Schwester (D 2011, R: Lars Jessen)
Zeit (D 2008, R: Frank Schneider)
Last Exit Schinkenstraße (D 2023, 1–6, R: Jonas Grosch)
Little Britain (UK 2003–2006, 1–20, R: verschiedene Regisseure)
The Big Bang Theory (USA 2007–2019, 1–279, R: verschiedene Regisseure)
Total normal (BRD 1989–1991, 1–7, R: Michael Leckebusch, Anke Böttcher)

Sekundärliteratur

Balázs, Béla: Der Geist des Films. Mit einem Nachtwort von Hanno Loewy und zeitgenössischen Rezensionen von Siegfried Kracauer und Rudolf Arnheim. Frankfurt a.M.: Suhrkamp 2001.

Engell, Lorenz: Untersicht. Rezeptionsanalyse und Filmwissenschaft – ein Beispiel. In: Renate Möhrmann (Hg.): Theaterwissenschaft heute. Eine Einführung. Unter wissenschaftlicher Mitarbeit von Matthias Müller. Berlin: Dietrich Reimer 1990, S. 261–295.

Haupts, Tobias: US-Fantasy 1977–1987. Eine Genrebetrachtung. Berlin/Boston: De Gruyter 2022.

„Hurz!" (Artikel) In: Wikipedia (https://de.wikipedia.org/wiki/Hurz!) (30.10.2025).

Kaes, Anton: Deutschlandbilder. Die Wiederkehr der Geschichte als Film. München: edition text + kritik 1987.

Kuschel, Daniela: *Der goldene Handschuh*. ‚Bildgewordene Verstörung'. In: Cornelia Ruhe/Thomas Wortmann (Hg.): Die Filme Fatih Akins. Paderborn: Brill Fink 2022, S. 305–327.

Müller, Jens: Letzte Schangs Mallorca. In: taz v. 10.10.2023 (https://taz.de/Last-Exit-Schinkenstrasse-bei-Amazon/!5965567/) (30.10.2025).

Andreas Seidler

Heinz Strunk barock

Bei der Betrachtung von Heinz Strunks multimedialem Werk lassen sich mitunter Bezüge und Muster erkennen, von denen unklar ist, ob sie diesen bewusst eingeschrieben wurden, oder ob sie sich im Gestaltungsprozess unintendiert ergeben haben. In beiden Fällen reichern solche intendierten oder unintendierten Bezüge die Werke mit Bedeutung an und eröffnen der Interpretation zusätzliche Perspektiven. Ein Beispiel für einen weit zurückreichenden historischen Gattungsbezug findet sich etwa in dem satirischen Kalender *Maximize Your Life 2024! Lebensoptimierende Maßnahmen von und mit Heinz Strunk*. Um dies zu erläutern, muss historisch etwas ausgeholt werden.

1531 erschien in Augsburg mit Andreas Alciatus' *Emblematum Libellus* eines der wirkmächtigsten Bücher der frühen Neuzeit. Allein dieses Werk wurde im Laufe des 16. und 17. Jahrhunderts mehr als 170-mal aufgelegt und fand gleichzeitig mehrere hundert ähnliche Nachfolgewerke in ganz Europa (vgl. Buck 1991, V). Alciatus schuf in seinem Buch damit das Muster für eine die gesamte Barockzeit prägende Kunstform, das Emblem (vgl. Henkel und Schöne 1976). Embleme bestehen aus einer Kombination von Bild und Text und zeigen in der von Alciatus geprägten klassischen Form eine dreiteilige Struktur aus Inscriptio (Überschrift/Motto), Pictura (Bild) und Subscriptio (Epigramm). Die Textelemente erklären dabei die Bedeutung des Bildes. Nach der späteren Beschreibung durch Johann Gottfried Herder solle der „Wortwitz“ von Motto und Epigramm den „Bildwitz“ erläutern (vgl. Buck 1991, VIII). Das Epigramm ist dabei oft sinnspruchhaft gestaltet.

Botschaft und Funktion der Embleme sind im Kontext einer mit dem frühneuzeitlichen Humanismus verbundenen Menschenkunde zu sehen, „welche das Sein und das Verhalten des Menschen […] analysiert, meist in der Absicht, dem Leser eine Lebenslehre an die Hand zu geben.“ (Buck 1991, XIII) Diese Lehre soll zumeist Anlass sein, das eigene Leben und Verhalten „im Spannungsfeld zwischen Sosein und Seinsollen“ (Buck 1991, XIV) zu reflektieren und verfolgt damit einen moralisch-erzieherischen Zweck.

Ein Musterbeispiel dafür ist das Emblem mit dem Motto „Defidiam abijaendam“ aus dem *Emblematum Libellus*.

https://doi.org/10.1515/9783111408798-013

44 AND. ALC. EMBLEM. LIB.

Deſidiam abijciendam. XIIII

Quiſquis iners abeat, in chœnicæ figere ſedem,
Nos prohibent Samij dogmata ſancta ſenis.
Surge igitur, duroq; manus adſueſce labori,
Det tibi dimenſos craſtina ut hora cibos.

Abb. 1: Aus Alciatus 1991 (1542).

In der 1542 in Paris erschienen Ausgabe des Werkes von Alciatus ist den ganzseitigen Emblemen jeweils auf der rechten Buchseite daneben eine freie Übertragung von Motto und Epigramm ins Deutsche beigegeben. Diese lautet hier:

Faulkeyt ist zu fliehen.

Sich wie es ist ein grosser spot,
Das man sich auff den protkorb leg,
Drumb es Pythagoras verbot:
Vnd das thuet nur der faul vnd treg,
Der gedenckt es bleyb im alweg
Gesunder leyb, daß er all tag
Sein speyß mit fueg gewinnen meg,
Deß kumbt er dan in not vnd plag.
(Alciatus 1991 [1542], 45)

Mit dem Hinweis auf die körperliche Hinfälligkeit und die Flüchtigkeit des Wohlstands warnt das Epigramm davor, sich zur Unzeit der Trägheit hinzugeben. Damit werden Motive aufgerufen, die noch die gesamte Barockepoche prägen sollten, nämlich die Vergänglichkeit des Körpers, der Wechsel des Glücks und die Aufforderung zur Tätigkeit.

Vor diesem kunst- und literaturgeschichtlichen Hintergrund lässt ein Blick in den Kalender *Maximize Your Life 2024! Lebensoptimierende Maßnahmen von und mit Heinz Strunk* überraschende Parallelen erkennen. Insbesondere das Januarblatt mit dem Titel „Faszination Faszien!“ weist eine vielschichtige formale und inhaltliche Verknüpfung mit der Barocktradition auf und kann als Formzitat der Emblematik (vgl. Böhn 2001, 112–186) gelesen werden.

Wie ein Emblem setzt sich auch das Kalenderblatt aus den Elementen Inscriptio („Faszination Faszien!“), Bild und Subscriptio zusammen. Die Subscriptio enthält dabei wie in der frühneuzeitlichen Tradition eine Erläuterung des Bildinhalts („hartes Faszientraining bis tief in die Schmerzzone“) und einen betont sinn- bzw. lehrspruchhaften Anteil („TRÄNEN UND SCHWEISS haben die gleiche Konsistenz, aber nur Schweiß bringt dich weiter.“) Auch die für das traditionelle Emblem typische Betrachtung des Lebens im Spannungsverhältnis zwischen Sein und Sollen findet sich in der Subscriptio, wenn dem „mehrgewichtigen Mensch[en] in Moll“ das „dehnbare[], hellfühlige[] Leichtgewicht“ gegenübergestellt wird.

Nicht nur in der formalen Gestaltung knüpft das Kalenderblatt damit an die Barocktradition an, sondern auch thematisch zeigen sich einschlägige Bezüge. So spricht aus Bild und Subscriptio des Kalenderblatts deutlich das Vanitas-Motiv. Der im Bild zu sehende ältere Herr unterliegt dem eitlen Wunsch, durch Faszientraining „wieder so jung und elastisch wie mit vierzehn“ zu werden.

Abb. 2: Aus Strunk/Dirksen (2023).

Der (vergebliche) Wunsch nach ewiger Jugend und eine diesseits- und körperorientierte Haltung, vor der die Barockliteratur allerorten warnt, kommen hier deutlich zum Ausdruck. Flankiert wird dies durch ein weiteres prominentes Barockmotiv. Der Vanitas wird ein *memento mori* zur Seite gestellt. So verweist das die Bildunterschrift abschließende Versprechen, „bei richtiger Anwendung ca. 3 Jahre Lebenszeitgewinn", doch zumindest implizit auf den Tod als finalen Fluchtpunkt der eitlen Bemühungen.

Durch den Wunsch nach körperlicher Verjüngung und vermeintlicher Immunität gegen den Tod lässt sich auch der Bezug zu einer weiteren barocken Figur herstellen, zur Figur des Narren. Kennzeichnend für die in Literatur und Kunst des späten Mittelalters und der frühen Neuzeit entwickelte Gestalt des Narren sind die Fleischesorientierung und der Glaube, dem Tod trotzen zu können. (Vgl. Mezger 1991) Närrisch sind die Eitlen, die in ihrer Fokussierung auf den materiellen Körper dessen Vergänglichkeit negieren und vergessen. In der frühneuzeitlichen Bildtradition ist die Figur des Narren dabei eng mit dem Motiv des Todes verbunden. (Vgl. Mezger 1991, 419–466) In vielen Darstellungen ist der Narr bei der Sinnlosigkeit und Nichtigkeit seines diesseitigen Treibens zu beobachten, während für die Betrachter sichtbar im Hintergrund bereits der Tod lauert.

Eine bildhafte Allegorie des Todes enthält das strunksche Kalenderblatt nun nicht, es sei denn, man wollte die dunklen Wolken am Himmel spekulativ mit einer Bedeutung in dieser Richtung aufladen. Auch die flache Bodenlage des Protagonisten auf dem Rasen und der verzerrte Mund assoziieren mit dem Tod („ins Gras beißen"). Aber auch ohne dies wird die von Heinz Strunk verkörperte Figur im Foto, die glaubt, sich durch sportliche Anstrengung der leiblichen Vergänglichkeit widersetzen zu können, doch deutlich in ihrer Narrheit markiert.

Wie lässt sich dieses komplexe Verhältnis zwischen barocker Emblematik und dem Heinz Strunk-Kalender *Maximize Your Life 2024!* am besten fassen? Komplementär zu den formalen Parallelen zeigt sich eine Interferenz zwischen den in der traditionellen Emblematik transportierten Elementen einer humanistischen Lebenslehre und den auf dem Kalenderblatt angepriesenen „[l]ebensoptimierende[n] Maßnahmen". Durch diese formalen und inhaltlichen Bezüge kommt es zu einer Überblendung bekannter Topoi der barocken Moral- und Menschenkunde mit der im Kalender ausgestellten spätkapitalistischen Selbstoptimierungsideologie.[1] Durch deren Überzeichnung mit den traditionellen Mustern einer unzeitgemäßen Belehrungskunst werden die Ideologeme der körperlichen Selbstoptimierung

1 Zu Heinz Strunks Auseinandersetzung mit diesen Ideologien auch in anderen Teilen seines Werkes vgl. den Beitrag von Erika Thomalla in diesem Band.

parodiert und gerade vor dem Hintergrund des barocken Subtextes in ihrer Narrheit und Eitelkeit entlarvt.

Primärliteratur

Alciatus, Andreas: Emblematum Libellus. Reprograf. Nachdr. der Orig.-Ausg. Paris 1542. Darmstadt: WBG 1991.

Strunk, Heinz/Dennis Dirksen (Fotos): Maximize Your Life 2024! Lebensoptimierende Maßnahmen von und mit Heinz Strunk. Hamburg: Lappan 2023.

Sekundärliteratur

Böhn, Andreas: Das Formzitat. Bestimmung einer Textstrategie im Spannungsfeld zwischen Intertextualitätsforschung und Gattungstheorie. Berlin: E. Schmidt 2001.

Buck, August: Einleitung. In: Andreas Alciatus: Eblematus Libellus. Reprograf. Nachdr. der Orig.-Ausg. Paris 1542. Darmstadt: WBG 1991, S. V–XXII.

Henkel, Arthur/Albrecht Schöne (Hg.): Emblemata: Handbuch der Sinnbildkunst des XVI. und XVII. Jahrhunderts. Erg. Neuausg. Stuttgart: Metzler 1976.

Mezger, Werner: Narrenidee und Fastnachtsbrauch. Studien zum Fortleben des Mittelalters in der europäischen Festkultur. Konstanz: UVK 1991.

Teil V: **Anhang**

Stefan Born, Andre Kagelmann, Philipp Kohl, Arno Meteling und Andreas Seidler

„Vielleicht überrascht es Sie, aber ich halte mich für einen ganz großen Menschenfreund."

Ein Interview mit Heinz Strunk

Identitäten

Wir möchten das Gespräch mit einer gewissermaßen identitätspolitischen und insofern hochaktuellen Frage beginnen, die nicht unbedingt mit Literatur zu tun hat, aber in Ihrem Fall schon: Mit wem sprechen wir heute eigentlich, mit Heinz Strunk oder mit Mathias Halfpape? Gibt es Unterschiede, Überschneidungen, Maskeraden und wechselnde Perspektiven? Auf Ihrem Klingelschild finden sich beide Namen.

Ja genau, das Schild, das geht nicht anders wegen Post und so. Ist die Geschichte grundsätzlich bekannt, warum ich auf diesen unsäglichen Namen gekommen bin?

Wir dachten, das wissen Sie selbst nicht mehr.

Ja doch, das war 1992, da bin ich 30 geworden und habe meine erhoffte Musiklaufbahn als Komponist und Produzent klugerweise begraben. Ich hatte gerade wieder einmal ein halbes Jahr an einem Projekt gearbeitet mit meiner Hauptsängerin. Auch mit anderen Sängerinnen hatte ich schon Aufnahmen gemacht. Damit bin ich zum Musikverlag gegangen und die haben einfach nur gesagt: „Mach das Ganze doch mal auf Deutsch." Da habe ich dann für mich gemerkt, okay, das war's als Musikproduzent. In dieser Zeit habe ich aber auch die ersten beiden Helge-Schneider-Hörspiel-CDs gehört. Das hat mich so umgehauen, dass ich selbst sowas probieren wollte. Ich habe erste Aufnahmen gemacht, immer Song und Hörspiel im Wechsel, und habe das dann in ganz kleinem Kreis – ich glaube, fünf oder sechs Leuten – vorgespielt. Und diese Leute haben sich wirklich so beömmelt und waren so begeistert, wie ich das nie vorher als Reaktion erlebt hatte. Einer der Zuhörer, Michy Reincke, damals in Norddeutschland ein bekannter Pop-Rock-Schlager-Star, der hat 10.000 Mark auf den Tisch gelegt, damit aus diesen Aufnahmen eine CD produziert werden kann. Und jetzt kommen wir endlich zur Namensgebung. Es musste ein

https://doi.org/10.1515/9783111408798-014

Name her für das Projekt, so ein Gagname. Da habe ich das Stumpfeste genommen, was mir einfiel, nämlich Heinz Strunk.

Da gibt es kein Vorbild, nicht irgendetwas, das Sie gelesen haben irgendwo?

Nein. Ich habe nur inzwischen bei Google gelernt, dass es einen 88-jährigen Schützenkönig gibt aus Winsen an der Luhe oder so. Aber ich bin damals fest davon ausgegangen, dass es bei diesem einen Versuch unter diesem Namen bleiben würde. Wenn ich gewusst hätte, dass dieser furchtbare Name nicht nur bei den humoristischen, sondern später auch bei literarischen Sachen auftauchen würde, dann hätte ich mir damals etwas mehr Mühe gegeben *(lacht)*. Aber man weiß ja, wie das ist, das bekannteste Beispiele dürfte Prince sein, der als TAFKAP keinen mehr interessiert hat. Deswegen habe ich Abstand davon genommen, den Namen zu ändern.

War es mal eine Option, als Jürgen Dose weiterzumachen? Der figurierte zwischenzeitlich ja auch als Autor.

Hätte es durchaus sein können. Wenn Jürgen Dose mehr Erfolg gehabt hätte, dann wäre es halt Jürgen Dose geworden. Als ich das erste Mal nach Österreich gekommen bin zu Stermann & Grissemann, kannten die mich ja nur als Jürgen Dose – wegen der *Jürgen Dose Schau* auf Radio Fritz, das war die gleiche Produktionsfirma, deswegen ist der Kontakt zustande gekommen. Und die kannten diese ein, zwei Songs und haben das immer in ihrer Radiosendung gespielt.

Hatte die Jürgen Dose Schau *ein besonderes Konzept, wie beispielsweise* Fleischmann TV *mit dem Call-In?*

Ich habe die Sendung nur zufällig bekommen, weil bei Radio Fritz ein Sendeplatz frei wurde. Die haben händeringend jemanden gesucht, der einspringen kann, und ich hatte das Glück über die Produktionsfirma „Raumstation" aus Berlin vermittelt zu werden. Das war für mich natürlich eine Riesenchance und eine ganz tolle Sache. Die ersten Sendungen waren allerdings wirklich beschämend schlecht, aber ich habe mich dann ganz gut eingefuchst. Im Grunde war das auch der Vorläufer zu *Fleischmann TV*. Die Sendung wurde jedoch nach einem Jahr eingestellt, und das gleiche Schicksal war ja zwei Jahre später auch *Fleischmann TV* beschieden. Der Fundus an Gags ist bereits für die *Jürgen Dose Schau* entstanden. Das Konzept war ungefähr das gleiche wie später bei *Fleischmann*: Es gab die komische Rubrik, also witzige Hörspiele, das Thema der Woche und dann Musikbesprechungen, eigentlich waren es immer diese drei Module. Viva hat dann den – aus ihrer Sicht –

großen Fehler gemacht, *Fleischmann TV* laufen zu lassen. Viva war nicht an die GfK[1] angeschlossen. In den Monaten, als *Fleischmann* losging, das war im April 2003, haben die das erste Mal Zahlen bekommen. Die haben immer vermutet, dass so eine Sendung interaktiv erfolgreich läuft, aber das war gar nicht der Fall. Die schlechtesten Zahlen hatten *Fast Forward* und *Fleischmann TV*. Das waren 8000 Leute oder so, die das gesehen haben, das war sehr deprimierend. Die Sendung lief dann nur von April bis Juli täglich, ab Herbst wöchentlich und die letzte Sendung war Anfang Dezember 2003. Das war Humor, der wahrscheinlich wirklich nur im Rahmen der *Titanic* Platz findet. Für mich war das damals nicht nur schade und frustrierend, sondern wirklich existenzbedrohend. Es gab zwar das Studio Braun, und unsere Telefonwitze waren quasi in aller Munde, aber nur in einer Mini-Szene hier bei den coolen Leuten in Hamburg. Wir haben insgesamt fünf CDs gemacht und vielleicht 30.000 von allen zusammen verkauft. Das Studio Braun existierte damals quasi gar nicht mehr, erst später haben wir wieder begonnen, Theater zu machen. Ich habe zu der Zeit nichts mehr verdient, das waren nicht einmal mehr 500 Euro im Monat. Das brachte für mich die Erkenntnis, das wird nichts mehr mit der Karriere in diesem Bereich. Die Hinwendung zur Literatur hatte ich dann einer Freundin zu verdanken, die sagte: „Du kannst ganz gut mit Sprache umgehen. Mach doch mal was in der Richtung."

Sie haben den Künstlernamen Heinz Strunk dann auch für Ihren ersten Roman Fleisch ist mein Gemüse *beibehalten. Da hätte es ja auch andere Möglichkeiten gegeben.*

Naja, ich war bei den *Titanic*-Leuten als Heinz Strunk bekannt und bei Studio Braun auch. Der Name war also schon etabliert. Wenn da ein anderer, ein etwas besser klingender Name gestanden hätte, wäre das ganz gut gewesen, aber das kam da schon nicht mehr in Frage.

Literatur

Kommen wir auf die Literatur zu sprechen und auf die Verbindung zwischen Ihrem literarischen Werk, vor allem den frühen Texten, und Ihrer Person, Ihrer Biografie. Sie haben ja in Ihren literarischen Texten Ihr Leben „auserzählt" – so haben Sie es jedenfalls schon mehrfach in Interviews formuliert. Es gab in den letzten Jahren viele

---

1 Ein Marktforschungsinstitut, das Einschaltquoten misst.

solcher Werke auf dem literarischen Markt, die als „autofiktional" bezeichnet werden, also vom Leben der Autor:innen erzählen. Wie sehen Sie selbst das Verhältnis Ihres literarischen Werks zu Ihrem Leben? Und nehmen Sie auch andere autofiktionale Literatur wahr, um Ihr eigenes Schreiben damit abzugleichen oder sich zu orientieren?

Wenn man Anfänger im Schreiben ist, finde ich es ganz naheliegend, sich mit der eigenen Biografie auseinanderzusetzen. Dann weiß man, was stimmt, und muss sich das nicht ausdenken. Es gibt ja diverse Beispiele wie etwa Benjamin Lebert mit *Crazy*. Der hatte damit einmal den großen Wurf gelandet, dann kam aber nichts mehr Erfolgreiches. Ich glaube, er hat noch mehrere erfolglose Versuche unternommen, auch fiktional zu schreiben.

Ich wäre zu Beginn meiner Arbeit als Schriftsteller vielleicht schon in der Lage gewesen, mir etwas auszudenken, aber es war so naheliegend für mich, über die Erfahrungen als Tanzmusiker zu schreiben. Als die Freundin mich damals zum Schreiben ermutigte, habe ich überlegt, worüber ich schreiben könnte, und bin dann, glaube ich, eine Woche später auf Tiffany's gekommen – das war ja noch nicht so lange her, ich konnte mich an vieles noch gut erinnern. Die folgenden Bücher sind auch in dem biografischen Kontext entstanden. *Fleckenteufel* ist ja mehr oder weniger alles erlebt, also diese christlichen Freizeiten, von Konfirmanden- über Familien- und Jugendfreizeiten. Davon habe ich als Jugendlicher bestimmt zehn mitgemacht. Und *Heinz Strunk in Afrika*, das ist ja auch fast alles erlebt. Der Teil, wo Christoph entführt wird, ist natürlich ausgedacht, aber wie wir da unseren Pauschalurlaub fristen, das ist schon ziemlich genau an der Realität entlang beschrieben.

Dann kam *Junge rettet Freund aus Teich*. Ich finde es übrigens ungerecht, dass dieses Buch so gar nicht gut gelaufen ist. Man kennt das ja, dass ein älterer Autor wie etwa J. D. Salinger über einen Fünfzehnjährigen schreibt. Aber dass es drei unterschiedliche Altersstufen des Protagonisten gibt wie in *Junge rettet Freund aus Teich*, das gibt es sonst nicht. Ich dachte damals, dass das für mehr Aufsehen sorgen und besser laufen würde. Das Buch war meines Erachtens sehr gelungen. Es wurde aber der am schlechtesten laufende all meiner Titel. Parallel dazu war ich schon beim *Goldenen Handschuh*. Also ich war da schon als Gast in der Kneipe und hatte auch schon die Idee für den Roman. Ich wusste, aus meinem eigenen Leben geht mir sonst der Stoff aus, da fällt mir nichts mehr ein, weil mein Leben nicht von einer großen Erlebnisdichte gezeichnet ist.

Ich würde aber auch heute noch sagen, zum Beispiel bei *Zauberberg 2*, die Gedanken, das Erleben der Figuren, das ist ja alles von mir, das bin ja ich. Oder in *Ein Sommer in Niendorf* die gedanklichen Vorgänge Roths beim Schreiben seiner

Familiengeschichte, das ist ja mein Erleben als Autor, meine Gedanken über seine Schwierigkeiten, diese Geschichte zusammenzubekommen. Es ist mir zu albern, wenn Autoren so tun, als hätten die Dinge gar nichts mit ihnen zu tun.

Fragen der Adressierung

Wenden wir den Blick vom Autor zum Publikum. Gibt es bei Ihren verschiedenen Werken eine bestimmte Adressierung? Haben Sie beim Schreiben eine Idee von den möglichen Lesern im Kopf? Unterscheidet sich die zum Beispiel bei den Käsis *von der bei* Fleckenteufel *oder wiederum bei* Der goldene Handschuh*?*

Nein, ich denke über die Zielgruppen gar nicht nach. Ich schreibe die Sachen wirklich für mich. Es muss mir gut gefallen, und die Erfahrung lehrt mich, dass ich im Literarischen durchaus eine Leserschaft finde – und im Humoristischen eher nicht. Wenn ich das nicht für mich entdeckt hätte, würde ich heute wahrscheinlich im prekären humoristischen Milieu verkehren und wäre froh, wenn ich bei der *Titanic* oder beim *Rolling Stone* eine Kolumne schreiben könnte und als ältere Kult-Humor-Legende bei Auftritten 40 Leute im Publikum hätte. Aber was für mich immer interessant ist – deshalb gehe ich hinterher grundsätzlich signieren – sind die Leute in meinem Publikum. Das ist ja die einzige Möglichkeit, zu sehen, wer das kauft und sich für mich interessiert. Dieses Publikum ist natürlich im Laufe der Jahre – ich bin ja selbst schon 62 – älter geworden. Wenn ich in der Provinz bin, ist das Publikum wirklich alt. Je mehr Metropole, also Berlin, Hamburg, Köln, Frankfurt, München, desto durchmischter wird das Publikum, dann sind auch ein paar Junge dabei.

Gab es eine Probelesung von den Käsis, *zum Beispiel mit Ihrem Patenkind?*

Nein, das mache ich nicht.

Als Comic-Szenarist treten Sie ein bisschen in die Fußstapfen von Max Goldt, mit dem Sie schon öfters verglichen worden sind und der auch Ihr Vorgänger als Titanic-*Kolumnist war. Gab es da Anleihen, sehen Sie Ähnlichkeiten? Oder ist das gar keine Referenz für Sie?*

Ich war damals sehr stolz, dass ich in Max Goldts Fußstapfen treten konnte. Er war schon stilprägend. Ich finde es sehr schade, dass er nichts mehr macht und verstehe es auch nicht.

Die Titanic *enthält ja nach wie vor die „Katz und Goldt"-Comics und es gab 2015 ein* Räusper *betiteltes Buch dazu. Aber das war offenbar nichts, was Sie bewusst verfolgt haben.*

Nein. Als ich noch *Titanic* gelesen habe – aus Protest habe ich mein Abo gekündigt –, fand ich die Ausbeute aber extrem hoch, also zwei von drei Pointen fand ich echt gut. Aber es gibt eine große Schwierigkeit für Satiriker, wenn sie Romane schreiben – und das ist vielleicht auch der Grund, warum sich Max Goldt nie an einen Roman gewagt hat. Es gelingt ihnen meistens nicht der Move, der unbedingt notwendig ist, wenn man einen Roman schreibt, nämlich die Emotionalität. Das bleibt immer in so einem satirischen Ton, es wird niemals bekenntnishaft.

Menschen und Figuren

Zu einem anderen Thema: Es wirkt auf die Leser Ihrer Bücher so, als ob Sie sich besonders für prekäre und zu kurz gekommene Menschen interessieren.

Ja, das mag damit zusammenhängen, dass ich selber aus Harburg komme. Das war dort kein wirkliches Proletariat, aber kleinbürgerliches Milieu. Wenn ich da heute bin, ist das immer echt hart. Aber vielleicht hat mich das so geprägt, dass mich das weiterhin interessiert und das Leben der Reichen und Schönen irgendwie nicht; ich habe mich da nie zugehörig gefühlt.

Gestalten Sie Ihre literarischen Figuren vor dem Hintergrund eines bestimmten Menschenbildes?

Sagen wir mal so, vielleicht überrascht es Sie, aber ich halte mich für einen ganz großen Menschenfreund. Ich finde nur, dass viele Menschen es mir schwermachen. Also wenn ich tollen Leuten begegne, dann bin ich fast gerührt. Aber ich bemerke in letzter Zeit irgendwie auch ausgeprägter – ich will gar nicht mit ‚soziophob' oder solchen Modebegriffen anfangen –, dass es mir nicht mehr so leichtfällt, das Gute im Menschen zu sehen. Das ist ein Problem; ich war zum Beispiel auf einer Kreuzfahrt, eine Woche auf der AIDAperla. Ich habe mir extra gesagt: Das sind ganz normale, nette Leute, die haben sich ihre Kreuzfahrt wohl verdient. Ich war zusammen mit Klaus und Klaus, Lotto King Karl und Otto Waalkes an Bord, eine Woche nach Norwegen. Aber die Leute haben es mir schwergemacht, ich musste mich echt zusammenreißen. Abgesehen davon, dass mein Auftritt für große Irritation gesorgt hat.

Das kam auch in der Presse, oder?

Ja, ja, „Bei Heinz Strunk verließen die Gäste den Saal". Ganz so schlimm war es aber gar nicht. Die haben mich ja extra mitgenommen. Da sind zweieinhalbtausend Leute, die auf dem Schiff mitfahren und das sind nicht alles Vollprolls. Man wollte halt auch für die, die nicht Klaus und Klaus-Fans sind, mal was anderes bieten. Ich habe das jetzt nur so als Beispiel für eine Erfahrung mit Gesellschaft genannt. Ich selbst bemühe mich darum, mit einem Höchstmaß an Diskretion durchs Leben zu gehen, obwohl ich weiß, dass mein Outfit mit den komischen Goldringen und so auffallend ist. Aber ich finde indiskretes beziehungsweise schlechtes Benehmen jeder Couleur schwierig bis unerträglich. Wogegen ich mich aber echt wehre, ist der Vorwurf, dass ich Zyniker, dass ich irgendwie menschenfeindlich oder misogyn sei. Das finde ich das Allerletzte, wenn mir das vorgeworfen wird. Ich kann auch nicht sehen, woraus man das ableiten will. Nehmen wir zum Beispiel die Beschreibung der adipösen Freundin von Breda in *Ein Sommer in Niendorf*. Das ist ja eine wahre Geschichte. Ich bin damals 2010 nach Niendorf gefahren, um mich für drei Monate in dem genannten Apartmenthaus einzumieten. Dort bin ich auf diesen Herrn gestoßen, der hieß natürlich anders. Der hat sieben oder acht Wohnungen verwaltet. Strandkorbdreher war er nicht und er hatte auch kein Schnapsdepot, das habe ich dazu gedichtet. Aber er hatte tatsächlich diese Freundin, die er im Rubensfan-Forum kennengelernt hat, weil er ein Faible für übergewichtige Frauen hatte. Wie diese Simone war, habe ich einfach versucht so genau zu beschreiben, wie es geht.

Schon im Fleckenteufel *reflektiert der Protagonist darüber, ob der Mensch das ist, was die Gesellschaft aus ihm macht, oder das, wozu seine Veranlagung ihn bestimmt. Wie sehen Sie das heute?*

Also ich habe ein Patenkind, ein Zwillingskind, und beobachte da: Die sind acht Jahre alt und die Mutter behandelt beide gleich. Unterschiedlicher als die beiden sind, geht es aber nicht. Ich glaube, das ist eher eine veraltete Debatte um Umwelt oder Anlage. Ich habe immer schon dazu geneigt, eher die Anlagen zu sehen. Aber wenn man zum Beispiel wie ich Tanzmusik gemacht hat und da groß geworden ist, dann bewegt man sich automatisch in diesem Milieu. Oder die Leute, die zum Ballermann fahren, die suchen das ja auch. Gesucht und gefunden. Die Anlage bringen die mit, aber natürlich wird das dann selbstverstärkend. Ich bin einmal im Megapark gewesen und nach zwei Minuten wieder raus. Es war alles exakt so, wie man es sich vorstellt. Übrigens auch bei der Kreuzfahrt. Ich hatte gedacht, vielleicht fällt einem da eine Geschichte vor die Füße, die man verarbeiten kann. David Foster

Wallace hat darüber ja *Schrecklich amüsant – aber in Zukunft ohne mich* geschrieben. Ich glaube, das Thema ist abgefrühstückt.

Wann haben Sie eigentlich angefangen, sich mit dem Thema „Ratgeberliteratur" zu beschäftigen? Hat Jürgen Höller, weil er damals so präsent war, für die Initialzündung gesorgt?

Das ist schon so lange her, dass ich es nicht mehr genau weiß. Ich vermute mal, dass es mit Jürgen Höller zu tun hatte, der Mitte der 90er-Jahre die Dortmunder Westfalenhalle vollgemacht hat. Aber das hat seit Corona zugenommen, zum Beispiel gehört auch dieser Glücksguru Biyon Kattilathu dazu, der neue Freund von Amira Pocher. Diese Karriere- und Motivationstrainer zeichnen sich durch geballte Dummheit aus. Man kann sich gar nicht vorstellen, dass die das ernst meinen, das ist eine derartige Schrottwelt. Aber die meinen das sehr ernst. Es ist der Wahnsinn, was sich da auf dem Markt tummelt und was da produziert wird: Unter anderem der Satz in meinem Kalender, der immer für den größten Lacher sorgt: Heute Morgen habe ich zwei Geschenke geöffnet, das waren meine Augen. Das kommt auch nicht von denen, die haben das meistens auch woanders her. Man kann nicht nachvollziehen, wo das ursprünglich herkommt. Ich fände das auch einen geeigneten Stoff für eine Serie und habe schon ein Exposé dazu geschrieben.

Zeitzeichen

Würden Sie sagen, dass gesellschaftliche Debatten einen Hintergrund Ihrer Literatur bilden und dass Ihre Texte insofern Zeitdiagnosen enthalten?

Gerade ist ja Kafka in aller Munde und früher gab es auch bei Reich-Ranicki immer die Frage: Mann oder Kafka? Reich-Ranicki hat sich immer für Thomas Mann ausgesprochen. Mittlerweile ist das Pendel eindeutig in die andere Richtung ausgeschlagen, weil Kafka einfach so unfassbar zeitlos ist. Um diese Zeitlosigkeit bemühe ich mich auch, zum Beispiel jetzt in *Zauberberg 2*. Ich war im November in diesem Sanatorium, mein *Zauberberg* spielt aber im Januar, und Kraniche spielen darin eine wichtige Rolle. Daher habe ich gefragt: „Das sind doch Zugvögel, sind die im Januar nicht vielleicht weg?" Das wäre ein Riesenfehler, dass man über Kraniche schreibt, die es da gar nicht gibt. Dann sagte mir aber jemand, „Nein, die überwintern da jetzt auch", und es fiel das Wort Klimawandel. Aber selbst ein Wort wie ‚Klimawandel' möchte ich eigentlich gar nicht in meinen Büchern haben. Ich habe mal einen Roman von Juli Zeh gelesen, den fand ich ganz okay. Aber dass da ständig die aktuellen politischen Diskurse verhandelt werden, das hat für mich in der Literatur nichts verloren. Wobei der Erfolg ihr ja recht gibt. Aber ich bemühe mich immer, die Dinge zeitlich unverortet zu lassen. Schon bei *Fleisch ist mein Gemüse* wollte ich das so. Die erste Fassung hätte genauso gut 1960 oder 1990 spielen können. Das wurde aber im Lektorat moniert. Erst im zweiten Arbeitsgang habe ich dann die Sachen mit Tschernobyl, Helmut Kohl und dieser Uwe-Barschel-Geschichte eingebaut, damit man ein zeitliches Gerüst hat. Das war auch gut so. Aber ich fand die Zeitlosigkeit immer toll, zum Beispiel bei Loriot. Es gibt natürlich auch bei ihm ein paar Sachen, wie „Wir bauen uns ein Atomkraftwerk“, die schlechter gealtert sind. Aber viele seiner Sachen sind extrem gut gealtert, weil sie so zeitlos sind. Deswegen ist das so eine Sache mit Zeitdiagnosen oder mit der Idee, den Zeitgeist einzufangen. Ich denke immer, nach zehn Jahren hat sich der Zeitgeist geändert und das Buch ist gar nicht mehr aktuell, dann interessiert sich keiner mehr dafür. Die Halbwertszeit von Literatur ist ja eh so eine Sache. Bei Kafka ist sie sehr hoch, bei Shakespeare noch höher. Ich würde sagen, *Ein Sommer in Niendorf* hat die Chance, dass das zumindest in 20 Jahren noch nicht als Millenniumsbuch behandelt wird.

Sie haben vorhin selbst diesen Vorwurf der vermeintlichen Misogynie gegen Sie angesprochen. Man könnte in diesem Kontext auch die provokative Frage stellen, ob Ihr Werk Literatur für die sprichwörtlich gewordenen „alten weißen Männer“ ist. Was ja durchgängig in Ihrem Werk vorhanden ist, seit Fleisch ist mein Gemüse, *ist der Blick sexuell zu kurz gekommener Männer auf Frauen, die sie nicht erreichen können, was auch häufig mit einer gewissen sprachlichen Aggression verbunden ist; „die Biester“ etc.*

Ja, ich weiß, das Wort „Biester“ könnte man heute nicht mehr benutzen. Aber zu der Zeit, die in *Fleisch ist mein Gemüse* beschrieben wird, war das wirklich so, dass wir sehr unter der Situation gelitten haben. Viele Jahre habe ich mich sexuell oder Frauen gegenüber als unterprivilegiert empfunden – und war das auch, was mich immer stark beschäftigt hat. Ich habe versucht, das dann literarisch zu verarbeiten, mit einer gewissen Schonungslosigkeit, auch mir selbst gegenüber. Es ist mir übrigens selten passiert, dass mir das um die Ohren geflogen wäre, im Sinne von: Wir wissen jetzt, was für ein armer Wichser du bist. Oder auch die Thematisierung von Akne oder Depression – mittlerweile wird damit ja inflationär umgegangen, aber damals war das, glaube ich, noch relativ neu. Manche denken wahrscheinlich, „Wenn man überlegt, wo der Strunk herkommt und wie er jetzt dasteht, dem müsste es ja eigentlich blendend gehen“. Das stimmt aber nicht. Der Grund, weshalb ich meinen *Zauberberg* in die psychosomatische Klinik verlegt habe, kommt auch nicht von ungefähr. Wenn also jemand sagt, das seien alles Alte-weiße-Männer-Gedanken oder es sei aus der Perspektive eines solchen geschrieben, dann kann ich nur sagen, ja, dann ist das vielleicht so.

In Ein Sommer in Niendorf *kann man den Eindruck gewinnen, Sie wollten dann doch ein bisschen politische Korrektheit herstellen, indem Dr. Roth für seinen sexualisierten Blick auf die Kellnerin Savina ziemlich drastisch bestraft und gedemütigt wird.*

Ja, diese Demütigung, die er erfährt, finde ich aber eigentlich total unverhältnismäßig. Es ist ja nicht so, dass er diese Frau belästigt oder mit sexualisierter Gewalt bedroht hat.

Uns ist noch etwas im Zusammenhang mit den Frauenfiguren aufgefallen: Sie haben die Frauen früher in den Hörbüchern immer mit ‚nervigen' hohen Stimmen gelesen, aber das machen Sie jetzt nicht mehr. Sie sprechen die Frauen jetzt ohne eine besondere Stimme aufzusetzen. Haben Sie sich dafür bewusst entschieden?

Das hat sich so ergeben, weil ich bestimmte Sachen vermeiden will. Ich versuche einerseits so unterhaltsam wie möglich zu sein. Das sollte jeder, der schreibt, versuchen, auch wenn man ein ernstes Anliegen hat. Aber ich trenne ganz klar zwischen Literatur und Humor. Simone in *Niendorf* mit so einer quasi Hörspiel-Comic-artigen Stimme zu sprechen, fände ich unpassend. Früher hat es vielleicht bei manchen Figuren gepasst.

Inszenierung

Lassen Sie uns noch einmal zu Ihrer Person und zu Ihrer persönlichen Inszenierung zurückkommen. Sie pflegen einen bestimmten Kleidungsstil, tragen Goldketten und Tattoos und erzeugen damit ein bestimmtes Image. In einigen Interviews haben Sie explizit über Mode gesprochen und in der Fernsehsendung „Durch die Nacht mit H.P. Baxxter und Heinz Strunk" waren sie beim Schneider zu sehen. In der Literaturgeschichte ist der ‚Dandy' eine prominente Erscheinung: Charles Baudelaire, Lord Byron oder Oscar Wilde sind vielleicht die berühmtesten Vertreter des Dandytums, also der Idee, sich selbst, die eigene Person als Kunstwerk zu inszenieren. Den Hipster der Jahrtausendwende, den Sie auf Ihrem Album von 2019 besingen, könnte man vielleicht als schwachen Abklatsch des Dandys betrachten. Haben Sie einen Bezug zum Dandytum und wie wichtig ist für Sie die äußerliche Selbstinszenierung?

Nochmal zum Unterschied zwischen Heinz Strunk und Mathias Halfpape, den nehme ich selbst gar nicht wahr, den gibt es auch nicht. Aber als Bühnenfigur bin ich natürlich anders als privat. Wenn ich hier in Hamburg in der Schanze einkaufen gehe, dann habe ich eher Büßerkleidung an. Ich glaube, der Dandy würde nur gestylt aus dem Haus gehen. Das bin ich überhaupt nicht. Ein Dandy ist vielleicht der Chef vom *Herr von Eden*, von dem Kleidungsladen, wo ich früher auch gekauft habe, als ich noch ganz dünn war. Aber eigentlich finde ich das fast ein bisschen albern. Ich bin natürlich schon sehr geprägt von Rocko Schamoni und Jacques Palminger. Die sind, was ästhetische Sachen betrifft, viel weiter vorne als ich. Die haben das schon ganz früh betrieben. Bei mir war es eher ein tragisch-komischer Beginn. Als Heinz Strunk habe ich diese erste CD gemacht, da stand hinten meine Telefonnummer drauf. So hat mich der große Rocko Schamoni, den ich nur vom Hörensagen kannte, angerufen und mich gesiezt. Dann haben wir uns getroffen und er war sehr irritiert bis enttäuscht. Ich komme aus der Muckerszene und war ganz anders drauf. Dann hatte ich meinen allerersten Auftritt, ungefähr ein Jahr später, wir reden jetzt von 1994 oder so, im damaligen Pudelclub in der Kampstraße. Schorsch Kamerun und die ganzen Super-Styler sind da aufgetreten. Es waren ungefähr 150 Szenepeople da. Es war auch bekannt, dass ich auftreten würde. Ich stand irgendwo hinten und wurde von Schorsch Kamerun nach vorne gerufen. Dann hörte ich nur: „Was, das ist Heinz Strunk?" Eine Riesenenttäuschung, weil ich mit meinem ganzen Harburg und Tanzmucke und so weiter totale Provinz und langweilig war. Ich bin zu Beginn von einigen sehr abfällig behandelt worden. Von DJ Koze zum Beispiel oder von Felix Kubin – die haben mich richtig gedisst. Das war ein schwerer Stand. Aber Rocko ist ja menschlich eine Eins, der hat eine ganz große Fähigkeit, Leute zusammenzuführen und Kontakte herzustellen. Damals haben die vielleicht Sachen in mir gesehen, die nur so rudimentär vorhanden waren. Deswegen würde ich sagen, ohne Rocko und Jacques – die kannten sich ja schon ein bisschen länger – würde es mich in der heutigen Form nicht geben. Mein Entree war wirklich nur, dass ich diese lustige CD gemacht habe. Alles andere habe ich mir im Laufe der Jahre abgeguckt. Diesen Kleidungsstil habe ich aber nicht aus Showgründen kultiviert, sondern der ist eigentlich eher im Privaten entstanden.

Wenn Sie heute durch Hamburg gehen, werden Sie dann als Promi erkannt und von Fans angesprochen?

Nein, dafür bin ich nicht Promi genug. Das beschränkt sich auf ganz bestimmte kleine Kreise, auch in Hamburg. Eine Zeit lang war das ein bisschen mehr, durch meine *extra 3*-Auftritte. Das waren ja immerhin acht Jahre, die ich das gemacht habe. Da sind dann vielleicht auch Leute zu den Auftritten gekommen, die sonst nicht gekommen wären, oder auch solche, die meine Bücher vielleicht gar nicht kannten.

Das hat zur selben Zeit geendet wie Ihre Titanic-Kolumne. Ist eigentlich kolumnistisch wieder mal etwas Neues von Ihnen zu erwarten oder sind Sie fertig damit?

Damit bin ich eher fertig. Nach dem Ende der *Titanic*-Kolumne habe ich mich noch um etwas Neues bemüht. Ich habe die Kolumne ja nicht freiwillig eingestellt, sondern wurde ersetzt. Aus Gründen, die völlig in Ordnung sind, auch wenn ich damals sehr enttäuscht und zerknirscht war. Ich habe mich dann mit Adam Soboczynski von der *Zeit* und mit dem Chefredakteur der *Süddeutschen* getroffen. Ich dachte, vielleicht kann ich da weitermachen. Aber die *Zeit* hatte keinen Platz für mich. Und bei der *Süddeutschen* ist ja der ewige Axel Hacke, da hat man keine Chance. Bei irgendeinem Miniblatt weiterzumachen, dazu hatte ich keine Lust. Irgendwie bin ich jetzt auch ganz froh, dass diese regelmäßigen Arbeiten vorbei sind, auch *extra 3*. Das war total okay und es gab eine sehr nette Redaktion dort. Aber ich finde das, was ich da gemacht habe, inhaltlich sehr schwach. Ich habe mich gehorsam dem Format angepasst, diesem öffentlich-rechtlichen Satire-Oma-Fernsehen. Es gab 78 Beiträge von mir für *extra 3*, die ich jetzt kürzlich alle nochmal durchgelesen habe und fast beschämt war. Drei Seiten habe ich daraus extrahiert, aus denen man gagmäßig ein bisschen was machen kann, der Rest war richtig schwach. Die Performance finde ich noch immer ganz okay, aber nach acht Jahren hat es auch gereicht.

Beziehungen und Bezüge

Welche Rolle spielt Vernetzung für Ihre Arbeit? Gibt es – innerhalb des Literaturbetriebs im weitesten Sinne – Akteure, deren Kontakt Sie suchen?

Nein, ich frage mich immer schon, wer dieses Networking nötig hat. Ich pflege keinen Kontakt ins literarische Milieu. Neulich war ja mal wieder Thema, nach welchen Kriterien Literaturpreise vergeben werden. Ich glaube tatsächlich, ein Grund, weshalb ich eher wenig mit Preisen bedacht wurde und wahrscheinlich auch werde, ist, dass ich da überhaupt nicht vernetzt bin. Ich weiß von Leuten, die ein paar Wochen in Literaturhäusern übernachten. Die kennen dann auch alle, die ganze Jury und so. Ich bin da komplett außen vor. Das mag mit zwei Gründen zu tun haben. Der eine ist, dass ich Quereinsteiger bin und mit dem etwas verdächtigen Background im Humorfach sozusagen kein Vertreter der reinen Lehre. Der andere ist, dass ich nie ein Cliquentyp war, auch nicht im Zusammenhang mit der

Hamburger Schule und Rocko, Jacques und Studio Braun – ich bin ganz selten zu den Treffen im „Pudel“ gegangen. Mittlerweile sind aber alle so alt, dass man nicht mehr dorthin geht.

Gibt es für Sie Vorbilder, also Schriftsteller oder auch Komiker, an denen Sie sich in Ihrer eigenen Entwicklung als Autor bewusst orientiert haben?

Ja, wenn ich Charles Bukowski nenne, dann ist das jemand, der mich bis zum heutigen Tag total begeistert, und das habe ich ja auch im *Fleckenteufel* schon geschrieben. Bevor ich Bukowski gelesen habe, wusste ich gar nicht, dass es so etwas gibt, dass so etwas geschrieben werden darf. Ich dachte immer, das ist verboten, so explizite Schilderungen. Es mag sein, dass ich in meinen ersten Büchern diese ausführlichen Schilderungen von Selbstbefriedigung oder Rumgefurze und so übernommen habe, weil ich das bei Bukowski so lustig fand und so gut geschildert. Aber das war kein bewusster Entschluss. Botho Strauß war lange Jahre ein literarisches Vorbild für mich. Sonst gibt es im Nationalen nicht so viel, was mich interessiert. *Gehen, ging, gegangen* von Jenny Erpenbeck fand ich toll. Auch Sibylle Berg fand ich ganz gut. Elfriede Jelinek habe ich früh für mich entdeckt, in der Harburger Bücherhalle. Das war noch vor ihrem Durchbruch, da habe ich zwei Bücher gelesen, *Michael, ein Jugendbuch für die Infantilgesellschaft* und *Die Liebhaberinnen*. Das war für mich wie Bukowski, das fand ich ähnlich aufregend, weil es auch so eine Geheimentdeckung von mir war. Am meisten beeindrucken mich aber die nordamerikanischen Erzähler wie Philip Roth, Richard Ford, Denis Johnson etc. Wobei ich zugeben muss, dass ich mich in der asiatischen, südamerikanischen oder afrikanischen Literatur nicht so gut auskenne. J. M. Coetzee hat in *Schande* das Kunststück vollbracht, eine tolle Geschichte auf stilistisch höchstem Niveau zu verfassen. Manchmal kommt es mir so vor, als würden plotorientierte Geschichten vielleicht gar nicht so gut funktionieren, wenn sie eine ganz explizit literarische Sprache hätten. Aber ich finde gerade in *Schande* ist es Coetzee gelungen, beides zu vereinen. Nennen würde ich zudem *Alles Licht, das wir nicht sehen* von Anthony Doerr, der Titel klingt etwas nach Rosamunde Pilcher, aber es ist ein ganz herausragendes Buch. Das ist auch so eine Entdeckung von mir. Der Autor hat ein paar tolle Bücher geschrieben.

Bei den literarischen Referenzen haben sie jetzt hauptsächlich englischsprachige Autoren genannt. Es gibt in Frankreich in den letzten Jahren so erfolgreiche Autoren wie Didier Eribon oder Édouard Louis, die dieses soziologische und auch autofiktionale Schreiben pflegen, also ihren eigenen schwierigen biografischen Werdegang aus einfachen Verhältnissen beschreiben. Haben Sie sich mit diesen Autoren auch beschäftigt oder Ihr eigenes Schreiben damit in Beziehung gesetzt?

Mein eigenes Schreiben habe ich damit nicht abgeglichen, aber aus Interesse habe ich *Das Ende von Eddy* von Édouard Louis und noch ein anderes Buch von ihm gelesen. Ich fand das auch ganz interessant, aber literarisch nicht so toll. Also ich habe das so wahrgenommen als „Okay, das ist jetzt gerade modern, das ist jetzt angesagt", aber dass ich mich da stilistisch oder inhaltlich wiedergefunden hätte, kann ich nicht sagen.

Sie sehen andererseits eine Orientierung von Wolfgang Herrndorf an Ihrem Werk. Tatsächlich gibt es in Arbeit und Struktur *eine Stelle (Eintrag vom 19.7.2010 11:33), wo er Sie in einer Reihe mit anderen von ihm bewunderten Autoren wie Hesse oder Kracht nennt.*

Ja, ein Jahr nach *Fleckenteufel* ist *Tschick* erschienen. Das hat auch mein Lektor bearbeitet, der hat Herrndorf auch zu Rowohlt geholt. Ich habe *Tschick* erst fünf oder sechs Jahre nach dem Erscheinen gelesen. Aber ich musste irgendwann abbrechen, weil mich das echt geärgert hat. Die Geschichte ist zwar eine ganz andere, aber ich habe ganz deutlich gespürt, dass er *Fleckenteufel* sehr genau gelesen hat. Also das Innenleben eines 15-Jährigen, die inneren Vorgänge und die Gedanken, die einen so beschäftigen, – das deckt sich zum Teil stark mit Torsten aus *Fleckenteufel*. Das hat mich also ein wenig geärgert, aber kann einen ja eigentlich auch stolz machen, da *Tschick* sich 2,5-millionenmal verkauft hat, glaube ich.

Herrndorf hat es mit Tschick *posthum geschafft, Schullektüre zu werden, damit hat man einen sehr großen Absatzmarkt. Sie haben* Fleckenteufel *in einer zweiten überarbeiteten Fassung herausgebracht und auch neu eingesprochen. Was waren die Gründe dafür?*

Ich habe den Roman damals geschrieben unter dem Eindruck des geradezu unheimlichen Erfolgs des sehr schlechten Buches *Feuchtgebiete* von Charlotte Roche. Ich muss erwähnen, dass ich mit Charlotte damals auch ganz gut befreundet war. Sie hatte mir die Fahne des Romans geschickt. Aber ich habe nicht darauf reagiert, weil ich das so entsetzlich fand, dass ich gar nicht die richtigen Worte gefunden habe. Ich wollte ihr das aber auch nicht verderben. Eigentlich hätte ich antworten müssen, aber ich fand es so schlecht, so schlimm. Und dann ist das Buch ein Riesenerfolg geworden – da war ich richtig neidisch. In der Verlagswerbung wurde es später explizit so dargestellt, dass *Fleckenteufel* die männliche Antwort auf

Feuchtgebiete sei. Das war so eine Marketingidee. Daher habe ich so viele Flatulenzsachen da reingepackt, was aber die literarische Qualität gemindert hat. Deshalb habe ich gesagt, ich möchte das nochmal ohne diese ganzen wahnsinnig langatmigen und übergenauen Schilderungen von Körperlichkeit machen. Das Ergebnis ist aber gar nicht gut angekommen. Die Leute, die das Original kannten, fanden das besser.

Noch eine andere Frage zu Ihrer Arbeitsweise und zu Ihren Orientierungen. Außer Vorbildern gibt es ja auch explizite Ratgeber und Lehrbücher, wie man einen Roman oder ein Drehbuch schreibt, wie man einen Plot gestaltet usw. Haben Sie sich damit im Laufe Ihrer Entwicklung als Autor beschäftigt oder haben Sie immer ‚learning by doing‘ praktiziert?

Eigentlich habe ich immer nach dem Motto ‚learning by doing‘ gehandelt. Bei Drehbüchern habe ich mir mal den Klassiker geholt, *Story* von Robert McKee, und habe da reingelesen. Aber ich habe das nie ganz durchgelesen, weil ich dachte: „Nee, das brauche ich nicht.“ Und ich habe – um mein eigenes literarisches Zeug besser einordnen zu können – ein paar Bücher angeschaut, zum Beispiel *Wie man einen richtig guten Roman schreibt*. Ich habe da aber immer nur so reingeguckt, richtig beschäftigt damit habe ich mich nie.

E und U

Es gibt ja die hergebrachte Unterscheidung zwischen Hoch- und Unterhaltungsliteratur. Wo würden Sie den Unterschied zwischen beidem festmachen und wo würden Sie Ihr eigenes Schaffen im Spannungsfeld zwischen diesen beiden Polen einordnen?

Das mit der Hochliteratur ist so eine Sache. Ich würde sagen, dass mein Weg von *Fleisch ist mein Gemüse* zu dem, was ich heute mache, steinig war und dass sich da auch einiges verändert hat. Ich strebe schon an, auf der Seite der Literatur eingeordnet zu werden, aber dass man es auch unterhaltsam findet, was ich schreibe. Eigentlich mag ich das Wort ‚Literatur‘ gar nicht in den Mund nehmen, weil das so abgegnaddelt klingt. Vielleicht ist es auch der Grund, weshalb ich so wenig Sachen aus der deutschen Literatur lese, weil ich oft finde, das sich das so blutleer anfühlt. Ich selbst versuche immer wieder literarische Sätze oder Passagen zu mischen mit diesen kleinen Dialogen oder Motivationssprüchen oder Ähnlichem. Ich weiß gar nicht, ob man das Collage nennt. Bei der Hochliteratur habe ich oft das Gefühl, als ob es da so ein Verbot gäbe, dass es auf keinen Fall lustig sein darf. Als ob das ein

Ausschlusskriterium wäre, als ob man sich mal darauf geeinigt hätte, dass das Eine das Eine und das Andere das Andere ist. Ich versuche das anders zu machen. In *Zauberberg 2* geht es zum Beispiel um Therapien, die ich selber mitgemacht habe bei meinem Aufenthalt in dem Sanatorium. Aber diese werden mit lustigen Formulierungen geschildert.

Sie haben Michel Houellebecq in einem anderen Interview einmal als „Eins-a-Plotter, aber eher mittelmäßigen Stilisten" bezeichnet. Was verstehen Sie unter gutem Stil?

Es gibt ja den Begriff der Schöpfungshöhe, den finde ich sehr passend und treffend; man kann Formulierungen auf ihre Qualität abklopfen und man kann sagen, wie originell das ist und wie stimmig, wie musikalisch. Ich weiß nicht genau, welche Begriffe man verwenden sollte, um eine hervorragende von einer mittelmäßigen oder einer klischeehaften Phrase zu unterscheiden. Deshalb nenne ich Beispiele, etwa *Das Parfum* von Patrick Süskind. Das fand ich ganz gut geschrieben, wenn auch nicht auf High End – sprachlich. Auf der anderen Seite gibt es Werke mit eindeutig schlechten Formulierungen: Ich glaube, bei dem Buch *50 Shades of Grey* heißt ungefähr jeder vierte Satz: „Seine Augen verengen sich zu Schlitzen." Von derartigen Sätzen kennt man ja tausende, die möchte man einfach nicht immer wieder lesen. Daher bemühe ich mich, solche Formulierungen nicht zu benutzen – außer in einem satirischen Zusammenhang. Aber es gibt auch subtilere Beispiele. Der Satz, „Ein Ort, an dem das Glück nicht zu Hause ist", ist gar nicht so schlecht, trotzdem würde ich ihn nicht benutzen. Das habe ich schon zu oft gelesen, auch in durchaus anspruchsvollen Büchern. Wenn man genau liest, dann fällt einem auf, dass bestimmte Versatzstücke auch in der Hochliteratur anzutreffen sind, mit verschiedenen Variationen.

Was ich im eigenen Schreiben zum Beispiel zu vermeiden suche, sind Beschreibungen. Ich finde, der Leser muss wissen, ob es hell ist, ob es dunkel ist, ob es kalt oder warm ist. Das kann man auf verschiedene Arten herstellen. Zum Beispiel die Atmosphäre im *Handschuh*. Ich habe nie genau geschildert, wie es in der Kneipe aussieht, früher hätte man das wahrscheinlich auf drei, vier oder fünf Seiten beschrieben. Ich schildere das eher über das Olfaktorische und solche Sachen. Auch in *Ein Sommer in Niendorf* versuche ich, wenn eine Szene beginnt, diese so kurz und prägnant wie möglich zu beschreiben, zum Beispiel hell/dunkel, warm/kalt, Sonne, Meer. Das ist etwas, was man als literarischer Autor vom Drehbuchschreiben lernen kann. Abgesehen davon, dass mir richtige Naturbeschreibungen echt schwerfallen würden. Ich finde sie aber auch unmodern und langweilig, wenn ich sie lese, zum Beispiel in Bruce Chatwins *Patagonien*. Da frage ich mich: Woher kennt der die ganzen Pflanzen?

Sie scheinen sehr genau zu lesen. Wie wirkt sich dieses genaue Lesen auf Ihr eigenes Schreiben aus?

Ich lese Bücher nicht einfach so. Alles, was mir gefällt, markiere ich und schreibe das raus. Ich glaube, das ist die einzige Methode, wie man seinen eigenen Stil verbessern kann, indem man sich damit beschäftigt, was man bei anderen als meisterlich erkennt. Jemanden, der alles komplett aus sich selbst herausschöpft, gibt es, glaube ich, nicht. Und jeder, der behauptet, er könnte das, den halte ich für unglaubwürdig.

Das Archiv

Sie sammeln dann beim Lesen auch Exzerpte und Notizen?

Ja, zu allen möglichen Bereichen.

Sie sprachen auch von Ihrem Fundus an Gags. Es gibt berühmte Zettelkästen in der Wissenschaft und in der Philosophie, von Niklas Luhmann oder Hans Blumenberg zum Beispiel, und der Schriftsteller Arno Schmidt ist ohne Zettelkasten nicht denkbar. Wie muss man sich das „Archiv“ von Heinz Strunk vorstellen?

Es gibt da diese Serien, zum Beispiel Alkoholfragebogen oder Motivationssachen, da habe ich endlos Material. Oder Sprüche und Schnacks, wie Leute sich eben so unterhalten.

Gibt es auch ein Archiv für Konzepte und Ideen, die Sie ausarbeiten wollen, die Sie dann nach und nach abarbeiten?

Ja, der *Zauberberg* stand da zum Beispiel lange Zeit, bis er umgesetzt wurde.

Wie arbeiten Sie konkret mit Ihrem Archiv beim Schreiben? Als Sie etwa an Ein Sommer in Niendorf *geschrieben haben und zu den Kneipengesprächen gekommen sind, gucken sie dann ins Archiv, welche Sprüche daraus an der Stelle des Romans in das Milieu reinpassen würden?*

Da kann ich Ihnen sogar das originale Tondokument vorspielen, eine Aufnahme, die ich in einer Lübecker Kneipe gemacht habe, die es inzwischen nicht mehr gibt – „Hilma“ hieß die. Im Grunde genommen war sie die Entsprechung zum

„Goldenen Handschuh" in Hamburg. Ich habe heimlich ein Aufnahmegerät dorthin mitgenommen. In der Kneipe waren immer so vier, fünf Männer, es lief nie Musik, nur einmal Fußball während der Weltmeisterschaft. Das war 1998 und ich habe da heimlich diese Aufnahmen gemacht. Sämtliche Dialoge in der Kneipe in *Ein Sommer in Niendorf* sind Originaldialoge, die da stattgefunden haben. Die habe ich eigentlich nur transkribiert.

Manche Dinge aus Ihrem Archiv, Gags und so weiter, verwenden Sie ja wiederholt auch in verschiedenen Werken. Steckt dahinter ein bestimmtes ästhetisches oder poetologisches Konzept?

Ich mache das, ohne großartig darüber nachzudenken. Die Sachen waren ja zum Teil schon auf irgendeiner CD, die sich 800mal verkauft hat und die kein Mensch mehr kennt. Deswegen habe ich mir erlaubt, besonders gute Gags, die aber irgendwie zu ihrer Zeit total untergegangen sind, nochmal zu benutzen. Den Vorwurf, dass mir nicht genug einfällt, den brauche ich mir, glaube ich, nicht machen zu lassen.

Arbeit

In Ihrer Kolumne Intimschatulle *haben Sie auch einiges über Ihre Arbeitsweise verraten. Sie scheinen ziemlich strukturierte Arbeitstage zu haben.*

Mein neues Laptop muss ich nur noch alle drei Tage aufladen, deshalb funktioniert eine Akkuladung als Arbeitseinheit nicht mehr. Daher trage ich jetzt immer analog in meinen Kalender ein, auf wie viele Stunden Arbeit ich am Tag gekommen bin, um dann zum Beispiel sagen zu können, der erste Teil von *Zauberberg 2*, das sind so und so viele Stunden.

Das zählen Sie?

Das zähle ich immer zusammen. Das ist eine strukturschaffende Maßnahme.

Heißt das, dass Sie dann für jeden Ihrer Texte wissen, wie lange Sie daran gearbeitet haben?

Nein, das nicht, so genau mache ich das erst jetzt.

Sie versuchen, jeden Tag vier Stunden zu schreiben. Wie ist es an Wochenenden oder auf Tour?

Auf Tour kann es auch anders sein, manchmal sind ja die Distanzen zwischen den Orten kurz, manchmal hat man aber auch 300 Kilometer zurückzulegen. Dann schreibe ich auch nur eine Stunde oder so. Eine Unterteilung in Wochenende und Werktage gibt es für mich nicht. Die Phase der ersten Fassung eines neuen Textes finde ich immer sehr anstrengend. Wenn ich da auf vier Stunden komme, ist das schon extrem gut, manchmal sind es auch nur drei. Aber in den Überarbeitungsphasen, da schafft man auch mal sechs oder sieben Stunden. Das macht dann auch Spaß und ist eine Belohnung für die vorangegangene Plackerei. Wenn man das Gefühl hat, dass man jetzt fortgeschritten ist, wenn so was wie ein musikalischer Fluss einsetzt.

Das passiert erst während der Überarbeitung, in der zweiten Phase?

Nein, in der zweiten Phase noch nicht, in der dritten auch noch nicht, aber so ab der fünften bis achten Überarbeitung, dann fängt es an, Spaß zu machen. Ich finde das Bild des schwarzen Lochs da ganz passend, dass ein Text im Entstehen praktisch ausschließlich Energie absorbiert und es dann irgendwann zu einem Punkt kommt, an dem der Text etwas abstrahlt. Die Energie, die absorbiert wurde, beginnt irgendwann zu leuchten. Dann empfinde ich das gar nicht mehr als Arbeit oder als anstrengend und frustrierend, sondern dann generiert der Text aus sich Energie.

Wir fänden es ja interessant, wenn Sie mal zwei Jahre an einem längeren Roman schreiben würden. 800 Seiten müssen es nicht unbedingt sein, aber vielleicht 400 bis 500.

Da muss man aber auch ein passendes Thema haben, wo man sich so ausbreiten kann, dass es nicht langweilig wird. Ich erinnere mich an ein Buch von Philip Roth, einen Roman, wo er sehr lange die Herstellung von Handschuhen beschreibt, eine Handschuhmanufaktur. Ganz toll, wahnsinnig gut recherchiert, aber das hätte man meines Erachtens auch komplett weglassen können. Fünfzig Seiten Handschuhanfertigung, so hätte ich auch den *Zauberberg 2* oder andere Bücher anreichern können, das würde ich mir durchaus zutrauen. Aber es wäre die Frage, was das bringt für die eigentliche Absicht.

(Das Interview am 10.06.2024 in Hamburg führten Stefan Born, Andre Kagelmann, Philipp Kohl, Arno Meteling und Andreas Seidler)

Heinz Strunk: Werkverzeichnis

Audio CDs , EPs und LPs

- Paradise is Far Away. (Als Dis Noir unter dem Namen Mathias Halfpape, Pilz 1989)
- Spaß mit Heinz. Rintintin Musik 1992.
- Der Mettwurstpapst. Gringo Record 1995.
- Trittschall im Kriechkeller. Heinz Strunk Enerprises (Eigenverlag) 1996.
- Der Schlagoberst kommt. Intercord 1999.
- Einz. Nobistor 2003.
- Computerfreak. Nobistor 2003.
- Neunmalkluger Naseweis. Nobistor 2004.
- Trittschall im Kriechkeller – Aus dem Leben des Jürgen Dose. Trikont 2005.
- Mit Hass gekocht – Kurzhörspiele. Tacheles! / Roof Music 2006.
- Der Schorfopa (Kurzhörspiele 1995–2007, Vol. 2). Tacheles! / Roof Music 2007.
- Mutter ist ein Sexmaschien. (Kurzhörspiele, Vol. 3) Tacheles! / Roof Music 2010.
- Retro EP. (Als Polka Team) Kontor Records 2014.
- Sie nannten ihn Dreirad. Audiolith 2015.
- Die gläserne MILF. Sony Music 2017.
- Aufstand der dünnen Hipsterärmchen. Audiolith 2019.
- Last Exit Schinkenstraße (Original Motion Picture Soundtrack). Edition I&U Musikverlag 2023.

Spotify-Hörspiele

- Heinz Strunks Familienaufstellung (2018)
- Heinz Strunk und der Blauwal – eine Audio Sitcom (2021)
- Fenster auf Kipp (2021)

Romane und Erzählungen

- Fleisch ist mein Gemüse. Eine Landjugend mit Musik. Reinbek bei Hamburg: Rowohlt 2004.
- Die Zunge Europas. Reinbek bei Hamburg: Rowohlt 2008.
- Fleckenteufel. Reinbek bei Hamburg: Rowohlt 2009. (Überarbeitete Neuausgabe 2018)

https://doi.org/10.1515/9783111408798-015

- Heinz Strunk in Afrika. Reinbek bei Hamburg: Rowohlt 2011.
- Junge rettet Freund aus Teich. Reinbek bei Hamburg: Rowohlt 2013.
- Der goldene Handschuh. Reinbek bei Hamburg: Rowohlt 2016.
- Jürgen. Reinbek bei Hamburg: Rowohlt 2017.
- Das Teemännchen. Reinbek bei Hamburg: Rowohlt 2018.
- Weihnachten mit großem Comedy-Adventskalender. In: Marcus Gärtner, Dinah Fischer (Hg.): Weihnachten mit Punkt Punkt Punkt. Achtzehn eigenwillige Weihnachtsgeschichten. Reinbek bei Hamburg: Rowohlt 2018, S. 145–159. (Überarbeitete Fassung unter dem Titel „Steilgehen" in Der gelbe Elefant 2023)
- Es ist immer so schön mit dir. Reinbek bei Hamburg: Rowohlt 2021.
- Ein Sommer in Niendorf. Reinbek bei Hamburg: Rowohlt 2022.
- Der gelbe Elefant. Reinbek bei Hamburg: Rowohlt 2023.
- Die Käsis. (Illustration: vents137 und Typeholics) Hamburg: Lappan 2023.
- Zauberberg 2. Reinbek bei Hamburg: Rowohlt 2024.
- Kein Geld Kein Glück Kein Sprit. Reinbek bei Hamburg: Rowohlt 2025.
- Graf Fauchi und das verschwundene Gebiss. (Illustration: André Breinbauer) Hamburg: Lappan 2025.

Titanic-Kolumnen

- Das Strunk-Prinzip (Buchausgabe: Reinbek bei Hamburg: Rowohlt 2014.)
- Intimschatulle (Buchausgabe: Nach Notat zu Bett. Heinz Strunks Intimschatulle. Reinbek bei Hamburg: Rowohlt 2019.)

Sonstiges

- Heinz Strunk (Hg.): Botho Strauß *Der zurück in sein Haus gestopfte Jäger*. Reinbek bei Hamburg: Rowohlt 2014.
- Maximize Your Life 2024! Lebensoptimierende Maßnahmen von und mit Heinz Strunk, Fotos: Dennis Dirksen. Hamburg: Lappan 2023.
- Maximize Your Life 2026! Lebensoptimierende Maßnahmen von und mit Heinz Strunk, Fotos: Dennis Dirksen. Hamburg: Lappan 2025.

Hörspieladaptionen von Romanen

- Fleisch ist mein Gemüse. Regie: Annette Berger. WDR/NDR 2005.
- Der goldene Handschuh. Regie: Martin Zylka. NDR 2016.

Radio und TV-Sendungen

- Fleischmann.TV (Produziert von Brainpool, 68 Episoden, ausgestrahlt auf ViVA 2003) (https://viva-deutschland.fandom.com/de/wiki/Fleischmann.TV)
- Jürgen Dose Schau auf Radio Fritz 2000–2001.
- extra 3. 2014–2021, 64 Beiträge.

Filme und Serien (bei denen Heinz Strunk am Drehbuch beteiligt war)

- Immer nie am Meer (Österreich 2007, Drehbuch: Antonin Svoboda, Heinz Strunk, Christoph Grissemann, Dirk Stermann, Regie: Antonin Svoboda)
- Zeit (Kurzfilm von und mit Heinz Strunk, D 2007, Regie: Frank Schneider)
- Trittschall im Kriechkeller – Die neue Schwester (Kurzfilm, D 2011, Drehbuch: Heinz Strunk, Regie: Lars Jessen)
- Drei Eier im Glas (Österreich 2015, Drehbuch: Heinz Strunk u.a., Regie: Antonin Svoboda)
- Jürgen – heute wird gelebt (D 2017, Drehbuch: Heinz Strunk, Regie: Lars Jessen)
- Last Exit Schinkenstraße (Amazon Prime-Serie 2023, Drehbuch: Heinz Strunk, Regie: Jonas Grosch)

Hörbücher

- Fleisch ist mein Gemüse (2005)
- Die Zunge Europas (2008)
- Fleckenteufel (2009)
- Heinz Strunk in Afrika (2011)
- Junge rettet Freund aus Teich (2013)
- Das Strunkprinzip (2014)
- Das Strunk-Prinzip (2015)
- Der goldene Handschuh (2016)
- Jürgen (2017)
- Das Teemännchen (2018)
- Nach Notat zu Bett (2019)
- Es ist immer so schön mit dir (2021)
- Ein Sommer in Niendorf (2022)
- Der gelbe Elefant (2023)
- Zauberberg 2 (2024)

Studio Braun

CDs

- Gespräche I (Mercury 1998)
- Gespräche II (Ariola 2000)
- Jeans Gags (Ariola 2000)
- FC St. Pauli & TSC Studio Braun: 1:1:0 am Millerntor (Freizeit 2001)
- Fear of a Gag Planet (Ariola 2001)
- Ein Kessel Braunes (Trikont 2004)
- Bierchen (Single, Nobistor 2005)
- Die andere Realität (Single, Nobistor 2005)
- Fahr zur Hölle, Ingo Sachs (Deutsches Theater Berlin 2011)
- Braunes Gold (Tacheles! 2012)
- Fraktus. Affe sucht Liebe (Single, Nobistor 2012)
- Fraktus. Millennium Edition (Staatsakt 2012)
- Fraktus. Welcome to the Internet (Staatsakt 2015)

DVD

- 20.000 Jahre Studio Braun. Ein Jubiläum feiert Geburtstag (Edel 2007)

Buch

- Studio Braun: Drei Farben Braun. Das große Studio Braun Buch. Berlin: Schwarzkopf & Schwarzkopf 2016.

Film

- Fraktus. Das letzte Kapitel der Musikgeschichte. (D 2012, Regie: Lars Jessen)

Theaterstücke

- Dorfpunks (UA 2008, Deutsches Schauspielhaus Hamburg)

- Phönix – wem gehört das Licht (UA 2009, Deutsches Schauspielhaus Hamburg) (= Dramatisierung von Fleisch ist mein Gemüse)
- Rust – Ein deutscher Messias (UA 2010, Deutsches Schauspielhaus Hamburg)
- Fahr zur Hölle – Ingo Sachs (UA 2011, Deutsches Theater Berlin)
- Tonight Fraktus (UA 2013, Thalia-Theater Hamburg)
- Der goldene Handschuh (UA 2017, Deutsches Schauspielhaus Hamburg)
- Coolhaze (UA 2021, Deutsches Schauspielhaus Hamburg)
- Ein Sommer in Niendorf (UA 28.03.2025, Deutsches Schauspielhaus Hamburg)

Stand: Januar 2026

Autorenverzeichnis

Dr. habil. Stefan Born arbeitet derzeit als Gastprofessor für Neuere deutsche Literatur und ihre Didaktik an der Humboldt-Universität zu Berlin. Forschungsschwerpunkte von ihm sind die Didaktik des Komischen sowie die Theorie und Geschichte des Literaturunterrichts und des Schulkanons.

Dr. Tobias Haupts ist Film- und Medienwissenschaftler. Bis März 2024 Gastprofessor für Filmwissenschaft am Seminar für Filmwissenschaft der Freien Universität Berlin. Seine Forschungsschwerpunkte sind (deutsche) Medien- und Filmgeschichte, Genreästhetik und -geschichte, Distributionsformen des Films, Film und Theologie, Fantastikforschung sowie die Medialität des Weltraums.

Dr. Andre Kagelmann ist Geschäftsführer der ALEKI (Arbeitsstelle für Kinder- und Jugendmedienforschung) und Akademischer Rat am Institut für deutsche Sprache und Literatur II der Universität zu Köln. Seine Forschungsschwerpunkte liegen im Bereich zeitgenössischer und historischer Kinder- und Jugendliteratur.

PD Dr. Philipp Kohl, ist wissenschaftlicher Mitarbeiter am Lehrstuhl für Slavische Literaturwissenschaft der Ludwig-Maximilians-Universität München. Veröffentlichungen vor allem zu russischsprachiger Kultur im Bereich Literatur und Wissen, Ecocriticism und Sound Studies.

Dr. Iris Meinen ist wissenschaftliche Mitarbeiterin an der Universität Koblenz im Bereich Neue Deutsche Literaturwissenschaft. 2015 erschien ihre Dissertation zur Wissensgeschichte der Selbsttötung im 18. Jahrhundert. Ihre derzeitigen Forschungsschwerpunkte liegen im Bereich Gegenwartsliteratur und Literaturbetrieb, dazu zählen: Körperbilder und -diskurse, literarische Wertung, Kanonisierung und Geschlecht.

Dr. Arno Meteling ist wissenschaftlicher Mitarbeiter am Institut für deutsche Sprache und Literatur II, Universität zu Köln. Forschungsschwerpunkte sind die deutsche Literatur des 18. –21. Jh.s und ihre Didaktik, Medientheorie, Phantastik sowie visuelle Narrative.

Dr. Nils Rottschäfer ist Lehrbeauftragter an der Hochschule Bielefeld (HSBI). Zu seinen Forschungsschwerpunkten gehören die Literaturgeschichte der unmittelbaren Nachkriegszeit (1945–1949), die Literatur um 1900 sowie das Verhältnis von Literatur und Religion.

Dr. Andreas Seidler ist Akademischer Rat am Institut für deutsche Sprache und Literatur II der Universität zu Köln. Er forscht und lehrt dort im Bereich der Literatur- und Medienwissenschaft und -didaktik.

Dr. Erika Thomalla ist Professorin für Buchwissenschaft und Digitale Buchkultur an der LMU München. Studium der Fächer Gesang, Musiktheater, Medienwissenschaft und deutsche Literatur in Weimar und Berlin. Publikationen u.a.: *Anwälte des Autors. Zur Geschichte der Herausgeberschaft im 18. und 19. Jahrhundert*, Göttingen: Wallstein 2020; *Gegenwart machen. Eine Oral History des Popjournalismus*, Frankfurt a.M.: Schöffling 2025.

Dr. Marcel Winter war Wissenschaftlicher Mitarbeiter und Lehrbeauftragter an der Professur für Neuere deutsche Literaturwissenschaft an der Universität Augsburg; Forschungsschwerpunkte: Literatur um 1900, Literarischer Antisemitismus; Promotion über Oskar Panizza (2023); derzeit in der außeruniversitären Bildung tätig.

Dr. Stefan Willer ist Professor für Neuere deutsche Literatur an der Humboldt-Universität zu Berlin. Forschungsschwerpunkte: Literatur- und Wissensgeschichte von der Frühen Neuzeit bis zur Gegenwart; Generation, Genealogie und Erbe; Zukunftskonzepte in Literatur und Wissenschaften; Sprach- und Übersetzungstheorie; Affinitäten zwischen Literatur und Musik.

Register

https://doi.org/10.1515/9783111408798-017

www.ingramcontent.com/pod-product-compliance
Lightning Source LLC
LaVergne TN
LVHW010853110826
845149LV00005B/1398
* 9 7 8 3 1 1 1 4 0 7 3 6 4 *